한 번에 합격, 자격증은 이기적

이렇게 기막힌 적중률

 함께 공부하고 특별한 혜택까지!
이기적 스터디 카페

 구독자 약 15만 명, 전강 무료!
이기적 유튜브

오직 스터디 카페 멤버에게만
주어지는 특별 혜택!

이기적 스터디 카페

이기적 스터디 카페

합격을 위한 기적 같은 선물
또기적 합격자료집

혼자 공부하기 외롭다면?
온라인 스터디 참여

모든 궁금증 바로 해결!
전문가와 1:1 질문답변

1년 내내 진행되는
이기적 365 이벤트

도서 증정 & 상품까지!
우수 서평단 도전

간편하게 한눈에
시험 일정 확인

합격까지 모든 순간 이기적과 함께!
이기적 365 EVENT

QR코드를 찍어 이벤트에 참여하고 푸짐한 선물 받아가세요!

1 기출문제 복원하기
이기적 책으로 공부하고 시험을 봤다면 7일 내로 문제를 제보해 주세요!

2 합격 후기 작성하기
당신만의 특별한 합격 스토리와 노하우를 전해 주세요!

3 온라인 서점 리뷰 남기기
온라인 서점에서 책을 구매하고 평점과 리뷰를 남겨 주세요!

4 정오표 이벤트 참여하기
더 완벽한 이기적이 될 수 있게 수험서의 오류를 제보해 주세요!

※ 이벤트별 혜택은 변경될 수 있으므로 자세한 내용은 해당 QR을 참고해 주세요.

합격 후기 EVENT

모두에게 당신의 합격 스토리를 들려주세요

합격하고 마음껏 자랑하세요.
후기를 남기면 네이버페이 포인트를 선물로 드려요.

 블로그에 자랑 남기기
개인 블로그에
합격 후기 작성하고 20,000원 받기!

20,000원
네이버페이 포인트 지급

▲ 자세히 보기

 카페에 자랑 남기기
이기적 스터디 카페에
합격 후기 작성하고 5,000원 받기!

5,000원
네이버페이 포인트 지급

▲ 자세히 보기

※ 자세한 참여 방법은 QR코드 또는 이기적 스터디 카페 '이기적 이벤트' 게시판을 확인해 주세요.
※ 이벤트에 참여한 후기는 추후 마케팅 용도로 활용될 수 있으며 혜택은 변동될 수 있습니다.

도서 인증하면 고퀄리티 강의가 따라온다!
100% 무료 강의

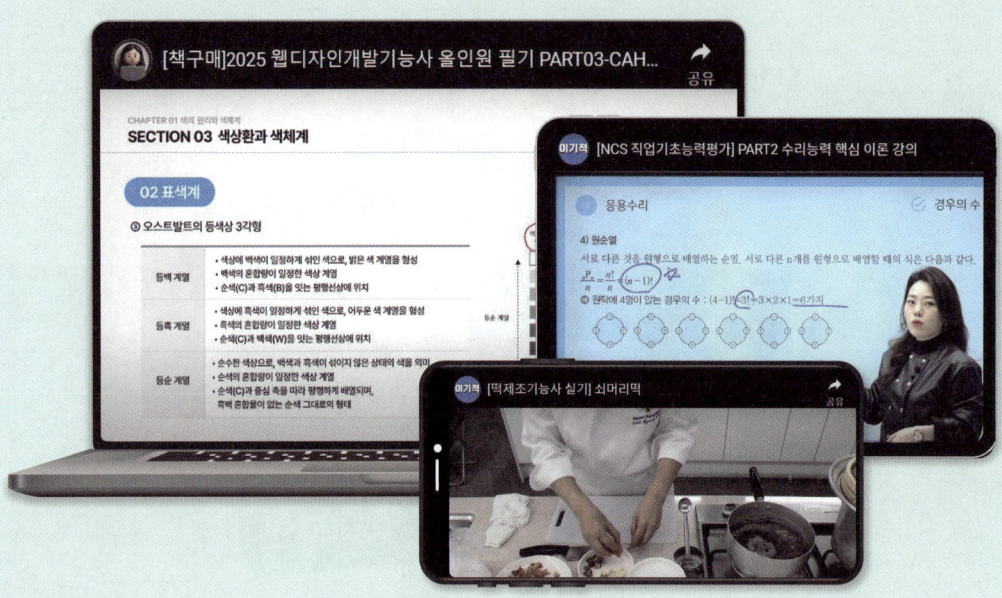

이용방법

STEP 1	STEP 2	STEP 3	STEP 4
		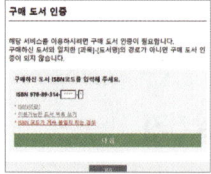	
이기적 홈페이지 (https://license. youngjin.com/) 접속	무료 동영상 게시판에서 도서와 동일한 메뉴 선택	책 바코드 아래의 ISBN 코드와 도서 인증 정답 입력	이기적 수험서와 동영상 강의로 학습 효율 UP!

※ 도서별 동영상 제공 범위는 상이하며, 도서 내 차례에서 확인할 수 있습니다.

◁ 이기적 홈페이지 바로가기

영진닷컴 이기적

합격을 위해 모두 드려요.
이기적 합격 솔루션!
이기적이 여러분을 위해 준비했어요

자주 출제되는 POINT 이론은, 무료 동영상 강의

새로운 출제 기준도 문제없이 독학으로 완벽하게!
빈출 POINT 이론은 저자의 설명과 함께 동영상 강의로 학습하세요.

한눈에 정리한, 핵심 요약

중요한 포인트만 쏙쏙 모은 핵심 요약 노트!
시험 직전에 빠르게 훑어보며 시간을 절약하세요.

무엇이든 물어보세요, 1:1 질문답변

공부하다 이해가 가지 않는 내용이 있다면 편하게 질문하세요.
이기적 스터디 카페에서 친절하게 해답을 알려드립니다.

필기 합격 후 실기까지, 실기 맛보기 모의고사

실기 시험의 구성을 맛볼 수 있는 모의고사를 1회 준비했습니다.
필기 합격의 느낌이 온다면 실기까지 확인해 보세요.

※ 〈2026 이기적 컴퓨터그래픽기능사 필기 절대족보〉를 구매하고 인증한 회원에게만 드리는 자료입니다.

◀ 모든 혜택 한 번에 보기

정오표 바로가기 ▶

또, 드릴게요! 이기적이 준비한 선물
또기적 합격자료집

1 시험에 관한 A to Z 합격 비법서
책에 다 담지 못한 혜택은 또기적 합격자료집에서 확인

2 편리하고 똑똑한 디지털 자료
PC · 태블릿 · 스마트폰으로 언제든 열람하고 필요한 부분만 출력 가능

3 초보자, 독학러 필수 신청
혼자서도 충분한 학습 플랜과 수험생 맞춤 구성으로 한 번에 합격

※ 도서 구매 시 추가로 증정되는 PDF용 자료이며 실제 도서가 아닙니다.

◀ 또기적 합격자료집 받으러 가기

이렇게 기막힌 적중률

컴퓨터그래픽기능사
필기 절대족보
1권 · 핵심이론

> "이" 한 권으로 합격의 "기적"을 경험하세요!

차례

▶ **합격 강의**
동영상 강의가 제공되는 부분을 표시했습니다.
이기적 수험서 사이트(license.youngjin.com)에 접속하여 시청하세요.
▶ 본 도서에서 제공하는 동영상은 1판 1쇄 기준 2년간 유효합니다. 단, 출제기준안에 따라 내용은 변경될 수 있습니다.

1권 손에 잡히는 핵심이론

공부한 날짜

- **1과목** 디자인 일반 ········· 1-20 __월 __일
- **2과목** 비주얼 아이데이션 ········· 1-36 __월 __일
- **3과목** 시안 디자인 ········· 1-96 __월 __일
- **4과목** 조색 및 배색 ········· 1-136 __월 __일
- **5과목** 2D 그래픽 제작 ········· 1-180 __월 __일

2권 손에 잡히는 기출문제

공부한 날짜

자주 출제되는 기출문제 100선

- **1과목** 디자인 일반 ········· 2-4 __월 __일
- **2과목** 비주얼 아이데이션 ········· 2-10 __월 __일
- **3과목** 시안 디자인 ········· 2-14 __월 __일
- **4과목** 조색 및 배색 ········· 2-16 __월 __일
- **5과목** 2D 그래픽 제작 ········· 2-26 __월 __일

최신 기출문제

2025년 최신 기출문제 01회	2-34	__월 __일
2025년 최신 기출문제 02회	2-42	__월 __일
2025년 최신 기출문제 03회	2-50	__월 __일
2025년 최신 기출문제 04회	2-58	__월 __일
2025년 최신 기출문제 05회	2-66	__월 __일
2024년 최신 기출문제 01회	2-74	__월 __일
2024년 최신 기출문제 02회	2-82	__월 __일
2024년 최신 기출문제 03회	2-89	__월 __일
2024년 최신 기출문제 04회	2-96	__월 __일
2024년 최신 기출문제 05회	2-103	__월 __일
2023년 최신 기출문제 01회	2-110	__월 __일
2023년 최신 기출문제 02회	2-117	__월 __일
정답 & 해설	2-124	

PDF 또기적 합격자료집

시험장 스케치

스터디 플래너

POINT 핵심 요약 노트

실기 맛보기 모의고사

참여 방법

'이기적 스터디 카페' 검색 → 이기적 스터디카페(cafe.naver.com/yjbooks) 접속 → '구매 인증 PDF 증정' 게시판 → 구매 인증 → 메일로 자료 받기

이 책의 구성

STEP 1 핵심만 정리한 이론

컴퓨터그래픽기능사 시험에
자주 출제되는 핵심 이론 학습하기

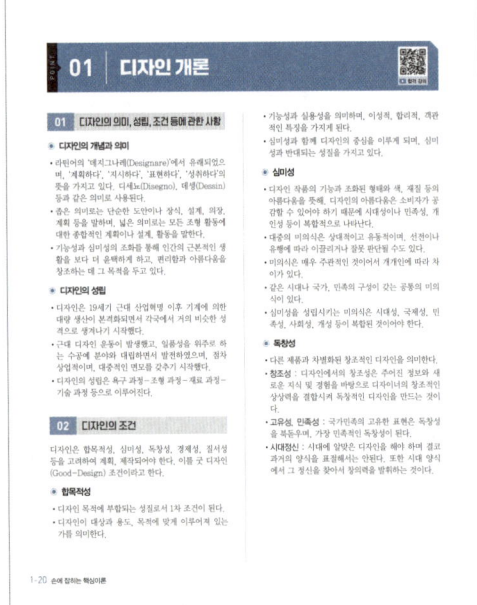

STEP 2 단답형 & 객관식 문제

앞서 공부한 이론을 바탕으로
단답형과 객관식 문제 풀어보기

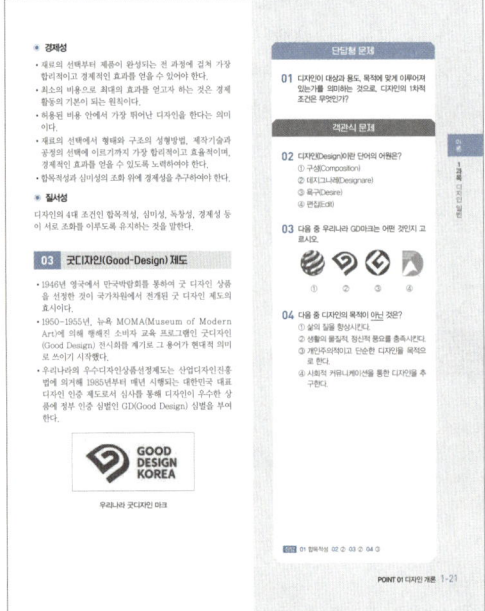

- POINT별로 중요한 개념 확인
- 반복 학습을 통해 이론 완벽 숙지
- 기적의 TIP으로 보충 심화 학습

- 문제와 함께 이론 내용 복습
- 정답은 아래에서 바로 확인 가능
- 이론에 없는 내용도 문제로 학습

STEP 3 빈출 문제 & 최신 기출문제

최빈출 문제들과 최근 3개년
기출문제 풀고 실력 점검하기

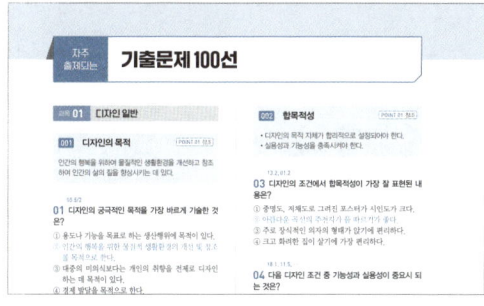

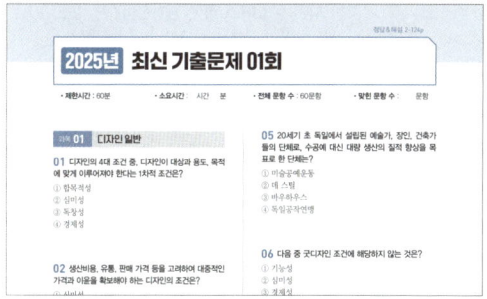

- 최빈출 100선과 최신 기출문제 12회
- 2025년도 기출문제 복원하여 수록
- 친절한 해설로 틀린 문제 바로 복습

 BONUS 또기적 합격자료집

도서 구매자 특별 제공
이론 요약 노트 + 실기 모의고사

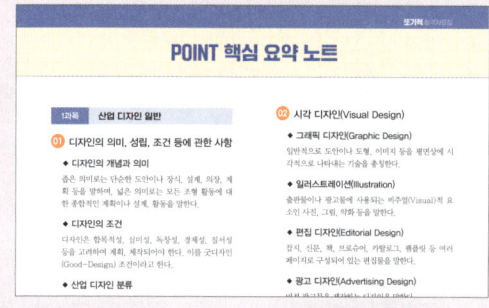

- 핵심만 간편히 보는 이론 요약 노트
- 맛보기 모의고사로 실기 대비 가능
- 시험장 스케치와 스터디 플래너 제공

CBT 가이드

≫ CBT란?

CBT는 시험지와 필기구로 응시하는 일반 필기시험과 달리, 컴퓨터 화면으로 시험 문제를 확인하고 그에 따른 정답을 클릭하면 네트워크를 통하여 감독자 PC에 자동으로 수험자의 답안이 저장되는 방식의 시험입니다.
오른쪽 QR코드를 스캔해서 큐넷 CBT를 체험해 보세요!

큐넷 CBT 체험하기

≫ CBT 응시 유의사항

- 수험자마다 문제가 모두 달라요, 문제은행에서 자동 출제됩니다!
- 답지는 따로 없어요!
- 문제를 다 풀면, 반드시 '제출' 버튼을 눌러야만 시험이 종료되어요!
- 시험 종료 안내방송이 따로 없어요!

≫ FAQ

Q. CBT 시험이 처음이에요! 시험 당일에는 어떤 것들을 준비해야 좋을까요?

A. 시험 20분 전 도착을 목표로 출발하고 시험장에는 주차할 자리가 마땅하지 않은 경우가 많으므로, 대중교통을 이용하는 것을 추천합니다. 무사히 시험 장소에 도착했다면 수험자 입장 시간에 늦지 않게 시험실에 입실하고, 자신의 자리를 확인한 뒤 착석하세요.

Q. 기존보다 더 어려워졌을까요?

A. 시험 자체의 난이도 차이는 없지만, 랜덤으로 출제되는 CBT 시험 특성상 경우에 따라 유독 어려운 문제가 많이 출제될 수는 있습니다. 이러한 돌발 상황에 대비하기 위해 이기적 CBT 온라인 문제집으로 실제 시험과 동일한 환경에서 미리 연습해 두세요.

Q. 풀었던 문제의 답안 수정은 어떻게 하나요?

A. 마킹한 답안을 수정할 경우에는 문제지 화면에서 수정하고자 하는 문제의 답을 다시 클릭하면 먼저 체크한 번호는 없어지고 새로 선택한 번호가 검은색으로 마킹됩니다.

Q. 문제를 다 풀고 나면 어떻게 하나요?

A. 문제를 다 풀고 시험을 종료하려면, '시험 종료' 버튼을 클릭하면 됩니다. 마킹하지 않은 문제가 있을 경우 남은 문제의 문제번호 목록을 보여 주고, 남은 문제번호를 선택한 다음 [문항으로 이동] 버튼을 클릭하면 문제화면에 클릭한 문제가 나타납니다. 남은 문제가 없을 경우 최종적으로 종료 여부를 확인하는 대화상자가 나타나며 [예]를 클릭하면 시험이 종료되고 수험자가 작성한 답안은 자동으로 저장되어 서버로 전송됩니다.

≫ CBT 진행 순서

좌석번호 확인
수험자 접속 대기 화면에서 본인의 좌석번호를 확인합니다.

수험자 정보 확인
시험 감독관이 수험자의 신분을 확인하는 단계입니다.
신분 확인이 끝나면 시험이 시작됩니다.

안내사항
시험 안내사항을 확인하고, 다음을 클릭합니다.

유의사항
시험과 관련된 유의사항을 확인합니다.

문제풀이 메뉴 설명
시험을 볼 때 필요한 메뉴에 대한 설명을 확인합니다.
메뉴를 이용해 글자 크기와 화면 배치를 조정할 수 있습니다.
남은 시간을 확인하며 답을 표기하고, 필요한 경우 아래의 계산기를 이용할 수 있습니다.

문제풀이 연습
시험 보기 전, 연습을 해 보는 단계입니다.
직접 시험 메뉴화면을 클릭하며, CBT가 어떻게 진행되는지 확인합니다.

시험 준비 완료
문제풀이 연습을 모두 마친 후 [시험 준비 완료] 버튼을 클릭하면 시험 감독관의 지시에 따라 시험이 시작됩니다.

시험 시작
시험이 시작되었습니다. 수험자는 제한 시간에 맞추어 문제풀이를 시작합니다.

답안 제출
시험을 완료하면 [답안 제출] 버튼을 클릭합니다. 답안을 수정하기 위해 시험화면으로 돌아가고 싶으면 [아니오] 버튼을 클릭합니다.

답안 제출 최종 확인
답안 제출 메뉴에서 [예] 버튼을 클릭하면, 수험자의 실수를 방지하기 위해 한 번 더 주의 문구가 나타납니다. 시험 문제 풀이가 완벽히 끝났다면 [예] 버튼을 클릭하여 최종 제출합니다.

합격 발표
CBT 시험이 모두 종료되면, 퇴실할 수 있습니다.

이제 완벽하게 CBT 필기시험에 대해 이해하셨나요?
그렇다면 이기적이 준비한 CBT 온라인 문제집으로 학습해 보세요!

이기적 온라인 문제집 : https://cbt.youngjin.com

이기적 CBT 바로가기

시험의 모든 것

시험 알아보기

● 자격 및 직무 소개
컴퓨터그래픽기능사란 디자인에 관한 기초지식을 가지고 컴퓨터그래픽 2D 프로그램을 활용하여 광고, 편집, 포스터 디자인 등의 시각디자인 관련 그래픽디자인 작업을 하는 직무

● 응시 자격
남녀노소 누구나 응시 가능

● 검정 방법
- 필기 : 객관식 4지 택일형, 총 60문항 출제
- CBT(Computer Based Test) 형식으로 60분간 진행

● 필기 응시 인원 및 합격률
최근 5개년(2024년~2020년) 필기 시험 합격률은 60%대 유지

연도	응시	합격	합격률(%)
2024	10,488	6,633	63.2%
2023	11,289	7,436	65.9%
2022	11,548	7,471	63.7%
2021	14,918	10,141	68%
2020	11,952	8,330	69.7%

출제 기준

● 필기 출제 기준
- 적용 기간 : 2025.01.01. ~ 2027.12.31.
- 시각 디자인 일반, 컴퓨터 그래픽

출제 기준 상세 보기

비주얼 아이데이션 구상과 전개	• 아이디어 구상 및 전개 • 아이디어 스케치 구상 및 전개 • 비주얼 방향 구상 및 전개
비주얼 아이데이션 적용	• 아이디어 적용 • 아이디어 스케치 적용 • 비주얼 방향 적용
시안 디자인 개발 기초	• 시안 개발계획 수립 • 아트워크 • 베리에이션
시안 디자인 개발 응용	• 시안 개발 응용 • 아트워크 응용 • 베리에이션 좁히기
조색	• 목표색 분석 및 색 혼합 • 조색 검사 및 완성
배색	• 색채계획서 작성 및 배색 조합 • 배색 적용 의도 작성
2D 그래픽 제작	• 2D 이미지 제작 • 2D 이미지 합성·보정 • 타이포그래피

● 실기 출제 기준
- 필기 시험 합격 후 응시 가능
- 작업 프로그램 : 포토샵, 일러스트레이터, 인디자인(또는 쿼익스프레스, 페이지메이커)
- 작업형(3시간 30분), 일반 PC 또는 매킨토시 중 택일하여 디자인 관련 컴퓨터 작업 수행

접수 및 응시

● **접수 방법**
- 큐넷 홈페이지(q-net.or.kr)에서 접수
- 원서 접수 시간 : 원서 접수 첫날 10:00부터 마지막 날 18:00까지

● **시험 일정**

정기 검정 : 1년에 4회

※ 2025년 기준 필기시험 일정 : 1월, 4월, 6월, 9월

● **원서 접수**
- 필기 : 14,500원
- 실기 : 23,700원

※ 원서 접수 마감일 18시까지 계좌이체 및 카드결제 가능

● **합격 기준**

필기와 실기 모두 100점을 만점으로 하여 60점 이상 취득 시 합격

● **과락**

과목별 과락 없음

합격 발표

● **필기 시험 합격자 발표**

최종 답안 제출 후 바로 점수 확인 가능

● **자격증 수령**
- 상장형 자격증을 원칙으로 하며 수첩형 자격증도 발급
- 자격 취득 사실 확인이 필요한 경우 취득사항확인서 발급

형태	상장형 및 수첩형
신청 절차	공단이 본인 확인용 사진을 보유한 경우, 인터넷 배송 신청 가능(q-net.or.kr)
수수료	• 인터넷 접수 수수료 : 3,100원 • 우편 배송 요금 : 3,010원
수령 방법	• 상장형 자격증은 인터넷을 통해 무료 발급 가능(1회 1종목) • 수첩형 자격증은 우편 배송만 가능 • 신분 미확인자는 공단에 직접 방문하여 수령
신청 접수 기간	합격자 발표 이후

고사장 및 시험 관련 문의
- 시행처 : 한국산업인력공단
- q-net.or.kr

📞 1644-8000

시험 출제 경향

1과목 디자인 일반

2025년부터 출제기준에서 제외된 파트이나, 최근 기출문제에서도 여전히 빠지지 않고 등장하는 과목입니다. 디자인의 가장 기초이면서 기본적인 내용을 담고 있고, 실무에서도 많이 적용되는 부분이므로 이론을 파악하는 정도로 학습하시기 바랍니다. 디자인의 역사와 분류, 마케팅 대한 내용이 주로 출제되고 있습니다.

2과목 비주얼 아이데이션

비주얼 아이데이션을 구상하고 전개하는 방법, 비주얼 아이데이션을 실제로 구체화하는 적용 방법에 대해 학습합니다.

01 비주얼 아이데이션 구상과 전개 — 60%

빈출 태그: 아이디어 구상, 아이디어 발상법, 스캠퍼, 아이디어 스케치, 스케치 도구, 투시도법, 디자인 요소, 시각 요소, 조형 원리, 변화와 균형, 시지각

02 비주얼 아이데이션 적용 — 40%

빈출 태그: 아이데이션 구체화, 콘셉트 키워드 도출, 프레젠테이션, 아이디어 선정, 콘셉트 전개, 유니버설 디자인, 사진·이미지 전개, 정보 그래픽, 비주얼 방향

3과목 시안 디자인

시안 개발 계획과 아트워크, 베리에이션 등 시안 디자인 기초와 응용에 대해 출제 가능성이 높습니다. 중요 개념 위주로 숙지하세요.

01 시안 디자인 개발 기초 — 50%

빈출 태그: 시안 디자인, 디자인 매체, 선과 척도의 종류, 투상도, 아트워크, 레이아웃의 유형, 그리드, 베리에이션

02 시안 디자인 개발 응용 — 50%

빈출 태그: 시안디자인 제작, 인포그래픽, 데이터 시각화, 아이덴티티 디자인, CI, 심벌, BI

4과목 조색 및 배색

색채학 범위가 포함되는 과목입니다. 색의 기본 원리와 표색계, 색의 지각과 심리, 색채 조화 등에 대해 자주 출제됩니다. 어렵지는 않으나 이론을 확실히 알지 못하면 헷갈리는 문제가 등장할 수 있으니, 주요 개념을 확실히 암기해야 합니다.

01 조색 — 50%
빈출 태그: 색채, 색의 3속성(색상, 명도, 채도), 색채혼합, 색체계, 먼셀의 색입체, 오스발트 표색계

02 배색 — 50%
빈출 태그: 색의 대비와 현상, 색의 공감각, 색채 조화, 배색, 색채 조절과 지각, 색의 상징과 연상, 색조(Tone), NCS 표색계, 색료, 색의 혼합, 색채 이미지 스케일

5과목 2D 그래픽 제작

디자이너에게 기본이 되는 컴퓨터그래픽 범위가 포함되는 과목입니다. 전체 내용을 충분히 이해하고 중요한 부분을 암기해 두어야 합니다. 컴퓨터그래픽 일반, 시스템 구성에 대한 키워드를 알아두고, 2D 이미지 제작과 합성 및 보정 방법까지 상세히 학습합니다. 타이포그래피 부분도 심도 있게 공부하는 것이 좋습니다. 실기 시험과 밀접하게 연계된 과목이므로 집중해서 학습하는 것이 좋겠습니다.

01 2D 이미지 제작 — 40%
빈출 태그: 컴퓨터그래픽의 역사·개념·원리, 시스템 구성, 출력 장치, 2D 이미지, 그래픽 파일 포맷, 2D 그래픽 프로그램, 2D 그래픽 제작

02 2D 이미지 합성·보정 — 30%
빈출 태그: 레이아웃 구성 이미지 합성과 보정, 컬러 모드, 출판물, 검수, 인쇄와 색상

03 타이포그래피 — 30%
빈출 태그: 타이포그래피, 서체, 글자 인지, 가독성과 판독성, 텍스트 배치, 캘리그래피

Q&A

Q 출제 기준 변경 이후 시험 경향은 어떤가요? 개정 전 범위도 공부해야 하나요?

A 2025년부터 종목명이 컴퓨터그래픽기능사로 바뀌고 출제 기준이 개정되었습니다. 필기 과목명은 '시각디자인일반, 컴퓨터그래픽스'로 단순화되었지만, 실제 시험 후기를 보면 디자인의 원리와 요소, 색채 이론과 도법, 재료와 같이 자인에 관한 기초 개념을 묻는 문제가 여전히 등장하고 있습니다. 본 책의 POINT 별 핵심 이론과 최근 3개년 기출문제로 기본기를 다진 뒤, CBT 온라인 문제집으로 과년도 기출문제를 반복 풀이하는 것이 좋습니다.

Q 필기시험에 합격한 이후 언제까지 필기시험이 면제되나요?

A 국가기술자격법 시행령 제21조 제1항의 근거에 의거 필기시험 면제 기간은 당회 필기시험 합격자 발표일로부터 2년간입니다. 2년 안에 합격할 때까지 횟수에 제한 없이 실기시험에 응시할 수 있습니다.

Q 과목별 과락이 있나요?

A 과락이 없습니다. 100점 만점에 60점 이상이면 합격입니다.

Q 원서 접수 시 유의해야 할 사항이 있나요?

A
- 원서 접수는 온라인(인터넷)에서만 가능하며, 스마트폰이나 태블릿 PC 사용자는 모바일 앱 프로그램을 설치한 후 접수 및 취소 · 환불 서비스를 이용할 수 있습니다.
- 수험표 출력은 접수 당일부터 시험 시행일까지 출력 가능(이외 기간은 조회 불가)합니다. 출력 장애 등을 대비하여 사전에 출력 후 보관하시기 바랍니다.
- 수험 일시와 장소는 접수 즉시 통보됩니다. 본인이 신청한 수험 장소와 종목이 수험표의 기재 사항과 일치하는지 확인하시기 바랍니다.

Q 기능사 필기 시험은 CBT 방식으로 진행된다고 하는데 CBT란 무엇인가요?

A
- CBT 시험이란 인쇄물 기반 시험과 달리 컴퓨터 화면에 시험문제가 표시되어 응시자가 마우스를 통해 문제를 풀어나가는 컴퓨터 기반의 시험을 말합니다. 전산으로 진행하여, 최종 답안 제출 시 바로 점수 확인 후 퇴실할 수 있습니다.
- 큐넷 홈페이지에서 CBT 방식을 미리 체험해 볼 수 있으며, 시험 시작 전 CBT 시험 방식이 안내됩니다.

Q 수험자가 직접 시험장을 선택할 수 있나요?

A 수험자가 직접 시험 볼 지역과 시험장을 선택할 수 있습니다.

Q 수험자가 직접 시험장을 선택할 수 있나요?

A 신분증과 수험표를 준비하시면 됩니다.

Q 신분증으로 인정되는 것은 무엇이 있나요?

A
- 시험에 응시할 때는 신분증이 필요합니다. 신분증으로는 주민등록증, 운전면허증, 공무원증, 장애인등록증, 국가유공자증 등이 가능합니다.
- 초·중·고 및 만 18세 이하인 자는 학생증, 신분확인증명서, 청소년증, 국가자격증 등이 신분증으로 인정됩니다.

※ 시험의 일반 사항에 관한 내용은 언제든지 변경될 수 있으니 한국산업인력공단(www.q-net.or.kr)에서 최종 확인하시기 바랍니다.

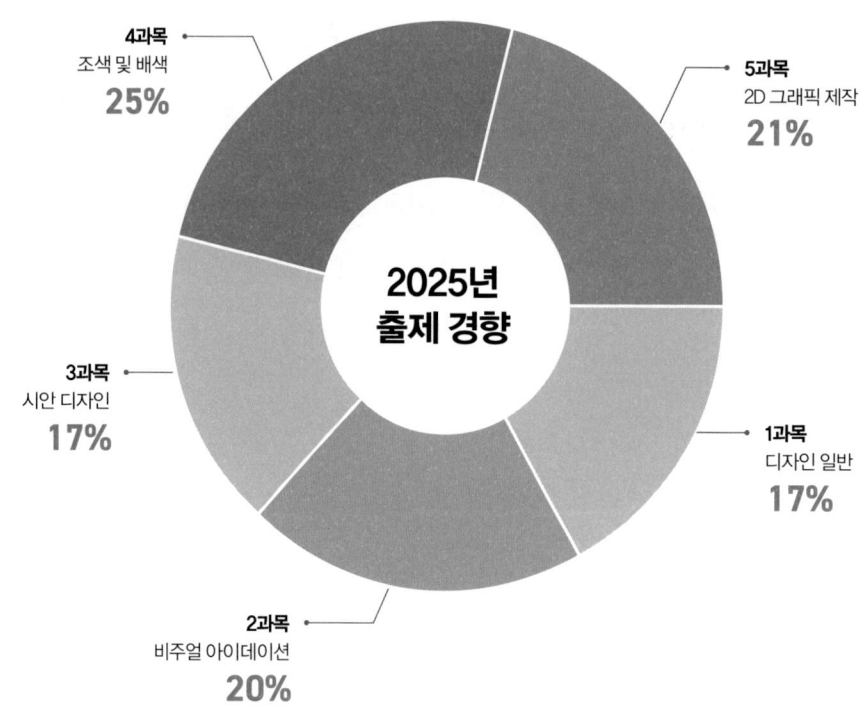

손에 잡히는
핵심이론

1과목	디자인 일반	1-20
2과목	비주얼 아이데이션	1-36
3과목	시안 디자인	1-96
4과목	조색 및 배색	1-136
5과목	2D 그래픽 제작	1-180

POINT 01 | 디자인 개론

01 디자인의 의미, 성립, 조건 등에 관한 사항

◉ 디자인의 개념과 의미

- 라틴어의 '데지그나레(Designare)'에서 유래되었으며, '계획하다', '지시하다', '표현하다', '성취하다'의 뜻을 가지고 있다. 디세뇨(Disegno), 데셍(Dessin) 등과 같은 의미로 사용된다.
- 좁은 의미로는 단순한 도안이나 장식, 설계, 의장, 계획 등을 말하며, 넓은 의미로는 모든 조형 활동에 대한 종합적인 계획이나 설계, 활동을 말한다.
- 기능성과 심미성의 조화를 통해 인간의 근본적인 생활을 보다 더 윤택하게 하고, 편리함과 아름다움을 창조하는 데 그 목적을 두고 있다.

◉ 디자인의 성립

- 디자인은 19세기 근대 산업혁명 이후 기계에 의한 대량 생산이 본격화되면서 각국에서 거의 비슷한 성격으로 생겨나기 시작했다.
- 근대 디자인 운동이 발생했고, 일품성을 위주로 하는 수공예 분야와 대립하면서 발전하였으며, 점차 상업적이며, 대중적인 면모를 갖추기 시작했다.
- 디자인의 성립은 욕구 과정-조형 과정-재료 과정-기술 과정 등으로 이루어진다.

02 디자인의 조건

디자인은 합목적성, 심미성, 독창성, 경제성, 질서성 등을 고려하여 계획, 제작되어야 한다. 이를 굿 디자인(Good-Design) 조건이라고 한다.

◉ 합목적성

- 디자인 목적에 부합되는 성질로서 1차 조건이 된다.
- 디자인이 대상과 용도, 목적에 맞게 이루어져 있는가를 의미한다.
- 기능성과 실용성을 의미하며, 이성적, 합리적, 객관적인 특징을 가지게 된다.
- 심미성과 함께 디자인의 중심을 이루게 되며, 심미성과 반대되는 성질을 가지고 있다.

◉ 심미성

- 디자인 작품의 기능과 조화된 형태와 색, 재질 등의 아름다움을 뜻함. 디자인의 아름다움은 소비자가 공감할 수 있어야 하기 때문에 시대성이나 민족성, 개인성 등이 복합적으로 나타난다.
- 대중의 미의식은 상대적이고 유동적이며, 선전이나 유행에 따라 이끌리거나 잘못 판단될 수도 있다.
- 미의식은 매우 주관적인 것이어서 개개인에 따라 차이가 있다.
- 같은 시대나 국가, 민족의 구성이 갖는 공통의 미의식이 있다.
- 심미성을 성립시키는 미의식은 시대성, 국제성, 민족성, 사회성, 개성 등이 복합된 것이어야 한다.

◉ 독창성

- 다른 제품과 차별화된 창조적인 디자인을 의미한다.
- **창조성** : 디자인에서의 창조성은 주어진 정보와 새로운 지식 및 경험을 바탕으로 디자이너의 창조적인 상상력을 결합시켜 독창적인 디자인을 만드는 것이다.
- **고유성, 민족성** : 국가민족의 고유한 표현은 독창성을 북돋우며, 가장 민족적인 독창성이 된다.
- **시대정신** : 시대에 알맞은 디자인을 해야 하며 결코 과거의 양식을 표절해서는 안된다. 또한 시대 양식에서 그 정신을 찾아서 창의력을 발휘하는 것이다.

◉ 경제성

- 재료의 선택부터 제품이 완성되는 전 과정에 걸쳐 가장 합리적이고 경제적인 효과를 얻을 수 있어야 한다.
- 최소의 비용으로 최대의 효과를 얻고자 하는 것은 경제 활동의 기본이 되는 원칙이다.
- 허용된 비용 안에서 가장 뛰어난 디자인을 한다는 의미이다.
- 재료의 선택에서 형태와 구조의 성형방법, 제작기술과 공정의 선택에 이르기까지 가장 합리적이고 효율적이며, 경제적인 효과를 얻을 수 있도록 노력하여야 한다.
- 합목적성과 심미성의 조화 위에 경제성을 추구하여야 한다.

◉ 질서성

디자인의 4대 조건인 합목적성, 심미성, 독창성, 경제성 등이 서로 조화를 이루도록 유지하는 것을 말한다.

03 굿디자인(Good-Design) 제도

- 1946년 영국에서 만국박람회를 통하여 굿 디자인 상품을 선정한 것이 국가차원에서 전개된 굿 디자인 제도의 효시이다.
- 1950-1955년, 뉴욕 MOMA(Museum of Modern Art)에 의해 행해진 소비자 교육 프로그램인 굿디자인(Good Design) 전시회를 계기로 그 용어가 현대적 의미로 쓰이기 시작했다.
- 우리나라의 우수디자인상품선정제도는 산업디자인진흥법에 의거해 1985년부터 매년 시행되는 대한민국 대표 디자인 인증 제도로서 심사를 통해 디자인이 우수한 상품에 정부 인증 심벌인 GD(Good Design) 심벌을 부여한다.

우리나라 굿디자인 마크

단답형 문제

01 디자인이 대상과 용도, 목적에 맞게 이루어져 있는가를 의미하는 것으로, 디자인의 1차적 조건은 무엇인가?

객관식 문제

02 디자인(Design)이란 단어의 어원은?
① 구성(Composition)
② 데지그나레(Designare)
③ 욕구(Desire)
④ 편집(Edit)

03 다음 중 우리나라 GD마크는 어떤 것인지 고르시오.

① ② ③ ④

04 다음 중 디자인의 목적이 아닌 것은?
① 삶의 질을 향상시킨다.
② 생활의 물질적, 정신적 풍요를 충족시킨다.
③ 개인주의적이고 단순한 디자인을 목적으로 한다.
④ 사회적 커뮤니케이션을 통한 디자인을 추구한다.

정답 01 합목적성 02 ② 03 ② 04 ③

POINT 02 | 디자인의 분류 및 특징

01 디자인의 분류 및 특징

◉ 디자인 분류
- 디자인은 크게 산업 디자인, 건축 디자인, 복식 디자인, 공예 등으로 분류된다.
- 표현 및 전달되는 방법에 따라 2차원, 3차원, 4차원 디자인으로도 구분한다.

◉ 산업 디자인 분류
- 산업 디자인은 근대 산업사회 이후 공업적인 생산 방식에 의해 만들어지는 디자인 분야이다.
- 복제 양산적이며, 대량 생산을 목적으로 하는 디자인 전 분야를 의미한다.
- 산업 디자인은 크게 시각 디자인, 제품 디자인, 환경 디자인으로 구분된다.

구분	시각 디자인	제품 디자인	환경 디자인
2차원 디자인	• 그래픽 디자인 • 상업 디자인 • 광고 디자인 • 편집 디자인 • 일러스트레이션 • 타이포그래피 • 레터링 • CI 작업 • 심볼, 로고 디자인 • 지도 및 통계 도표	• 벽지 디자인 • 텍스타일 디자인 • 인테리어 패브릭디자인	–
3차원 디자인	• 포장 디자인 • POP 디자인	• 가구 디자인 • 전기/전자 제품 디자인 • 주방용품 디자인 • 운송기기 디자인 • 액세서리 디자인	• 실내(Interior) 디자인 • 점포 디자인 • 디스플레이 • 도시계획 • 조경 디자인 • 스트리트 퍼니처 • 정원 디자인
4차원 디자인	• TV CF • 애니메이션	–	무대 디자인

◉ 디자인 영역
- 디자인의 영역은 기본적으로 인간의 근본적인 생활양태, 즉 시각 디자인, 제품 디자인, 환경 디자인으로 나누어지지만, 디자인의 영역은 현대의 세분화된 산업만큼이나 그 영역이 다양하다.
- 모던디자인 측면의 디자인 분류 개념

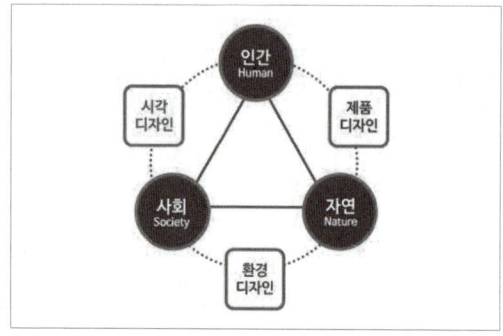

🎯 기적의 TIP

디자인 컨버전스
오늘날의 디자인은 분야를 나누지 않고 제품, 멀티미디어, 공간, 환경, 패션 등 다양한 영역에서 조화를 이루고 있으며, 계속해서 새로운 명칭과 디자인 분야가 생성되고 있다.

02 시각 디자인(Visual Design)

- 조형적 요소를 바탕으로 시각에 의존하여 정보를 전달하는 디자인 분야로서 다양한 시각 요소들로 구성되며, 평면적인 2차원 디자인이 주류를 이루고 있다.
- 세분류 : 그래픽 디자인, 일러스트레이션, 편집 디자인, 광고 디자인, 포장 디자인, CIP 등

03 제품 디자인(Product Design)

- 대량 생산되는 산업 제품의 기능성과 심미성을 추구하는 디자인 분야를 말한다.
- 제품의 생산 방식에 따라 수작업으로 이루어지는 공예(Craft)와 기계를 이용하여 대량 생산되는 공업 디자인(Industrial Design)으로 구분된다.
- 세분류 : 생활용품 디자인, 정보기기 디자인, 조명기기 디자인, 운송기기 디자인, 의료기 디자인 등

기적의 TIP

제품 디자인의 특징
- 과학, 기술, 인간, 환경 등이 공존하는 분야
- 생산 가능한 형태, 구조, 재료 등을 잘 선택한 설계여야 함
- 인간과 자연의 매개 역할

04 환경 디자인(Environmental Design)

- 인간 생활의 환경적인 부분을 조형적으로 구성하는 활동으로, 모든 디자인 분야를 포괄적으로 포함하는 상위 개념이다.
- 쾌적하고 윤택한 환경 조성을 목적으로 하며, 주변 환경과 질서, 통합, 조화를 이루어야 한다.
- 세분류 : 도시 디자인, 실내 디자인, 디스플레이 디자인, 스트리트 퍼니처, 슈퍼 그래픽, 그린 디자인 등

단답형 문제

01 다음 빈칸에 알맞은 내용은?

> 산업 디자인의 영역은 기본적으로 (　) 디자인, (　) 디자인, (　) 디자인으로 나누어진다.

객관식 문제

02 다음 중 성격이 다른 디자인 분야는 무엇인가?
① 편집 디자인
② 포장디자인
③ 아이덴티티 디자인
④ 전시 디자인

03 다음 중 2차원 평면 디자인에 속하지 않는 것은?
① 일러스트레이션
② 텍스타일 디자인
③ 디스플레이 디자인
④ 편집 디자인

정답 01 시각, 제품, 환경 02 ④ 03 ③

POINT 03 평면 디자인

01 평면 디자인 매체

◉ 포스터 디자인
포스터의 기능: 장식 효과, 상품 광고, 계몽선전, 고지적 기능
- 시각 디자인의 기본 형식으로서 일정한 지면 위에 가장 효과적인 표현을 통해 원하는 내용을 전하는 매체이다.
- 일반적인 주제는 간략한 문안과 그림으로 조형적으로 표현한다.
- 광고, 홍보를 위한 대표적인 매체로서 사진 이미지, 상징적인 그래픽 및 간략한 글귀로 강한 인상을 표현하는 것이 특징이다.
- 함축적 문안과 함께 이미지의 조화를 위한 형태와 색채, 구도 등을 고려한다.
- 장점 : 부착하는 위치를 자유롭게 할 수 있으며, 연속적인 부착으로 주목성을 높일 수 있다. 고급 인쇄가 가능하므로, 크기와 색상 선택이 자유롭다.
- 단점 : 수명이 짧고, 인쇄 광고이기 때문에 훼손되기 쉬우며, 지역과 소구 대상이 한정되어 있다.

◉ 신문
- 전통적인 정보전달 및 광고매체의 대표적 형태이다.
- 이미지와 텍스트를 효과적으로 구성하여 정보전달 기능을 극대화한다.
  - 이미지 : 사진, 일러스트, 인포그래픽 등
  - 텍스트 : 타이틀, 소제목, 내용, 글자체, 크기, 자간 등 세부적인 설정 필요
- 가장 중요한 것은 가독성과 다양한 변화 속에 일관성을 유지하는 것이다.
- 디자인적 신선함을 동시에 추구하여 차별성을 두는 신문도 있다.

◉ 잡지
- 특정한 주제와 제목, 콘셉트를 가지고 일정한 간격으로 출판되는 매체이다.
- 주간지, 월간지, 기관지, 전문지 등으로 구분된다.
- 잡지의 표지는 구매를 결정짓는 중요한 부분이다.
- 내용과 콘셉트에 맞는 다양한 이미지와 색상, 레이아웃을 사용한다.

◉ 책
- 일정한 목적, 내용에 따라 정보, 지식 및 감정 등을 글과 그림으로 표현하여 적거나 인쇄한 묶음을 뜻한다.
- 표지 디자인 : 독자가 책을 구매하는 요인 중 하나이다.
- 내지 디자인 : 목차, 본문, 이미지, 삽화 디자인 등으로 세분할 수 있다.

◉ 브로슈어
- 기업의 안내서, 제품의 설명서 등의 소책자이다.
- 다양한 정보와 사진, 그림 등 포함한다.
- 일관성, 통일성 유지하되, 다양한 변화를 줄 수 있다.

◉ 리플렛
- 광고나 홍보를 목적으로 하는 한 장짜리 인쇄물이다.
- 손에 쥐고 읽을 수 있는 크기의 높은 휴대성이 특징이다.
- 접는 횟수(2단, 3단, 4단)에 따른 디자인 레이아웃이 필요하다.

02 편집 디자인 개요

◉ 편집 디자인 개요
- 출판 디자인(Publication Design) 또는 에디토리얼 디자인(Editorial Design)이라고도 하며, 신문, 잡지, 서적 등의 인쇄물들을 시각적으로 구성하는 디자인 분야를 말한다.
- 편집 디자인은 기획 단계에서부터 레이아웃, 출력, 인쇄, 배포까지 모든 과정을 포함한다.

◉ 편집 디자인 역사

- 출판물에 디자인의 원리가 적용되기 시작한 것은 대중들에게 배포되기 시작한 시기로 대표적인 사례는 1930년대 미국 '포춘지'가 있다.
- 국내에서는 1976년에 그리드를 적용한 월간지 '뿌리 깊은 나무'를 편집 디자인의 시초로 보고 있다.

◉ 편집 디자인의 분류

형태	낱장(Sheet) 형식	한 장짜리의 인쇄물. 명함, DM, 안내장, 레터헤드, 카드, 리플릿 등
	스프레드(Spread) 형식	펼치고 접는 형식. 신문, 카탈로그, 팸플릿, 리플릿 등
	서적 형식	제본되어 있는 책자 형식. 잡지, 화보, 카탈로그, 매뉴얼, 브로슈어, 단행본 등
발행 주기	정기 간행물	일간(하루), 주간(일주일), 순간(10일), 월간(1달), 계간(분기/계절), 연간(1년)
	비정기 간행물	제품 카탈로그, 단행본, 시집 등

◉ 편집 디자인의 구성 요소

시각 디자인 분야의 편집, 광고 등을 제작할 때 사용되는 문자, 기호, 그림, 사진, 일러스트레이션 등 시각적 구성 요소들을 효과적으로 배치, 구성하는 것을 말한다.

포맷(Format)	외형적인 형식을 의미하며, 출판물의 형태, 분량, 크기, 페이지 수 등을 들 수 있음
라인업(Line-up)	출판물 전체의 흐름을 알 수 있도록 내용적인 요소와 조형적 요소를 간단히 배치, 구성하는 작업
마진(Margin)	여백이라는 뜻으로 이미지, 서체 등 내용이 구성된 나머지 부분을 말하며, 전체의 주목성과 가독성, 심미성을 위해 필요한 요소

단답형 문제

01 여백이라는 뜻으로 이미지, 서체 등 내용이 구성된 나머지 부분 또는 문서의 가장자리를 뜻하는 것을 무엇이라고 하는가?

객관식 문제

02 평면 디자인 매체가 <u>아닌</u> 것을 고르시오.
① 포스터 디자인
② 브로슈어 디자인
③ 패키지 디자인
④ 리플렛 디자인

03 다음 중 편집 디자인의 분야가 <u>아닌</u> 것은?
① 신문 디자인
② 패키지 디자인
③ 잡지 디자인
④ 책 디자인

04 포스터의 기능과 가장 거리가 <u>먼</u> 것은?
① 장식적 효과를 위한 것
② 상품 광고를 위한 것
③ 계몽선전을 위한 것
④ 광고주가 직접 소비자에게 메시지를 전하는 것

정답 01 마진 02 ③ 03 ② 04 ④

POINT 04 광고 디자인

01 광고 디자인

◉ 광고 디자인 개요
- 광고 매체를 통해 소비자들에게 특별한 목적을 가진 메시지를 제작하는 디자인 분야이다.
- 소비자는 광고를 통해 기업이나 제품을 기억하게 되며, 구매 활동을 통해 소비를 하는 것이다.

◉ 광고의 구성 요소

헤드라인 (Head Line)	헤드 카피(Head Copy)라고도 하며, 광고의 제목이나 표제
서브 헤드라인 (Sub-Head Line)	헤드라인을 설명하는 글 또는 바디 카피의 핵심이 되는 글
바디 카피 (Body Copy)	본문 문구로 구체적인 내용의 글
캡션(Caption)	그림, 사진, 일러스트 등을 설명하는 짧은 글
캐치프레이즈 (Catch-Phrase)	제품의 광고, 선전, 행사 따위에서 남의 주의를 끌기 위한 문구나 표어. '구호'
슬로건(Slogan)	기업의 메시지를 전달하기 위하여 지속적으로 광고에 반복해서 사용되는 간결한 문장

◉ 광고 매체의 종류
광고 매체는 크게 인쇄 매체, 전파 매체, 온라인 매체, 기타 매체로 구분한다.

02 신문 광고

◉ 신문 광고 개요
- 신문 지면을 통해 전달되는 신문 광고는 신속하고 정확한 정보를 전달할 수 있다.
- 정보의 신뢰도가 높고, 구독률이 높기 때문에 안정성 높은 광고를 할 수 있다.

① 신문 광고 장점
- 광고의 신뢰도와 주목률이 높다.
- 소구 대상이 다양하고 구독층이 많아 안정적이다. 전국적 광고 및 지역적 광고가 가능하다.
- 설득력이 뛰어나 기업이나 상업 광고에 적합하다.
- 기록성과 보존성을 가지고 있다.
- 전파매체에 비해 광고비가 저렴하다.
- 신속, 정확한 정보를 전달할 수 있다.
- 광고의 크기를 선택하여 광고할 수 있다.

② 신문 광고 단점
- 광고의 생명이 짧다(일간, 주간).
- 다른 광고나 기사에 영향을 받는다.
- 특정 계층 등을 선택하여 전달할 수 없다.
- 종이 질이 우수하지 않아 고급스러운 광고가 어렵다.

03 잡지 광고

◉ 잡지 광고 개요
잡지는 성별, 연령, 학력, 직업, 취미 등에 따른 특정한 내용을 가지고 제호(잡지 명)를 만들어 정기적으로 발행되는 출판물이다.

① 잡지 광고 장점
- 특정 층을 대상으로 광고를 할 수 있다.
- 보관이 가능하여 매체의 생명이 길다.
- 고급 컬러 광고가 가능하다.
- 회람률이 높아 많은 독자를 얻을 수 있다.
- 구체적이고 자세한 내용을 전달할 수 있다.
- 연속 광고를 통한 감정 광고나 무드 광고에 적합하다.
- 광고비가 저렴하다.

② 잡지 광고 단점
- 빠른 정보를 전달하기 어렵다.
- 각 잡지의 규격이 다르므로 광고비가 상승할 수 있다.
- 옆 면의 광고에 영향을 받는다.
- 페이지 위치에 따라 광고 효과에 많은 차이가 있다.

04 기타 광고

● **SP(Sales Promotion) 광고**
- 마케팅 커뮤니케이션의 한 방법으로 제품의 판매촉진을 위한 모든 활동 수단을 말한다.
- 4대 매체 광고(TV, 라디오, 신문, 잡지 광고)를 제외한 모든 광고, 홍보 활동이다.
- 이벤트, 디스플레이, 실연 판매, 전시, 박람회, 옥외, 교통, POP, 프리미엄, 쿠폰 등이 포함된다.

● **DM(Direct Mail) 광고**
- 특정 회사가 회원에게 직접 보내는 우편물에 포함되는 광고를 말한다.
- 회원제의 운영으로 예상 고객을 선별할 수 있으며, 시기와 빈도를 조절할 수 있다.
- 광고의 주목성, 오락성이 부족하고, 지면이 적어 조잡해 보일 수 있다.

● **옥외(Outdoor) 광고**
- 옥외에 설치하는 광고로 불특정 다수에게 장기적으로 정보를 전달하는 광고를 말한다.
- 벽면 포스터, 간판(사인보드), 광고탑, 네온사인, 슈퍼그래픽, 현수막, 플래카드, 애드벌룬 등이 있다.

● **교통 광고**
- 제5의 광고로 불리우는 교통 광고는 이동 수단, 즉 교통에 관련된 모든 매체에 사용할 수 있는 광고이다.
- 공공 수송 기관이나 정거장, 역 구내 등에 설치하는 광고로써 교통 기관을 이용하는 고객을 대상으로 한다.

객관식 문제

01 잡지에 대한 설명 중 틀린 것을 고르시오.
① 특정한 주제와 제목 콘셉트를 가진다.
② 표지는 구매를 결정짓는 중요 요소 중 하나이다.
③ 개성적인 표현보다는 일관성을 위주로 한 정보지이다.
④ 내용과 콘셉트에 따라 다양한 레이아웃을 사용한다.

02 신문 광고의 장점이 아닌 것은?
① 인쇄나 컬러의 질이 높고, 소구 대상이 뚜렷하다.
② 다수인을 상대로 광고하므로 광고 효과가 크다.
③ 매일 발행되므로 때에 맞게 광고를 할 수 있다.
④ 지역별 광고가 용이하며 효과적이다.

03 사전에 계획된 예상 고객에게 직접 전달할 수 있으므로 소구 대상을 정확하게 선정하여 직접 발송할 수 있는 장점을 가진 광고는?
① 직접우송 광고(DM)
② 구매시점 광고(POP)
③ 신문 광고
④ 잡지 광고

04 옥외 광고 중 상점의 입구 또는 처마 끝 등에 설치하는 간판은?
① 가로형간판
② 점두간판
③ 입간판
④ 야립간판

정답 01 ③ 02 ① 03 ① 04 ②

POINT 05 | 입체 디자인

01 포장 디자인

◉ 포장 디자인 (Package Design)

- 포장 디자인은 소비자에게 상품을 알리고, 구매 의욕을 증가시키며, 상품을 안전하게 보호하고 운반할 수 있도록 하는 입체 디자인 분야이다.
- 말 없는 세일즈맨(Silent Salesman)으로 일컬어지고 있다.
- 환경보호를 위한 절감, 재생 가능한 소재도 고려하는 것이 좋다.

◉ 포장 디자인의 기능

보호성 (보존성)	포장의 가장 기본적인 기능으로 상품과 제품을 보호해야 한다.
편리성	모든 상품은 운반과 적재가 용이하도록 구조가 간단해야 한다.
심미성	제품의 용도에 맞는 적절한 아름다움이 있어야 한다.
상품성	상품이나 제품이 가지는 성격을 잘 표현해야 한다.
구매 의욕	소비자들의 시선을 자극시켜 구매 의욕을 높일 수 있어야 한다.
재활용성	환경 보존을 위한 재사용, 절감, 재생 부분을 고려해야 한다.

◉ 패키지 디자인의 분류

① 형태별 분류

- **단위 패키지** : 물품 개개의 패키지를 말하며 물품의 상품 가치를 높이거나 물품 개개를 보호하기 위해서 적합한 재료 및 용기로 물품을 가공하는 방법 및 시공 상태를 말한다.
- **내부 패키지** : 패키지된 화물 안쪽에 사용되고 있는 패키지를 말하며 습기, 빛과 열 및 충격 등을 방지하기 위하여 적합한 용기나 재료 등을 사용한 패키지 상태를 말한다.
- **외부 패키지** : 화물의 외부 패키지를 가리키는 것으로 물품을 상자, 푸대, 나무통, 캔 플라스틱, 비닐, 폴리에틸렌(PE) 등의 용기에 넣거나 또는 기타 재료를 써서 결속시킨 후 기호, 상품명, 상표명, 구성비, 라벨(Label) 등을 표시하는 패키지이다.

② 기능별 분류

- **상업 패키지** : 패키지 기능의 중점을 판매 촉진에 두는 것이므로 심미성 위주로 고찰하는 것이다.
- **공업 패키지** : 수송과 보관 관리상의 안전을 위한 원래의 목적대로 효율적으로 기능을 발휘하도록 패키지된 것이다.

③ 사용 재료별 분류

상자형	나무, 종이, 알루미늄, 플라스틱 등의 재질을 이용한 것
봉투형	종이, 천, 비닐 등의 재질을 이용한 것
원통형	금속제를 이용한 캔, 종이 통 등
기타 재료	유리, 도자기 등을 이용한 패키지가 있으며 현대에 이르러 더욱 다양한 재료들이 개발되고 있다.

02 라벨 디자인(Label Design)

- **라벨** : 각종 상품에 부착되어 상품 판매와 직접적으로 관련 있는 상표, 태그 등이다.
- 제품의 이름, 특징 등 아이덴티티를 표현한다.
- 제품의 이미지나 가독성이 잘 드러나도록 디자인한다.

03 POP(Point Of Purchase) 광고

● POP 디자인

- 구매 시점 광고로 구입 장소에서 소비자의 시선을 유도하기 위한 광고매체이다.
- 포스터, 상품설명 안내판, 가격표 등 디스플레이류를 총칭한다.
- 판매를 유도하며 제품의 특성과 매장 전체의 디스플레이를 고려한 디자인이 필요하다.
- 눈에 잘 띄는 색채나 인지도가 높은 인물, 캐릭터 등을 주로 사용하는 것이 특징이다.
- 소비자의 구매 심리를 직접 자극하여 구매 의욕을 극대화할 수 있으며, 판매원의 설명을 대신할 수 있다.

● POP 디자인 종류

점두 POP	• 상점 밖에서 제품과 브랜드의 이미지를 전달하고 고객을 상점 내로 유도하는 역할 • 현수막, 간판 등
점내 POP	• 상점 내에서 고객에게 매장 안내와 상품 코너 안내를 같이 해줄 수 있게 연출 • 사인보드, 일러스트 모빌류, 행거 안내 사인, 상품 코너 포스터 등
진열 POP	• 가격, 제품 비교, 제품 정보 등을 안내하는 목적 • 제품 안내카드, 가격표 등

단답형 문제

01 구입 장소에서 소비자의 시선을 유도하기 위한 광고매체를 무엇이라고 하는가?

객관식 문제

02 포장 디자인의 기능과 가장 거리가 먼 것은?
① 보호성
② 편리성
③ 상품성
④ 교환성

03 다음 포장 디자인에서 갖추어야 할 내용 중 거리가 먼 것은?
① 쌓기 쉽게 디자인되어야 한다.
② 여러 조건하에서도 필요한 정보를 전달할 수 있어야 한다.
③ 어떤 상태에서든지 매혹적으로 보이도록 디자인되어야 한다.
④ 상표명과 내용물에 관한 표현보다는 전시 효과가 더 중시되어야 한다.

정답 01 구매시점 광고(POP) 02 ④ 03 ④

POINT 06 | 제품 디자인

01 제품 디자인

◉ 제품 디자인 개요

- 제품 디자인은 통신, 전자, 컴퓨터 관련 제품에서 생활용품(그릇이나 팬시용품, 사무용품 등) 등을 디자인하는 분야이다.
- 어떤 제품을 개발하여 생산, 판매하기 위해서 제품을 디자인하며 시장에서 잘 팔릴 수 있는 제품, 생산이 용이하고 판매가격이 소비자에게 충분히 공감을 줄 수 있도록 안정된 가격으로 만들 수 있는 제품을 디자인해야 한다.
- 제품 디자인의 영역은 제품의 외형뿐 아니라 각 제품의 구조, 기능까지 포함하고 있어 매우 넓어지고 있는 추세이다.
- 제품 디자인을 할 때는 기획, 디자인 개발, 마케팅 등 제품 전 과정에 대한 이해가 필요하다.

◉ 제품 디자인 발상 방법

- 제품 디자인에서의 아이디어 발상은 제품에 대한 이해와 인간공학적인 측면을 이해해야 한다.
- 단순히 제품의 형태와 구조 등은 물론이고 인간의 생리적, 심리적인 특성에 맞도록 하는 것이 중요하다.
- 제품 디자인이 나오기까지는 제품의 선정부터 개발에 이르기까지 다양한 아이디어 발상법을 활용해야 한다.
- 디자이너는 다양한 경험과 사고의 폭을 넓혀야 하며 항상 양면성을 생각하며 열려있는 의식이 중요하다.

02 디자인 발상 방법 및 아이디어 전개

◉ 디자인 발상의 발전 단계

모방	초기의 디자인 발상과 전개 단계로 후진국에서 이루어짐
수정	개발도상국에서 이루어지는 단계로 모방을 통한 수정 과정이 주류를 이룸
적응	선진국에서 시도되는 디자인 단계로 수정 단계를 넘어 새로운 창조적 디자인을 만들어 내는 과정
혁신	유행이나 트렌드를 이끌 수 있는 선진국에서 진행되는 디자인 단계로, 혁신적인 디자인을 만듦

◉ 신제품 개발 유형

① 모방 디자인

신제품 개발 시 초기에 많이 사용되는 방법으로, 기존의 기능과 성능을 바탕으로 새로운 용도와 형태 등을 창조하는 디자인을 말한다.

② 리디자인(Redesign)

- 기존 제품의 형태, 기능, 색채, 재료 등을 새롭게 개선하거나 개량하는 디자인을 말한다.
- 같은 제품의 성능과 디자인을 조금씩 수정, 보완하는 것을 의미한다.

③ 스타일링(Styling)

외형적인 부분만을 주력하여 디자인하는 방법이다.

03 제품 디자인 계획 및 프로세스

● 제품 디자인의 아이디어 전개 과정

발의 → 확인 → 연구 조사 → 분석 → 종합 평가 → 개발 → 전달
       └─ 타당성 검토, 문제점 점검

● 제품 디자인 프로세스

계획 수립 → 콘셉트 수립 → 아이디어 스케치 → 렌더링 → 목업 → 도면화 → 모델링 → 결정 → 상품화

● 제품 디자인의 조건

- 제품의 기능과 형태 등을 통하여 제품이 지녀야 하는 특정한 목적을 충족시켜야 한다.
- 기본적인 제품 디자인의 조건으로는 기능성, 심미성, 독창성, 경제성, 안정성 등이 있다.

04 제품 디자인의 종류

● 활용도에 따른 분류

전자 · 가전 제품 디자인	정보화 사회의 도래에 따른 정보의 활용과 관련된 전자 · 가전제품
가구 디자인	신체의 편리성과 물건의 수납 및 보관을 위한 제품
액세서리(보석) 디자인	액세서리(보석)는 복장의 조화를 도모하는 장식품
잡화 디자인	일상생활에 필요한 생활용품
문구 · 완구 디자인	지능개발과 정서 함양에 필수적인 문구류와 완구용품
운송수단 디자인	장소를 이동하는 데 필요한 이동 수단

단답형 문제

01 기존 제품의 형태, 기능, 색채, 재료 등을 새롭게 개선하거나 개량하는 디자인은 무엇인가?

객관식 문제

02 제품 디자인의 설명 중 잘못된 것은?
① 과학, 기술, 인간, 환경 등이 공존하는 분야이다.
② 생산 가능한 형태, 구조, 재료 등을 잘 선택한 설계이어야 한다.
③ 인간과 자연의 매개 역할로서 구조적 장비이다.
④ 인간의 감성에 맞춘 순수한 예술이어야 한다.

03 디자인 발상의 발전단계 순서로 올바르게 나열된 것은?
① 혁신 – 모방 – 변형 – 적용
② 모방 – 수정 – 적응 – 혁신
③ 응용 – 수정 – 결합 – 혁신
④ 모방 – 변형 – 가공 – 혁신

정답 **01** 리디자인 **02** ④ **03** ②

POINT 07 | 실내, 전시 디자인

01 실내 디자인의 요소

◉ 실내 디자인 영역
> 궁극적 목표: 효율성, 아름다움, 개성

- 인간의 기본 생활과 밀접한 부분이므로 실내 공간의 목적이나 기능에 적합하도록 디자인되어야 한다.
- 실내 디자인의 영역으로는 주거용 공간, 상업용 공간, 작업용 공간, 공용 공간 등이 있다.

◉ 실내 디자인의 조건
- 실내 디자인은 인간이 생활하기에 필요한 기본적인 기능을 가지고 있어야 한다.
- 환경적 조건, 정서적 조건, 기능적 조건 등으로 이들 조건에 적합해야 한다.

◉ 실내 디자인의 기본적 요소
실내 디자인의 기본적 요소에는 바닥, 벽, 천장, 기둥, 보, 개구부 등이 있다.

① 바닥(Floor)
- 실내 공간에서 가장 기초적인 요소로 수평적인 성격을 가지며, 인간의 접촉 빈도가 가장 많은 요소이다.
- 인간의 몸과 직접 접촉하는 수평적 요소로 실내의 하중을 지탱하는 역할을 한다.

② 벽(Wall)
- 실내 공간의 형태와 크기, 규모를 결정하는 기본적인 요소이다.
- 수직적인 성격을 띠고 있으며, 실내 공간 중 사용자의 시선이 많이 머무는 곳이다.

③ 천장(Ceiling)
- 실내 공간의 윗부분에서 외부의 빛과 열을 반사 및 흡수를 통해 보호한다.
- 다양한 형태로 공간의 형태를 변화시킬 수 있다.

④ 기둥 및 보(Column & Beam)
- 기둥은 상징과 강조의 수직적 요소로 실내 디자인에 있어서는 동선의 흐름을 차단하는 역할을 한다.
- 보는 천장에 위치하여 하중을 받치는 구조재로, 장식과 조명을 가미할 수 있는 수평적 요소이다.

⑤ 개구부(Opening)
- 벽의 일부를 뚫어 외부와 통하는 부분을 말한다.
- 대표적으로 문과 창문이 있다.
- 문은 공간의 이동을 연결하며, 창문은 실내 공간에 환기, 조명, 채광 효과를 줄 수 있다.

◉ 실내 디자인의 장식적 요소
- 실내 공간의 기본 요소를 제외하면 대부분은 장식적인 요소에 해당한다.
- 장식적인 요소는 크게 가구, 조명, 색채, 액세서리, 디스플레이 등으로 구분된다.

02 실내 디자인 프로세스

◉ 실내 디자인 계획
기획 → 기본 계획 → 기본 설계 → 실시 설계 → 감리

◉ 실내 디자인 프로세스
전략기획/계획 → 디자인/설계 → 시공 → 관리 및 감리

03 전시 디자인

● 전시 디자인 개요
- 전시란 특정한 목적을 가지고 전달하는 공간 연출을 말한다.
- 공간이나 장소에 존재하는 정보를 전달하는 수단으로서 보여주는 행위를 의미한다.
- 동선이란 사람이 실내 공간에서 걸어 다니는 흔적을 말한다.

● 전시 공간의 형태
① 직사각형
가장 기본적인 전시 형태로 공간 형태가 단순하고, 확실한 성격을 가지고 있다.

② 원형
- 원형의 전시 형태는 중앙을 중심으로 전시가 가능한 형태이다.
- 고정되는 축이 없기 때문에 방향감을 잡기 어렵다.

③ 부채꼴형
- 관람자에게 다양하고 많은 선택의 가능성을 제시하는 전시 형태이다.
- 관람자의 빠른 판단이 요구되는 형태이기도 하다.
- 소규모 전시에 적합한 전시 형태이다.

④ 자유형
- 형태가 복잡하여 한눈에 전체를 파악한다는 것이 어려워 규모가 큰 전시 공간에는 부적합하다.
- 전체적인 조망이 가능한 한정된 공간에 적합하다.

● 전시 방법(특수 전시)

디오라마 전시	• 현실감 있게 공간감과 시간 상황을 연출하는 전시 방법 • 모형이나 현물로 전시하거나 일러스트레이션이나 영상 등을 원근법을 통하여 전시
파노라마 전시	크거나 긴 주제를 연속적으로 이어서 전경으로 펼쳐지도록 전시하는 방법
아일랜드 전시	전시물을 중심으로 공간적인 전시공간을 만들어 내는 방법
하모니카 전시	크기, 비례가 동일한 전시물을 반복하여 통일되게 전시하는 방법

단답형 문제

01 현실감 있게 공간감과 시간 상황을 연출하는 전시 방법으로 모형이나 현물로 전시하거나 일러스트레이션이나 영상 등을 원근법을 통하여 전시하는 특수전시를 무엇이라고 하는가?

객관식 문제

02 다음 중 실내 디자인에서 추구하는 궁극적인 목표와 일치하는 것은?
① 유행성, 보편성, 개성
② 효율성, 아름다움, 개성
③ 기능성, 효율성, 보편성
④ 재료성, 아름다움, 유행성

03 실내 디자인을 구성하는 실내의 기본 요소로만 연결된 것은?
① 가구 – 조명 – 문
② 바닥 – 벽 – 천장
③ 바닥 – 벽 – 차양
④ 가구 – 바닥 – 창

04 실내 디자인의 4단계 과정에 관한 설명 중 틀린 것은?
① 기획 과정은 실내 디자인 작업과 관련되어 있는 모든 정보를 수집하는 단계이다.
② 설계 과정은 기획 과정에서 수집한 정보를 활용하여 대상 공간에 실제 가구를 배치하는 단계이다.
③ 시공 과정은 설계 과정의 결과를 기초로 하여 실제 작업을 하는 단계이다.
④ 사용 후 평가 과정은 결과를 기초로 하여 디자인을 시정하거나 시공상의 문제점을 해결하는 단계이다.

정답 01 디오라마 전시 02 ② 03 ② 04 ②

POINT 08 환경 디자인

01 환경 디자인

● 환경 디자인 개요
- 디자인 전반에 있어서 환경적인 문제 인식을 갖고 인간의 생활환경과 자연과의 조화, 사회와 자연을 연결하는 환경적인 장비를 통하여 쾌적하고 윤택한 환경 조성을 목적으로 하는 모든 디자인 분야를 포괄하는 상위 개념이다.
- 환경 디자인은 건축 디자인, 옥외 디자인, 인테리어 디자인, 산업 디자인, 조경 디자인 등을 통합한 디자인 개념으로 주변 환경과의 질서, 통합, 조화를 강조한다.

● 환경 디자인의 역할
- 자연을 보호 · 보전하여 공해 · 재해로부터 인간을 보호한다.
- 인공 구조물을 관리, 유지하여 사회와 개인의 질서를 유지한다.
- 환경을 편리하고 아름답게 꾸며 생활을 풍요롭고 쾌적하게 한다.

● 환경 디자인의 조건
- 자연미 + 인공미 + 조화
- 문화유산의 보존과 계승
- 자연의 보호와 보존
- 도로, 교량의 배치와 산업, 교통 효과도 고려
- 공공 기관의 배치를 기능적으로 배치

02 환경 디자인의 분야

● 도시 디자인
- 1960년대 미국에서 도시계획이라는 분야에서 시작하였다.
- 기존 도시의 설계가 건축, 토목, 행정 분야에서 이루어졌다면, 환경 디자인으로서의 도시 디자인은 복잡한 구조를 가지는 도시 전체를 디자인적 측면으로 접근하여 환경적인 문제 인식으로 계획, 설계한다.

● 실내 디자인(Interior Design)
- 건축물의 내부 공간을 용도와 인간의 생활 목적에 따라 기능적 · 정서적인 충족이 되도록 한다.
- 안전하고 편리하며 쾌적하게 하여 보다 능률적인 공간이 되도록 계획 · 설계하는 작업이다.
- 실내 디자인의 내부 공간은 현실적이고 실질적인 생활 공간을 의미한다.

● 디스플레이 디자인(Display Design)
- 상품 진열장이나 진열실, 전람회장 등 특정 계획과 목적에 따라 상품과 작품을 전시하는 기술, 평면적인 진열뿐만 아니라 전시용의 방이나 건물의 설계까지를 포함한다.
- PR 활동의 일환으로서 소비자에게 상품을 선전하고 혹은 판매할 목적으로, 쇼윈도나 매장 등의 일정 공간 내에 효과적 · 미적으로 상품을 진열하기 위한 디자인이다.

● 스트리트 퍼니처(Street Furniture)

- '거리'와 '가구'의 합성어로 공원, 광장 등에 설치된 의자, 휴지통, 재떨이, 수도, 전화박스, 안내판, 공중화장실 등의 시설을 스트리트 퍼니처라고 한다.
- 기능, 편리, 심미적 측면뿐만 아니라 경제성, 견고성, 안전성, 호환성, 안락성 등을 고려해서 디자인해야 한다.

● 슈퍼 그래픽(Super Graphic)

- 1960년대 후반부터 건축 벽면 전체의 사인이나 건축 외벽 전체의 그래픽 디자인이 등장했다.
- 내부 공간에서도 문자나 화살표 등의 방향을 벽면에 나타내기도 하는 디자인이 전개되었다.
- 슈퍼 그래픽은 지하철 벽면이나 학교의 담, 건물의 외벽 및 내부 벽면에 그래픽적 요소를 사용하여 표현하고 있다.

단답형 문제

01 건축 벽면 전체의 사인이나 건축 외벽 전체의 그래픽 디자인을 무엇이라고 하는가?

객관식 문제

02 도시환경 디자인에서 거리 시설물 디자인 시 고려해야 할 사항과 가장 거리가 먼 것은?
① 편리성
② 상품성
③ 경제성
④ 안전성

03 다음 중 스트리트 퍼니처가 아닌 것은?
① 조경 디자인
② 공공 휴지통 디자인
③ 버스정류장 디자인
④ 소화전 디자인

정답 01 슈퍼 그래픽 02 ② 03 ①

POINT 09 | 아이디어 구상

01 아이디어 구상

◉ 아이디어 구상 개념

- 디자인 문제를 해결하기 위해 창의적 사고와 논리적 분석을 결합하여 시각적 콘셉트를 형성하는 과정을 말한다.
- 단순히 '떠오르는 생각'을 의미하는 것이 아니라, 디자인 목적과 요구를 충족시키기 위해 체계적으로 사고하고 발전시키는 일련의 과정이다.
- 창의력뿐만 아니라 분석력, 관찰력, 표현력, 논리적 사고를 종합적으로 활용한다.
- 기존의 경험, 지식, 자료, 환경적 자극의 조합과 재구성을 통해 탄생한다.
- 풍부한 정보와 폭넓은 사고가 아이디어의 질을 결정 짓는다.

◉ 아이디어 구상의 목적

① **디자인의 방향 제시**
무수히 많은 시각적 가능성 중에서 문제 해결에 가장 적합한 방향을 선택하도록 돕는다.

② **창의적 해결책 탐색**
기존의 고정관념이나 습관적인 표현에서 벗어나 새로운 조형적 접근을 시도한다.

③ **효율적 제작 과정 설계**
명확한 콘셉트를 설정함으로써 제작 과정에서의 시행착오를 줄이고 효율을 높인다.

④ **시각 커뮤니케이션 강화**
타깃의 이해 수준과 감성을 고려하여, 효과적인 시각적 전달 방식을 찾는다.

02 아이디어 구상 4단계

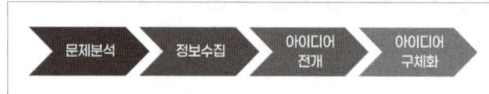

① **문제 분석(Problem Definition)**
- 디자인 요구사항과 목적을 명확히 정의하는 단계이다.
- 문제를 정확히 정의할수록 아이디어의 방향이 명확해지고, 불필요한 시행착오를 줄일 수 있다.
  - 작업 목적 : 광고, 포스터, 웹 배너, 패키지 등
  - 타깃 분석 : 연령, 성별, 관심사, 시장 특성
  - 메시지 및 콘셉트 도출
  - 표현 방식 선택 : 사진, 그래픽, 일러스트, 타이포그래피 등

② **정보 수집(Research & Inspiration)**
참고 자료와 시각적·개념적 정보를 폭넓게 탐색한다.
  - 이미지 리서치(Image Research) : 사진, 잡지, 일러스트, 그래픽, 컬러 트렌드 등을 조사
  - 벤치마킹(Benchmarking) : 경쟁 디자인 또는 우수 사례 분석
  - 브레인스토밍(Brainstorming) : 팀 또는 개인이 짧은 시간 안에 다양한 아이디어를 자유롭게 제시하는 방법
  - 마인드 맵(Mind map) : 중심 키워드에서 확장 개념을 시각적으로 정리

③ **아이디어 전개(Idea Expansion)**
- 수집된 정보를 바탕으로 핵심 콘셉트를 정리하고 표현 방향을 설정하고 확정 짓는 중요한 단계이다.
  - 키워드 정리 및 조합 : 예 '자연, 편안함, 생동감 → 그린톤 컬러 + 곡선 형태 + 자연 질감'
  - 스케치(Sketch) : 다양한 구도, 레이아웃, 색 구성의 빠른 시각화
  - SCAMPER 기법 적용

④ 아이디어 구체화(Concrete Concept)
- 가능성 있는 아이디어를 좁히고 세부 요소를 정리한다.
  - 핵심 디자인 콘셉트 문장화
  - 색상 팔레트 정의
  - 화면 구성 요소 확정
  - 주제 이미지 또는 그래픽 스타일 설정
- 구체화한 아이디어는 이후 시안(Rough Sketch)과 제작 단계로 자연스럽게 이어진다.

03 아이디어 구상의 필요성

① **디자인의 차별화 실현**
같은 주제라도 다른 시각으로 접근해 독창적 결과물을 만든다.
② **제작 방향의 명확화**
필요한 수정과 반복 작업을 줄인다.
③ **시각적 완성도 향상**
기획 단계에서 콘셉트가 명확할수록 결과물의 통일성이 높아진다.
④ **커뮤니케이션의 효율성**
디자이너와 의뢰자, 사용자가 서로를 더 쉽게 이해하도록 돕는다.

객관식 문제

01 다음 중 아이디어 구상의 단계 순서로 옳은 것은?
① 정보 수집 → 문제 분석 → 아이디어 전개 → 아이디어 구체화
② 문제 분석 → 정보 수집 → 아이디어 전개 → 아이디어 구체화
③ 문제 분석 → 아이디어 전개 → 정보 수집 → 아이디어 구체화
④ 정보 수집 → 아이디어 구체화 → 문제 분석 → 아이디어 전개

02 아이디어 구상의 목적에 해당하지 <u>않는</u> 것은 어느 것인가?
① 디자인의 방향을 제시한다.
② 창의적 해결책을 탐색한다.
③ 시각적 커뮤니케이션을 강화한다.
④ 프로그램 명령어 숙련도를 높인다.

03 아이디어 구상 단계 중 정보 수집 단계의 특징으로 가장 옳은 것은?
① 최종 시안을 완성하고 수정하는 단계이다.
② 참고 자료와 시각적·개념적 정보를 폭넓게 탐색하는 단계이다.
③ 핵심 디자인 콘셉트를 문장화하는 단계이다.
④ 제작 방향을 결정짓는 평가 단계이다.

정답 01 ② 02 ④ 03 ②

POINT 10 | 아이디어 발상법-1

01 아이디어 발상법

◉ 디자인 아이디어 발상 배경

- 디자인의 명사적 의미로는 디자인을 하고자하는 문제 또는 원인에 대해서 체계화하고 해결안을 제시하는 일련의 프로세스를 뜻한다.
- 디자인은 현대에 동사적 의미로 개념 확대되었다.
- 동사적 프로세스에는 창의적 아이디어 발상 사고 기법이 적용된다.

◉ 아이디어 발상법 개요

- 아이디어를 드러내고 비교하며 분류하거나 결합하는 등의 형태를 뜻한다.
- 기존에 알고 있던 개념이나 생각들도 다양한 각도에서 살펴보며 새로운 점을 발견할 수 있다.
- 확산기법, 수렴기법, 통합기법으로 나눌 수 있다.

02 아이디어 발상법의 유형

◉ 대표적인 아이디어 발상법의 분류

확산기법	브레인스토밍법, 브레인라이팅법, 마인드맵, 열거법
	체크리스트법, 매트릭스법
	시네틱스법
수렴기법	상하위관계 분석법, 계통도, 연관도, 시나리오 라이팅법, 카드 분류법
통합기법	워크 디자인법, 매트릭스, 구조화 분석법 등

└ 스캠퍼는 체크리스트법에서 보완된 기법으로 확산기법에 속함

◉ 확산기법

- 기존에 구축된 논리만을 의존하지 않고 아이디어 발상자가 다양한 관점에서 가능한 많은 아이디어를 도출하기 위하여 비교적 빠른 속도로 진행하는 방법이다.
- 자유로운 분위기와 사고를 통해 보다 많은 아이디어를 창출해 내기 위한 발상법이다.
- 대표적 기법 : 브레인스토밍, 마인드맵, 체크리스트법 등

◉ 수렴기법

- 확산 기법에 의해 수집된 다양한 데이터를 정리하고 집약하여 의미 있는 정보 구조를 수렴적으로 만들어 가는 방법이다
- 대표적 기법 : 상하위관계 분석법, 시나리오 라이팅 등

◉ 통합기법

- 확산 기법과 수렴 기법을 반복하면서 목적에 맞는 아이디어를 구체화하는 방법이다.
- 대표적 기법 : 워크 디자인, 매트릭스 등

◉ 창의적 사고

심리학자 조이 길포드(Joy Paul Guilford)는 인간의 사고에는 방향성을 넓혀가는 '확산적 사고'와 방향성을 좁혀가는 '수렴적 사고'가 있으며 창의적 사고는 이 두 가지를 반복하면서 일어난다고 하였다.

◉ 아이디어 발상법의 필요성

- 풍부한 아이디어 도출을 도와준다.
- 다양한 관점, 새로운 점 발견할 수 있다.
- 보다 쉽고 효율적으로 문제해결에 접근이 가능하다.

03 콘셉트에 의한 아이디어 구상

● **디자인 콘셉트 수립 과정과 아이디어 구상 과정의 관계**

브레인스토밍 → 키워드 추출 → 핵심 키워드 도출 → 디자인 콘셉트 수립

04 디자인 사고 프로세스

● **일반적인 디자인 사고 프로세스**
- 영감 생성(Inspiration) → 아이디어 발상(Concepting) → 아이디어 평가(Evaluation)

● **창의적 아이디어 발상 시스템**
- 배우고(Learning) → 영감 생성 → 아이디어 발상(Ideation) → 아이디어 선택(Selection) → 아이디어 협업(Collaboration) → 배우기
- 지속성을 가져갈 필요가 있다.
- 창의적 아이디어 발상 프로세스가 필요하다.

● **창의적 아이디어 발상 시스템**
- 디자인 시각화 = 창의적 아이디어 프로토타이핑 과정
- 브레인스토밍
- 이미지맵(마인드맵)
- 문제해결 기법

05 디자인 아이디어 발상 트렌드

- 오픈소싱(Open Sourcing), 크라우드 소싱(Crowd Sourcing)을 활용한 아이디어 발상이 이루어지고 있다.
- 특정 요구에 대한 아이디어나 해결책을 제시하는 온라인 커뮤니티가 활성화 되고 있다.
- 온라인의 발달로 아이디어 발상 과정에 변화를 가져왔다.
- 테크놀로지 발달은 협업을 통해 창의적 아이디어 생산이 필요한 시기를 만들어 아이디어 발상도 협업시대가 시작되었다.

단답형 문제

01 다음 빈칸에 알맞은 내용은?

> 아이디어 발상법 중 통합기법은 (   )기법과 (   )기법을 반복하면서 목적에 맞는 아이디어를 구체화하는 방법이다.

객관식 문제

02 디자이너의 창의적 발상을 위한 태도가 <u>아닌</u> 것은?
① 융합적 사고
② 다양한 시각과 관점
③ 전통적 사고 강화
④ 최신 디자인 트렌드에 대한 조사

03 아이디어 발상법 중 확산기법 분류에 속하지 <u>않는</u> 것은?
① 시나리오 라이팅법
② 브레인스토밍
③ 스캠퍼
④ 체크리스트법

정답 01 확산, 수렴 02 ③ 03 ①

POINT 11 | 아이디어 발상법-2

01 발상법을 이용한 아이디어 구상

◉ 브레인스토밍(Brainstorming)

① 브레인스토밍 개요
- 1953년 알렉스 오스본(Alex Osborn, 1888~1966)이 창안했다.
- 일정한 주제에 대한 참석자의 자유로운 발언을 통해 창조적인 아이디어 도출을 하는 것이다.
- 좋은 아이디어를 많이 생산하는 것이 목적이다.
- 복잡한 문제를 여러 사람이 단시간에 해결 가능하다.
- 구성원 모두가 창의적 사고의 경험 가능하다.

② 브레인스토밍 특징
- 아이디어 발상 과정의 모든 영역에서 사용된다.
- 6가지에서 10명 정도의 구성원들이 모여 아이디어를 도출하는 방법이다.
- 자유롭고 유쾌한 회의를 통해 아이디어 발상에서 연쇄반응을 일으켜보자는 것이다.
- 특정한 주제에 대한 참석자의 자유로운 발언을 통해 창조적인 아이디어를 도출한다.

③ 브레인스토밍 4원칙
- **평가의 지양 및 보류** : 아이디어를 도출하는 동안에는 타인의 아이디어를 비판하지 않는다.
- **자유분방한 사고** : 문제 해결을 위한 고정관념에서 벗어나기 위해 특성이나 성향을 구분하지 않고 자유롭게 표현한다.
- **아이디어의 양산** : 짧은 시간에 조사단계 없이 수집하여 아이디어의 총량을 늘린다.
- **결합과 개선** : 제안된 아이디어를 조합해서 더 좋은 아이디어로 발전시킨다.

◉ 브레인라이팅(Brainwriting)

① 브레인라이팅 개요
- 1968년 독일의 베른트 로르바흐(Bernd Rohrbach)가 창안했다.
- 브레인스토밍의 단점을 보완하여 소극적인 사람, 표현에 서투른 사람들에게 효과적이다.

② 브레인라이팅 특징
- 아이디어를 말 대신 시트에 기록한다.
- 개인사고의 특징을 최대한 살릴 수 있는 집단 발상 기법으로 6-3-5기법이라고도 불린다.

> **기적의 TIP**
>
> 6-3-5 기법
>
> 6명이 둘러앉아 3가지의 아이디어를 5분 내에 기록하고, 옆사람에게 건네주고, 여기에 다시 자신의 아이디어를 첨가해 나가는 방법으로 6-3-5 기법이라고도 한다.

◉ 어피니티 다이어그램(Affinity Diagram)

① 어피니티 다이어그램 개요
- 1960년대 일본의 카와키타 지로(Kawakita Jiro)가 창안하였다.
- 방대한 아이디어를 정리, 분류할 때 활용되는 방법으로 '친화도 분석'이라 해석된다.

② 어피니티 다이어그램 특징
- 도출된 아이디어를 관련성에 따라 아이디어를 그룹화한 다음, 핵심 키워드를 도출한다.
- 브레인스토밍의 결과를 정리하는 데 유용하다.

③ 어피니티 다이어그램의 진행 단계
  ㉠ 적절한 시행 장소 확보 및 팀 구성
  ㉡ 키워드를 개별적으로 카드에 기입
  ㉢ 관련된 카드 그룹핑
  ㉣ 카드 그룹에 대표 키워드 부여
  ㉤ 키워드 그룹을 압축하며 그룹명을 조정
  ㉥ 그룹핑한 어피니티 다이어그램 최종 확인
  ㉦ 완성된 다이어그램에 대한 최종 리뷰 및 기록

● 마인드맵

① 마인드맵 개요
- 영국의 토니 부잔(Tony Buzan)에 의해 개발되었다.
- 창의성의 인지적 요소 중 기초적으로 사고를 촉진시킬 수 있는 기법이다.
- 아이디어를 체계화하고 간결화하여 확산적 사고를 촉진시키는 방법이다.
- 사고 능력을 정밀하고 질서정연하게 시각적으로 표현 가능하다.

② 마인드맵 특징
- 강력한 그래픽 기술을 동반한다.
- 이미지와 상징적 기호를 사용하여 생각을 강조하고, 두뇌가 다른 연결을 만들어 내도록 자극한다.

③ 마인드맵의 장점
- 사고의 영역을 한눈에 살펴 볼 수 있는 기법이다.
- 창조적 사고의 전 과정을 외형상으로 분명히 명시한다.
- 새로운 통찰력을 얻을 수 있는 가능성을 높여주는 사고방식이다.
- 새로운 생각의 창조 가능성을 증대시킨다.

④ 마인드맵 형성 방법과 규칙
- 정 중앙에 메인 테마를 쓰고 사방으로 가지를 뻗어나가듯이 아이디어를 2차원으로 표현한다.
- 핵심어로 생각을 표현한다.
- 하나의 핵심어에 하나의 선을 부여한다.
- 핵심어들은 선으로 중앙의 중심어와 연결한다.
- 색상을 이용해서 중요한 아이디어를 눈에 띄도록 강조한다.
- 이미지와 상징적 기호를 사용해서 생각을 강조한다.

⑤ 마인드맵 응용
- 방사형 사고 학습(Radiant Mind)
- 창의력 배양 학습(Creative Mind)
- 사고의 유연성 확대(Flexible Mind)
- 전뇌 발달(Harmony Mind)
- 열린 학습(Open Mind) 기법 활용

객관식 문제

01 자유로운 분위기 속에서 많은 아이디어를 끌어내는 기법은 무엇인가?
① 마인드맵
② 스캠퍼 기법
③ 브레인스토밍 기법
④ 시네틱스 기법

02 브레인스토밍의 규칙으로 부적절한 것은?
① 비평을 배제한다.
② 자유롭게 움직이는 것을 환영한다.
③ 다양한 양이 필요하다.
④ 다른 사람의 아이디어를 결합하거나 개선하지 않는다.

03 다음 중 브레인라이팅의 특징이 아닌 것은?
① 말을 하지 않으면서 아이디어 활동을 하는 것이다.
② 소극적인 사람들도 아이디어 도출에 적극적으로 참여할 수 있다.
③ 다른 사람의 아이디어에서 힌트를 얻어 사고의 자극을 받거나 발전시킬 수 있다.
④ 타인의 아이디어가 노출되지 않도록 진행한다.

04 창의적 아이디어를 체계화하고 간결화함으로 사고의 성과를 촉진하는 방법은 무엇인가?
① 마인드맵
② 스캠퍼 기법
③ 브레인스토밍 기법
④ 시네틱스 기법

정답 01 ③ 02 ④ 03 ④ 04 ①

POINT 12 아이디어 발상법-3

◉ 스캠퍼(SCAMPER)

① 스캠퍼 개요
- 1971년 밥 에벌(Bob Eberle)이 오스본의 체크리스트 기법을 보완·발전시킨 방법이다.
- 구체적인 문제의 해결책을 찾기 위하여 질문을 통해 아이디어를 도출하는 방법이다.
- 사고의 영역을 일정하게 제시함으로써 구체적인 안이 나올 수 있도록 유도하는 아이디어 창출 기법이다.

기적의 TIP

오스본의 체크리스트법
아이디어를 구상할 때 고려해야 할 것들을 적어놓고 스스로 자문하는 과정을 통해 아이디어를 도출하는 방법이다.

② 스캠퍼 특징
- 7개의 질문을 던지고 7개의 답을 찾아낸 뒤 가능한 최적의 대안을 골라 낸다.
- 업무 적용 시 팀을 만들어 대안을 찾는 것이 중요한 포인트이다.
- 다각적인 사고를 전개함으로써 능률적인 아이디어를 얻는 방법이다.

◉ 스캠퍼 7가지 체크리스트

약어	사고 유형	질문 내용
S	대체 (Substitute)	무엇으로 대신 사용할 수 있을까?
C	결합 (Combine)	다르거나 비슷한 것을 결합할 수 있을까?
A	적용/변경 (Adapt)	조건이나 목적에 알맞게 적용할 수 있을까?
M	수정 (Modify)	모양, 형태, 색 등을 어떻게 바꿀 수 있을까?
P	용도변경 (Put to Other Uses)	다른 용도로 사용할 수는 없을까?
E	제거 (Eliminate)	기능이나 일부분을 뺄 수 없을까?
R	순서 바꾸기 (Rearrange)	방법이나 모양을 다르게 바꿀 수 없을까?

◉ 시네틱스

① 시네틱스 개요
- 서로 무관한 것들을 강제적으로 결합하여 아이디어를 도출해내는 방법이다.
- 조금 더 구체적이고 현실적인 문제를 해결해 나갈 때 활용한다.
- 은유적으로 표현하거나, 유추를 통해 창의적인 아이디어를 발상하는 기법이다.

② 사고 유형
- **이질순화** : 유사성이 없는 것을 유사성 있게 만들어 내는 방법
- **순이질화** : 기존에 익숙하게 생각했던 것을 다르게 생각하는 방법

③ 유추 방법

- **의인적 유추**
  - 개인적 유추
  - 주어진 문제의 요소를 인격화하거나 의인화하여 생각하는 것
  - 자신이 주어진 문제의 일부라고 생각
  - 자신이 스스로 해결해야 할 대상이 되었다고 상상 의인화 하여 새로운 아이디어 유추
  - 문제의 대상이 되고 있는 것에 완전히 일치해버리는 발상

- **상징적 유추**
  - 문제 요소와 유사한 사상, 지식, 기술 등 직접 조사한 후 말, 그림 등을 써서 '어떻게 상징되는가'를 검토
  - 어떤 대상의 추상적 원리나 특성이 되는 상징 유추
  - 두 개의 서로 모순, 반대되는 상징을 하나의 의미로 형성
  - 새로운 이미지의 의미를 만들어 내는 방법

- 직접적 유추
  - 이질순화
  - 닮지 않은 두 개의 이념을 객관적으로 비교하여 유추
  - 주어진 문제를 전혀 다른 사물이나 현상에 객관적으로 직접 비교
  - 우리 주변에 있는 사상과 사물을 과제와 연결
- 공상적 유추
  - 환상적이고 비현실적인 내용까지 문제에 대한 희망사항을 작성하고 그에 대한 방법을 작성하는 방식
  - 다른 기법과 혼용하여 추진 가능
  - 발상의 원칙을 욕구에 맞추어 수립하고 접근하면 효과적

④ 이질순화/순이질화 6단계 과정
- 1단계(문제 제시) : 고객이 제시한 원래의 문제를 이해하고 확인
- 2단계(문제 변형) : 문제의 핵심 요소를 파악하여 팀이 문제를 재정의하고 새롭게 해석
- 3단계(유추 적용) : 재정의된 문제와 이질적인 대상을 다양한 유추(직접, 상징, 환상 유추 등)로 연결
- 4단계(유추 분석 및 전환) : 유추에서 얻은 특성, 원리를 분석하고 원래 문제에 적용할 수 있는 접점을 탐색
- 5단계(관점 전환) : 유추를 통해 얻은 통찰을 바탕으로 문제를 바라보는 시각 자체를 전환
- 6단계(해결책 도출) : 새로운 관점에서 얻은 아이디어를 다듬어 최종적인 해결 방안을 완성

객관식 문제

01 서로 관련이 없는 요소들 간의 결합을 의미하는 것으로 상상력을 동원하여 실질적인 문제 전략을 이끌어 내는데 유용하게 사용되는 방법은 무엇인가?
① 마인드맵
② 스캠퍼 기법
③ 브레인스토밍 기법
④ 시네틱스 기법

02 기존의 제품을 개조나 개선하여 신제품을 발명해 내는데 유용하게 활용되는 질문기법은 무엇인가?
① 마인드맵
② 스캠퍼 기법
③ 브레인스토밍 기법
④ 시네틱스 기법

03 다음 중 스캠퍼(SCAMPER) 발상법의 사고 유형이 아닌 것은?
① 대체(Substitute)
② 결합(Combine)
③ 통합(Merge)
④ 수정(Modify)

정답 01 ④ 02 ② 03 ③

POINT 13 | 자료 수집 방법

01 자료 수집

◉ 자료 수집의 개념

- 자료 수집
  - 자료를 얻기 위한 수집활동이나 이를 지원하는 모든 과정이다.
  - 매체의 특성에 따라 적절한 수단과 방법을 통해 이루어진다.
- 자료 수집은 창의적인 아이데이션에 도움을 주며, 콘셉트 도출의 지식자원이다.
- 초기단계에서 아이디어 발상에 도움을 준다.

◉ 자료 수집의 유형

수집할 자료들의 범위와 종류에 따라 유형을 구분할 수 있다.

① 넓은 범위의 자료 수집
- 사회 문화적 환경 조사, 시장동향, 소비성향 및 최신 트렌드 등
- 아이디어를 보다 구체화할 수 있다.
- 아이데이션의 기본방향과 범위를 세우기 위해 주변 환경에 대한 폭넓은 자료를 수집하는 것이다.

② 좁은 범위의 자료 수집
- 유사사례, 디자인 형태, 색상, 재료, 패턴, 타이포그래피 등
- 프로젝트나 특정한 주제에 직접적으로 관련이 있는 구체적인 자료의 수집이다.
- 전체적인 디자인 경향 파악, 세부적인 디자인에 반영할 자료로 삼을 수 있다.

02 아이디어 전개를 위한 자료 수집

- 일상생활에서 다양한 자료를 수집하여 창의적인 아이디어를 도출할 수 있다.
  - 일상적 사진촬영, 메모하기, 스케치하기, 신문잡지 읽기, 웹 검색 등
- 이미지 자료뿐만 아니라 신문과 잡지의 기사, 스크랩 등 텍스트 자료도 포함된다.
- 신뢰할 수 있는 자료를 바탕으로 적절한 수단과 방법을 사용하여 수집해야 한다.

03 아이디어 자료 수집 방법

◉ 문헌을 통한 자료 수집

① 문헌 자료 수집의 특징
- 신문, 잡지, 서적, 간행물, 논문, 공·사 기관의 통계자료 등
- 전통적이며, 가장 일반적인 방법이다.
- 비교적 짧은 시간과 적은 비용으로 많은 자료 수집이 가능하다.
- 경우에 따라 자료 입수를 위해 먼 물리적인 이동이 필요할 때가 있어 접근성이 높지 않다.

② 문헌 자료 종류 : 신문, 잡지, 서적, 간행물, 논문, 공·사 기관의 통계자료 등

③ 문헌 자료 수집 방법
- 주제와 관련된 이미지나 텍스트를 복사, 촬영 또는 스캐닝한다.
- 스크랩 북을 이용한 스크랩이나 컴퓨터에 파일로 저장한다.
- 스크랩한 자료들은 출처, 날짜, 특징, 유형 및 키워드 등을 메모한다.

◉ 인터넷을 통한 자료 수집

① 인터넷 자료 수집의 특징
- 시간과 공간의 제약을 받지 않는다.
- 언제 어디서나 자료 검색, 수집이 가능하다.
- 원하는 자료에 쉽게 접근할 수 있다.
- 디자인 매거진, 포털, 블로그 등 다양한 멀티미디어 자료 수집 가능하다.

② 인터넷 자료 종류 : 디자인 매거진, 디자인 포털, 블로그, 관련 기사가 포함된 웹페이지 등

③ 인터넷 자료 수집방법
- 북마크 설정
  - 자료의 내용을 쉽게 연상할 수 있도록 이름을 부여한다.
  - 저장된 북마크는 다시 항목별로 분류한다.
- 다운로드 자료
  - 유형이나 콘셉트 별로 폴더를 만들어 저장한다.
  - 출처, 날짜, 특징, 유형 및 키워드 등을 메모한다.

◉ 방송, 전시 및 박람회, 강연을 통한 자료 수집

- 최근 이슈 및 트렌드에 대한 정보를 얻을 수 있다.
- 다양한 전시물을 보고 강연을 들으며 생생한 정보를 얻을 수 있다.
- 주제와 관련된 방송을 시청하며 정보를 메모하며 자료를 수집한다.
- 전시 및 박람회, 강연 현장에서 배포되는 책자, 인쇄물을 스크랩 또는 컴퓨터에 파일 형태로 보관한다.

◉ 수집된 자료의 분류

- 디자인 콘셉트의 연관성, 시안의 방향을 기준으로 적합 여부를 판단하여 크게 3가지로 분류한다.
  - 메시지와 유기적인 조화를 이루는 자료 : 메시지의 성격, 분위기, 톤, 감성 무게감 등
  - 목표수용자의 개인 특성을 고려한 자료 : 목표수용자의 나이, 성별, 사회적 계급, 소비자 인지 가치 등
  - 부적합 자료 : 부적합한 자료도 별도로 분류하여 추후 디자인 작업에서 활용할 수 있도록 분류한다.
- 다양한 분류 기준에 따라 정리가 가능하며 프로젝트의 목적과 방향에 따라 분류 기준이 달라질 수 있다.

객관식 문제

01 자료 수집의 방법으로 적합하지 <u>않은</u> 것은?
① 관련 사이트 리서치
② 트렌드 관련 잡지 외 인쇄물 활용
③ 관련 분야 전문 서적 활용
④ 심도있게 한정 요인만 조사

02 자료 수집 분류 기준으로 적합하지 <u>않은</u> 것은?
① 콘셉트 연관성별
② 자료 유형별
③ 키워드별
④ 문서 크기별

03 인터넷 자료 수집의 특징이 <u>아닌</u> 것은?
① 시간 제약이 없다.
② 공간의 제약이 없다.
③ 저작권 문제가 발생하지 않는다.
④ 멀티미디어 자료 수집이 가능하다.

정답 01 ④ 02 ④ 03 ③

POINT 14 | 자료 수집 체계화

01 수집된 자료의 체계화

◉ 수집된 자료의 구체화 및 체계화
- 프로젝트 진행단계에 맞는 자료 및 샘플을 정리한다.
- 시각 디자인의 자료 수집은 크게 이미지 수집, 폰트 수집, 컬러 정보 수집으로 분류한다.
- 체계화는 자료 수집의 용도와 수집자의 특성에 따라 구축된다.
- 인구통계학적 분류 체계, 디자인 트렌드, 주요 사회 이슈, 조형적 특성 등 다양한 분류 체계를 만들 수 있다.
- 자료 검색의 편의성, 디자인 콘셉트 명확성, 새로운 아이디어 도출 가능성의 장점이 있다.

◉ 자료 수집과 체계화의 필요성
- 아이디어 도출을 위한 영감을 얻을 수 있다.
- 수집한 자료들을 유형별로 분류·체계화할 수 있다.
- 프로젝트 진행의 각 단계마다 적용할 수 있는 자료로 활용할 수 있다.
- 유사한 제품이나 서비스에 대한 장단점 및 개선점을 파악할 수 있다.
- 디자인 프로젝트 관련 업무의 협업을 위한 커뮤니케이션 자료로 활용할 수 있다.

02 이미지 자료

◉ 이미지 자료 수집
① 이미지
- 디자인의 콘셉트를 구체적으로 형상화할 수 있는 디자인 요소이다.
- 비언어적 커뮤니케이션의 시각적 메시지를 전달할 수 있는 특징이 있어 풍부한 정보들을 전달하는 데 유연하게 이용할 수 있다.

② 이미지 수집 시 고려사항
- 프로젝트 디자인 요소의 이미지
  - 프로젝트 일정과 예산을 고려하여 제작 여부를 결정한다.
  - 이미지에는 사진과 일러스트가 있으며 프로젝트 일정과 예산에 따라 제작 또는 사용 권한을 구매할지 결정한다.
- 해당 이미지의 라이선스
  - 인터넷에서 검색되는 창작자의 이미지는 저작권의 제약 범위를 확인해야 한다.
  - 이미지 수집 시 수정 후 상업적 용도 재사용 가능 여부를 파악한다.

◉ 이미지 자료 카테고리 기획
① 컴퓨터 폴더 생성을 통한 자료 정리 : 디지털 이미지 자료를 체계화하기 위해 폴더명은 일련번호, 알파벳 등을 활용한 순차적 구성과 파일명 원칙을 설정하여 저장한다.
② 이미지 스크랩북 작성 : 촬영인화지, 프린트, 복사, 인쇄물 등의 자료를 스크랩북에 부착하고 자료출처와 필요설명을 첨부한다.
③ 파일 철 활용
- 전통적이며 대표적인 자료 저장 방법으로 조사자가 세밀하게 자료를 확보하고, 안정적으로 보관할 수 있다.
- 자료의 출처 및 날짜, 자료에 대한 관련 지식, 정서적 판단 등을 기록하여 자료와 함께 보관한다.

◉ 이미지 자료 무드보드 작성
- 수집된 이미지를 특정한 카테고리에 의해 그룹핑하고 배치하는 것이다.
- 이미지 그룹의 전체적인 감성 표현과 감성 카테고리를 파악하고 그룹핑할 수 있다.
- 콘셉트 개발을 위해 수집된 이미지의 가치를 높이는 방안으로 활용된다.

무드보드의 이점

- 디자인의 방향성을 보여준다.
- 아이디어를 알기 쉽게 이미지화 할 수 있다.
- 프로젝트 비전을 시각화할 수 있다.
- 새로운 아이디어의 영감이 될 수 있다.

03 폰트 자료

폰트 수집

- 스타일 형태, 두께 등을 기준으로 디자인 콘셉트와 조화를 이루는 것으로 선택한다.
- 서체의 품질이나 저작권 문제에서 자유롭기 위해 정식으로 구입한다.
- 인터넷에서 다운받을 경우 신뢰할 수 있는 사이트를 이용한다.
- 폰트마다 사용 규약이 다르므로 다운로드 전에 반드시 확인이 필요하다.

04 컬러 자료

컬러 정보 수집

- 디자인 콘셉트 설정에 활용한다.
- 전달하고자 하는 이미지를 빠르고 쉽게 인지시킬 수 있는 중요한 수단이다.
- 배색은 조화롭고 아름답게 긍정적인 이미지를 효과적으로 디자인에 반영하는 데 활용할 수 있다.

색채 정보 수집 순서

조사 대상의 선정 → 조사 내용의 결정 → 조사 분야 및 방법 선정 → 자료준비 → 정보 분석 → 분석 결과의 활용

단답형 문제

01 수집된 이미지를 특정한 카테고리에 의해 그룹핑 하고 배치하여 디자인의 방향성을 보여주는 것은 무엇인가?

객관식 문제

02 색채 정보 수집을 위한 진행 과정에 해당되지 않는 것은?
① 조사 대상의 선정
② 조사 분야 및 방법 선정
③ 매체의 특성
④ 분석 결과의 활용 과정

03 자료 수집 관련 사항 중 적합하지 않은 것은?
① 수집한 자료들을 유형별로 분류하고 체계화한다.
② 일러스트 이미지는 반드시 자체 제작하여야 한다.
③ 폰트는 사용 규약을 확인한다.
④ 디자인 콘셉트에 적합한 컬러와 배색 방법을 수집한다.

정답 01 무드보드 02 ③ 03 ②

POINT 15 | 아이디어 스케치 개요

01 아이디어 스케치

◉ 아이디어 표현

- 창의적인 아이디어를 시각적으로 구체화시키기 위한 작업이다.
- 디자이너가 생각하고 있는 아이디어 또는 이미지에 대한 시각적 표현의 기초적 단계이다.
- 디자인 콘셉트와 관계가 있는 상징적 이미지들을 다양한 아이디어로 표현한다.
- 추상적 아이디어를 구체적인 형태로 표현할 수 있다.
- 글자와 이미지들을 결합하고 의미를 부여하여 디자이너의 생각을 전달할 수 있다.

◉ 아이디어 스케치 개념

- 디자이너가 구상한 생각을 구체화하는 디자이너의 시각 언어라고 할 수 있다.
- 신속한 아이디어의 전달 및 확인, 검토 등을 위해 효용성이 높은 표현법이다.
- 보이지 않는 아이디어를 그림, 문자 등을 이용해 이미지로 표현하는 것이다.
- 아이디어를 시각화하여, 자신의 아이디어를 상대방에게 전달, 공유할 수 있다.
- 초기 아이디어를 표현하는 역할뿐만 아니라 디자인 개발의 단계적 계획이나 개발 범위를 구체화할 수 있는 과정이다.
- 개발자와 기획자가 아이디어를 함께 공유하여, 더 나은 방향을 함께 모색하고 개선할 수 있다.
- 완성된 결과물을 대략적으로 예측하기 위해서 사용할 수 있다.

◉ 아이디어 스케치의 목적

- 아이디어 스케치를 통해서 자유롭고 창의적인 사고를 표현하기 위한 것이다.
- 완성도의 기준을 두지 않고 풍부한 아이디어를 간단한 스케치를 통해서 가시화하여 도출할 수 있다.
- 의사소통을 도와주는 기본 도구로 사용할 수 있다.
- 아이디어 스케치 결과물 중 발전시킬 수 있는 아이디어를 선택하고 검토하여 디자인 콘셉트를 탐구할 수 있는 핵심 역할을 할 수 있다.

◉ 아이디어 스케치의 장점

- 생성된 아이디어에 대한 창의성을 보존할 수 있다.
- 아이디어의 제시 단계 또는 체계적인 완성 상태와 상관없이 시각화를 통해 풍부한 아이디어를 생산해 낼 수 있다.
- 생성된 아이디어를 빠른 속도로 표현할 수 있으므로 디자인 개발에 적합한 콘셉트를 풍부한 양으로 표현할 수 있다.
- 스케치를 위한 도구가 간편하고 휴대하기 쉬워 상시로 아이디어를 기록할 수 있다.
- 용지와 출력물 등을 이용해 다른 구성원들과 쉽게 공유할 수 있어 자신의 아이디어에 대한 평가 기회를 쉽게 조성할 수 있다.
- 시각화로 인하여 전개할 수 있는 아이디어를 직관적으로 선택할 수 있다.
- 스케치한 아이디어 안을 보관해 두었다가 추후에 다시 검토할 수 있다.
- 디자인 개발 창의성 발전을 위한 학습을 일상적으로 수행할 수 있다.

◉ 창의적 발상 기반의 아이디어 스케치 단계

- 아이디어 발상을 통해 디자인 콘셉트와 핵심 키워드를 도출하는 과정에서 초기 스케치인 썸네일 스케치를 구상한다.
- 키워드는 시각화를 위한 디자인 콘셉트 설정으로 이어지며 아이디어 스케치를 통해 콘셉트 이미지를 위한 아이데이션과 시안을 구상한다.

02 아이디어 스케치 활용 범위

◉ 아이디어 스케치 활용 범위

- 스케치는 주로 대상을 간략하게 묘사하는 방식을 지칭하며 아이디어 스케치는 머릿속에 있는 개념을 시각화하여 드러내는 방식을 지칭한다.
- 시각 디자인 프로젝트에서는 보다 체계화된 아이디어 스케치 분류를 통해 아이디어 스케치의 역할을 확장해 나아갈 수 있다.
- 다양한 분야에서 창의적 발상이나 구체화가 필요한 여러 단계에서 유용하게 사용된다.
- **활용 범위** : 광고, 제품, 편집, 웹디자인, 건축, 인테리어, 패션, 영상 제작 등

◉ 아이디어 스케치 분류

① 개념 스케치
- 썸네일 스케치와 같이 일차적 연상을 시각화하는 것이다.
- 키워드나 콘셉트를 즉시적으로 인지할 수 있도록 정보의 형태소와 이들을 연결시키는 관계의 시각화가 중요한 표현 요소이다.

② 사물 스케치
- 개념 스케치를 구체적으로 형상화하는 것이다.
- 사물의 형태뿐만 아니라 사물의 구조, 결합방식, 공간 등 다양한 아이디어들을 시각화한다.
- 여러 개의 사물일 경우, 배치를 위한 기능적, 심미적 아이디어를 적용하여 스케치한다.

③ 체험(경험) 스케치
- 특정한 체험 상황이나 시간의 흐름에 따라 발생하는 상황을 스케치하는 것이다.
- 환경, 상황, 스토리를 스케치로 표현한다.
- 영상 제작을 위한 스토리보드로도 활용된다.

객관식 문제

01 스케치의 특징으로 거리가 먼 것은?
① 눈에 보이는 물체의 성질이나 형태를 알 수 있다.
② 서로의 관계 등을 이해하는 힘이 생긴다.
③ 시간이 많이 소요되며 상상력은 감소된다.
④ 물체를 구성하고 있는 요소를 알 수 있다.

02 아이디어 스케치의 장점으로 옳지 않은 것을 고르시오.
① 풍부한 아이디어를 생산해 낼 수 있다.
② 스케치 도구가 간편하여 언제 어디서나 쉽게 드로잉 할 수 있다.
③ 완성된 아이디어를 도출하여 스케치로 표현할 수 있다.
④ 스케치안을 보관해 두었다가 추후에 다시 검토할 수 있다.

03 스케치를 구체적으로 표현하기 위한 사항이 아닌 것을 고르시오.
① 전체적인 이미지
② 질감
③ 입체감
④ 색상

정답 01 ③ 02 ③ 03 ①

POINT 16 | 아이디어 스케치 종류

01 스케치 분류

- 사용목적과 정밀도에 따라 분류할 수 있다.
- 썸네일 스케치, 러프 스케치, 콤프 스케치 3가지로 분류한다.

02 썸네일 스케치(Thumbnail Sketch)

◉ 썸네일 스케치 개요

- 아이디어 발상 과정에서 다양한 아이디어를 구상할 때 이용한다.
- '엄지 손톱'이라는 뜻으로 작은 크기로 대략적으로 그리는 간략한 스케치이다.
- 볼펜, 연필 등의 도구를 이용하여 자유롭게 가벼운 마음으로 순간적으로 떠오르는 아이디어를 빠른 시간에 표현한다.

◉ 썸네일 스케치의 특징

- 계열화되지 않은 창의성을 최대한 발현할 수 있다.
- 짧은 시간에 표현하므로 디자인 개발자의 의식 흐름을 따라갈 수 있다.
- 구체적인 표현을 생략하고, 약화 스타일로 선을 주로 사용한 프리핸드 드로잉이다.
- 특별한 드로잉 기술이 없어도 쉽게 표현할 수 있어 스케치 접근성이 높다.
- 수첩과 연필 등 휴대 간편한 도구로 표현할 수 있어 수시로 떠오르는 아이디어를 즉각적으로 기록할 수 있다.
- 작은 공간에 많은 양을 스케치 할 수 있어 핵심 아이디어뿐만 아니라, 스케치 전개 순서에 따른 체계적 연결을 통한 아이디어의 계열화가 가능하다.

◉ 썸네일 스케치 방법

- 키워드 이미지 연상을 중심으로 빠른 시간에 여러 개의 스케치를 진행한다.
- 수집한 자료 이미지, 텍스트 등을 보고 형식과 크기의 제약 없이 간략하게 표현한다.
- 크기는 일반적인 스케치북의 1/2, 1/3 크기로 짧은 시간에 신속하게 진행한다.
- 펜과 연필 등 단색 드로잉 툴을 한 개만 사용하여 스케치 시간을 최소화 한다.
- 여러 개의 스케치들의 연계성을 고려하지 않고 연상되는 대로 진행한다.

03 러프 스케치(Rough Sketch)

◉ 러프 스케치 개요

- 썸네일 스케치를 기반으로 콘셉트가 시각화된 개략적인 스케치이다.
- 아이디어 채택 과정에서 디자인 개발자들의 논의를 위해서 제작한다.
- 간단한 음영, 색상 및 재질을 표현한다.
- 썸네일 스케치보다는 좀 더 명확하게 아이디어를 가시화할 수 있다.

◉ 러프 스케치의 특징

- 콘셉트 구체화로 진전된 아이디어를 가시화할 수 있다.
- 디자인 개발자의 표현 스타일을 어느 정도 반영할 수 있다.
- 디자인 시안을 예측할 수 있는 적절한 크기로 구현할 수 있다.
- 시각적 연출을 구체화하기 전에 표현 매체에 대한 일차적인 계획을 할 수 있다.
- 형태의 음영과 컬러 연출 등을 함으로써 스케치를 바탕으로 하는 시안 제작결과에 대해 어느 정도 예측할 수 있다.

● 러프 스케치의 방법

- 썸네일 스케치 중에서 디자인 콘셉트 표현에 가장 적절한 스케치를 선택하여 상세하고 개략적으로 표현한다.
- 구체적인 디자인 완료 상태를 예측 할 수 있는 수준으로 드로잉을 진행한다.
- 컬러펜과 마카 색채를 적용하여 드로잉의 디자인을 완료하고 실재감을 높인다.
- 여러 개 진행할 때 개별 드로잉의 관계성 및 형태 베리에이션을 부여하도록 한다.
- 이미지 스케치와 함께 아이디어를 설명할 수 있는 간단한 정보와 함께 적절한 메모를 첨부한다. 아이디어 출처나 기록 날짜, 이와 관련 있는 모든 정보를 기록한다.

04 콤프 스케치(Comprehensive Sketch)

● 콤프 스케치 개요

- 디자인의 제작의도를 정확하게 알리기 위하여 충실하게 묘사된 스케치이다.
- 완성물과 같은 수준으로 정밀하게 표현된 시안용 스케치이다.

● 콤프 스케치의 특징

- 그래픽 소프트웨어를 이용하여 스케치를 하는 경우가 많다.
- 형태, 컬러, 입체감 등이 정밀하게 묘사한다.
- 콤프 스케치 자체가 시안의 역할을 하기도 한다.

● 콤프 스케치의 진행 방법

① 러프 스케치 중 시안 제작을 위한 스케치안을 선정하여 표현 방법을 구상한다.
② 단색으로 형태 및 이미지 바탕 스케치를 한 후 형태 및 이미지를 수정, 보완한다.
③ 컬러펜과 색상 툴을 정밀하게 적용하여 색, 질감, 양감 등을 연출한다.
④ 시안으로서 역할을 할 수 있도록 세부 드로잉을 완성한다.

단답형 문제

01 디자인의 제작의도를 정확하게 알리기 위하여 충실하게 묘사된 스케치를 무엇이라고 하는가?

객관식 문제

02 아이디어 발상과정에서 떠오르는 생각이나 콘셉트를 최초로 표현하는 방법을 고르시오.
① 썸네일 스케치
② 러프 스케치
③ 콤프 스케치
④ 시안 디자인

03 발전 가능한 스케치안을 선별해서 구체적으로 표현할 때 필요한 스케치 형식은 무엇인가?
① 썸네일 스케치
② 러프 스케치
③ 콤프 스케치
④ 시안 디자인

04 스케치의 정밀도가 낮은 것부터 높은 순서대로 올바르게 나열된 것은?
① 러프 – 썸네일 – 콤프
② 썸네일 – 콤프 – 러프
③ 콤프 – 러프 – 썸네일
④ 썸네일 – 러프 – 콤프

정답 01 콤프 스케치 02 ① 03 ② 04 ④

POINT 17 | 아이디어 스케치 도구

01 스케치 기본 도구

◉ 스케치북
- 여러 가지 아이디어를 스케치할 때 주로 사용하는 도구이다.
- 여러 아이디어를 한눈에 비교할 수 있는 8절 정도의 크기가 적당하다.

◉ 연필
- 가장 간편하고 부담스럽지 않은 도구이다.
- 선의 두께나 강약을 조절하여 다양한 질감 표현이 가능하다.
- 심의 단단함과 진하기에 따라 여러 단계로 구분된다.
  - H : Hard(딱딱한)의 뜻이며 숫자가 높을수록 딱딱하고 단단하며 연하다.
  - B : Black(검은)을 나타내며 숫자가 높을수록 무르고 진하다.
  - HB : H와 B의 중간 정도로 표준 굵기를 나타내며 일반 필기용 연필이다.

◉ 펜
- 펜 드로잉은 수정이 어렵다.
- 익숙하게 사용하기 위해서는 반복적인 선 긋기 연습이 필요하다.
- 끝에 둥근 볼이 달린 볼펜과 단단한 원기둥처럼 생긴 펜 촉을 가진 라인 펜 등 종류가 매우 다양하다.
- 명확하고, 강한 느낌의 선을 그릴 수 있으며, 굵기가 매우 다양하다.
- 보통은 0.5mm 이하의 펜을 사용한다.
- 부분적으로 강조하거나 원근감을 주기 위해 굵은 펜을 혼용하기도 한다.

◉ 색연필
- 누구나 쉽게 접하고 사용할 수 있는 익숙한 채색 도구이다.
- 12색에서부터 24색, 36색, 40색, 60색, 72색 등 다양한 컬러를 가지고 있다.
- 부드럽고 번지지 않는 유성 색연필과 물에 녹아 물감처럼 사용할 수 있는 수성 색연필로 구분한다.
- 부드럽고 실감나게 표현 가능, 휴대하기 편하고, 정밀하게 표현할 수 있다.
- 브랜드마다 색감과 질감의 차이가 있다.

◉ 마카
- 유성매직, 형광펜, 보드마카에서부터 디자인 및 드로잉에 특화된 마카 등 종류가 매우 다양하다.
- 디자인 스케치에 가장 많이 사용되는 도구이다.
- 잘 번져서 마르기 전에 다른 색과 섞는 것이 가능하여 그라데이션 효과 연출이 가능하다.
- 잘 번지고 휘발성이 강하기 때문에, 연습을 통해 익숙하게 다루는 노하우가 필요하다.
- 마카 전용지 사용시 번짐이나 뒷면에 스며드는 현상이 없어 선명한 발색과 섬세한 라인 표현이 가능하다.

02 기본 스케치 연습

◉ 선의 표현 방법
- 수평, 수직 및 사선 등 다양한 방향으로 반듯하게 선을 긋는다.
- 힘을 조절하여 강약에 변화를 주면서 다양한 방향으로 선을 그린다.
- 다양한 형태의 곡선도 그린다.
- 재료를 다루는 것에 대해 익숙함이 느껴질 때까지 반복하여 연습한다.

● 선 음영 표현

- 빛의 연출은 대상물에 입체감과 사실감을 부여한다.
- 명암 단계를 나누고, 밝은 단계에서부터 점진적으로 어두워질 수 있도록 한다.
- 밝은 단계에서 어두운 단계로 갈수록 선의 간격을 좁게, 겹쳐서 명암을 표현한다.
- 선에 힘을 조절하여 밝고 어두움의 다양한 명암 단계를 표현한다.

03 입체와 명암

● 명암의 개념 및 특성

- 빛에 의한 밝음과 어두움을 뜻한다.
- 빛의 방향과 강약에 따라 다른 느낌을 준다.
- 명암 표현으로 입체감, 양감을 표현하여 대상을 실재감 있게 나타낸다.

● 빛과 그림자

- 빛의 연출은 대상물에 입체감과 사실감을 부여한다.
- 조명과 같이 인공적인 빛과 태양과 같은 자연광으로 구분한다.
- 빛이 대상에 닿으면 밝은 부분, 중간 부분, 어두운 부분이 생기는데 이것을 명암이라고 한다.
- 빛의 방향과 각도에 따라 명암과 그림자의 모양이 달라진다.
- 그림자는 빛의 반대쪽에 생긴다.

● 하이라이트와 반사광

- 하이라이트 : 빛이 물체에 닿아 생기는 가장 밝게 보이는 부분이다.
- 반사광 : 대상의 어두운 부분과 그림자 사이에 나타나고, 이 표현에 의해 입체감이 더 뚜렷해진다.

객관식 문제

01 빛이 대상을 비출 때, 빛이 오는 반대 방향에 생기는 것이 무엇인가?
① 하이라이트
② 그림자
③ 반사광
④ 명암

02 스케치를 위한 재료 중 펜의 장점을 고르시오.
① 수정이 가능하다.
② 명확하고 강한 선을 그릴 수 있다.
③ 선의 두께가 일정하다.
④ 잘 번진다.

03 스케치 도구로 사용하기에 부적절한 것은?
① 연필
② 마카
③ 볼펜
④ 수채화 물감

04 마카의 특징이 아닌 것을 고르시오.
① 잘 번진다.
② 덧칠할 경우 색이 잘 섞인다.
③ 물에 녹는 성질 때문에 물감처럼 사용할 수 있다.
④ 휘발성이 강하다.

정답 01 ② 02 ② 03 ④ 04 ③

POINT 18 | 아이디어 발상

01 스케치 작업 단계

◉ 스케치 방법
- 드로잉 도구를 쥐고 생각을 하며 여러 가지 선택 가능성을 신속히 시각화시킨다.
- 스케치에서 정해진 크기는 없으며, 썸네일의 경우 작은 크기로 전개된다.
- 크기를 실제 크기의 절반이나 1/3로 줄이면 좀 더 편리하게 스케치 할 수 있다.
- 표현하는 드로잉 방법에 대한 특별한 제약은 없다.
- 작업의 성격상 빠르고 동일하게 아이디어를 시각화해야 하므로 숙련도가 필요하다.

◉ 스케치 훈련법
- 간단한 스케치 도구를 항상 소지한다.
- 아이디어가 떠오를 때마다 즉시 드로잉한다.
- 다양한 아이디어를 한 페이지에 그리면 아이디어 간의 비교를 할 수 있다.
- 이미지 표현이 어려운 경우, 메모 형식으로 기록한다.
- 아이디어와 함께 간단한 정보, 출처, 날짜를 기록한다.
- 아이디어에 호감이 가지 않거나 의도와 다르게 표현되었다 하더라도 스케치를 지우지 않고 보관해 둔다.
- 스케치는 쓰임새 및 기대 효과에 따라 단순화한 스케치, 입체형태 스케치로 표현 영역을 나눌 수 있다.

02 2차원 형태로 스케치하기

◉ 단순화하여 스케치하기
- 깊이를 가지지 않는 평면적인 형태의 스케치이다.
- 디자인 콘셉트를 위한 아이디어 구상 단계로서 스케치는 단순하게 드로잉하여 콘셉트를 명확하게 드러내도록 한다.
- 디자인 콘셉트를 이해한 후, 간단명료한 선화 드로잉 방식을 적용하여 스케치 한다.
- 러프 스케치에서 윤곽선으로 형태와 구조를 설명하는 스케치 방법이며 정보그래픽이나 평면적 상세 시뮬레이션 이미지가 필요할 때 적합하다.
- 모션그래픽을 위한 스케치에서는 아이템의 양감과 명암 등 사물의 구체적 표현 보다는 스토리에 따른 변화하는 동세를 간결하게 선화 드로잉으로 표현하는 것이 우선적이다.

03 입체 형태로 스케치하기

◉ 라인 드로잉에서 양감 연출
- 최종 결과물의 형태를 개념적으로 예측하거나 시안 제작 전에 팀원들과 제작을 위한 커뮤니케이션을 하기 위하여 라인드로잉을 구체화하는 단계의 스케치 표현 방법이다.
- 기본적인 양감과 명암 표현이 특징이다.
- 사물과 상황의 특징을 단순 명료하게 드로잉 하는 역량과 양감 표현을 위한 드로잉 능력이 요구된다.

◉ 기본 입체형을 기반으로 한 구조 연출
- 패키지 구조물이나 입체적 사인물의 구조 스케치에 활용된다.
- 원기둥, 사각기둥 등 입체형 밑그림을 그리고 그 위에 형태를 깎아 내거나 첨가하여 점차 구체화하는 방식으로 표현하는 것이다.
- 사물의 구조적 특징을 우선적으로 파악하여 드로잉 하는 역량과 조각 혹은 입체 모델링의 양감 연출을 위한 드로잉 역량을 갖추어야 한다.

● 결과물에 근접한 상세 연출

- 상세 스케치는 예상 결과물을 상세하게 예측 할 수 있는 콤프 스케치로서 역할을 한다.
- 시안 제작 단계에서 발생할 수 있는 조형적이거나 구조적인 문제 발생 가능성을 미리 찾아 낼 수 있다.
- 결과물의 구조적 형태뿐만 아니라 색채와 질감까지도 어느 정도 예상하여 결과물에 대한 커뮤니케이션을 원활하게 할 수 있는 스케치로서 유용하다.
- 디자인 아이데이션의 최종 단계로서 사물의 구조적 특징뿐만 아니라 대상의 양감, 색채, 질감까지 상세하게 표현할 수 있는 드로잉 역량을 필요로 한다.

● 종이 프로토타이핑 연출

- 종이를 이용하여 그려진 라인에 따라 접거나 접착하여 제본 혹은 구조체를 만들어 아이디어를 구체화하고 발상된 아이디어에 대한 커뮤니케이션을 할 수 있는 아이데이션 방법이다.
- 개발자가 사용자의 시점과 경험을 유추하여 디자인 결과물을 개발할 수 있다.
- 패키지 디자인, UI 및 UX 디자인 개발을 위한 아이데이션, 구조물 등의 초기 프로토타입에 활용될 수 있다.

단답형 문제

01 UI/UX 디자인 개발에서 자주 쓰이는 방법으로 종이를 이용하여 접거나 부착, 구조체 생성 등의 방법으로 아이디어를 구체화시키는 방법은?

객관식 문제

02 다양한 스케치안을 정리할 때 그 기준으로 적절하지 <u>않은</u> 것을 고르시오.
① 기능
② 형태
③ 색상
④ 완성도

03 스케치 훈련법으로 적절하지 <u>않은</u> 것은?
① 간단한 스케치 도구를 항상 소지한다.
② 이미지 표현이 어려운 경우, 메모 형식으로 기록한다.
③ 스케치는 반드시 입체 형태로 그린다.
④ 아이디어와 함께 간단한 정보, 출처, 날짜를 기록한다.

정답 01 종이 프로토타이핑 02 ④ 03 ③

POINT 19 투시도법

01 원근법

◉ **원근법 개념**
- 실제 공간에 있는 3차원적 사물을 평면 위에 구현하는 것이다.
- 자연물 재현, 입체물 설계 표현에 중요한 이론이다.
- 종류 : 선원근법, 대기원근법

02 선 원근법

◉ **선 원근법**
- 사물과 공간의 가까운 곳과 멀어지는 곳의 크기를 다르게 하여 거리감과 입체감을 극대화하는데 쓰인다.
- 소실점의 갯수에 따라 '1점 투시', '2점 투시', '3점 투시'로 나눌 수 있다.
- **소실점** : 르네상스 시대 부르넬레스키가 만들어낸 개념이다.
- **최초의 선 원근법** : 마사초 '성 삼위일체'(1427년)

◉ **눈높이와 소실점**

눈높이 = 지평선으로, 소실점은 반드시 눈높이에 위치한다.
- **높은 눈높이** : 대상을 내려다 본 경우
- **중간 눈높이** : 대상과 마주 본 경우
- **낮은 눈높이** : 대상을 올려다 본 경우

03 대기 원근법(Aerial Perspective)

◉ **대기 원근법**

눈과 대상 간의 공기층이나 빛의 작용 때문에 생기는 대상의 색채 및 윤곽의 변화를 포착하여 거리감을 표현하는 기법이다.

◉ **대기 원근법 표현 특징**

① 원근
- 물체 윤곽선 선명도가 흐려진다.
- 색상차가 약해지고 흐려진다.

② 전경
- 명암의 대비가 강해진다.
- 톤의 범위가 늘어난다.
- 표현방법은 따뜻한 색, 명도가 높은 색, 채도가 높은 색으로 분명한 경계를 가지도록 묘사한다.

> **기적의 TIP**
>
> **스푸마토 기법**
> 레오나르도 다 빈치가 명명한 기법으로 '연기와 같은'을 뜻하는 이탈리아어의 형용사로 회화에서는 물체의 윤곽선을 자연스럽게 번지듯 그리는 명암법에 의한 대기원근법이다.

04 투시도법

◉ **투시도법**

조감도 : 공중의 높은 곳에서 내려다 본 투시도로, 공장, 아파트 등 넓은 지역을 투시할 때 사용

- 디자이너의 아이디어를 구체적으로 표현하는 방법이다.
- 3차원의 입체를 2차원의 평면에 정확히 옮기는 것이다.
- 사실감 있는 입체표현에 매우 유용하다.
- 가까운 곳과 먼 곳의 크기를 조절하여 사물의 거리감과 입체감을 극대화하기 위해 투시도법 사용한다.
- 대상을 바라보는 위치와 높이에 따라 1점 투시, 2점 투시, 3점 투시로 구분한다.

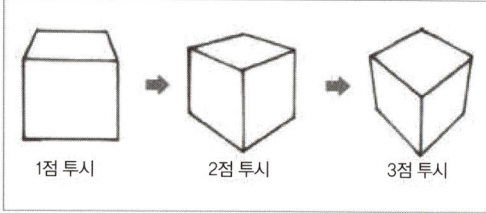

1점 투시 ▶ 2점 투시 ▶ 3점 투시

◉ 1점 투시도(Single Point Perspective)

- 원근법에서 소실점(Vanishing Point)이 1개 있는 원근법을 1점 투시라고 한다.
- 대상물의 정면 선들은 평행하다.
- 공간의 깊이감을 표현하는 데 유용하다.

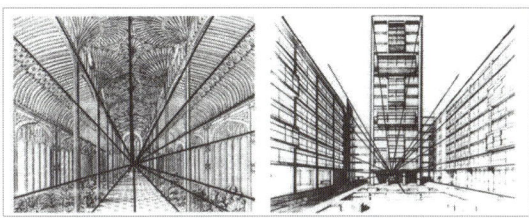

◉ 2점 투시도(Two-point Perspective)

- 원근법에서 소실점(Vanishing Point)이 좌우 2개 있는 원근법이다.
- 먼 거리 풍경에서 관찰자가 바라보는 방향과 대상(사물 혹은 공간)의 방향이 어긋나 있다.

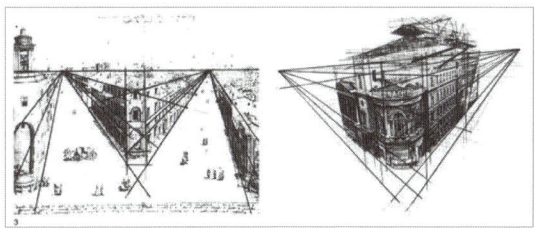

◉ 3점 투시도(Three-point Perspective)

원근법에서 소실점(Vanishing Point)이 2개 있는 투시에 사물의 위나 아래쪽에 세 번째 소실점을 두어 사물을 올려다보거나 내려다보는 투시이다.

 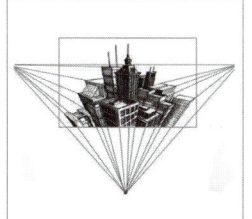

단답형 문제

01 눈과 대상 간의 공기층이나 빛의 작용 때문에 생기는 대상의 색채 및 윤곽의 변화를 포착하여 거리감을 표현하는 기법은?

객관식 문제

02 대상물이 화면에 평행하게 놓인 투시방법으로 주로 제품 투시와 실내 투시도 등에 많이 사용되는 도법은?
① 1소점법
② 2소점법
③ 3소점법
④ 등각 투상법

03 높은 빌딩을 위에서 내려다볼 경우 가장 알맞은 투시도는?
① 1소점 투시도
② 2소점 투시도
③ 3소점 투시도
④ 유각 투시도

04 입체적 디자인을 평면에 표현하기 위한 방법이 아닌 것을 고르시오.
① 전개도
② 투상도
③ 투시도
④ 배치도

정답 01 대기원근법 02 ① 03 ③ 04 ④

POINT 20 | 디자인 요소 - 점

01 디자인 요소

조형을 이루는 기본 요소이다.

◉ 디자인 요소 분류

- 개념 요소 : 점, 선, 면, 부피
- 시각 요소 : 형, 크기, 형태, 재질, 색상
- 상대적 요소 : 방향, 위치, 공간

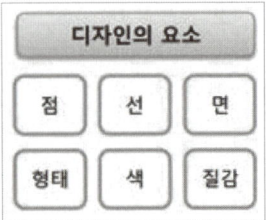

기적의 TIP

개념적 요소
시각적으로 지각할 수 없는 것으로 실존하는 것이 아니라 존재하는 것처럼 보일 뿐이다.

02 점(Point)

◉ 점의 개념 및 특성

- 형태를 지각하는 최소의 단위이다.
- 기하학에서의 개념 : 위치가 있고 크기가 없다.
- 디자인에서의 개념 : 크기와 형태가 있으며, 기능을 갖고 있다.
- 점의 구성을 통해 다양한 메시지를 연출한다.
- 점은 선의 양끝(한계), 선의 교차, 선의 굴절, 면과 선의 교차에서 나타난다.

◉ 점의 표현에 따른 효과

- 점이 평면 위에 하나가 있을 경우에는 무게가 생기고 주의력이 집중된다.

- 두 점이 간격을 두고 떨어져 있을 경우 심리적으로 장력을 느낀다.

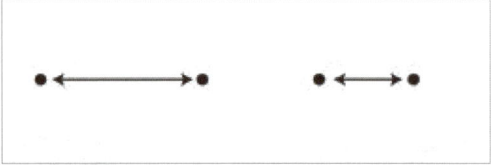

- 대소관계에 있어서 작은 것은 큰 것으로 흡수되기 쉽고, 시선의 순서가 큰 것에서 작은 것으로 옮겨진다.

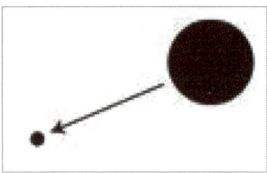

- 점과 점 사이에는 육안으로 볼 수 없으나 심리적으로는 연결되는 직선으로 작용한다. 따라서 세 점은 심리적으로 삼각형으로 느낀다.

- 일직선 상의 점이 일정한 간격으로 떨어져 있으면 집합, 분리가 생긴다.

- 점이 일정한 간격을 가지고 계속되면 선으로 느껴진다.

- 점이 사방으로 일정한 간격을 유지하면 면으로 느껴진다.

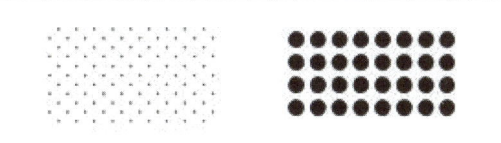

- 점의 크기의 변화는 원근감을 나타내기도 한다.

- 점의 크기와 배치되는 주위 상태에 따라 느낌이 다양할 수 있다(시원함, 따뜻함, 치밀함, 대담함).

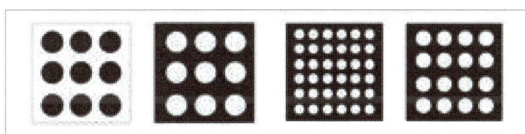

기적의 TIP

회화에서의 점, 점묘화
- 회화 등에서 선 대신 점 집합과 매우 짧은 터치로 표현하는 기법이다.
- 신인상주의 작가들이 사용한 기법이다.
- **대표작 작가** : 조르주피에르 쇠라, 폴 시냐크

단답형 문제

01 직접적으로 지각하여 얻지 못하며, 가시적으로 표현되는 시각 요소를 무엇이라고 하는가?

객관식 문제

02 다음 디자인 요소 중 개념 요소끼리 짝지어진 것은?
① 점, 선
② 면, 형태
③ 선, 질감
④ 점, 크기

03 신인상주의 화풍으로 선 대신 점 집합과 매우 짧은 터치로 표현하는 점묘법을 사용한 화가는?
① 피트 몬드리안
② 조르주 쇠라
③ 바실리 칸딘스키
④ 폴 세잔

04 디자인의 기본 요소인 것은?
① 면(Plane)
② 질감(texture)
③ 색상(Color)
④ 문자(Text)

정답 01 개념 요소 02 ① 03 ② 04 ①

POINT 21 | 선, 면, 입체

01 선(Line)

◉ 선의 개념

- 1차원적인 요소로 점이 이동한 자취나 흔적을 말한다.
- 선은 두께나 폭은 없으며, 길이와 방향을 나타낸다.
- 대상의 윤곽이나 형상 표현하는 가장 기본적인 요소이다.
- 면을 구성하는 기본 요소가 된다.

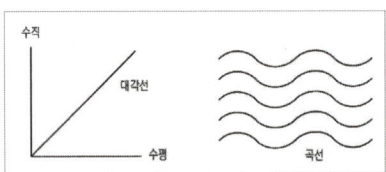

◉ 선의 종류

① 직선
딱딱하고 완고하며, 명확하고, 단순하고, 남성적이다.

수평선	평온, 안정, 정적, 고요, 평화, 무한함 등
수직선	존엄, 권위, 상승, 숭고, 힘, 영구, 열망 등
대각선	운동감, 움직임, 속도감, 불안함 등
지그재그	에너지, 혼란, 뒤흔들림, 불안감, 소란, 격분 등

② 곡선
부드러움, 움직임, 활동, 안락, 안전, 이완, 편안함을 연상시키며, 여성적이다.

기하곡선	원, 타원, 포물선과 같이 기하학적으로 그려질 수 있는 곡선
자유곡선	여성적이며, 아름답고, 자유분방하며, 무질서한 느낌
나선	발전적, 가장동적(아르키메데스 나선)
쌍곡선	균형미

🚩 기적의 TIP

- **기하학적인 선** : 딱딱하고, 기계적이며, 긴장감
- **유기적인 선** : 물체의 외형을 따라 흐르는 선으로, 부드러우며 자유로운 느낌

02 면(Plane)

◉ 면의 개념

- 선이 이동한 자취, 공간을 구성하는 기본 단위이다.
- 선들의 교차 및 집합으로 이루어진다.
- 2차원적 요소로서 입체를 생성하는 기본적인 요소이다.
- 깊이가 없고 길이와 넓이를 가지며 선으로 경계 지어진 표면을 말한다.
- 두께, 색, 재질이 있는 표면이나 사물의 외곽을 나타내는 것이다.

◉ 면의 속성

- 셋 이상의 점이 연결된 변에 의해 정의된 내부 공간이다.
- 점이 확대되거나 선의 폭이 넓어지면 면이 된다.
- 2차원의 면은 외형의 이미지를 전달하고 3차원이 면은 전체 형상을 에워싸는 표면이다.
- 미술, 건축, 디자인에서 면은 형태를 생성하는 중요한 요소이다.

면의 종류

직선적인 면	남성적, 신뢰감, 안정감, 명료, 직접적인 느낌을 준다.
기하학적인 면	불안정, 기계적, 추상적인 느낌을 준다.
유기적인 면	자유스러움, 활발한 느낌을 준다.
곡면	온화하고 동적인 표정의 느낌과 부드럽고 동적인 느낌을 준다.

• 기하학적인 면

• 유기적인 면

03 입체(Volume)

● 입체의 개념

- 면이 이동한 자취, 면이 모여 생성된다.
- 3차원적 요소로서 길이, 폭, 깊이, 공간, 표면 등이 존재한다.
- 기본적인 입체 : 구, 육면체, 원기둥, 원뿔
- 우리 주변의 사물들은 주로 입체의 형태를 띠며 구, 육면체, 원기둥 및 이들의 조합으로 이루어진다.

● 입체의 형성

- 면이 이동한 자취이다.
- 길이, 너비, 깊이, 형태와 공간, 표면, 방위, 위치 등을 갖는다.
- 면이 각도를 이루는 방향으로 이동하거나 회전에 의해서 생긴다.

단답형 문제

01 다음 그림과 같이 자유롭고 활발한 느낌을 주는 형태를 무엇이라고 하는가?

객관식 문제

02 다음 중 디자인 요소인 선이 주는 느낌으로 잘못 이루어진 것은?
① 수직선 – 권위, 상승, 힘
② 수평선 – 안정, 고요, 평화
③ 사선 – 움직임, 속도감, 운동감
④ 자유곡선 – 여성, 부드러움, 권위

03 다음 선의 느낌을 나타낸 것 중 수직선에 대한 느낌으로 가장 알맞은 것은?
① 안정감, 친근감, 평화스러운 느낌
② 엄숙함, 강직함, 긴장감, 준엄한 느낌
③ 움직임, 활동감, 불안정한 느낌
④ 우아하고 부드러운 느낌

04 다음 중 기본 형태에 대한 설명이 올바른 것은?
① 면 : 물체가 점유하는 공간
② 선 : 면의 한계 또는 교차
③ 점 : 입체의 한계 또는 교차
④ 입체 : 선의 한계 또는 교차

정답 01 유기적인 면 02 ④ 03 ② 04 ②

POINT 22 | 형과 형태

01 시각 요소(Visual Element)

◉ 시각 요소 개념
- 실제로 우리의 눈을 통해서 전달되는 요소로, 시각적으로 물체를 인식하는 데 필요한 요소이다.
- 물체를 지각하는 데 필요한 형태, 크기, 색채, 빛, 질감 등의 요소를 말한다.

02 형(Shape)

◉ 형의 개념
- 우리 눈에 보이는 사물의 모습이다.
- 점, 선, 면이 모여 구성하는 사물의 모양이다.
- 형은 어떤 형체의 윤곽이나 경계선을 의미한다.

◉ 형의 의미

사각형	안정, 신뢰, 견고, 땅
원형	움직임, 주의, 주목, 완성, 조화, 완전함, 에너지
삼각형	방향, 균형, 도전, 역동성, 행동
다각형	구조적, 유일함, 개성
유기적인 형	자연, 명랑, 예측불가능

◉ 형의 종류

기하직선형	안정, 신뢰, 확실, 강력, 명료, 질서, 간결
기하곡선형	수리적인 질서, 명료, 자유, 이행, 확실, 정연
자유곡선형	우아, 여성적, 불명료, 무질서
자유직선형	강렬, 예민, 직접적, 남성적, 대담, 활발, 명쾌

◉ 형을 활용한 디자인

① 원형(Circle)
- 주의와 주목을 의미하여 집중할 수 있는 효과를 낼 수 있다.
- 레이아웃에 항목을 표시할 때 요소로서 적용하면 전체적으로 부드럽고 조화롭게 배치되는 디자인을 할 수 있다.

② 사각형(Square, Rectangle)
- '간단한', '균형 잡힌', '단단한', '안전한'을 의미한다.
- PC와 스마트폰 환경에 맞춰서 웹페이지의 레이아웃이 변화하는 반응형 웹디자인을 위해 사각형의 카드 형식으로 레이아웃을 구성하는 경우가 많다.

③ 삼각형(Triangle)
- 삼각형에서 주의할 사항은 정삼각형(▲)과 역삼각형(▼)은 상반되는 의미를 지닌다.
- 위를 향하는 정삼각형(▲)은 안정과 균형의 느낌을 주고, 아래를 향하는 역삼각형(▼)은 불안정, 위험, 긴장감을 심리적으로 느끼게 한다.

④ 다각형(Polygon)
- 다각형은 유니크한 형태로 유일하고 독특한 의미를 지닌다.
- 육각형의 경우, 벌집을 연상하여 육각형들로 구성된 모양을 보면 매우 구조적으로 느낀다.

03 형태(Form)

◉ 형태의 개념
- 형태는 형에 원근과 깊이가 포함된 3차원 입체 상태이다.
- 형태는 이념적 형태와 현실적 형태로 구분된다.
- 현실적 형태는 자연 형태와 인공 형태로 분류한다.

● 이념적 형태

- 실제적인 지각으로 얻을 수 없는 순수 형태 또는 추상 형태를 말한다.
- 이념적 형태는 점, 선, 면, 입체의 기본 형식으로 구성되어 있다.

● 현실적 형태

실제적인 지각으로 얻을 수 있는 형태로서 자연 형태와 인위 형태가 있다.

● 자연 형태

- 우리가 자연에서 볼 수 있는 형태이다.
- 자연 형태는 디자인에 있어서 형태 연구의 중요한 근원이다.
- 자연 형태의 종류
  - 무생물의 형태 : 모래, 돌, 산 등의 생명이 없는 것
  - 생물의 형태 : 식물, 동물 등 생명이 있는 것

● 기하학적 형태

- 반드시 수학적인 법칙과 함께 생기며 뚜렷한 질서를 가지고 있다.
- 규칙적이며 단순하고 명료한 인상을 준다.
- 자연 형태에 비해 인공적 특성이 두드러지게 느껴진다.

● 유기적 형태

- 유기적이 지닌 의미에 근거하여 자연과 생명체의 표상을 뜻한다.
- 보편적인 감성적 시각으로 자유롭게 유동하는 곡선으로 표현되고, 정형의 직선적인 기하학 형상과는 대별된다.

> **기적의 TIP**
>
> **폴 세잔**
> 사물의 본질적인 구조와 형상에 주목하여 자연의 모든 형태를 원기둥과 구, 원뿔로 해석한 독자적인 화풍을 개척했다.

객관식 문제

01 형(Shape)과 형태(Form)에 대한 설명으로 옳은 것은?
① 형태는 단순히 우리 눈에 비쳐지는 모양(윤곽)이다.
② 형은 일정한 크기, 색채, 질감을 가진 모양이다.
③ 형은 2차원적인 표현이고, 형태는 3차원적인 표현이다.
④ 디자인에서 형을 구성하는 것은 점이다.

02 모든 사물은 구, 원기둥 및 원뿔 형태와 같은 기하학적 형태로 구성되어 있다고 주장한 사람은?
① 피터 파파넥
② 빈센트 반 고흐
③ 폴 세잔
④ 파블로 피카소

03 디자인의 요소에 해당하지 않는 것은?
① 질감
② 색채
③ 형태
④ 채도

04 다음 형태의 분류 중 성격이 다른 하나는?
① 이념적 형태
② 순수 형태
③ 기하학적 형태
④ 현실적 형태

정답 01 ③ 02 ③ 03 ④ 04 ④

POINT 23 | 시각 요소

01 공간(Space)

● 공간의 개념 및 속성

- 묘사되지 않은 부분과 물체가 놓이지 않은 여백을 뜻한다.
- 공간은 실제 공간, 허상 공간, 조형 공간, 물리 공간으로 나뉜다.
  - 실제 공간 : 2차원, 3차원 공간
  - 허상 공간 : 4차원 공간(3차원의 공간을 원근법에 따라 일루전을 부여하여 2차원에 표현하는 공간)
  - 조형 공간 : 작품 내에 존재하는 공간
  - 물리 공간 : 작품과 둘러싼 주변의 공간

● 2차원 공간과 3차원 공간

① 평면 공간
- 2차원의 작업으로 높이와 넓이로 구성되며, 깊이감은 없다.
- 단순하고 직접적인 표현으로 구현한다.
- 양식화된 문양을 평면의 공간에 사용함으로써 평면에 독특한 특징들을 나타낸다.
- 평면디자인에서의 공간은 여백을 의미한다.
- 형태와 배경이 거의 같은 비율로 나누어진 평면공간은 시각적인 모호함을 만든다.

② 입체 공간
- 건축을 비롯한 천, 보석, 금속공예, 직조, 조각 등에서 입체 공간을 만든다.
- 평면 미술에서도 공간감이나 깊이감을 표현하는데, 이것은 본질적으로 평면이고, 공간감은 환영일 뿐이다.
- 시각적 공간 환영을 표현하기 위해 중첩, 크기, 색채, 질감의 변화 등의 방법이 사용되고 있다.

02 질감(Texture)

● 질감의 개념 및 속성

- 서로 다른 재료가 가지는 표면의 느낌이다.
- 시각적 질감과 촉각적 질감으로 나뉜다.
  - 시각적 질감(2차원) : 색, 명암등을 통해 눈으로 느낄 수 있는 질감
  - 촉각적 질감(3차원) : 눈뿐만 아니라 손으로 만져서 느낄 수 있는 질감
- 디자인에서의 질감은 텍스트의 내용과 동조될 수 있도록 시각적 기능을 발휘한다(상징적 의미 내포).
- 질감의 대비로 주제를 명확하게 표현하기도 한다 (거침/부드러움, 촉촉함/건조함).

03 크기(Size)

● 크기의 개념

- 비교에 의해 측정되는 상대적 크기와 기준척도에 의해 측정되는 절대적 크기로 구분한다.
- 길이, 폭 그리고 깊이와 높이 등으로 표현한다.

● 크기의 속성

- 스케일은 상대적이다.
- 그래픽 요소들은 각 요소의 크기나 위치, 색 등에 의존하여 작거나 커 보인다.
- 구성요소들의 크기가 동일하면 디자인은 무미건조해 보인다.
- 스케일의 대비는 운동감이나 깊이뿐만 아니라 긴장감 또한 유발한다.
- 작은 형태는 뒤에 있는 것처럼 보이고 큰 형태는 앞으로 돌출되어 보인다.

● 크기의 표현

① **크기를 암시하는 크로핑(Cropping)** : 거대한 원의 형태는 화면의 모서리에 잘려 더욱 커 보인다.

② **친숙한 물체들과 스케일** : 사람들은 대부분 모든 물체가 사실과 같은 스케일로 유지되어 있다고 예상한다. 이러한 예상을 바탕으로 공간적 착시와 관념상의 관계를 창조하는 디자인이 가능하다.

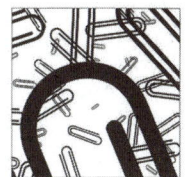 

③ **스케일, 깊이 그리고 움직임** : 스케일의 대비는 서로 다름을 표현하고 깊이감이나 움직임을 암시할 수 있다.

④ **모호한 스케일** : 사진에 담긴 공간적 단서들은 보는 이가 착각을 일으킬 부가적 물체들을 등장시켜 인체의 크기를 암시한다.

⑤ **시점**
- 비록 작은 물체라도 가까이서 그리고 낮은 위치에서 촬영하면 기념비적인 느낌의 착각을 불러일으킨다.
- **로우(Low) 앵글** : 피사체를 낮은 곳에서 높은 곳으로 올려다보는 각도로 극적이고 역동적인 분위기를 나타낸다.
- **하이(High) 앵글** : 피사체보다 높은 위치에서 아래를 내려다보는 각도로 외로운 느낌, 무력감, 약화된 지배력 등의 느낌을 보여 준다.

단답형 문제

01 아래에서 피사체를 바라본 장면을 촬영할 때 사용하는 앵글이며, 피사체의 높이와 깊이가 강조되기에 건물이나 나무 등의 촬영에 이용되는 경우가 많고, 인물 촬영할 경우 다리를 길게 보이는 왜곡 효과가 생기는 이 앵글을 무엇이라고 하는가?

객관식 문제

02 다음 중 크기의 속성을 잘못 설명한 것은?
① 구성 요소들의 크기가 동일하면 디자인은 무미건조해 보인다.
② 스케일의 대비는 운동감이나 깊이뿐만 아니라 긴장감 또한 유발한다.
③ 착시현상이 나타나지 않도록 사물 간의 비례를 정확히 지켜서 디자인한다.
④ 작은 형태는 뒤에 있는 것처럼 보이고 큰 형태는 앞으로 돌출되어 보인다.

03 가죽 이미지를 이용한 신용카드 디자인에서 느껴지는 질감은?
① 시각적 질감
② 촉각적 질감
③ 청각적 질감
④ 후각적 질감

정답 01 로우(Low) 앵글 02 ③ 03 ①

POINT 24 | 조형 원리

01 시각화 조형 원리

◉ 조형 원리 개념
- 조형 요소를 효과적으로 구성하고 조합하는 원리이다.
- 디자인 요소들이 결합되어 미적 조화를 이룬다.
- 아이디어를 나타내기 위해서는 디자인 요소들을 결합하여 조화, 균형, 강조 등 조형적인 시각화가 필요하다.

◉ 조형 원리 분류
① 동질성
- 조형 요소를 '유사'해 보이게 하는 원리
- 통일, 반복, 조화, 리듬, 점이, 대칭

② 상이성
- 조형 요소를 서로 '달라' 보이게 하는 원리
- 변화, 대비, 강조, 긴장, 변형, 착시, 동세

02 조화와 대비

◉ 조화(Harmony)
두 개 이상의 요소 또는 전체와 부분의 상호관계에서 그것들이 분리되거나 충돌하지 않고 서로를 보완하며 심미적으로 상승작용을 이루는 상태를 뜻한다.

① 유사 조화
- 같은 성격의 요소들의 조합에 의해 이루어진다.
- 안정감, 단순함, 명쾌함
- 조화가 부족하면 산만하고, 지나치면 단조롭다.
- **유사의 종류** : 형태의 유사, 색상의 유사, 질감의 유사, 연상의 유사 등

② 대비 조화
- 색상이나 형태 등 대상을 표현하는 요소들의 변화를 활용해 서로 어울리도록 한다.
- 강렬함, 화려함, 강조, 주목성, 존재감
- 지나치면 통일성을 깨트린다.

◉ 대비(Contrast)
- 전혀 다른 요소의 조합으로 발생한다.
- 대립과 긴장, 극적인 효과, 강렬한 인상을 준다.
- 조화보다 강렬한 느낌으로 극적인 즐거움이 있다.
- 과도한 이질적인 구성 요소의 대비는 전반적인 효과가 반감될 수 있어 절제해서 사용해야 한다.
- **동양미술** : 조형적 대비, 음양사상

03 통일

◉ 통일(Unity) 개념
- 시각적, 형태적인 유사성의 조화, 일치, 일관성 등을 통일원리라고 한다.
- 통일성에는 조형적 질서가 내포되어 있다(형태, 색, 명암, 재료, 기법, 방향 등).
- 기하학 형태(원, 삼각형, 사각형)는 쉽게 통일성을 갖출 수 있다.

◉ 통일성을 고려한 디자인
- 디자인 제작 시간 단축 효과가 있다.
- 협업 시 서로 다른 디자인들의 동일한 기준에 의거한 제작으로 이질감을 감소시킨다.
- UI/UX적인 측면에서 일관성 있는 구조와 통일된 규칙은 사용자의 편의성, 사용성을 높인다.

● 통일성을 표현하는 방법

① 근접
- 각기 분리된 요소들이 서로 연결되어 있는 것처럼 보이게 만드는 방법이다.
- 근접은 상대적인 느낌이기 때문에 다른 요소와의 상대적 거리감이 중요하다.

② 반복
- 동일하거나 유사한 단위형태 유닛(Unit)을 1회 이상 사용한다.
- **반복의 요소** : 형태, 색채, 질감, 방향, 각도 등
- 디자인에서 가장 오래된 조형구성 방법이다.
- 단순하면서도 통일된 시각 이미지를 창출하는데 효과적이다.
- 시각적으로 일련된 연속성과 강한 힘을 갖고 있으나, 변화가 없는 경우 단조롭고 지루하다.
- 대각선 방향으로 규칙적인 비율에 의한 반복 형태는 지루한 느낌을 감소하고 다이내믹한 율동감을 준다.
- 방향의 반복
  - 형태들이 방향성을 가지고 반복될 때 방향의 반복이 발생한다.
  - 방향의 운동성을 강화시킨다.

③ 연속
- 끊어지지 않고 계속 이어지거나 지속된다.
- 선 또는 하나의 방향이 또 다른 방향으로 바뀌는 것이다.
- 보는 사람의 눈길이 어떤 요소에서 그 다음의 요소로 자연스럽게 옮겨간다.
- 연속은 강약의 변화를 통하여 생동감을 주며 반복의 경우와 구분된다.

> **기적의 TIP**
>
> **바자랠리의 옵 아트 작품**
> 부분적인 변형, 반복, 전환 등에 의해 시각적 착시현상을 일으킨다.
>
>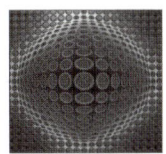

객관식 문제

01 다음 중 동질성(Similar)을 나타내는 조형원리가 아닌 것은?
① 대비(Contrast)
② 통일(Unity)
③ 대칭(Symmetry)
④ 반복(Repetition)

02 다음 중 평면 디자인의 원리에서 가시적인 시각 요소와 거리가 가장 먼 것은?
① 중량
② 형태
③ 색채
④ 질감

03 다음 중 시지각의 원리에 근거를 둔 추상적, 기계적 형태의 반복과 연속 등을 통한 시각적 환영, 지각, 색채의 물리적 및 심리적 효과와 관련한 디자인 사조는?
① 아르누보
② 미술공예 운동
③ 팝디자인 운동
④ 옵 아트

04 다음 중 조형원리의 통일성을 표현하는 방법이 아닌 것은?
① 근접
② 강조
③ 반복
④ 연속

정답 01 ① 02 ① 03 ④ 04 ②

POINT 25 | 변화와 균형

01 변화(Variation)

- 변화는 질서를 파괴하는 것으로서 시각적 자극에 속한다.
- 요소의 강조
  - 사용자의 시선을 유도하는 중요한 표현 기법이다.
  - 동시에 너무 많은 변화가 일어나면 변화의 효과는 반감되고 혼란이 가중된다.
- 구성 요소가 가진 특징적 차이를 강조한다(성질, 모양, 상태 등).
- 방향성과 역동성, 불규칙성, 속도감, 공간감

02 균형(Balance)

◉ 균형 개념

- 작품에서 무게나 힘이 어느 한쪽으로 기울거나 치우치지 않아 안정감을 주는 것이다.
- 균형을 이루는 형태 : 대칭적 균형, 비대칭적 균형
- 시각 요소의 균형 : 물리적 균형, 시각적 균형

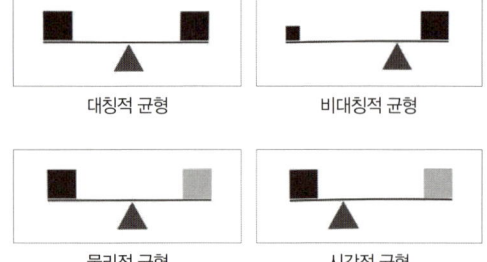

◉ 대칭적 균형

- 균형 중에 가장 단순한 형태는 대칭적 균형이다.
- 대칭 디자인은 본질적으로 안정감을 준다. 자연의 생물체는 대부분 균형적인 형태를 갖고 있다(예) 사람의 몸, 불가사리, 나무 등).
- 대칭형의 시각적인 안정성을 지나치게 표현하면 엄숙하면서도 권위 있게 보인다.
- 대칭은 중심축을 기준으로 좌우대칭 또는 상하대칭 구조로 이루어진다.
  - 선 대칭 : 대칭축을 중심으로 좌우나 상하가 같은 형태가 되는 것으로, 두 형을 서로 겹치면 포개진다.
  - 방사 대칭 : 도형을 한 점 위에서 일정한 각도로 회전시켰을 때 생기는 방사상의 형태이다.
  - 이동 대칭 : 도형이 일정한 규칙에 따라 평행으로 이동했을 때 생기는 형태이다.
  - 확대 대칭 : 도형이 일정한 비율과 크기로 확대되는 형태이다.

좌우 대칭   점 대칭   방사 대칭   확대 대칭   역 대칭

◉ 대칭 구조의 단점

- 안정성은 강하지만 변화의 요소가 적기 때문에 지루하거나 답답하게 느껴진다.
- 대칭 형태에 변화를 주기 위해서는 대칭되는 형태의 실루엣을 단조롭지 않게 해준다.

◉ 비대칭의 균형

- 서로 다른 요소라도 시각적인 비중이 안정되어 균형을 이루는 것을 말한다.
- 강한 쪽은 좁고 작게 구성하고, 약한 쪽은 넓고 크게 구성하면 비대칭을 이루게 된다.
- 비대칭은 대칭보다 개성적이며, 감각적이므로 활용도가 높다.

● 시각적 균형의 표현

- 색채에 의한 균형
- 명도에 의한 균형
- 형에 의한 균형
- 질감에 의한 균형
- 위치에 의한 균형
- 시선의 방향에 의한 균형

● 방사형 균형

- 중앙의 한 점에서 방사되거나 중심점으로부터 원형을 이루는 균형이다.
- 방사형 구도의 그림은 원근감을 표현하기도 한다.
- 방사의 중심부는 강렬한 촛점을 가지고, 구도의 중심, 중심에서부터의 동세를 나타낸다.
- 초점의 중심에서 대칭적 균형과 비대칭적 균형으로 나눠진다.
  - 대칭적 균형 : 완전한 비례에 입각한 기계적이고 딱딱함, 지루함을 줄 수 있다.
  - 비대칭적 균형 : 세련된 느낌, 자유로움을 표현한다.

단답형 문제

01 도형을 한 점 위에서 일정한 각도로 회전시켰을 때 생기는 대칭 형태는?

객관식 문제

02 시각적 균형과 가장 거리가 먼 것은?
① 명암에 의한 균형
② 경험에 의한 균형
③ 질감에 의한 균형
④ 위치에 의한 균형

03 다음 중 대칭과 비대칭 구조의 설명으로 잘못된 것은?
① 대칭 구조는 안정성은 강하지만 변화의 요소가 적기 때문에 지루하게 느껴질 수 있다.
② 역동적이거나 형태의 중요성을 강조하기 위해 비대칭 구조를 활용한다.
③ 대칭 구조는 중세 시대에 권위적이고 엄숙한 느낌을 주기 위해 많이 사용되었다.
④ 비대칭 구조에 비해 대칭 구조 디자인은 본질적으로 긴장감을 준다.

정답 01 방사 대칭 02 ② 03 ④

26 | 율동, 강조, 비례

01 율동(Rhythm)

◉ 율동의 개념과 특성

- 조형의 요소들 간에 강약이나 단위의 장단이 반복되고, 그에 따라 규칙성 혹은 주기성을 띈다.
- 이러한 연속성에 의해 운동감이 느껴지게 된다.
  - 크기의 변화를 이용한 리듬감 표현
  - 형태의 변화를 이용한 리듬감 표현
  - 규칙적인 반복으로 리듬감 표현

◉ 반복

- 이미지, 색상, 형태, 텍스처, 방향, 각도 등의 변화로 리듬감을 만들어 낸다.
- 포장지, 벽지, 직물의 패턴 디자인에 많이 이용된다.

◉ 점이(점층)

- 시각적인 점진적 변화를 '점이'라 한다.
- 형태가 점점 작아지거나 커지는 현상이나 어떤 색상에서 다른 색상으로 변화하는 현상이다.
- 전환 단계의 과정이 적을 때에는 점이의 속도가 빠르게 진행되고, 단계가 많으면 느린 속도로 진행된다.

◉ 율동과 동세

- 율동은 동세와 연계성이 있다.
- 이미지의 표현에 따라 시각적 움직임이 발생한다.

02 강조

◉ 강조의 개념 및 특성

- 크기, 모양, 색 등 특정 부분을 두드러지게 하는 요소이다.
- 강조의 표현은 변화, 변칙, 불규칙을 의도적으로 구성하여 긴장감을 조성하는 것이다.
- 디자인에서 강조는 필요성과 목적성을 가질 때 적용된다.
- 강조의 효과적인 사용
  - 주의를 환기시킬 때
  - 단조로움을 덜거나 규칙성을 깨뜨릴 때
  - 관심의 초점을 만들거나 움직이는 효과와 흥분을 조성시킬 때

◉ 다중강조

- 한 가지 이상을 강조하거나 초점을 나타내는 것이다.
- 동일한 강조를 지닌 초점을 여러 개 설정하면 시각적 집중도가 낮아져 강조의 효과가 미비해진다.

◉ 다중강조 방법

① 대비에 의한 강조
- 어떤 요소가 지배적 구성에 대비되어 초점을 이루는 것이다.
- 색채, 명도를 활용하는 경우가 많다.

② 분리에 의한 강조
- 하나의 요소가 다른 것들과 분리되어 나머지 다른 요소들이나 그룹으로부터 떨어져 있을 때 나타난다.
- 떨어져 있는 것은 나머지와 다른 형태일 필요는 없다.

③ 방향 강조
- 여러 요소들이 어떤 하나의 요소를 가리킬 때 나타난다.
- 모든 형태가 하나의 초점으로 방사될 때 눈길을 중앙으로 모아주는 역할을 한다.

03 비례

● 비례의 개념과 특성
- 부분과 전체, 부분과 부분 사이의 크기에 대한 차이이다.
- 시간, 공간, 명암, 색채 같은 구성 요소 사이의 상대적 크기와 양의 관계이다.
- 조형미를 규정하는 요인 중 하나이다.

● 황금비례
- 고대 그리스부터 내려온 미적 구성 분할 법칙이다.
- 정사각형의 한 변을 이등분한 점을 중심으로 마주 보는 모서리까지의 거리를 반지름으로 원을 그려 직사각형을 만들면 1 : 1.618의 비례를 갖는 황금비 직사각형이 만들어진다.

● √2 비례
- 분할을 반복해도 항상 같은 비율이 유지되는 특징이 있다.
- 1917년 독일의 물리학자 발터 포츠만 박사의 제안으로 선정된 독일공업 규격으로 현재 국제표준 규격으로 사용되고 있다.
- 20세기 들어 종이의 사용량이 증가하며 종이의 분할과 활용에 효과적인 비례법으로 사용되었다.
- A0의 크기는 1㎡의 넓이를 가진 841×1,189mm이다.
- 루트 2의 값 $\sqrt{2} = 1.41421\cdots$ 에 가깝다

04 모듈(Module)

- 측정 단위 혹은 기준 치수(단위)
- 동일한 평면의 반복으로 만들어 낼 때의 기본 단위(Unit)

● 모듈러(Modulor) 시스템
- 스위스 출신 프랑스 건축가 르 꼬르뷔지에가 창안했다.
- 인간의 신체를 분석하여 건축물에 내제된 공간의 크기를 결정하는 요인으로 활용된다.
- 정수비, 황금비, 피보나치 수열의 비례를 인체치수에 대응시킨 것이다. ─ 바로 앞의 두 항을 더해 다음 항을 만드는 수열
- 모듈러 디자인 시스템은 아름다움의 근원인 인간 신체의 척도와 비율을 기초로 황금 분할을 찾아 무한한 수학적 비례 시리즈를 만들었다.
- 직사각형으로 된 모듈러 디자인은 기하학적이며 규칙적이고 단순명쾌한 조형적 감정을 나타낸다.

객관식 문제

01 다음 중 유사, 대비, 균일, 강약 등이 포함되어 나타내는 디자인의 원리는?
① 통일
② 조화
③ 균형
④ 율동

02 다음 중 황금분할의 비로 알맞은 것은?
① 1 : 1.618
② 1 : 1.414
③ 1 : 1.518
④ 1 : 1.418

03 디자인의 원리 중 율동(Rhythm)과 관련된 조형 방법과 관련이 먼 것은?
① 대칭
② 점이
③ 점증
④ 반복

04 디자인의 조형 원리 중에서 변화와 변칙, 불규칙성을 의도적으로 연출하여 시각적 강약을 조성하는 것은 무엇인지 고르시오.
① 변화
② 통일
③ 율동
④ 강조

정답 01 ④ 02 ① 03 ① 04 ④

POINT 27 | 시지각

01 게슈탈트(Gestalt) 심리법칙

● 게슈탈트 심리법칙 개요

- 게슈탈트 심리학의 창시자는 베르트하이머(M. Wertheimer)이다.
- 게슈탈트 심리학은 사물을 있는 그대로의 형이나 형태로 지각하지 않고 더욱 단순하고 규칙적이고 대칭적인 것으로 사물이 지각되는 방식에 대한 인간의 시지각에 대한 원리를 게슈탈트의 4가지 법칙으로 이론적인 설명을 하고 있다.
- 형태를 통한 인간의 지각심리를 객관적으로 연구하여 보편적인 의사소통체계를 확립하였다.
- 조형예술의 의미소통체계에 많은 기여를 하였다.

> **기적의 TIP**
>
> **게슈탈트**
> '형태·형상'을 뜻하는 독일어로 심리학파가 제시한 심리학의 법칙으로 형태 심리학의 중추 개념이다.

● 게슈탈트 그루핑 법칙

형태를 실제 있는 그대로가 아니라 수정된 형태로 인식하려는 경향이 있다.

① 근접성의 법칙
- 형태를 실제 있는 그대로가 아니라 수정된 형태로 인식하려는 경향이 있다.
- 멀리 떨어져 있는 두 물체보다는 서로 근접해 있는 물체들을 밀접하게 연관시킨다는 내용이다.
- 시간과 공간 차원에서 근접해 있는 자극 요소들을 함께 묶어서 지각한다.

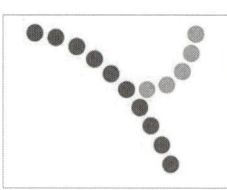

② 유사성의 법칙
- 우리는 유사한 자극 요소들을 함께 묶어서 지각하는 경향이 있다.
- 비슷한 요소들을 하나의 집합적인 전체나 총합으로 인식하는 것이다.
- 이러한 유사성은 형태, 색, 크기, 밝기 등의 관계에 따르게 된다.

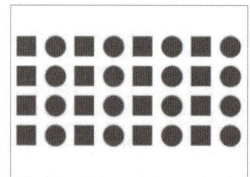

③ 연속성의 법칙
- 형이나 형의 그룹이 방향성을 지니고 연속되어 보이는 방식으로 배열된 것이다.
- 형이나 형의 그룹이 지닌 고유한 특성이 될 수 있다.
- 뇌는 가능한 한 선의 부드러운 연속을 추구한다는 것이다.

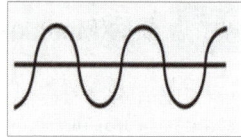

④ 폐쇄성의 법칙
- 벌어진 도형을 완결시켜 보려는 경향을 갖는 성질이다.
- 형상에 어떤 틈이나 간격이 있으면 그것을 완전히 메우거나 닫아서 완성된 형상으로 지각하며, 안정적인 형태의 대칭성 같이 형태를 일반화하여 특징짓는 것이다.

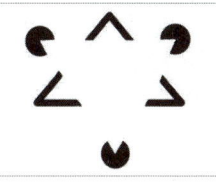 

- **지각 항상성**

- 망막에 자극되어 비춰지는 모습이 바뀌어도 그 물체를 일정한 모습으로 지각하는 현상을 말한다.
- 인간이 가지는 사물의 지각에 대한 고정관념이나 편견을 말한다.
- 지각 항상성에는 크기 · 형태 · 방향 · 위치 · 색채 항상성 등이 있다.

크기 항상성	크기가 변해도 항상 같은 크기로 인지하는 것
형태 항상성	형태가 변해도 본래의 형태로 인지하는 것
방향 항상성	수직, 수평, 사선 등을 같은 방향으로 인지하는 것
위치 항상성	위치가 변해도 본래의 위치로 인지하는 것
색채 항상성	조명이나 빛에 의해서 색채가 변해도 원래의 색으로 인지하는 것

단답형 문제

01 망막에 자극되어 비춰지는 모습이 바뀌어도 그 물체를 일정한 모습으로 지각하는 현상을 무엇이라고 하는가?

객관식 문제

02 게슈탈트(Gestalt)의 시각에 관한 기본 법칙이 아닌 것은?
① 근접성의 요인
② 방향성의 요인
③ 연속성의 요인
④ 유사성의 요인

03 비슷한 성질을 가진 요소들은 비록 떨어져 있다 하더라도 덩어리져 보이는 경향이 있다. 이 법칙은?
① 근접성의 법칙
② 유사성의 법칙
③ 폐쇄성의 법칙
④ 연속성의 법칙

04 다음 로고 이미지에서 발견되는 게슈탈트 법칙은?

① 근접성의 법칙
② 유사성의 법칙
③ 폐쇄성의 법칙
④ 연속성의 법칙

정답 01 지각 항상성 02 ② 03 ② 04 ③

POINT 28 | 착시

01 도형과 바탕의 착시

◉ 착시
사물을 그대로 지각하는 것이 아니라 다르게 지각하는 현상으로, 시각적인 착각을 말한다.

◉ 도형과 바탕의 법칙 특징
- 두 개의 영역이 같은 외곽선을 가질 때 모양을 가진 것처럼 보이는 것이 도형이고 다른 하나는 바탕이다.
- 바탕은 도형의 뒤쪽에 펼쳐져 있는 것처럼 보인다.
- 도형은 추상적이든 아니든 사물처럼 보이지만 바탕은 그렇지 않다.
- 도형의 색채는 바탕의 색채보다 확실하고 실질적으로 보인다.
- 관찰자가 도형과 바탕을 같은 거리에서 보더라도 도형은 가깝게 느껴지고 바탕은 멀게 느껴진다.
- 도형은 바탕보다 지배적이고 인상적이며 쉽게 기억에 남는다.
- 도형과 바탕이 동시에 공유하는 선을 윤곽선이라고 하며 윤곽선은 도형의 속성을 나타낸다.
- CI와 BI에 많이 사용된다.

◉ 도형과 바탕의 반전(反戰)
- 서로 근접하는 두 가지의 영역이 동시에 도형으로 되어, 자극 조건을 충족시키고 있는 경우는 어느 쪽 하나는 도형이 되고 다른 것은 바탕으로 보인다.
- 경우에 따라 바탕쪽의 영역이 도형으로 지각되는 경우가 있는데 이것을 '반전 도형'이라 한다.

◉ 애드거 루빈, 루빈의 꽃병

 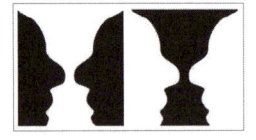

◉ 도형으로 되기 쉬운 영역의 예
- 기울어진 방향보다 수직, 수평 방향으로 된 영역이다.
- 비칭형의 영역보다 대칭형을 가진 영역이다.
- 위로부터 내려오는 형보다 아래로부터 올라가는 형의 영역이다.
- 폭이 불규칙한 영역보다 폭이 일정한 영역 등이 도형으로 되기 쉽다.

02 시지각 착시

① 길이의 착시
- 실제로는 같은 길이지만 조건에 따라 길이가 다르게 보이는 것을 말한다.
- 뮐러-라이어 도형에서는 화살표 안의 직선은 길이가 같으나 안쪽으로 향한 화살표의 조건 쪽이 바깥쪽으로 향한 화살표의 조건 쪽에 비해 길어 보인다.

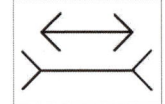 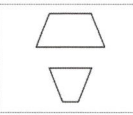 

② 면적, 크기 착시
- 주위의 조건에 따라 도형의 크기나 면적이 다르게 보이는 것을 말한다.
- 흰색 원이 검은 원보다 커 보인다.
- 주변 조건에 따라 안에 있는 원의 크기가 달라 보인다.

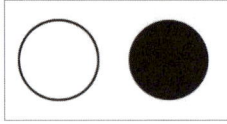 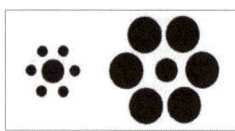

③ 분할의 착시 : 같은 길이가 분할되었을 때 더 길어 보이는 현상이다.

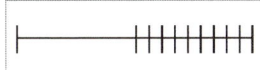

④ 각도, 방향의 착시 : 같은 방향을 가진 수평선 위에 각도가 다른 선이 놓이면 그 선의 각도에 영향을 받아 수평선이 수평으로 보이지 않는 현상이다.

 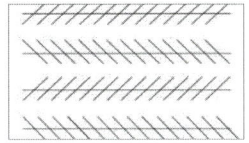

⑤ 각도의 착시 : 같은 각을 이루는 것이라도 주위의 각도에 영향을 받아 각이 서로 달라 보이는 현상이다.

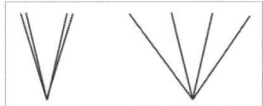

⑥ 수평, 수직의 착시 : 같은 수직선과 수평선의 길이가 다르게 보이는 현상이며, 면적은 수직면보다 수평면이 넓어 보인다.

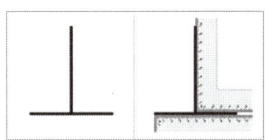

⑦ 위 방향 과대시 : 같은 크기가 위와 아래로 놓였을 때 위에 놓인 형태가 더 커 보이는 현상이다.

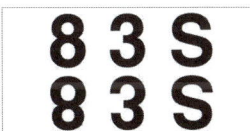

객관식 문제

01 착시현상 중 주위 도형의 조건에 따라 특정한 도형의 크기나 면적이 더욱 커 보이거나 작아 보이는 현상은?
① 길이의 착시
② 면적과 크기의 착시
③ 방향의 착시
④ 양면시의 입체

02 착시에 대한 설명으로 틀린 것은?
① 지각의 항상성과 반대되는 현상으로 원격자극을 왜곡해서 지각하는 것을 말한다.
② 흔히 말하는 착시란 기하학적 착시를 뜻한다.
③ 객관적인 상태로 놓여 있는 어떤 기하학적 도형이 실측한 객관적인 크기나 형과는 다르게 지각되는 현상이다.
④ 사물을 지각하는 데 있어 과거의 경험, 연상, 욕구, 상상 등이 착시를 만드는 것과는 무관하다.

03 다음 그림과 관계가 있는 것은?

① 군화의 법칙
② 도형과 바탕의 반전
③ 객관적 태도의 법칙
④ 공동운명의 법칙

정답 01 ② 02 ④ 03 ②

POINT 29 | 아이데이션 구체화

01 스케치 적용을 통한 아이데이션의 구체화

● 아이데이션의 구체화

비가시적인 콘셉트를 가시화시키기 위한 아이디어로 시각적 구체화를 구현하는 것이다.

- **시각적 직관성을 적용한 아이데이션** : 키워드에서 연상되는 이미지를 직관적으로 지시하는 아이디어를 도출한다.
- **이미지 연출을 예측할 수 있는 아이데이션** : 이미지의 형태묘사, 색채 연출, 질감과 밀도 연출 등 다각적인 시각화 요소에 대한 아이디어를 도출한다.
- **콘텐츠의 정보 체계 및 위계를 시각화할 수 있는 아이데이션** : 다층적인 정보구조를 연출해야 할 경우, 체계적으로 시각화하기 위한 표현 방안으로서 콘텐츠의 위계를 정하여 가시화는 아이디어를 도출한다.
- **아이디어스케치의 고려 항목**

가치 중심	– 아이디어의 독창성 – 아이디어의 실현 가능성 – 아이디어의 창의성
기능 중심	– 콘셉트에 맞는 아이디어 전개 – 아이디어의 조형성 – 아이디어의 경제성
진행 단계 중심	– 콘셉트에 맞는 아이디어 선정 – 콘셉트에 맞는 스케치 전개 – 디자인 개발 목적에 맞는 콘셉트 설정 – 트렌드에 맞는 비주얼 전개 – 콘셉트를 위한 아이디어 스케치의 일관성 있는 전개

02 콘셉트 시각화를 위한 아이데이션

● 콘셉트 키워드를 통한 아이데이션 단계

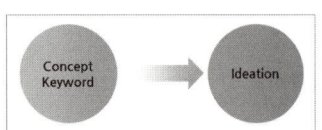

단계	내용
키워드	• 마인드맵을 통한 핵심 키워드 • 브랜드 퍼스널리티를 통한 에센스 키워드 • 관련 시장 트렌드 조사를 통한 트렌드 키워드
아이데이션	• 키워드의 직접적인 시각화 • 키워드 간의 연관관계를 개념화하여 시각화 • 키워드들을 바탕으로 연상하여 아이디어 시각화

● 아이데이션 구체화 수행 순서

① 디자인 기획 의도 및 클라이언트의 요구사항을 파악한다.
② 마인드맵핑을 통한 핵심 키워드를 도출한다.
③ 키워드를 바탕으로 콘셉트를 위한 핵심 키워드와 주제어를 정한다.
④ 시안 디자인 콘셉트 구체화를 위한 이미지 자료를 수집한다.
⑤ 비주얼 모티브 시안 개발을 통하여 디자인 콘셉트의 시각화 방안을 제시한다.

● 콘셉트 키워드 도출 방법

① 마인드맵을 통한 핵심 키워드

단계	키워드 도출 방법
키워드 그룹 추출	마인드맵핑을 통해 추출한 키워드 중 빈도와 유사성이 높은 키워드를 선정
키워드 범위 압축	경쟁사 조사 보드를 통해 국내외 브랜드 아이덴티티 트렌드 파악을 통하여 키워드 그룹의 범위를 압축
핵심 키워드 도출	클라이언트의 브랜드 아이덴티티 개발 방향에 대한 니즈 키워드를 파악

② 브랜드 퍼스널리티를 통한 브랜드 키워드

- 설문조사나 FGD 등을 통해 브랜드 퍼스널리티 키워드군을 추출한다.
- 시각 아이데이션을 위한 키워드로 활용하거나 브랜드 특성이 축약된 키워드를 활용한다.

③ 관련 시장 조사를 통한 트렌드 키워드
- 문헌 자료, 인터넷 자료 검색 내용에서 추출한 마켓 트렌드와 소비자 라이프스타일 트렌드는 아이데이션을 위한 단서가 된다.
- 조사 내용을 콘셉트 설정을 위한 아이디어로 연결시켜 키워드를 도출한다.

> **기적의 TIP**
>
> **FGD(Focus Group Discussion)**
> - 집단심층면접법
> - 타겟이 되는 응답자를 6~8명 내외로 선정하여 사회자의 가이드에 따라 정해진 주제에 대해 그 토론의 과정을 통해서 연구자는 필요한 정보나 아이디어를 수집하는 조사방법

◉ SWOT 분석으로 콘셉 키워드 도출
- 기업, 프로젝트, 또는 개인의 현재 상황을 평가하고 전략을 수립하기 위해 사용되는 기본적인 프레임워크이다.
- SWOT 분석은 제작 콘셉트를 명확하게 하고 설득력을 높이는 효과가 있으며, 전략 도출을 위한 디자인으로도 활용된다.
  - 강점(Strengths) : 내부 환경, 긍정적
  - 약점(Weaknesses) : 내부 환경, 부정적
  - 기회(Opportunities) : 외부 환경, 긍정적
  - 위협(Threats) : 외부 환경, 부정적

◉ SWOT 전략 도출 디자인

SO 전략 (강점 + 기회)	강점을 활용하여 기회를 포착하는 전략(공격적인 전략)
ST 전략 (강점 + 위협)	강점을 활용하여 위협을 회피하거나 최소화하는 전략(다각화 전략)
WO 전략 (약점 + 기회)	약점을 보완하면서 기회를 활용하는 전략(방향 전환 전략)
WT 전략 (약점 + 위협)	약점을 줄이고 위협을 회피하는 전략(최소화/철수 전략)

객관식 문제

01 아이디어 스케치할 때 가치 중심 고려 대상이 아닌 것은?
① 아이디어의 독창성
② 아이디어의 실현 가능성
③ 아이디어의 창의성
④ 아이디어의 경제성

02 콘셉트 키워드 도출 방법으로 미흡한 것은?
① 유사성 있는 키워드를 그룹화하여 추출
② 구체적이고 사실적인 키워드만 추출
③ 경쟁사 조사를 통해 키워드 범위 압축
④ 클라이언트의 니즈를 파악하여 핵심 키워드 도출

03 타겟이 되는 응답자 소수를 선정하여 토론의 과정을 통해 연구자가 원하는 정보나 아이디어를 수집하는 조사방법은?
① FGD
② FGI
③ IDI
④ BLT

정답 01 ④ 02 ② 03 ①

POINT 30 | 아이디어 프레젠테이션

01 프레젠테이션 준비하기

◉ 프레젠테이션
- 시각과 청각을 이용한 설명회이다.
- 듣는 이에게 정보, 기획, 안건을 제시하고 설명하는 행위이다.

◉ 아이디어 프레젠테이션
- 디자이너가 수행한 아이디어 스케치에 대해 팀 구성원 및 관계자들에게 설명하는 것이다.
- 스케치의 활용도를 높이고 다음 단계로 진행하기 위해 아이디어를 선정하는 단계이다.
- 프레젠테이션 시 나온 피드백을 수렴하여 아이디어 개선 및 선정에 반영한다.

◉ 프레젠테이션 준비과정
- 썸네일 스케치를 진행한다.
- 발전 가능안을 선정하여 러프 스케치 형태로 구체화한다.
- 구체적으로 표현된 스케치안을 가지고 프레젠테이션을 준비한다.

◉ 프레젠테이션 내용
- 트렌드 분석 내용
- 유사 사례
- 아이디어 스케치 전개 과정
- 상세 스케치

◉ 프레젠테이션 작성 도구
- 프레젠테이션 소프트웨어 : 파워포인트, 키노트 → 페이지 구성
- 문서 작성 소프트웨어 : 한글, 워드 프로세서 → 평가지 형식 작성

02 프레젠테이션 구성방법

◉ 프레젠테이션의 목적과 효과
- 디자인은 사용자에 대한 이해와 다양한 조건들을 충족시켜야 한다.
- 프레젠테이션은 디자인 개발에서 꼭 필요한 절차이다.
- 프레젠테이션의 목적
  - 디자이너의 핵심 아이디어를 명확히 설명·전달
  - 프레젠테이션을 통해 문제에 대한 개선안을 논의·반영
- 프레젠테이션의 효과
  - 아이디어에 대한 다양한 질문을 통해 영감을 얻는다.
  - 질문과 답변을 진행하는 동안 새로운 아이디어 생성
  - 예상하지 못했던 문제점 발견

◉ 프레젠테이션의 구성
- 콘텐츠(Content) : 내용 구성
- 비주얼(Visual) : 시각적 효과
- 전달(Delivery) : 전달 방법

① 콘텐츠(Content)
- 명확한 메시지의 전달이 핵심
- 정보 제공과 설득 구분
- 모두가 알고 있는 내용에서부터 시작
- 정해진 시간 안에 끝낼 수 있는 내용 준비
- 아이디어 스케치가 도출된 배경 근거
- 디자인 전개과정 단계별로 표현
- 아이디어 스케치에 대한 구체적 설명

② 비주얼(Visual)
- 슬라이드 내용은 간단 명료하게 작성
- 가독성이 높은 글자체 사용
- 절제된 색상 사용
- 일관성 있는 슬라이드 디자인
- 이미지와 텍스트의 적절한 배치

③ 전달(Delivery)
- 핵심 메시지는 한 문장으로 요약
- 프레젠테이션 구성에 따른 시간을 배분하여 정해진 시간 엄수

03 프레젠테이션 평가

◉ 참여자의 태도와 자세

- 객관적인 자세 유지
- 다양한 피드백 이끌어내기
- 다양한 의견 수렴
- 다양한 평가 기록

◉ 평가자의 태도와 자세

- 합리적인 피드백 제시
- **다양한 의견 제시** : 강점과 약점, 문제점과 그 대안, 개선책에 대한 의견이나 조언

◉ 아이디어 선정

- 피드백 취합
  - 다양한 피드백 취합 정리
  - 질문과 답변을 진행하는 과정 속에서 떠오른 아이디어나 대안들이 있다면 이러한 내용을 함께 기록해 두어 아이디어를 개선하는데 활용
- 아이디어 선정
  - 결과물을 모두가 쉽게 볼 수 있는 장소에 일정기간 게시
  - 프레젠테이션에서 나오지 않은 아이디어나 해결책들이 떠오를 때마다 추가

객관식 문제

01 프레젠테이션 구성 요소가 <u>아닌</u> 것은?
① 전달 방법
② 기업 비전
③ 시각적 효과
④ 콘텐츠

02 아이디어 프레젠테이션의 설명으로 맞지 <u>않</u>은 것을 고르시오.
① 아이디어의 핵심 메시지를 설명하는 것이다.
② 다양한 피드백을 아이디어의 개선에 적용할 수 있다.
③ 썸네일 스케치안을 중심으로 진행한다.
④ 상세 스케치안을 중심으로 진행한다.

03 프레젠테이션 구성을 위해 고려해야 할 요소가 <u>아닌</u> 것을 고르시오.
① 혁신성
② 콘텐츠
③ 비주얼
④ 전달력

정답 01 ② 02 ③ 03 ①

POINT 31 | 아이디어 선정

01 아이디어 선정 개요

◉ 아이디어 선정
- 디자이너의 의도 디자인의 방향, 클라이언트의 니즈 등 문제 해결에 관련된 다양한 조건을 가장 만족시키는 디자인안을 선별하는 것이다.
- 전체적인 디자인 개발 과정에서 매 단계마다 일어난다.

◉ 디자인 개발 단계에서의 아이디어 선정

초기 아이디어 선별	최종 디자인안 선정
• 다양한 아이디어 도출 • 주제와 거리가 먼 아이디어는 제외/아이디어 선별	• 선별된 아이디어 구체화 • 구체화된 아이디어 중 가장 적절한 안 선정

- 선별된 아이디어를 구체화하는 과정에서 새로운 아이디어들이 도출될 수 있다.
- 검토, 선별하여 다시 구체화시키는 과정들이 반복되며 최종 콘셉트를 도출한다.
- 아이디어를 도출하고 선정하는 과정은 지속적으로 발생한다.
- 아이디어 선정 과정은 아이디어 스케치를 통한 시각화에 의해 이루어진다.

◉ 필터링
- 어떠한 조건에 적절하지 않은 것들을 걸러낸다는 뜻으로 더 좋은 아이디어를 선정한다고 하기도 한다.
- 디자인의 의도와 목적 등 다양한 조건들에 부합하지 않는 아이디어들을 걸러내고, 보다 적합한 아이디어들을 선별하는 것이다.
- 여러 과정 후 선정된 아이디어와 제외된 아이디어를 구분한다.
- 제외된 아이디어라 할지라도 삭제하지 않고 보관해 두는 것이 좋다.

02 아이디어 선정의 조건

썸네일 스케치가 진행되었다면, 스케치 중 더 발전 가능성이 있는 안을 선정한다.

◉ 스케치안을 정리하는 기준
- 기능
- 형태
- 색상
- 재료

◉ 스케치안의 분류
- 기능적 유사성
- 형태적 유사성
- 색상의 유사성
- 재료의 유사성

◉ 스케치안 비교 및 검토 조건
- 합목적성
  - 최신 트렌드, 소비자 성향, 클라이언트 니즈
  - 실용성, 기능성
  - 디자인 콘셉트
- 독창성
  - 유사 제품, 서비스와 비교할 때 창의적인 아이디어
- 심미성
  - 기능과 연관된 형태, 색상, 재질의 개성적 표현
  - 대중적으로 공감을 얻을 수 있는 아름다움
- 경제성
  - 가격의 조건 안에서 우수한 디자인과 경제적인 효과 창출

03 아이디어의 분류

● 아이디어 종류

① 혁신적인 아이디어
- 혁신적인 발상에 의한 아이디어
- 실효성이 없고, 위험이 따른다.
- 예상 외로 큰 효과를 얻을 수 있다.

② 참신한 아이디어
- 창의적이고 실현 가능한 아이디어
- 문제점을 해결하고 개선시킬 수 있는 아이디어

③ 후보 아이디어
- 아이디어는 좋지만, 실현 가능성이 낮은 아이디어
- 발전 가능 안으로 선택하지는 않지만, 남겨두는 아이디어

④ 제외할 아이디어
- 아이디어가 참신하지 않고, 실현 가능성이 낮은 아이디어

● 아이디어 선정 시 유의사항

- 팀원 및 클라이언트와 아이디어 공유
- 피드백을 통한 수정과 보완
- 방어적인 태도 보다는 다양한 의견 수용
- 프레젠테이션을 통해 스케치에 대한 생각을 명확히 전달
- 발전 가능한 안 도출 및 구체화

객관식 문제

01 아이디어 선정 시 유의사항이 <u>아닌</u> 것을 고르시오.
① 팀원과의 공유, 합의에 의해 선정한다.
② 디자이너가 주도적으로 결정한다.
③ 피드백을 반영하여 수정 보완한다.
④ 프레젠테이션을 통해 디자인 컨셉에 대해 명확히 전달한다.

02 아이디어의 종류 중 아이디어는 좋으나 실현 가능성이 다소 낮아 남겨두는 아이디어를 가리키는 말은?
① 혁신적인 아이디어
② 후보 아이디어
③ 참신한 아이디어
④ 제외할 아이디어

03 스케치안의 유사성 분류체계로 적절하지 <u>않은</u> 것은?
① 형태적
② 기능적
③ 질감적
④ 색상적

정답 01 ② 02 ② 03 ③

POINT 32 | 콘셉트 시각화

01 콘셉트의 이해와 표현

◉ 콘셉트
- 디자이너는 창의적이고 깊이 있는 생각으로, 남들이 생각하지 못한 아이디어를 발상한다.
- 다양한 경험과 지식을 축적하고, 이를 바탕으로 창의적인 디자인 콘셉트를 도출한다.
- 사전적 의미로 개념 또는 아이디어를 뜻한다.
- 어떤 작품이나 제품, 공연, 행사 따위에서 드러내려고 하는 주된 생각을 의미한다.

◉ 소구점(Appealing Point)
- 상품이나 서비스에 대한 강점을 호소하여 공감을 구하는 것이다.
- 소구하는 바가 여러 가지인 경우 호소력이 약해질 수 있으므로 단일한 메시지를 전달해야 한다.

◉ 콘셉트의 도출
- 풍부한 경험과 지식, 직관과 통찰력에서 비롯한다.
- 주제에 관련된 다양한 정보를 수집하고, 이를 기록해 두는 것이 기본이다.
- 축적된 정보들을 바탕으로 브레인스토밍 과정을 통해 여러 가지 아이디어를 구상한다.
- 도출된 다양한 아이디어 중에서 보다 명확하게 문제를 해결할 수 있는 아이디어를 선택한다.
- 수집된 다양한 정보가 지식으로 전환되고 지식은 아이디어로 전환한다.

◉ 키워드의 의미
- 내용을 표현하기 위해 제목이나 내용에서 추출한 핵심 단어나 구절을 뜻한다.
- 디자인 키워드 : 콘셉트를 구체화하기 위한 함축적 단어

◉ 키워드의 도출
- 다양한 시각으로 도출
- 함축적이고 의미가 분명한 단어
- 명사나 형용사의 형태로 표현

◉ 콘셉트의 시각화 순서
① 콘셉트 설정
② 키워드 추출
③ 아이디어 스케치

02 콘셉트 시각화를 위한 아이데이션

◉ 콘셉트 키워드를 통한 아이데이션 단계

콘셉트 키워드	아이데이션
• 마인드맵을 통한 핵심 키워드 • 브랜드 퍼스널리티를 통한 에센스 키워드 • 관련 시장 트렌드 조사를 통한 트렌드 키워드	• 키워드의 직접적인 시각화 • 키워드 간의 연관관계를 개념화하여 시각화 • 키워드들을 바탕으로 연상하여 아이디어 시각화

◉ 핵심적인 키워드 도출
- 구상한 아이디어로부터 연관성 있는 아이디어들을 카테고리 별로 정리한다.
- 시안 제작을 위해 디자인 콘셉트를 이루는 구체적인 키워드를 도출한다.
- 카테고리별 대표 키워드를 도출하여 콘셉트를 구체화한다.

◉ 핵심 키워드 기반의 디자인 콘셉트 설정
구상한 아이디어를 소구 대상에게 전달하려는 메시지를 정의한다.

● 디자인 콘셉트를 표현할 비주얼 자료 수집

클라이언트에게 제공받는 이미지, 지적재산권에 저해되는 이미지, 유료 이미지 등을 확인하여 영역별로 정리한다.

● 최종 결과물과 유사한 수준의 시안 제작용 시각화 자료 활용을 위한 분석 방법

- 비주얼 소재로 검색한 이미지 자료를 분류 및 분석
- 전달하고자 하는 메시지의 의미를 표현하기에 적절한 비주얼 이미지를 분류 및 분석

● 디자인개발 방향 및 콘셉트의 구체화

- 분석한 비주얼 이미지로부터 디자인 주제를 대표할 수 있는 비주얼 이미지 도출
- 디자인 전달 메시지를 적절하게 표현할 수 있는 대표 이미지 도출
- 디자인 주제를 자연스럽게 표현할 수 있는 이미지 형용사 도출
- 도출된 이미지 형용사들로부터 디자인 개발 방향 설정

● 콘셉트 구현에 적절한 폰트 정보 수집

- 디자인 콘셉트가 효과적으로 전달될 수 있는 폰트 정보 수집
- 지적재산권에 저해되지 않는 폰트 정보 수집 → 라이센스
- 수집된 폰트의 매체 적합성 확인 → OS

● 콘셉트에 맞는 색채 계획

- 색채 계획 : 콘셉트의 시각화와 커뮤니케이션 정보의 구조 기획, 시안의 심미성을 높이기 위해 유용한 단계
- 메인 컬러와 보조 컬러로 구성된 컬러 팔레트와 색채 코드를 구성하여 시안의 완성도를 높이며 시안 베리에이션에 활용한다.
- 디자인 콘셉트에 매칭시킬 수 있는 테마별 컬러배색 정보로 활용한다.

객관식 문제

01 콘셉트에 대한 설명으로 틀린 것은?
① 디자인에서 드러내고자 하는 주된 생각
② 디자인의 의도와 메시지
③ 제품이나 서비스의 장점과 단점 부각
④ 소비자에게 소구하고자 하는 개념

02 다음 중 디자인 콘셉트를 시각화하는 단계에서 이루어지는 작업이 아닌 것은?
① 시각 키워드 도출
② 핵심 키워드 도출
③ 비주얼 편 제작
④ 비주얼 모티브 시안

03 콘셉트의 시각화 순서로 올바르게 나열된 것은?
① 콘셉트 설정 – 키워드 추출 – 아이디어 스케치
② 아이디어 스케치 – 콘셉트 설정 – 키워드 추출
③ 키워드 추출 – 아이디어 스케치 – 콘셉트 설정
④ 콘셉트 설정 – 아이디어 스케치 – 키워드 추출

04 콘셉트를 설정하기 위한 사항이 아닌 것을 고르시오.
① 주제와 연관성 있는 정보의 수집
② 아이디어 브레인스토밍을 진행
③ 여러 문장으로 다양하게 표현
④ 콘셉트 설정 후 키워드를 도출 가능

정답 01 ③ 02 ③ 03 ① 04 ③

POINT 33 | 콘셉트 전개 방안

01 콘셉트 구체화를 위한 이미지 구상

◉ 콘셉트 구체화를 위한 이미지 제작 단계
- 디자인 프로젝트와 매체의 특성에 따라, 마인드맵과 같은 브레인스토밍 단계, 콘셉트 아이데이션을 위한 키워드 추출 단계를 통해 구체화와 연결되는 디자인 콘셉트를 추출한다.
- 콘셉트는 간단한 문장이나 다이어그램, 비주얼 모티브의 형태로 정리한다.
- 아이디어 스케치와 표현기법 및 소재 선정, 비주얼 스타일을 선정하여 시안을 작성한다.

◉ 콘셉트 이미지의 역할
- 메시지를 직접적으로 설명하는 역할
- 의미 형성을 위한 상징으로 사용
- 감성적 연출 수단으로 사용

◉ 이미지 표현기법 선택 기준
- 동일한 대상을 표현하는 이미지라도 표현하는 방식에 따라 메시지가 달라진다.
- 각 영역의 이미지 표현기법 중 디자인 콘셉트에 적합한 표현 기법을 선택한다.
- 메시지 전달 오류를 방지하기 위해 지나친 장식이나 변화는 지양한다.
① 사진 이미지 표현
② 정보그래픽 이미지 표현
③ 드로잉 이미지(일러스트레이션) 표현

◉ 콘셉트 표현 조건
연관성, 차별성, 독창성

◉ 이미지 소재의 선택 기준
- 전달 매체의 특성 고려 : 매체 화면 크기, 노출 장소, 출력 해상도, 이미지 크기 등
- 매력 요소와 심미성의 고려 : 소비자의 호응도, 친밀도, 매력적 요소의 결합
- 정보 커뮤니케이션의 효율성 고려 : 정보 선명성, 주목성
- 제작자의 독창성 반영 고려 : 개성, 창의성, 독창성, 아이덴티티

02 이미지 스타일로서 비주얼 펀(Visual fun)

◉ 비주얼 펀의 개요
- 시각적 유희는 이미지를 포함한 언어유희를 말한다.
- 언어적(Verbal)인 개념의 유머와 위트를 시각적 표현으로 변환 할 때에는 '비주얼 펀'으로 전개할 수 있다.
- 일러스트레이션, 사진, 브랜드 아이덴티티와 같이 메시지 전달력이 큰 매체에서는 그 역할이 크다.
- 유머러스한 효과는 설득과 공유를 위한 커뮤니케이션에서 중요한 요소이다.
- 능률적인 아이디어를 창조할 수 있게 하고 즐거움을 제공하기도 한다.

◉ 비주얼 펀의 유형
- 이미지의 합성
- 이미지의 변용
- 이미지의 배치 변화
- 이미지의 왜곡

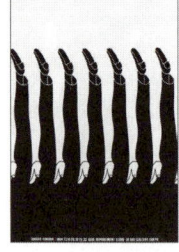

03 이미지의 기호적 접근

◉ 이미지와 키워드의 결합관계

- 이미지와 키워드의 결합은 콘셉트를 구체화할 수 있는 '콘셉트의 시각화'이다.
- 디자인 개발자는 콘셉트와 이미지, 키워드의 관계를 파악하고 구조화하는 데 창의적 역량을 발휘해야 한다.

04 기표와 기의

◉ 의미와 기호

20세기 인쇄와 영상의 발달로 시각적 기호체계가 확대되기 시작하였다.
- 언어 기호(Verbal Sign) : 음성과 문자에 따른 언어기호
- 비언어 기호(Non-verbal Sign) : 표정, 몸짓, 손짓을 포함하는 비언어 기호

◉ 기호, 기표, 기의

- 기호학자 롤랑 바르트는 이미지가 의미를 발산하는 방법을 기호학적으로 해석하였다.
- 기호 : 소통을 위해 어떤 대상이나 대상체를 대신하는 기호체이다.
- 기호는 기표와 기의로 나누어진다.
  - 기표 : 의미를 지닌 대상을 표현하는 명칭
  - 기의 : 대상이 지닌 의미를 표현하는 명칭

◉ 기호의 의미 작용

- 기표는 의미를 운반하고, 기의는 기표를 지시한다.
  - 기표 + 기의 = 의미화
- 기호는 사회적, 문화적으로 해석되고 의미전달이 된다.
  - 개념적 의미 : 언어 표현단위의 개념이나 속성을 분석해 표현해 주는 것, 의사전달의 중심 요인
  - 연상적 의미 : 표현 단위의 개념적 의미 이외에 부여되는 특성, 함축적 의미

단답형 문제

01 언어적(Verbal)인 개념의 유머와 위트를 시각적 표현으로 변환하여 표현하는 것은?

객관식 문제

02 콘셉트를 표현하기 위한 조건이 아닌 것은?
① 연관성
② 구체성
③ 차별성
④ 독창성

03 콘셉트 이미지의 역할로 적절하지 않은 것은?
① 의미 형성을 위한 상징으로 사용
② 감성적 연출 수단으로 사용
③ 구체적이고 사실적인 의사전달
④ 메시지를 직접적으로 설명하는 역할

04 기호이론 상 대상이 지닌 의미를 표현하는 명칭은 무엇인가?
① 기호
② 기표
③ 기의
④ 기술

정답 01 비주얼 펀 02 ② 03 ③ 04 ③

POINT 34 | 디자인 가치 적용

01 유니버설 디자인

◉ 유니버설 디자인 개념
장애의 유무나 연령, 성별 등에 상관없이 모든 사람들이 제품, 건축, 환경, 서비스 등을 보다 편리하고 안전하게 이용할 수 있도록 설계하는 디자인 원리이다.

◉ 배리어 프리(Barrier Free)
고령자나 장애인들도 살기 좋은 사회를 만들기 위해 물리적, 제도적 장벽을 허물자는 운동이다.

◉ 유니버설 디자인 원칙
- **공평한 사용** : 누구라도 차별감이나 불안감, 열등감을 느끼지 않고 공평하게 사용할 수 있어야 한다.
- **사용상의 융통성** : 서두르거나, 다양한 생활환경 조건에서도 정확하고 자유롭게 사용 가능해야 한다.
- **간단하고 직관적인 사용** : 사용자의 경험, 지식 등과 무관하게 사용할 수 있어야 한다.
- **정보 이용의 용이** : 정보구조가 간단하고, 복수의 전달수단을 통해 정보입수가 가능해야 한다.
- **오류에 대한 포용력** : 사고를 방지하고, 잘못된 명령에도 원래 상태로 쉽게 복귀가 가능해야 한다.
- **적은 물리적 노력** : 무의미한 반복 동작이나 무리한 힘을 들이지 않고 자연스런 자세로 사용이 가능해야 한다.
- **접근과 사용을 위한 충분한 공간** : 이동이나 수납이 용이하고, 다양한 신체조건의 사용자가 도우미와 함께 사용이 가능해야 한다.

◉ 유니버설 디자인 적용
- 시각 디자인, 제품 디자인, 환경 디자인 등 영역에서 사용자의 범위를 확장하여 '모두를 위한 디자인(Design for All)' 가치가 적용되어 왔다.
- 시각디자인에서 유니버설디자인 적용은 대표적으로 타이포그래피, 픽토그램 디자인 영역을 들 수 있다.
  - 타이포그래피 유니버설 디자인 : 시각적 약자인 약시자, 색맹자를 위해 가독성, 주목성, 시인성을 높이는 타이포그래픽 디자인 방식이다.
  - 픽토그램 유니버설 디자인 : 기능성을 중요시하는 디자인으로 시각적, 인지적 취약계층을 위해 함축적이고 직관적인 디자인과 색상 배색을 한다.

02 지속가능 디자인

◉ 지속가능 디자인 개념
- 원재료 채취, 제조, 포장, 운송, 사용, 광고, 폐기(또는 재활용) 등 제품·서비스와 관계된 전 과정의 환경적, 사회적, 경제적 영향을 고려하는 디자인이다.
- 자연 생태계와 자원을 보호하면서 경제적 생산성을 높이고, 윤리적, 사회적 기반 구축을 통해 현재의 환경을 다음 세대가 향유할 수 있도록 지속할 수 있는 해결책을 제시하는 디자인이다.
- 지구를 지키고 소비자 삶의 질적인 만족감을 충족시킬 수 있는 환경적 디자인이다.
- 제품의 수명연장, 사용빈도의 강화 등을 유도할 수 있는 경제적 디자인이다.
- 제품의 기획 단계에서 제품의 경제성, 환경성, 사회성을 고려한 통합적 디자인이다.

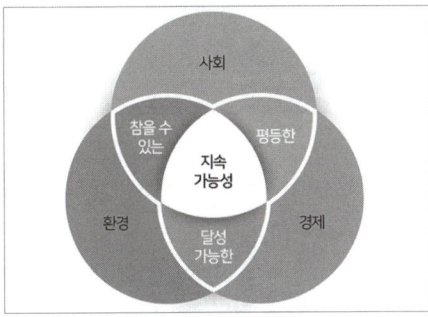

- **지속가능 디자인 적용**

- 용지 절약을 지향하는 방식 : 인쇄매체 종이 사용을 줄이기 위한 방안으로 판형, 제본방식 등을 고려한다.
- 잉크 절약을 지향하는 방식 : 잉크를 절약하는 디자인 아트워크, 디지털 매체를 이용한 디자인 시안 검토 방안을 활용한다.
- 리사이클링 방식 : 종이 재사용에 저해되는 후가공(코팅)을 최소화하여 종이 리사이클링이 가능하도록 제작한다.

03 어메니티 디자인

- 제품 디자인과 환경 디자인에서 말하는 어메니티는 제품 사용자에게 편의성을 제공하고 물리적인 환경의 쾌적함을 제공하는 것이다.
- 시각 디자인 매체인 포스터, 생활환경과 산업적 환경을 형성하는 패키지, 배너, 월 그래픽 등을 통해서 일상 환경에서 정서적인 쾌적함을 경험할 수 있다.
- 디자인 개발자는 인쇄매체 제작 시 심미성과 시각적 쾌적성을 높일 수 있는 창의적 연출을 지향해야 한다.

단답형 문제

01 고령자나 장애인들도 살기 좋은 사회를 만들기 위해 물리적, 제도적 장벽을 허물자는 운동은?

객관식 문제

02 유니버설 디자인의 7대 원칙에 포함되지 <u>않는</u> 것은?
① 공평한 사용
② 사용상의 융통성
③ 제작, 유통 구조 편의 추구
④ 적은 물리적 노력

03 제품·서비스와 관계된 전 과정의 환경적, 사회적, 경제적 영향을 고려하는 디자인으로 현재의 환경을 다음 세대가 향유할 수 있도록 지속할 수 있는 해결책을 제시하는 디자인은?
① 유니버설 디자인
② 지속가능 디자인
③ 에코 디자인
④ 어메니티 디자인

정답 01 배리어 프리 02 ③ 03 ②

POINT 35 | 시각화 방안 전개

01 시각화를 위한 키워드 설정 방안

◉ 키워드 설정 방안

- 키워드 설정은 디자인 콘셉트에 부합하는 시각적 소재를 찾아낼 수 있는 근거를 제공한다.
- 디자인 개발자가 전달하고자 하는 메시지와 시각적 표현과의 연관성을 강화하는 필수 과정이다.
- 키워드는 디자인 개발을 위한 각종 조사의 내용을 정리하고 디자인 콘셉트 전개를 위한 시각적 자료를 수집하는 기준이 된다.
- 콘셉트를 구체화하기 위한 연상성, 유추성, 지시성이 있어 시각화하기에 유용한 요소로 활용할 수 있다.

◉ 키워드 도출 단계

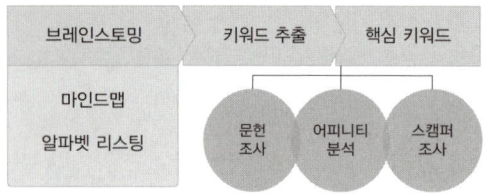

◉ 콘셉트를 지시하는 키워드 수렴

- 콘셉트에 따라 효과를 최대화할 수 있는 창의적인 이미지를 구성한다.
- 콘셉트는 명확한 메시지가 담겨 있어야 한다.

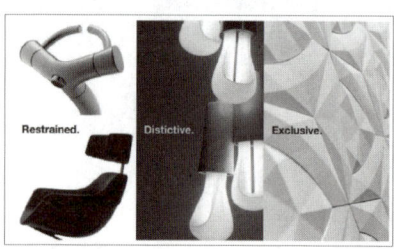

02 키워드 시각화의 사례

◉ 아이디어 전개를 위한 핵심 키워드의 설정

- 브레인스토밍을 활용하여 그래픽 모티브 제작을 위한 키워드 그룹 추출
- 그래픽 모티브를 위한 핵심 키워드 설정

◉ 이미지 자료 수집

- 핵심 키워드를 시각화하기 위한 이미지 자료 수집 : 유 · 무료 사이트를 활용하여 키워드 이미지 자료 수집
- 형태소 추출을 위해 수집 자료의 시각적 특성 추출
  - 형태소 개발 위한 이미지의 시각적 특성 추출
  - 그래픽 모티브 적용가능 요소 및 특성 추출

◉ 콘셉트의 시각화를 위한 형태소의 아이데이션

- 콘셉트의 표현 방법을 결정하기 위하여 2차 이미지 검색 실시
- 도출한 표현 방식에 따라 그래픽 모티브의 1차적 개발

◉ 콘셉트 시각화 이미지 수집 고려사항

프로젝트 개요(과제명, 개발 기간, 개발 내용 등의 세부 내용을 포함), 일정, 예산 등을 파악한 후, 이미지의 제작을 직접 할 것인지, 다른 곳에서 조달할 것인지를 결정한다.

03 비주얼 모티브 요소 조합 시각화 프로세스

① 심벌 형태소 역할을 하는 비주얼 모티브
- 아이덴티티의 적극적 활용을 위해 비주얼 모티브와 심벌을 유사하게 개발
- 그래픽 모티브를 조합하여 심벌을 구성하기 위한 테스트 실시

② 그래픽 모티브의 형태소 역할을 하는 비주얼 모티브
- 브랜드 아이덴티티 베이직 시스템인 그래픽 모티브의 심벌과의 차별화
- 차별화된 그래픽 모티브의 다양한 어플리케이션 적용

물의 비주얼 모티브

● **아이디어 시각적 구체화 특성**
- 시각적 직관성을 적용한 아이데이션 : 키워드에서 연상되는 이미지를 직관적으로 지시하는 아이디어를 도출
- 이미지 연출을 예측할 수 있는 아이데이션 : 이미지의 형태 묘사, 색채 연출, 질감과 밀도 연출 등 다각적인 시각화 요소에 대한 아이디어를 도출
- 콘텐츠의 정보 체계 및 위계를 시각화할 수 있는 아이데이션

객관식 문제

01 디자인 프로젝트에서 사용되는 이미지 수집에서 우선적으로 고려해야 할 사항이 아닌 것은?
① 프로젝트 개발 인력
② 프로젝트 개발 기간
③ 프로젝트 개발 내용
④ 프로젝트 개발 예산

02 콘셉트 시각화에 고려해야할 사항이 아닌 것은?
① 연상성
② 유추성
③ 지시성
④ 유행성

정답 01 ① 02 ④

POINT 36 | 사진, 이미지 전개

01 사진, 이미지 전개 방안

◉ 콘셉트 이미지 사진 특성

- 이미지 사진은 개발자 촬영, 전문 포토그래퍼 촬영, 온라인 대여 서비스를 통해 준비한다.
- 콘셉트의 직접적인 묘사보다는 지시, 유추, 상징하는 방안으로 활용한다.

① 실제 대상 신뢰감 형성
- 글이나 그림을 통한 메시지보다 신뢰감이 높다.
- 설득적 커뮤니케이션 매체(광고, 포스터, 패키지)에 주로 활용된다.

② 상세 이미지 요소 확장
고도의 광학기기를 이용한 촬영 이미지는 육안을 통한 이미지보다 세밀한 이미지를 생산하여 제품의 매력 요소를 극대화하여 소유 욕망을 키울 수 있다.

③ 다이내믹 형성
순간적 이미지, 시간분절 이미지 등 동적, 정적 이미지 구현이 가능하여 순간포착 및 역동적 이미지를 연출할 수 있다.

④ 카메라 앵글의 변화를 통한 시점의 확장

◉ 사진 이미지의 사용 요건

① 해상도 점검
- 인쇄 매체에 사용될 사진 이미지의 경우 고해상도인 300dpi로 제공한다.
- 확대 시 이미지 해상도 변경으로 인한 문제가 발생하므로 제작판형 배치 전 프린트 출력을 하여 인쇄 시 나타나는 이미지 정세도 상태를 미리 확인해야 한다.

② 디자인 결과물 적용을 위한 연출 범위
- 메시지의 전달 의도와 연출 수준에 따라 밝기, 선명도, 질감, 색감 등을 적절하게 조절한다.
- 원본 이미지는 적용하는 대상 결과물의 컬러 아이덴티티, 컬러 톤과의 동질감을 조성하기 위하여 컬러 톤과 밝기, 채도 등을 어느 정도 조정하게 된다.
- 사진 이미지의 일부를 잘라 내어 사용하는 트리밍(Trimming)은 정해진 비율을 벗어남으로써 자유로운 구성이 가능하고 사진 이미지의 메시지를 더 강하게 부각시키기도 한다.
- 전체 색상과 톤을 재조하는 컬러링 변형, 사진 이미지를 겹치게 하는 오버레이, 외곽선을 분리하는 컷아웃, 사진을 합성하는 블렌딩 등 여러 방식으로 이미지에 변화를 줄 수 있다.

02 일러스트레이션 이미지 전개 방안

◉ 콘셉트 이미지 일러스트레이션의 특성

- 다양한 매체에서 전달하고자 하는 메시지의 콘셉트를 구체화하는 이미지로서 대표적으로 활용되고 있다.
- 단행본이나 잡지, 신문, 기업 홍보물 등에서 사진으로는 표현할 수 없는 복잡하거나 다양한 메시지 표현의 수단으로 사용된다.
- 상상력과 작가의 개성을 중요시하며, 수용자는 단순히 묘사된 이미지의 내용뿐만 아니라 이미지에 담긴 정서까지 교감한다.
- 사진 이미지로는 담아내기 어려운 추상적인 내용들을 창의적으로 표현할 수 있다.

● 일러스트레이션의 유형

① 추상적 일러스트레이션
- 기하 도형이나 자연적 질서에서 찾을 수 있는 유기적인 형태 패턴 등을 의미로 정형화 되지 않은 대상을 구성하여 묘사하는 방법이다.
- 형태의 질서, 다이내믹 등을 콘셉트로 표현할 수 있다.

② 구상적 일러스트레이션
- 특정 대상이나 상황을 보이는 그대로 사실적으로 묘사하는 드로잉 방법이다.
- 사실감에 의한 신뢰를 수용자에게 전달한다.
- 사실감을 표현하지만 카메라 렌즈를 통해서 할 수 없는 과장이나 생략, 부분적인 왜곡을 연출하기도 한다.

③ 초현실적 일러스트레이션
- 현실에서 경험할 수 없는 비현실적이고 비논리적인 사물의 결합이나 상황을 묘사한다.
- 환상적인 분위기를 연출하기도 하며 상상을 통한 사물의 조합과 합성 이미지를 제시하기도 하며 잠재된 무의식을 드러내기도 한다.

● 초현실주의 일러스트레이션 종류

① 몽타주 일러스트레이션
- 여러 가지 사물 형상을 하나의 화면에 조합하여 형성함으로써 복합적 이미지를 인지할 수 있는 방식이다.
- 메시지의 주목성을 높이거나 유추적인 이미지를 활용하는 광고의 콘셉트 이미지에 쓰이는 경우가 많다.

② 데페이즈망 일러스트레이션
- 몽타주가 외형적인 합성 방식이라면 데페이즈망은 이미지에 내재된 메시지의 구조의 표현이다.
- 일상적인 사물에 낯선 사물과 상황을 병치하여 꿈과 무의식과 같은 이미지를 만들어 내는 방식이다.
- 초현실적 메시지를 함축적으로 표현할 때 적합하다.

③ 콜라주 일러스트레이션
- 입체파 화가들이 처음으로 시도한 이미지
- 합성 기법으로서 단일 화면에 이질적인 이미지와 텍스트 요소를 다량으로 병치하거나 연접시켜 현실 공간감을 넘어선 초현실적 공간감을 제공한다.
- 몽타주보다는 이미지의 밀도를 높임으로써 메시지에 대한 시각적 표현을 연역적으로 하기에 적절한 이미지 표현 방법이다.

단답형 문제

01 초현실주의 표현방법 중 일상적인 사물에 낯선 사물과 상황을 병치하여 꿈과 무의식과 같은 이미지를 만들어 내는 방식은?

객관식 문제

02 콘셉트 사진 이미지의 특성이 <u>아닌</u> 것은?
① 상세 이미지 요소 확장
② 실제대상 신뢰감 형성
③ 카메라 앵글의 변화를 통한 시점의 확장
④ 상세 이미지 요소 축소

03 사진의 일부를 잘라내어 사용하는 이미지 편집 방법은?
① 트리밍(Trimming)
② 머지(Merge)
③ 블렌딩(Blending)
④ 컷(Cut)

정답 01 데페이즈망 02 ④ 03 ①

POINT 37 | 아이디어 구상

01 아이디어 구상

◉ 창의성
- 새롭고, 독창적이고, 유용한 것을 만들어 내는 능력을 뜻한다.
- 전통적 사고유형에서 벗어나 새로운 유형으로 사고(思考)하는 능력이다.
- 선천적으로 타고나는 능력도 있고, 다양한 지식과 경험을 바탕으로 후천적으로 발현될 수도 있다.
- 모든 지식과 정보, 다양한 사고들이 종합적으로 결합되어 나타나는 고차원적인 사고 능력이다.

◉ 아이디어
- 관념, 상징, 이상, 이념을 뜻하는 말로 어떤 일에 대한 구상을 말한다.
- 넓은 뜻으로는 의견, 신념, 설계, 도식(圖式), 사고를 포함하며, 그리스어의 이데아와 근본이 같다.

◉ 아이디어 발상
문제에 대한 정확한 인식을 바탕으로 잠재된 아이디어를 표출하고, 이를 환경과 상황에 맞게 체계화하고 구체화시키는 과정이다.

◉ 창의적 아이디어 구상
디자인 개발 단계에서 콘셉트를 위한 아이디어를 발상하기 위해서는 조사 자료에 대한 정확한 파악과 유의미한 정보를 추출하여 보다 구체적인 아이디어를 발상할 수 있어야 하며 디자이너 개인의 아이디어와 협업을 통한 팀 아이디어가 적절히 융합되어야 한다.

◉ 아이디어 구상의 영역
① 자유로운 연상에 의한 아이디어 구상
- 온라인 검색을 통해 자료를 검색하거나 마인드맵과 브레인스토밍을 통하여 자유로운 발상을 한다.
- 관련 키워드와 단문 형식의 문장 등을 도출하여 아이디어에 대한 기록을 하거나 스케치를 진행한다.

② 설정된 콘셉트에 의한 아이디어 구상
수립된 콘셉트를 기반으로 아이디어 구상 및 스케치를 진행하는 방식이다.

02 창의적 아이디어 발상

◉ 창의적 아이디어 발상 영역
- 디자인 개발 단계와 매체 특성에 의하여 선택적으로 진행할 수 있다.
- 일반적으로 초기 아이디어는 자유로운 연상에 의한 발상을 진행하며 콘셉트 구체화 단계에서는 조사 데이터를 근거로 한 아이데이션으로 진행한다.
① 아이데이션을 위한 사전 정보가 적은 상태에서 자유로운 연상을 통하여 도출하는 발상 영역
② 디자인개발 목표를 설정하고 관련 리서치를 진행하여 데이터를 모아 계열화함으로써 최적의 아이디어를 수렴하는 발상 영역

◉ 창의적 발상을 위한 태도
① 폭넓은 관심과 이해
창의적인 아이디어 발상을 하기 위해서는 평소에 가져야 할 여러 가지 태도들이 있다.
- 사회, 경제적 이슈, 문화적 흐름 등 디자인을 둘러싼 환경과 이슈들에 대해 폭넓은 관심과 이해가 필요하다.
- 연상하기 위해 오랜 시간동안 조금씩 축적된 풍부한 재료가 필요하다.
- 평소 포용적인 태도를 가지고, 다양한 분야에 대한 관심과 이해가 필수적이다.

② 다양한 시각과 관점
- 기존에 이미 알고 있던 사실이나 현상들을 다양한 시각과 관점에서 바라보고자 하는 노력이 필요하다.
- 남들과 다르게, 새롭고 독창적이게, 입장을 바꿔서 생각한다.
- 의도적으로 다른 시선, 다른 생각으로 상황을 바라보기 위해 노력한다.
- 다르게 사고하는 습관과 태도를 지녀야 새로운 생각이 도출된다.

③ 최신 디자인 트렌드에 대한 조사
- 평소 디자인 동향이나 시장 분석, 사용자의 니즈 등에 대해 조사하여 다양한 정보를 구축한다.
- 디자인 트렌드에 대한 분석과 이해가 필요하다.
- 다양하고 정확한 정보와 최신 동향에 대한 파악은 필수이다.

④ 메모의 습관
- 일상생활 속에서 느낀 생각이나 아이디어를 간단한 스케치나 글로 메모한다.
- 아이디어 구상에 단서가 된다.
- 시간이 지난 후에 기억하는 것과 차이가 있다.

단답형 문제

01 관념, 상징, 이상, 이념을 뜻하는 말로 어떤 일에 대한 구상을 뜻하는 것은?

객관식 문제

02 디자인 작업 중 이미지를 포착하기 위한 목적으로 표현하는 기법은?
① 아이디어 스케치
② 렌더링
③ 제도
④ 모델링

03 창의성에 대한 설명으로 옳지 않은 것은?
① 새롭고, 독창적이고, 유용한 것을 만들어 내는 능력을 뜻한다.
② 선천적으로 타고나야 하는 능력이다.
③ 후천적으로 그 능력을 키울 수 있다.
④ 모든 지식과 정보, 다양한 사고들이 종합적으로 결합되어 나타난다.

04 창의적인 아이디어 발상을 위한 태도로 옳지 않은 것은?
① 일상생활에서 아이디어를 간단한 스케치로 기록한다.
② 최신 트렌드에 대한 자료조사를 지속적으로 한다.
③ 일정기간이 지난 아이디어 자료나 정보는 삭제한다.
④ 사회적, 경제적, 문화적 이슈에 대한 뉴스를 자주 접한다.

정답 01 아이디어 02 ① 03 ② 04 ③

38. 비주얼 방향

01 효과적 메시지 전달

◉ 비유
- 표현하고자 하는 대상을 다른 대상에게 빗대어 표현하는 것이다.
- 예 : '내 마음은 호수요'
  - 자신의 깊고 넓은 마음을 호수에 비유

◉ 표현
- 어떤 사물의 의미나 특징을 직접 드러내지 않고, 다른 사물에 비유하여 표현하는 방법이다.
- 유추관계를 통해 메시지의 의미를 더욱 강조하거나 확장시키는 것이다.
- 예 : '별을 노래하는 마음으로 모든 죽어가는 것을 사랑해야지'
  - 희망이라는 것을 직접적으로 드러내지 않으면서 별을 통해 이를 상징
  - 시인은 자신이 말하고자 하는 바, 감성, 느낌 등을 다른 대상에 빗대어 표현
  - 표현하고자 하는 의도나 메시지를 보다 쉽고, 생생하면서 구체적으로 느낄 수 있도록 표현

02 비주얼 방향과 소재

◉ 비주얼 방향
효과적인 메시지 전달을 위하여, 다양한 디자인 요소들(이미지, 색상, 텍스트)이 추구할 시각적 주요 방향을 설정한다.

◉ 비주얼 방향 설정
- 디자인 콘셉트에 맞는 비주얼 방향을 설정한다.
- 전달하고자 하는 메시지에 부합하는 비주얼 소재를 찾아 활용한다.
- 비주얼 소재를 이용함으로써 그 메시지를 한층 강화하고, 보다 효과적으로 메시지를 전달한다.

◉ 비주얼 소재
- 디자인 메시지를 빗대어 표현할 수 있는 구체적인 대상, 매개체를 선정한다.
- 대상을 통해 의도한 바를 보다 쉽게, 구체적으로 표현할 수 있다.

◉ 비주얼 소재의 선택 기준

① 동질성
- 두 대상의 형태나 특성이 같거나 비슷한 성질이다.
- 콘셉트와 비주얼 소재가 형태나 특성이 비슷하여 연관성을 쉽게 이해할 수 있어야 한다.

② 보편성
- 다양한 구성 요소들이 공통적으로 가지고 있는 특성이다.
- 선택한 소재에 대한 개념을 일반적으로 공유해야 한다.

③ 독창성
- 다른 것을 모방하지 않고 고유의 능력과 개성을 살려 새로운 것을 만드는 것이다.
- 소재에 대한 새롭고 강한 인상을 주어야 한다.

④ 단일성
- 여러 가지가 아닌 통일된 하나의 특성을 가지는 것이다.
- 소재를 통해 하나의 메시지를 강조한다.

03 비주얼 방향 설정 과정

① 키워드와 개념 추출
메시지를 함축적으로 표현할 수 있는 키워드와 개념을 추출한다.

② 비주얼 소재 찾기 및 선정
- 키워드와 소재가 서로 유사한 특성이 있는지 고려한다.
- 독창적으로 표현할 수 있는 소재인지 고려한다.
- 소재를 통해 전달하고자 하는 메시지를 정리한다.
- 키워드나 개념을 잘 드러낼 수 있는 비주얼 소재를 찾는다.

③ 채택된 소재에 대한 다양한 스케치
- 채택된 소재를 중심으로 다양하게 아이디어 스케치를 전개한다.
- 비교, 연상 등 여러 가지 방법을 통해 다양하게 시각적으로 표현한다.

④ 스케치 선택 및 보완
- 전개된 스케치 중 가장 적합한 것을 선택
- 구체화된 형태로 표현
- 부가적으로 아이디어를 보완

단답형 문제

01 표현하고자 하는 대상을 다른 대상에게 빗대어 표현하는 것은?

객관식 문제

02 비주얼 방향에 대한 설명으로 맞는 것을 고르시오.
① 콘셉트와는 구별되는 시각적인 방향
② 디자인 요소들이 나가야 할 시각적 방향
③ 다양한 메시지를 복합적으로 표현하기 위한 시각적 방향
④ 메시지를 드러낼 수 있는 다양한 소재들을 선택하고 나아가는 것

03 비주얼 소재가 갖추어야 할 조건이 <u>아닌</u> 것을 고르시오.
① 동질성
② 보편성
③ 독창성
④ 복합성

정답 01 비유 02 ② 03 ④

POINT 39 | 시안 디자인 개발

01 시안 디자인 개발의 개요

클라이언트에게 최종 디자인 결과물의 후보안을 제시하여 최종 결정안을 선택할 수 있도록 복수의 디자인안을 개발하는 직무 단계이다.

◉ 시안 제작을 위한 그래픽 소프트웨어 활용

① 그래픽 프로그램 숙련의 고도화 필요
- 완성도 높은 최종 디자인 결과물을 개발하기 위하여 필요한 프로그램들을 능숙하게 활용할 수 있어야 한다.
- 업데이트되는 그래픽 디자인 소프트웨어의 새로운 기능들을 숙지해야 하며, 작업 파일이 상호 호환되는 그래픽 프로그램들의 호환 방식을 이용할 수 있어야 한다.

② 활용 그래픽 프로그램
- 일러스트레이터 : 일러스트레이션, 로고, 캐릭터, 패키지 디자인 등
- 포토샵 : 이미지 합성, 사진 수정, 타이포그래피, 타이틀 디자인 등
- 인디자인 : 레이아웃, 문서 편집, E-Book 제작 등

◉ 시안 디자인 개발 요건

- 디자인 개발자 요건 : 디자인 콘셉트와 제작 목적, 클라이언트의 요구사항이 반영된 시안을 개발하여 클라이언트가 최적의 선택을 할 수 있도록 제공한다.
- 클라이언트 요건 : 디자인 개발자의 시안 디자인을 통해 콘셉트의 시각화 방식, 표현과 연출 방법의 적정성, 완료 시 인쇄 매체를 통해 얻을 수 있는 효과 등을 파악하여 디자인 개발자에게 명확히 전달하여야 한다.

02 결과물 특성에 따른 시안 제작

◉ 시안 제작 특성

시각 디자인 시안은 프로젝트의 규모와 결과물의 활용 행태에 따라 1차 시안, 2차 시안을 제작하여 보다 심화된 디자인 개발을 전개하게 된다.

① 1차 시안 제작 특성
- 디자인 프로젝트의 규모가 작거나 짧은 시일 내에 디자인하는 경우이다.
- 디자인 콘셉트를 명확하게 표현할 뿐만 아니라, 디자인 완료 상태를 최대한 정확하게 예측할 수 있도록 제작의 정밀도가 높을수록 효용성이 높아진다.
- 1차 제작 시안을 통해 최종안을 선정하고 디자인 결과물 제작으로 이어진다.

② 2차 시안 제작 특성
- 디자인 프로젝트의 규모가 크거나 작업 기간을 적절히 확보한 경우이다.
- 클라이언트와 디자인 개발자의 커뮤니케이션 기회를 늘려 디자인 완료 수준을 최대한 높일 수 있는 효용성을 지닌다.
- 디자인 개발자는 클라이언트의 충분한 피드백의 반영을 전제로 한다.
- 2차 시안은 디자인 콘셉트의 명확성, 디자인 완료 상태에 대한 예측성을 위한 제작의 정밀도를 확보해야 한다.
- 프로젝트의 특성상 2차 이상의 시안 제작이 필요한 경우도 있다.

03 시안 제작을 위한 콘셉트 구체화 자료 수집

◉ 이미지 자료 수집

- 포털 웹사이트 검색을 통한 이미지 수집
- 스톡 이미지(Stock Image) 사이트를 통한 이미지 대여

◉ 폰트 수집

- 폰트는 디자인 매체에의 사용 목적과 콘셉트에 적합한 종류를 선택해야 한다.
- 디자인 개발자는 일반적으로 유료 폰트를 사용하며, 오픈소스로 제작된 일부 공공기관이나 기업용 폰트를 활용하기도 한다.
- 폰트의 규약이나 조건을 확인하도록 한다.

◉ 컬러 계획 정보 수집

- 브랜드 아이덴티티를 위한 컬러계획 정보 수집 : 기본 시스템의 전용 색채에 대한 이해를 바탕으로 매체 특성에 맞는 컬러를 시안에 적용함으로써 아이덴티티를 유지하도록 한다.
- 컬러 계획 정보 수집 지원 도구 : 컬러 계획에 적합한 배색을 적용하기 위하여 컬러 배색을 지원하는 웹사이트를 활용할 수 있다.

객관식 문제

01 최종 결과물과 유사한 수준의 시안 제작을 위해서 수집하는 자료와 거리가 먼 것은 무엇인가?
① 이미지
② 폰트
③ 컬러
④ 실사 촬영환경

02 로고 디자인 시안 작업용으로 가장 적합한 소프트웨어는?
① 일러스트레이터
② 포토샵
③ 페인터
④ 3d MAX

03 시안 제작용 자료로 적절하지 않은 것은 무엇인가?
① 클라이언트에게 전달받은 이미지
② 사용 범위가 결정되지 않은 이미지
③ 디자이너가 제안하는 슬로건
④ 유료 이미지

정답 01 ④ 02 ① 03 ②

POINT 40 | 매체의 종류와 디자인

01 평면적 디자인 매체

◉ 신문
- 이미지와 텍스트를 효과적으로 구성하여 정보전달 기능을 극대화한다.
- 이미지 : 사진, 일러스트, 인포그래픽 등
- 텍스트 : 타이틀, 소제목, 내용, 글자체, 크기, 자간 등 세부적인 설정이 필요하다.
- 가독성, 일관성을 유지하는 것이 중요하다.
- 디자인적 신선함을 동시에 추구하여 차별성을 두는 신문도 있다.

◉ 잡지
- 특정한 주제와 제목, 콘셉트를 가지고 일정한 간격으로 출판되는 매체이다.
- 잡지의 표지는 구매를 결정짓는 중요한 요소이다.
- 트렌드를 반영하여 자유롭고 개성적인 표현 가능하다.
- 내용과 콘셉트에 맞는 다양한 이미지와 색상, 레이아웃을 사용한다.

◉ 책
- 표지 디자인
  - 독자가 책을 구매하는 요인 중 하나
  - 저자의 언어 메시지를 독자들에게 상징적으로 표현
- 내지 디자인 : 목차, 본문, 이미지, 삽화 디자인 등으로 세분

◉ 포스터
- 전달하고자 하는 메시지가 일반 대중들이 한눈에 알 수 있도록 문자, 그림, 사진 등을 사용하여 제작한다.
- 전달하고자 하는 메시지에 함축된 문안과 그림, 사진 등을 결합하여 제작한다.
- 이미지와 텍스트가 간결하고 명료해야 하며 일관성 있는 주제로 전개되어야 소구 효과가 증가한다.

◉ 브로슈어
- 다양한 정보와 사진, 그림 등 포함하여 제작한다.
- 일관성, 통일성을 유지하되, 레이아웃의 다양한 변화를 줄 수 있다.

◉ 리플렛
- 접는 횟수(2단, 3단, 4단 등)에 따른 디자인 레이아웃이 필요하다.
- 포스터의 축소판으로 포스터에 삽입하기 어려운 문구들로 구성한다.
- 휴대 편리성, 정보 표현의 즉각성, 보관 용이성, 광고효과 지속성을 고려하여 디자인한다.

02 입체 디자인 매체

◉ 패키지 디자인
- 상품이나 제품이 가지는 특성을 잘 표현해야 한다.
- 환경보호를 위한 절감, 재생가능한 소재도 고려한다.
- 로고타입, 타이포그래피, 이미지, 컬러, 레이아웃 등이 시각적 표현 요소로 활용한다.

◉ 라벨 디자인
- 제품의 이름, 특징 등 아이덴티티 정보를 소비자에게 정확하게 전달되도록 표현한다.
- 제품의 이미지나 가독성이 잘 드러나도록 디자인한다.
- 라벨의 시각적인 요소가 브랜드에 대한 인지도와 소비자의 구매 결정에 영향을 준다.
- 소비자의 기억, 인지, 심리적 요인을 통해서 라벨 디자인의 내용을 인식한다.

● **POP**
- 판매를 유도하며 제품의 특성과 매장 전체의 디스플레이를 고려하여 디자인한다.
- 눈에 잘 띄는 색채나 인지도가 높은 인물, 캐릭터 등을 주로 사용하는 것이 특징이다.

● **배너(현수막)**

① 외부용 배너
- 외부 공간 가로에 게시되는 깃발 형태의 배너는 가로를 따라 반복하여 배열되는 경우를 고려하여 내용이나 색상 등을 단순한 시각적 표현의 디자인이 효과적이다.
- 배너 디자인의 형태와 색상은 단순한 것이 효과적이다.

② 내부용 배너
- POP(Point of Purchase) 배너로 활용할 수 있다.
- 탁상용 및 실내 디스플레이를 위한 배너로 다양한 위치에서 정보 전달의 기능을 갖고 있다.

객관식 문제

01 신문 디자인에서 가장 중요하게 고려해야 하는 사항은?
① 심미성, 독창성
② 가독성, 일관성
③ 경제성, 창의성
④ 호환성, 기능성

02 책 디자인에 대한 설명 중 적합하지 <u>않은</u> 것은?
① 표지 디자인은 책 구매 요인 중에 하나이다.
② 표지는 책 내용을 함축적이고 상징적인 이미지로 표현해야 한다.
③ 내지 디자인은 일관성과 가독성을 고려하여 디자인해야 한다.
④ 내지는 레이아웃의 변화를 자주 주어 다이나믹한 느낌을 주도록 한다.

03 다음 중 포장 디자인의 조건과 거리가 가장 먼 것은?
① 유통 시 취급 및 보관의 유의점을 고려한다.
② 제품의 보호기능을 고려한다.
③ 제품의 성격을 충분히 고려한다.
④ 시장 경기의 흐름을 충분히 고려한다.

정답 01 ② 02 ④ 03 ④

POINT 41 | 시안 제작 계획

01 시안 제작 계획

◉ 시안 제작의 개요

- 콘셉트 설정 → 아이데이션 → 시안 디자인 → 최종 디자인의 단계가 공통적으로 요구된다.
- 클라이언트가 최종 디자인을 결정할 수 있도록 복수의 디자인 예상 안을 제시하는 단계이다.
- 디자인 제작자와 클라이언트가 시안을 대상으로 한 논의를 통하여 최종 디자인안을 예상할 수 있다.
- 이미지 요소와 텍스트 요소 그 밖의 각종 그래픽 소스 요소를 종합하여 레이아웃하고 편집을 거쳐야 하며, 최종 디자인과 거의 동일하거나 유사한 수준으로 제작되어야 한다.

아이데이션	• 키워드를 바탕으로 다양한 시각화 방안을 모색하고, 시안 제작 준비 • 아이디어를 시각화 하기 위한 핵심 비주얼 아이디어 스케치
시안 제작을 위한 자료 수집	아이디어의 시각화를 위한 사진 이미지, 일러스트레이션, 정보그래픽, 아이콘 세트 자료 수집
디자인 확정을 위한 시안 제작	• 디자인 시안 다양화를 위한 아이디어 베리에이션 시안 • 최종 디자인 확정을 위한 시각적 구체화 시안

02 시안 제작의 단계

◉ 시안 제작 준비 사항

① 핵심 키워드 콘셉트 구체화 아이데이션 : 시안 제작을 위해서는 디자인 콘셉트를 이루는 핵심 어휘를 기본으로 하여 시각화할 수 있는 구체적 어휘나 문장을 도출한다.

② 시안 제작용 이미지, 텍스트 자료 수집 : 시안 제작에 사용될 이미지는 적용 영역별로 정리하고, 폰트는 구입을 확보하거나 오픈소스 폰트를 다운받아 텍스트에 적용한다.

③ 콘셉트를 구현하기 위한 비주얼 모티브 개발 : 비주얼 모티브의 적용이 필요한 경우, 이를 위한 키워드를 도출하고 아이디어 스케치를 한 후 그래픽 소프트웨어로 비주얼 모티브 시안을 우선적으로 제작하여 준비한다.

④ 콘셉트에 맞는 색채 계획 : 메인 컬러와 보조 컬러로 구성된 컬러 팔레트와 색채코드를 구성하여 시안의 완성도를 높이며 시안 베리에이션에 활용하도록 한다.

⑤ 판형 및 텍스트 요소 배치 : 스케치를 바탕으로 한 판형을 구성하여 이미지 요소, 텍스트 요소, 정보그래픽 요소를 스케치와 유사하게 배치하여 레이아웃을 조정한다.

03 판형 기반의 이미지와 텍스트 요소 배치

◉ 판형과 텍스트 배치

- 판형 기반의 이미지와 텍스트 요소들의 배치로 시안 작업을 계획한다.
- 스케치를 통해 판형을 기반으로 이미지와 텍스트 요소들의 레이아웃을 조정한다.
- 시안 제작을 위한 판형 기반의 이미지와 텍스트 요소들의 배치로 디자인 콘셉트를 시각적으로 구체화한다.

◉ 레이아웃의 조정
스케치를 바탕으로 한 판형을 구성하여 이미지 요소, 텍스트 요소, 정보그래픽 요소를 스케치와 유사하게 배치한다.

◉ 레이아웃의 시안 제작
이미지에 텍스트를 판형 기반의 아트 보드에 추가하여 스타일, 위치를 조정하고 다양한 레이아웃의 시안을 제작한다.

◉ 인쇄용지 판형

A4	국배판	210x297	8절(16p)	여성지, 주간지
A5	국판	148x210	16절(32p)	교과서, 단행본
A6	국반판	105x148	32절(64p)	문고판
B4	타블로이드	257x364	8절(16p)	신문
B5	사륙배판	182x257	16절(32p)	노트

◉ 종이 평량
- 종이의 단위 면적당 무게를 표시하는 것이다.
- 종이의 품질을 표시하는 가장 대표적인 단위이다.
- 단위는 g/m^2로 $1m^2$당의 무게로 표시한다.

◉ 종이강도
- **파열강도** : 종이를 눌러 찢는 힘을 표시한 것
- **인장강도** : 종이를 양쪽으로 잡아 당겨서 찢어질 때의 힘을 표시한 것
- **신축률** : 종이를 잡아 당겨서 파단(찢어짐)될 때까지의 신장률을 표시한 것
- **내절강도** : 종이를 일정한 장력으로 접거나 구부릴 때 종이가 저항하는 세기

객관식 문제

01 시안 개발을 위해 계획하는 단계에서 수행하는 일이 아닌 것은?
① 자료 수집
② 아이디어 카테고리별 정리
③ 핵심 키워드 도출
④ 시안 베리에이션

02 시안 제작 준비단계에서 수행해야 하는 것이 아닌 것은?
① 콘셉트를 이루는 핵심 어휘 및 문장 도출
② 비주얼 모티브 개발
③ 색채 계획
④ 인쇄 프로세스 점검

03 종이 성질 중 종이를 일정한 장력으로 접거나 구부릴 때 종이가 저항하는 세기를 뜻하는 것은?
① 평량
② 내절강도
③ 파열강도
④ 인장강도

정답 01 ④ 02 ④ 03 ②

POINT 42 비주얼 모티브

01 키워드를 통한 비주얼 모티브 개발

◉ 시안 제작을 위한 비주얼 모티브

- 비주얼 모티브는 개발하고자 하는 디자인의 콘셉트를 시각화한다.
- 브랜드 아이덴티티 개발에서부터 각종 그래픽 포스터, 사이니지 등에 적용되어 디자인 개발의 차별화를 이루며 아이덴티티 적용의 특화 요소를 지닌다.

① 비주얼 모티브의 요건
- 간결한 2차원적 형태와 컬러
- 다양한 배치와 반복, 크기의 대비, 구성의 다이내믹을 통해 활용될 수 있는 시각의 확장성이 있는 요소

② 비주얼 모티브의 1차적 적용 방안
- 디자인 매체에서 모티브 원래의 형태감을 유지하면서 베리에이션한다.
- 반복과 크기 대비는 베리에이션을 위해 유용한 방안이다.

◉ 비주얼 모티브 개발 순서

키워드 도출 → 아이디어 스케치 → 비주얼 모티브 시안 제작

◉ 비주얼 모티브 구상

- 기본 비주얼 모티브 형태를 유지하면서 시안 제작의 다양화가 가능한 비주얼 모티브 구상
- 비주얼 모티브의 1차적 적용 방안
  - 비주얼 모티브를 활용하기 위해서는 디자인 매체에서 원래 모티브의 형태감을 유지하면서 베리에이션
  - 반복과 크기 대비는 베리에이션을 위해 유용한 방안

◉ 비주얼 모티브의 확장 적용

① 다양한 비주얼 커뮤니케이션의 활용
- 비주얼 모티브의 베리에이션 확장
  - 비주얼 모티브 자체가 핵심적인 콘셉트 이미지로 적용
  - 단일 모티브가 아닌, 콘셉트 키워드를 여러 개로 적용하여 각 키워드에 해당하는 비주얼 모티브의 활용성을 높일 수 있는 효과

② 비주얼 커뮤니케이션의 수행
- 아이덴티티의 특징을 강화시켜 주는 역할을 하는 그래픽 모티브는 다양한 비주얼 커뮤니케이션을 수행
- **모티브** : 다채로운 결합을 가능케 하는 형태적 특성을 발견하여 다양한 매체에 커뮤니케이션을 위한 중심 이미지로 적용
- **그래픽 모티브** : 응용 매체에 활용 가능하도록 확장한 디자인 요소로서 다양한 활용이 가능
- **비주얼 모티브** : 세트를 이루는 로고타입, 그래픽 패턴 등에 베리에이션을 하는 것을 기본

02 비주얼 방향과 소재 선택

◉ 효과적인 메시지 전달

- **비유** : 표현하고자 하는 대상을 다른 대상에 빗대어 표현하는 기법
- **상징** : 어떤 사물의 의미나 특징을 직접 드러내지 않고, 다른 사물에 비유하여 표현하는 수법

◉ 비주얼 방향과 소재

- **비주얼 방향** : 효과적인 메시지 전달을 위하여, 이미지, 색상, 텍스트 등 다양한 디자인 요소들이 추구할 시각적 주요 방향
- **비주얼 방향 설정** : 디자인 콘셉트에 맞는 비주얼 방향을 설정, 전달하고자 하는 메시지에 부합하는 비주얼 소재를 찾아 활용
- **비주얼 소재** : 디자인 메시지를 빗대어 표현할 수 있는 구체적인 대상, 매개체

◉ 비주얼 소재 선택의 기준

- **동질성** : 두 대상의 형태나 특성이 같거나 비슷한 성질
- **보편성** : 다양한 구성요소들이 공통적으로 가지고 있는 특성
- **독창성** : 다른 것을 모방하지 않고, 고유의 능력과 개성을 살려 새로운 것을 만들어내는 것
- **단일성** : 여러 가지가 아닌 통일된 하나의 특성을 가지는 것

◉ 비주얼 방향 설정 과정

① 아이디어 구상과 메시지 요약
② 키워드와 개념 추출
③ 비주얼 소재 찾기 및 선정
④ 채택된 소재에 대한 다양한 스케치
⑤ 스케치 선택 및 보완

단답형 문제

01 아이덴티티 특징을 강화하기 위해 응용 매체에 활용 가능하도록 확장한 디자인 요소로서 다양한 활용이 가능하도록 제작된 모티브는?

객관식 문제

02 비주얼 모티브 개발 과정에 해당하는 작업이 아닌 것은?
① 키워드 도출
② 3D 디자인으로 확장
③ 아이디어 스케치
④ 비주얼 모티브 시안 제작

03 비주얼 소재 선택의 기준이 아닌 것은?
① 동질성
② 독창성
③ 다양성
④ 단일성

정답 01 그래픽 모티브 02 ② 03 ③

43 입체표현

01 디자인 제도의 개요

● 디자인 제도의 목적
- 디자이너가 결과물의 형상, 구조, 크기, 재료, 가공법 등을 제작자에게 전달하기 위하여 제도 규칙에 맞추어 간단, 명료하게 도면을 작성한다.
- 누구든지 보면 이해할 수 있도록 쉽고 정확하게 작성한다.
- 제도 규격에 맞추어 작성된 도면은 해당 분야의 기술자와 제작자에게 통용된다.
- 수정 및 편집, 판매 등 여러 가지 목적으로 사용된다. 도면 작성 시 적용되는 디자인 제도 규격은 표준규격(KS)에 맞춘다.

● 디자인 도면의 종류

용도별 분류	내용별 분류	형식별 분류
• 계획도 • 제작도 • 주문도 • 견적도 • 승인도 • 설명도	• 부품도 • 조립도 • 기초도 • 배치도 • 배근도 • 치도 • 스케치도	• 외관도 • 전개도 • 곡면선도 • 선도 • 입체도

● 척도의 종류 및 척도의 기입 방법
실제 치수에 대해 도면에 표시한 대상물의 비율의 척도에 따라 분류한다.

실척(현척)	실물과 동일한 크기로 그린 것(1:1)
배척	실제보다 확대해서 그린 것(2:1, 50:1)
축척	실제보다 축소해서 그린 것(1:2, 1:50, 1:100)
NS	Non Scale로 비례척이 아닌 도면

● 선의 종류 및 용도

분류	굵기	모양	용도
외형선	굵은 실선	——	물품의 외형선
치수선, 치수보조선, 지시선	가는 실선	——	치수 기입을 위해 나타내는 선
은선(숨은선)	파선	------	보이지 않는 부분의 형상을 나타내는 선
중심선	일점 쇄선	—·—·—	도형의 중심을 표시하는 선
해칭선	평행 사선의 가는 실선	//////	절단된 부분을 나타낼 때 사용되는 선

02 투상도

● 투상도 개념
하나의 평면 위에 물체의 한 면 또는 여러 면을 그리는 방법으로 정투상도, 사투상도, 투시도 등이 있다.

● 정투상도
- 정투상도는 물체를 직교하는 두 투상면에 투사시켜 그리는 복면 투상으로, 물체의 형상을 가장 간단하고 정확하게 나타낼 수 있다.
- 제1각법 : 건축, 토목, 선박 설계에 사용
- 제3각법 : 일반제품 설계에 사용, 정면도 표현에 적합

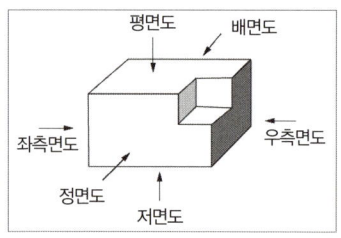

● **정투상도법의 3각법**

- 물체를 보는 위치에 4각 중에서 3각에 물체를 배치하고 투영하는 입체 디자인 요소
- 3각법의 순서는 눈(시점) → 화면 → 물체의 순으로 진행되며, 보는 위치 면에 상이 나타난다.
- 미국에서 발달하여 빠른 속도로 보급되었다.
- 한국산업규격의 제도 통칙에 적용한다.

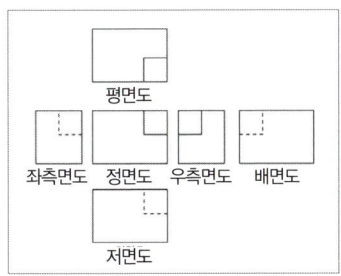

● **입체의 투상**

- 입체의 투상 표현은 육면체를 기준으로 변형된 형태로 파악한다.
- 입체 투상은 육면체를 기준으로 변형된 형태로 인식한다.
- 육면체의 각 면은 투영면으로 설정한다.
- 화살표의 방향에서 입체를 보고 투상한다.
- 변형된 입체의 특징적인 요소를 잘 나타내고 있는 면을 정면으로 설정한다.

객관식 문제

01 다음 중 디자인 도면 요소 설계에서 굵은 실선으로 표시하는 선은 무엇인가?
① 치수선
② 치수 보조선
③ 지시선
④ 외형선

02 척도에 대한 설명 중 틀린 것은?
① 물체의 실제 크기와 도면상의 크기의 비율을 말한다.
② 실물보다 축소하여 그리는 것을 축척이라고 한다.
③ 실물과 같은 크기로 그리는 것은 현척이라고 한다.
④ 실물보다 2배로 확대한 것을 등척이라고 한다.

03 한국산업규격의 제도통칙에 의거한 정투상도법은 어느 것을 사용함을 원칙으로 하는가?
① 제각법
② 제2각법
③ 제3각법
④ 제4각법

정답 01 ④ 02 ④ 03 ③

POINT 44 아트워크

01 시안 아트워크

◉ 시안 아트워크 개념

아트워크(Artwork) : 설정된 디자인 콘셉트에 맞게 준비된 시각 자료를 활용하여 창의적으로 디자인 이미지를 만들어내는 과정이다.

◉ 시안 아트워크 구현 요소

- 디자인 소프트웨어를 활용한 이미지 표현
- 콘셉트에 적합한 타이포그래피 사용
- 컬러의 적용
- 레이아웃의 구성

◉ 결과물 특성에 따른 시안 제작

- 결과물 특성에 따라 다양한 형태의 시안 디자인을 제작한다.
- 시안 디자인은 디자인 개발자와 클라이언트의 커뮤니케이션을 원활하게 만들어 준다.
- 시안은 1차 제작으로 완료할 수 있으나 프로젝트의 규모와 결과물의 활용 행태에 따라 2차 시안으로 보다 심화된 수준으로 디자인을 전개하게 된다.

02 아트워크 요소

◉ 이미지

- 시각적인 형상으로 추상적 상징적으로 표현이 가능하다.
- 시각적인 형상으로 재현된 사물과 대상 그 자체를 의미한다.
- 추상적 상징적 아이디어를 아트워크 작업을 통해 구체적인 형태로 표현한다.

◉ 이미지의 유형

① 시각적 이미지
- 외부로 표출된 것
- 그림, 사진, 영상, 도안 등

② 정신적 이미지
- 내부에서 떠오르는 것
- 꿈, 기억, 관념 등

③ 데이터 이미지 : 스캐너, 카메라와 같은 전자기기를 이용한 디지털 자료로 사진, 그림, 문서 등을 데이터화한 자료

◉ 사진

- 객관적인 이미지를 전달하는 요소이다.
- 이미지를 극대화시킬 수 있고 상징적이고 암시적인 방식으로 사물의 특징을 다양하게 표현할 수 있다.
- 현장을 그대로 담아낸 것으로 인식되어 보다 확실한 신뢰감을 부여한다.
- 구체적이고 알기 쉬운 소구력으로 대상자에게 지각시킬 수 있다.

◉ ISO

필름이 빛에 반응하는 민감도를 표준화한 수치이다.

- **저감도(ISO 50~100)** : 빛이 충분한 야외, 삼각대를 사용하는 풍경 사진 등. 입자가 곱고 선명하며, 디테일이 좋다.
- **중감도(ISO 200~400)** : 가장 일반적이며 다목적으로 사용한다.
- **고감도(ISO 800 이상)** : 어두운 실내, 밤, 움직이는 피사체를 촬영할 때. 셔터 속도를 확보하기 쉽지만, 입자가 거칠고 화질이 떨어질 수 있다.

◉ 사진 인화 종류

- **확대 인화** : 가장 일반적이고, 작가의 의도에 따라 명암 조절, 밝기 조절 작업을 한다.
- **밀착 인화** : 네거티브 필름과 인화지를 직접 밀착시켜 인화하는 것으로 확대가 없고, 필름의 모든 컷을 보기 위해 사용한다.
- **포지티브 인화** : 슬라이드 필름처럼 반전 없이 한 번의 현상 과정으로 포지티브 인화를 하는 것이다.

◉ 일러스트

- 창의적인 발상과 표현 방법이 돋보이는 시각적 표현이다.
- 디자이너의 아이디어를 다양한 표현 방법으로 제작하여 시각정보를 전달할 수 있다.
- 단행본, 잡지, 신문, 홍보물 등에서 보이지 않는 것과 존재하지 않는 것을 시각화한다.
- 실재감과 현장감을 중시하는 사진과 달리 디자이너의 상상력과 창의력이 돋보이는 커뮤니케이션 방법이다.
- 이미지에 대한 정보를 쉽고 빠르게 인지하도록 단순화된 일러스트로 표현 가능하다.

◉ 배색

- 색이 상징하는 의미와 이미지를 활용하여 배색한다.
- 매체와 재료의 특성을 고려하여 색상을 구성한다.
- 색의 가독성, 대비, 조화를 고려하여 배색한다.

◉ 레이아웃 구성

구체적으로 이미지를 시각화하고 설득력을 갖추려면 아트워크 구성 요소를 체계적으로 배치해야 한다.

◉ 매체에 따른 표현 방법

- 선정된 디자인 콘셉트를 충분히 표현
- 매체별 변화 속에서 일관된 아이덴티티 유지
- 각 매체의 특성에 따라 다양한 레이아웃 활용

단답형 문제

01 준비된 자료를 활용하여 창의적인 아이디어를 디자인 이미지로 구체화시키는 과정은 무엇인가?

객관식 문제

02 아트워크에서 이미지의 역할이 <u>아닌</u> 것은 무엇인가?
① 시각 언어의 일부 역할
② 추상적 또는 상징적으로 사용
③ 담아내기 어려운 추상적인 내용을 전달
④ 사람의 관심과 흥미를 이끌어내는 역할

03 시안 아트워크 구현 요소가 <u>아닌</u> 것은?
① 컬러의 적용
② 다양한 매체 활용성
③ 콘셉트에 적합한 타이포그래피 사용
④ 디자인 소프트웨어를 활용한 이미지 표현

정답 01 아트워크 02 ③ 03 ②

POINT 45 | 레이아웃 유형

01 시안 레이아웃 설정

◉ 레이아웃(Layout)의 개념

- '배치하다', '배열하다', '계획하다' 등의 의미로 쓰인다.
- 디자인을 구성하는 여러 가지 요소들을 목적에 맞게 아름답게 배치하는 것이다.
- 효과적인 시각적 소통을 가능하게 한다.
- 다양한 편집 디자인, 웹디자인, 영상 디자인 등 모든 매체에 적용되는 필수적 요소이다.
- 매체가 다르면 적용되는 레이아웃도 변화를 주어야 한다.

◉ 화면 레이아웃의 원리

① 일관성 적용
- 시각적 아이덴티티를 구현하는 공통적인 레이아웃의 적용이 우선되어야 한다.
- 레이아웃이 일관성은 각 페이지별 공간의 이미지와 텍스트 요소들에 동일한 배치 방식을 적용함으로써 구현할 수 있다.

② 집중과 분산 조절
- 정보의 중요성, 디자인 콘셉트에 따라 텍스트와 이미지 요소의 적절한 집중과 분산을 연출하여 시선 이동이나 운동감, 율동감을 부여할 수 있다.
- 집중과 분산은 상대적인 레이아웃 연출로서 특정한 요소 그룹의 간격이 집중되어 있으면 시각적 밀도감으로 인하여 주목성이 높아진다.
- 주요 요소 주변 공간이나 여백이 조성되어야 집중 효과를 높일 수 있다.
  개별적 요소가 분산되면 여유 있는 공간감을 형성한다.
- 개별 요소 인근에 밀도감 있는 요소가 그룹핑되어 분산 효과를 높일 수 있다.

③ 위계적 구조 연출
- 시각 디자인 결과물은 텍스트와 이미지 요소의 결합을 통해 정보 구조를 체계적으로 형성하고 있다.
- 정보의 파악을 위하여 시선을 두는 순서를 순간적으로 결정하게 되는데 이를 위해 디자이너는 중요성과 연계성을 고려하여 위계적 구조를 연출하는 것이다.
- 위계적 연출은 요소의 크기와 그룹핑, 위치, 색채 등으로 조정한다.

④ 스토리 진행형 구조 연출
- 이미지와 텍스트 요소의 흐름을 구성하는 다양한 배치방식을 통해 레이아웃을 전개한다.
- 사용자의 순차적 정보 흐름 인지를 위해 정보 요소와 화살표와 같이 연결하는 시각적 요소의 결합에 의하여 정보 혹은 스토리를 인지할 수 있는 구조를 연출한다.

02 레이아웃의 유형

● 축 레이아웃
아트워크 구성 요소들이 하나의 축을 중심으로 좌우 대칭으로 정렬되는 레이아웃으로 시각적 주목성을 높이는 유형

● 방사형 레이아웃
평면상의 한 점에서 방사형으로 화면상에서 다양한 크기의 트리밍을 하여 위치 변화를 연출하는 유형

● 확장형 레이아웃
아트워크 구성 요소가 페이지 중심에서 둥글게 퍼져나가는 형태로 동심원의 불규칙한 분절을 통해 조형적 리듬감을 연출하는 유형

● 불규칙 레이아웃
특정한 규칙성 없이 각도, 길이, 크기 등이 불규칙하게 배치되어 시각적으로 동적인 느낌을 연출하는 유형

● 그리드 레이아웃
수평, 수직으로 일정하게 교차되는 격자형 스타일로 일반적으로 편집 디자인 레이아웃에 활용되는 유형

● 전이적(Transitive) 레이아웃
그리드를 벗어난 구성으로 모든 구성 요소가 쌓이는 형태를 이루고 있으나 특정한 배치 질서가 없는 레이아웃 유형

● 모듈 시스템 레이아웃
구성 요소의 크기와 모양이 동일한 크기로 배치되었지만 규칙성을 나타내지 않는 레이아웃 유형

● 양단 시스템 레이아웃
모든 요소가 하나의 축을 사이에 두고 대칭으로 배치된 형태로 비대칭적 레이아웃과 공간 구성면에서 차이가 있는 레이아웃 유형

단답형 문제

01 '배치하다', '배열하다', '계획하다' 등의 뜻으로 디자인을 구성하는 여러 가지 요소들을 목적에 맞게 아름답게 배치하는 것을 무엇이라고 하는가?

객관식 문제

02 다음 중 레이아웃(Layout)의 설명으로 틀린 것은?
① '배치하다', '배열하다' 등의 뜻이 있다.
② 문자만을 사용해 정해진 틀 안에 배치하는 것이다.
③ 가독성, 전달성, 주목성, 심미성, 조형 구성 등을 효과적으로 구성하는 것이다.
④ 레이아웃은 프리(Free) 방식과 그리드(Grid) 방식으로 나눌 수 있다.

03 다음 중 레이아웃의 중요성이 아닌 것은?
① 다른 광고와의 차별화 및 주목성을 높일 수 있다.
② 광고의 목적을 달성하도록 유도한다.
③ 안정감을 줄 수 있도록 한다.
④ 화려함을 강조하여야 한다.

04 수평, 수직으로 일정하게 교차되는 격자형 스타일로 일반적으로 편집 디자인 레이아웃에 활용되는 그리드 유형은?
① 전이적 레이아웃
② 그리드 레이아웃
③ 확장형 레이아웃
④ 축 레이아웃

정답 01 레이아웃 02 ② 03 ④ 04 ②

POINT 46 | 그리드 레이아웃

01 그리드(Grid)

◉ 그리드 개념

- 사전적 의미는 '격자'라는 뜻으로 바둑판 모양의 눈금으로 수직 방향과 수평 방향으로 일정한 거리의 간격으로 면이 분할되면서 교차해서 이루어진 집합체이다.
- 디자인 문서 작업에서 레이아웃 격자로 가상의 격자 형태의 안내선 역할을 한다.
- 페이지 단위에서의 요소들과 콘텐츠를 이용하는 이용자와의 커뮤니케이션에서 가장 근본적인 질서와 규칙이다.

◉ 그리드 구성 요소

- **컬럼(Column)** : 글자나 이미지를 배열하기 위해 나눈 세로 형태의 공간
- **모듈(Module)** : 가로, 세로가 일정한 간격으로 분할된 면으로 공간을 나누는 기본 단위
- **마진(Margin)** : 그리드 외곽의 빈 공간으로, 화면에 균형과 긴장을 부여하며 내용과 이미지를 제외한 나머지 부분
- **플로우 마진(Flow Margin)** : 공간을 수평으로 분할하는 가상의 기준선
- **스페셜 존(Special Zone)** : 몇 개의 모듈이 모인 별도의 틀
- **마커(Marker)** : 표제와 페이지 번호와 함께 사용되어 동일한 위치에서 반복 사용
- **컬럼 마진(Column Margin)** : 컬럼과 컬럼 사이의 공간

02 그리드 종류

◉ 블록 그리드

- 단 그리드라고 불리며 그리드의 기본으로 하나의 블록만을 사용하는 디자인
- 설명서, 보고서, 단행본 등 연속적인 글에서 텍스트 위주의 레이아웃에서 많이 활용
- 텍스트가 대부분 서적, 논문, 보고서에 주로 사용되며 반복적으로 사용될 경우 지루한 느낌을 줄 수 있는 스타일

◉ 컬럼 그리드

- 두 개 이상의 단으로 나누어져 구성된 그리드로 단의 수의 구성에 따라 2단, 3단으로 분류
- 텍스트 양이 많거나 정보의 성격이 다양할 때 단을 나누어 배치
- 다양한 형태의 단으로 구성될 수 있어 신문이나 잡지에서 많이 사용

◉ 모듈 그리드

- 다단 그리드에 수평의 프로라인이 추가되어 체스판처럼 분할되면서 사각형의 공간으로 이루어진 유니트가 생성
- 유니트 형태의 레이아웃은 레아아웃의 구성 요소가 많을 경우 주로 사용
- 모듈 그리드를 이용하면 다양한 형태의 서체나 그림의 조합이 용이
- 여백 활용이 용이하고 규칙적이며 반복적이어서 다이나믹한 리듬감을 보여주고 질서 있는 레이아웃 표현에 적절한 유형
- 다양한 단을 조합한 다단 그리드는 활용도가 더 높아 패션 잡지, 차트, 양식, 스케줄, 네비게이션 시스템 등에 활용

◉ 계층 그리드

- 서로 다른 위치에 있는 디자인 요소들이 상호 시각적으로 영향을 주고 보완할 수 있는 구조로 개발된 그리드
- 한 면에 대해 각각의 기능에 맞는 공간을 분할
- 규칙적이고 반복적으로 사용되는 평범한 그리드를 벗어나므로 디자이너의 직관적 사고를 매우 중요시
- 주로 수평형으로 웹 페이지에서 많이 사용
- 포스터, 리플릿, 북 디자인 등의 제작물에 자주 사용

03 그리드 활용

● 그리드가 존재하지 않는 레이아웃(Non Grid Layout)
- 페이지 여백도 없고 텍스트들이 잘려 나가며 비대칭적인 레이아웃으로 페이지의 구성이 전체적으로 산만한 편이다.
- 그리드를 활용하지 않아 허물어진 공간만큼 구성 요소의 자유로운 배열 속에서 새로운 관계를 이어 나가는 질서가 필요하다.

● 혼합 그리드(Complex Grid)
- 칼럼의 수가 다른 2개 이상의 그리드를 함께 사용하여 복잡한 제작물을 작업할 때 사용한다.
- 역동적인 공간 구성이 가능하다.
- 하나의 그리드로 복잡한 여러 구성 요소들을 모두 해결하려는 방식에서 벗어나 여러 개의 그리드를 적재적소에 활용해 긴장감을 높일 수 있다.

● 플렉서블 그리드(Flexible Grid)
- 사선과 곡선의 형태까지 수용하여 디자이너의 직관력과 개성을 표현할 수 있다.
- 공간 구성의 엄격한 규칙에서 벗어나 자유로운 표현과 해석이 가능하다.
- 자유로운 표현과 감각을 추구하는 포스트모더니즘 이후에 예술과 문화 전반에 나타난 해체적 경향의 결과이다.

단답형 문제

01 편집 디자인에서 글자나 이미지를 배열하기 위해 나눈 세로 형태의 공간을 무엇이라고 하는가?

객관식 문제

02 그리드의 구성 요소가 아닌 것을 고르시오.
① 단(Column)
② 모듈
③ 마진
④ 타이틀 존

03 다음 설명 중 그리드(Grid)의 설명이 아닌 것은?
① 원래의 뜻은 격자이며 그래프나 바둑판 모양의 구조를 말한다.
② 하나의 시각적 작품을 응결시켜 주는 하부 구조이다.
③ 하나의 조직이며 시간을 절약하고 지속감을 부여하는 데 도움을 준다.
④ 곡선을 많이 사용하고 디자이너의 직관력에 의존하는 것이다.

정답 01 칼럼 02 ④ 03 ④

POINT 47 | 타이포그래피 아트워크

01 타이포그래피 아트워크의 개념

◉ 타이포그래피 아트워크

- 타이포그래피는 정보이자 이미지의 융합된 대상으로서 시각 커뮤니케이션 디자인을 위한 핵심적 역할을 담당한다.
- 타이포그래피를 통해 텍스트 정보는 시각적 형태를 갖추게 되고 디자인 콘셉트를 직접적으로 구현하는 요소로 작용한다.
- 시각적 조형원리와 스타일에 따라 서체의 종류와 크기, 공간 등을 연출하여 배치된 시각 커뮤니케이션 매체의 공간 속에서 정보와 콘셉트를 정확하게 전달해야 한다.

◉ 서체를 이용한 이미지 표현

- 타이포그래피와 함께 구성하는 요소들과의 조화를 이루도록 서체를 선택한다.
- 사진의 느낌, 크기, 분량, 일러스트의 스타일과 컬러 등과 적절히 조화를 이루는 서체를 선택한다.
- 전체 디자인의 일관성과 조화를 위해 많은 종류의 서체를 사용하는 것은 자제한다.

02 서체를 이용한 이미지 표현

◉ 이미지로 표현되는 타이포 이미지 디자인 방법

- 손글씨를 가져오는 방법
- 일러스트로 그리는 방법
- 이미지를 활용해 글자를 조합하는 방법

◉ 그래픽 프로그램을 활용한 타이포 이미지 디자인 방법

- 의도적인 변화로 표현
- 그래픽 프로그램 내의 서체를 활용한 시각적 배치
- 윤곽선 처리로 분해
- 형태와 비율의 왜곡
- 실루엣이나 음영 효과
- 입체감 부여

◉ 타이포그래피의 기능적 특징

- 조형적 기능
  - 소리의 언어를 시각적으로 표현하여 전달하는 것
  - 객관적으로 이해할 수 있는 시각적 형태로 표현하면 언어로 전달할 때보다 더 높은 지각 반응을 기대
- 언어적 기능
  - 전달 메시지와 수신자 사이에 장애가 없는 논리적인 구성의 문자로 표현하는 것
  - 시각적인 가독성에 영향을 미치는 요소들의 일관성 있는 스타일을 적용하여 정보를 정확하게 전달하는 역할

◉ 타이포그래피의 심미적 특징

- 심미적 경험을 전달
  - 타이포그래피의 구성 요소들의 추상적, 상징적 표현
  - 역동적이면서 자유로운 표현은 수용자 측면에서 지각의 반응을 다양화
- 언어적 전달 기능과 이미지 역할을 동시에 수행
  - 실험적인 시각전달 언어 이미지로 미적 긴장감을 유도
  - 문자를 조형적인 도구로 사용하여 이미지를 표현하므로 다양한 시각적 표현으로 자유로운 정보를 전달

03 편집 디자인 시안 제작을 위한 프로세스

◉ 기획 단계

- 시안을 제작하기 위한 첫 단계로 판형, 페이지 분량, 인쇄 부수, 작업 기간, 인쇄 방법, 용지 등 인쇄물 형태 계획과 디자인 콘셉트를 기획한다.
- 디자인 작업은 클라이언트와 상호작업으로 이루어져 진행되므로 클라이언트의 요구 사항을 정확히 파악하고 분석하여 디자인 방향을 결정한다.

◉ 콘셉트 개발

- 기본적인 초안 원고는 클라이언트에게 받은 원고를 사용하고 자료가 없을 경우에는 전문 에디터에게 의뢰하여 원고를 작성한다.
- 원고와 더불어 기획한 콘셉트에 맞는 이미지와 다양한 자료를 수집하고 분석한다.

◉ 디자인 개발

- 기본적인 구상을 먼저 스케치하고 이를 바탕으로 편집 프로그램에서 이미지와 텍스트를 불러와서 레이아웃을 만든다.
- 선택한 콘셉트를 발전시켜 보기 좋은 형태로 요소들을 배치하여 시각적인 효과를 이끌어내는 디자인을 한다.

◉ 디자인 교정

시안 작업이 완료된 파일을 프린트하여 클라이언트에게 제시하여 시안물을 검토한다.

◉ 제작 단계

- 완성된 데이터를 출력소에 보내서 디지털 인쇄를 한다.
- 오프셋 인쇄는 필름 출력 한 후 인쇄판으로 옮긴 후 인쇄기에 걸어 인쇄를 한다면, 디지털 인쇄는 중간 과정을 거치지 않고 파일을 직접 종이로 인쇄한다.
- 대량으로 인쇄할 경우에는 오프셋 인쇄를 하지만 소량으로 제작할 경우에는 필름 출력 없이 디지털 인쇄를 한다.

객관식 문제

01 타이포그래피의 배치 작업에 관한 설명 중 가장 거리가 먼 것은 무엇인가?
① 균형과 조화를 이루기 위해 시각적인 조정이 필요하다.
② 글자의 상호관계 등을 고려하고 균형을 유지해야 한다.
③ 시각 정보 전달을 위해 공간 안에 텍스트를 배치하는 것은 중요하다.
④ 타이포그래피는 캘리그래피의 카테고리에 포함된다.

02 다음 중 편집 디자인 요소로서 가독성과 불가분의 관계를 갖는 것은?
① 타이포그래피
② 포토그래피
③ 컬러 디자인
④ 플래닝

03 타이포그래피의 기능으로 적합하지 <u>않은</u> 것은?
① 언어적 기능
② 조형적 기능
③ 심미적 기능
④ 유도적 기능

정답 01 ④ 02 ① 03 ④

POINT 48 베리에이션

01 베리에이션 구현

◉ 비주얼 중심의 시각 디자인 매체

- 표현의 특징
  - 시각적 표현물을 중심
  - 카피 사용이 적은 편
  - 카피가 없어도 내용 전달이 가능
- 광고 소구 유형
  - 감성적 소구
  - 분위기형 소구
  - 정서적 소구

◉ 카피 중심의 시각 디자인 매체

- 표현의 특징
  - 카피의 사용이 많은 편
  - 시각적 표현물은 보조적인 수단으로 활용
- 광고 소구 유형
  - 이성적 소구
  - 직접 정보전달형
  - 사실적 제품 소구

◉ 광고를 위한 시각 디자인 매체

- 시각적 구성과 조합의 질서가 느껴져야 좋은 레이아웃을 가진 광고 디자인으로 인식한다.
- 표현의 특징
  - 감성적 요소의 표현
  - 정서적 현상을 일으키는 표현을 사용
- 광고 소구 유형
  - 감정적 소구
  - 형용사를 사용

◉ 베리에이션 과정

① 디자인 콘셉트 반영 확인
② 창의적인 아이데이션 반영 확인
③ 콘셉트에 맞는 비주얼 전개 여부 확인
④ 아이디어의 구체적 실현 가능 여부 확인
⑤ 레이아웃의 조화로운 적용 여부 확인
⑥ 이미지의 콘셉트 부합 여부 확인
⑦ 타이포그래피의 활용 적절성 확인
⑧ 색채의 조화로운 사용 여부 확인

02 인쇄매체 시안 베리에이션 기획

◉ 레이아웃 베리에이션

- 레이아웃 베리에이션은 중심이 되는 시안을 바탕으로 이미지와 텍스트 요소의 배치를 부분적으로 변경함으로써 시각정보의 인지를 위한 순서를 재배열하는 데 적합하다.
- 그리드 구조를 바탕으로 한 레이아웃 베리에이션이 가능하다.

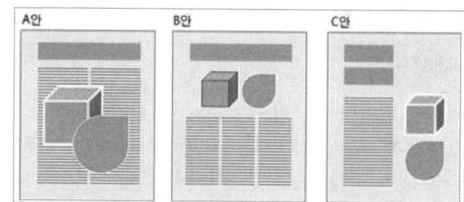

● 컬러 베리에이션

- 컬러 베리에이션은 중심이 되는 시안의 레이아웃을 유지한 상태에서 부분적 컬러 혹은 주조색을 바꿈으로써 시각적 임팩트와 분위기 연출을 베리에이션하는 데 적합하다.
- 색상의 유사성과 대비를 활용한 컬러 베리에이션이 가능하다.

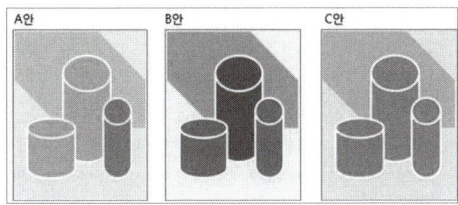

● 이미지 베리에이션

- 보는 사람의 시선을 유도할 수 있고 흥미를 유발하는 주목 효과와 기억의 효과를 높일 수 있다.
- 주제에 맞는 이미지 표현은 전달 메시지를 쉽고 빠르게 전달해주는 역할을 한다.
- 비언어적인 형태이지만 표현할 수 있는 조형 요소로 다양한 그리드 레이아웃 표현이 가능하다.

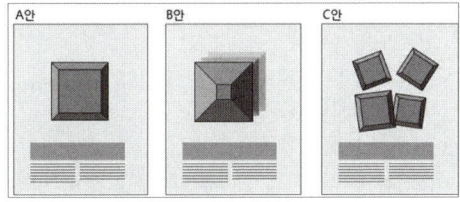

① 사진 이미지
- 사실성과 진실성 표현에 유용하다.
- 시선 유도의 주목성을 높일 수 있다.

② 일러스트레이션 이미지
- 주제에 맞는 이미지로 본문의 내용을 시각화함으로써 설득력을 갖게 한다.
- 단일 이미지와 결합형 이미지의 베리에이션이다.

객관식 문제

01 아이디어가 구체적으로 실현 가능한지 베리에이션 구현으로 알 수 없는 것은?
① 도출된 아이디어를 시각화하여 제시
② 디자인 의도를 표현할 수 있는 능력
③ 디자인 전개를 위한 디자인 소프트웨어 활용
④ 매체 선택의 기준

02 컬러 베리에이션을 통한 아이디어 발상의 장점이 아닌 것은 무엇인가?
① 고정관념을 깨고 상상 속에서 소리를 만들어 냄으로써 창의적인 아이디어가 생성
② 융통성과 민감성 증진
③ 자신만의 독창성을 증진
④ 짧은 시간에 다량의 아이디어 획득

03 비주얼 중심의 시각 디자인 매체 표현의 특징으로 적합하지 않은 것은?
① 카피가 없어 내용전달이 어렵다.
② 감성적 소구에 적합하다.
③ 시각적 표현물을 중심으로 표현한다.
④ 카피 사용이 적은 편이다.

정답 01 ③ 02 ① 03 ①

POINT 49 | 시안 디자인 제작

01 사인 시스템 시안 디자인 계획

● 사인 시스템의 구분

- 유도사인 : 방향 지시 정보와 장소 정보가 포함되어 있으며 경로에 연속적으로 배치
- 위치사인 : 사용자가 목적지에 도달하였을 때, 장소를 최종적으로 확인할 수 있도록 장소명을 강조하는 사인
- 안내사인 : 특정한 장소나 상황을 장소명과 단문으로 제시하는 사인
- 설명사인 : 특정한 상황이나 태도를 설명하는 사인
- 규제사인 : 특정한 장소에서 위험이나 규제 사항을 알리는 사인

● 사인 시스템 개발을 위한 디자인 원칙

- 쉽게 이해되고 경로 결정 등 행동에 쉽게 옮길 수 있는 정보의 제공을 핵심으로 한다.
- 공간의 아이덴티티를 바탕으로 공간 환경과 시각적 조화가 잘 이루어져야 한다.
- 색채와 텍스트 정보는 정보 인지, 차별성, 심미적 임팩트를 높일 수 있는 요소이므로 단일색 선정 및 배색 계획 시 사인의 가치를 높일 수 있도록 개발해야 한다.
- 길찾기 기능 효과를 높이기 위하여 인지성, 예측성, 일관성, 확장성, 심미성 등이 충족되어야 한다.
- 정보 요소의 일관성을 통해 보행자가 쉽게 경로찾기를 실행할 수 있도록 시각정보를 개발해야 한다.

● 사인 정보 요소 디자인 원칙

① 색채 요소
- 주조색은 공간의 주조색과 톤의 유사성을 위하여 차분한 저채도를 적용한다.
- 보조색은 색채 정보의 연속성을 바탕으로 각 층 및 존 별 그룹핑에 적용한다.
- 강조색은 화살표 등의 유도정보에 주로 활용하며 주조색과 명도 및 채도 차이를 키워 즉시성을 높이고 중/고채도를 사용하여 명시성을 높인다.
- 플레이트와 사인 정보 요소의 색은 문자의 정보 시인성 및 가독성을 높이기 위하여 3.5 이상의 명도 대비를 권장한다.
- 하나의 사인 안에 여러 가지 색을 배색하지 않도록 한다.

② 문자 요소
- 서체의 조합(국문 + 국문, 국문 + 영문 등), 크기, 레이아웃 등을 일관되게 적용한다.
- 문자 요소는 산세리프와 단순한 형태로 가독성 및 명료성을 높인다.
- 문자 요소는 서체의 자간을 조정하여 주목성 및 시인성을 확보한다.

③ 그래픽 요소
- 분기점에서는 문자정보에 화살표를 보조 병기하여 연속적 인지를 향상시킨다.
- 설명사인과 규제사인 등에 사용하는 픽토그램은 판독성 및 시인성을 높이기 위하여 친근하고 익숙한 형태의 그래픽 요소를 활용한다.
- 공간 아이덴티티와 여건에 따라 사인 플레이트를 사용하지 않고 벽면에 그래픽사인을 적용하여 심미적인 실내공간을 연출할 수 있다.

02 시안 제작 마무리

● 출력하여 점검

완성된 시안 결과물을 인쇄하여 디자인 상태를 점검하고 수정하여 완성도를 높이는 과정이다.

① 용지의 종류와 크기 선택
- 시안 작업 출력은 프린터 전용지를 주로 사용한다.
- 프로젝트에 따라 특수 용지를 사용할 수도 있으므로 적합한 용지를 준비한다.
- 프린터의 종류에 따라 지원하는 용지가 다르므로 미리 확인하도록 한다.
- 출력물의 크기나 페이지 양은 작업물의 성격을 고려하여 지정한다.

② 해상도와 컬러 확인
- 프린터 별로 지원하는 컬러 옵션을 확인하고, 적절한 해상도를 지정한다.
- 시안 작업물이 정밀한 실사 이미지 위주일 경우에는 반드시 고해상도로 출력하여 컬러와 질감 표현을 상세히 확인한다.

● 시안 출력물 가공

출력된 시안은 포스터, 브로슈어, 패키지 등 매체 형태에 따라 재단, 접지하여 완성한다.

① 단면 시안 : 포스터, 광고, 아이덴티티 기본 시스템, 패키지 라벨 등은 단면으로 프린트된 시안으로서 표시된 재단선을 따라 단순 재단한다.

② 양면 시안
- 리플릿, 브로슈어 등은 양면 시안으로 양면의 접착을 위해 일정한 여백을 지정하여 재단한다.
- 여러 페이지로 구성되어 있으므로 제본을 필요로 한다.
- 재단한 출력물은 앞뒤 페이지를 맞추어 접착한 후 재단선을 따라 재단한다.

③ 입체구조 시안 ─ 종이 패키지의 뼈대와 도면을 말함
- 지기구조 패키지, 쇼핑백, POP 광고 등은 시안을 제작하는 단계에서 재단선 및 접지선 등 구조를 만들기 위한 작업을 필요로 한다.
- 입체 구조의 재단선을 따라 재단한 다음, 칼등을 이용하여 접지 부분을 표시하고 접어 접착제로 접착면을 붙인다.

객관식 문제

01 방향 지시 정보와 장소 정보가 포함되어 있으며 경로에 연속적으로 배치하는 사인은?
① 유도사인
② 위치사인
③ 안내사인
④ 설명사인

02 사인 시스템의 색채 요소에 대한 설명으로 잘못 설명한 것은?
① 조색은 색채 정보의 연속성을 바탕으로 각 층 및 존 별 그룹핑에 적용한다.
② 플레이트와 사인 정보 요소의 색은 문자의 정보 시인성 및 가독성을 높이기 위하여 3.5 이상의 명도 대비를 권장한다.
③ 강조색은 주조색과 명도 차이를 줄이고, 눈의 피로도를 줄이기 위해 저채도를 사용한다.
④ 주조색은 공간의 주조색과 톤의 유사성을 위하여 차분한 저채도를 적용한다.

정답 01 ① 02 ③

POINT 50 | 정보그래픽 이미지

01 정보그래픽

◉ 콘셉트 이미지로서 정보그래픽
- 정보그래픽은 정보의 가치를 높이기 위한 시각화로 활용된다.
- 디자인 콘셉트와 콘텐츠의 성향에 따라 콘셉트 이미지로 활용되기도 한다.
- 다이어그램은 신뢰도와 신용 관련 콘텐츠에 활용도가 높다.
- 정보구조도의 구조미와 심미성이 메시지의 주목성을 높인다.
- 시각적 아이덴티티를 구현하는 이미지로 활용할 수 있다.

◉ 데이터 종류
정보그래픽을 위한 데이터는 정량적 데이터와 정성적 데이터로 구분된다.

① 정량적 데이터
- 수치, 도형, 기호 등 바로 측정할 수 있는 데이터
- 서베이 등을 통해 얻을 수 있다.
- 정형화된 데이터로 비용소모가 적다.

② 정성적 데이터
- 언어나 문자 등 '설명'이 필요한 데이터
- 언론, 인터뷰, 이메일, 관찰 등을 통해 얻을 수 있다.
- 저장, 검색, 분석에 많은 비용이 소모된다.
- 비정형 데이터이다.

◉ 데이터 시각화
- 데이터 시각화란 다양한 분야에서 축적되는 가공되지 않은 데이터를 통계와 알고리즘을 통해 시각화하는 것을 말한다.
- 의미보다는 현상 그 자체를 시각적으로 표현한 것으로, 데이터의 패턴이나 구조를 분석하여 관계성을 밝히는 것에 목적을 둔다.
- 사용자는 데이터 시각화를 통해 데이터 변화에 대한 통찰과 앞으로 벌어질 일에 대한 예측을 하여 신속하게 필요한 조치를 하며 대응할 수 있다.

◉ 인포그래픽
데이터를 단순히 시각화하는 것에서 벗어나, 명확한 목적을 갖고 정보의 관계, 패턴, 구조를 파악한 다음, 파악한 내용을 정확한 메시지로 구체화하고 스토리를 중심으로 새롭게 가공하여 만드는 것이다.

◉ 정보그래픽 활용 장점
- 정보그래픽의 매체 노출량 증가에 따른 메인 이미지 활용
- 메시지의 신뢰감을 높이기 위한 이미지로 활용
- 정보구조의 심미성 활용

02 정보그래픽의 대상 영역

◉ 정량적 데이터
- 객관적인 데이터를 수치로 표현하는 분석 방법으로 통계 자료와 같이 대규모 조사를 통해 규격화된 결과를 도출하는 방법이다.
- 색이나 형태 등을 적절히 사용하여 내용을 직관적으로 이해할 수 있도록 시각적으로 구성한다.

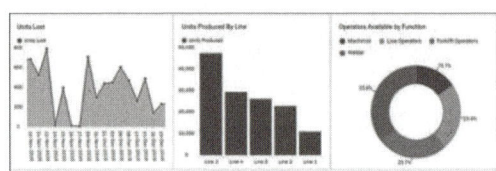

● **정성적 데이터**

- 도표와 그래프 등의 수치로 데이터화하지 못하는 사용자의 감성, 느낌, 분위기 등의 형용사적인 표현을 시각화하는 방법이다.
- 분석의 시각화에서는 형용사를 수치로 환산하여 전환하는 방법이나, 느낌을 색, 형태, 크기 등으로 구분하여 표현하는 방법이 있다.

① **구체적 이미지 표현 다이어그램** : 실사 이미지, 상세 이미지, 아이콘 이미지를 활용

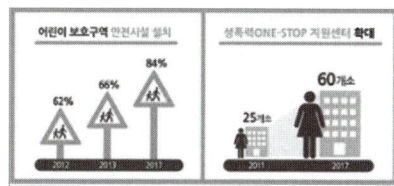

② **데이터 특성 비교 정보그래픽** : 대비되는 요건들을 크기, 밀도 등을 시각화한 다이어그램

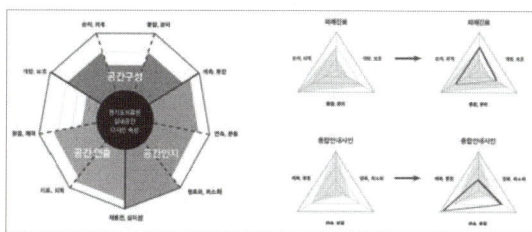

단답형 문제

01 정보, 데이터, 지식을 시각적으로 표현한 것으로, 정보를 빠르고 쉽게 표현하기 위해 제작된 그래픽은 무엇인가?

객관식 문제

02 데이터 종류에 대한 설명으로 잘못된 것은?
① 정량적 데이터는 수치, 도형, 기호 등 바로 측정할 수 있는 데이터이다.
② 정성적 데이터는 언어나 문자로 설명이 필요한 데이터이다.
③ 정량적 데이터는 그래프는 사용자의 감성, 느낌 분위기를 내포한 그래프로 제작한다.
④ 정성적 데이터는 구체적 이미지를 표현하기 위해 상세 이미지, 아이콘 등을 활용하기도 한다.

정답 01 인포그래픽 02 ③

51 아이콘과 픽토그램

01 아이콘

◉ 아이콘의 개념

- 아이콘이란 표현되는 대상체의 물리적 특성을 닮은 기호이다.
- 어떤 분야의 대표적 사례, 사물의 핵심적 특징을 시각화하여 정제된 표현을 한 형상을 의미 한다.
- 기표가 곧 기의로 인식되는 기호이다.

◉ 메타포 이미지 아이콘의 전개

- 메타포 : 은유라는 뜻으로 일반적으로 사물이나 개념을 설명할 때 수사적인 표현을 뜻한다.
- 간결한 형태를 통해 짧은 시간에 정보와 의미를 파악하기 위해 시각적 연상성이 강한 이미지로 구현한다.

◉ 아이콘 활용

① 디지털 매체에서 활용되는 아이콘
- 인터렉션 버튼, 정보체계 아이콘
- 작은 크기로 배치하여 간결성, 명확성 요구
- 형태, 색상, 라인 등의 스타일 그룹핑

② 콘셉트 이미지로서 활용되는 아이콘
- 단일 아이콘 혹은 아이콘 그룹으로 정보그래픽 이미지 연출
- 사용 편의성, 심미성 부각

③ 아이덴티티 시스템 아이콘
- 아이덴티티 시스템을 이루는 주요 구성 요소로 제작
- 그래픽 모티브의 형태소를 중심으로 각종 상황이나 대상, 정보 지시체 역할

- 아이콘만 노출이 되어도 해당 브랜드 아이덴티티를 인지할 수 있도록 제작

🏳 기적의 TIP

이모티콘

감정(Emotion)과 아이콘(Icon)의 합성어. 문자 텍스트에 감정을 가미한 이모티콘을 덧붙이면서 사람들은 더 생동감 있는 의사소통을 해왔다. 말로 표현하기 힘든 미세한 감정까지 이모티콘이 역할을 대신한다.

02 픽토그램

◉ 픽토그램 개념

- 사물, 시설, 행위, 개념 등을 상징적인 그림으로 나타내어 대상의 의미를 시각적으로 쉽고 빠르게 인식할 수 있도록 하는 상징 문자이다.
- 생활환경에서 특정한 장소와 상황을 간결한 그래픽으로 전달하는 이미지이다.
- 언어체계로서 공공성이 강한 이미지이다.
- 픽토그램은 픽토(Picto)와 텔레그램(Telegram)의 합성어로서 사물·시설·행위·개념 등을 상징화하는 그림문자 또는 상징문자의 성향이 좀 더 강하다.

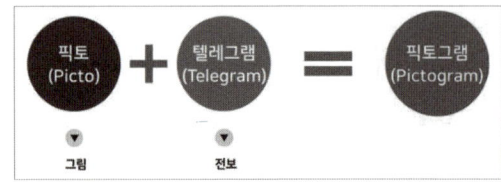

픽토그램의 유래

- 픽토그래프(Pictograph)는 문자 체계가 확립되기 이전에 사용되던 조각이나 그림 형태의 상형문자를 가리키며, 당시에는 정보를 전달하는 가장 기본적이고 중요한 수단이었다.
- 현대적 의미의 픽토그램은 오스트리아의 사회학자 오토 노이라트(Otto Neurath)가 교육을 받지 못한 사람들에게도 사회나 경제에 관한 정보를 쉽게 전달하기 위해 개발한 아이소타입 체계에서 비롯되었다.

기적의 TIP

아이소타입(Isotype)
시각적인 교육에 사용할 수 있도록 간략화된 그림 언어를 의미한다.

국제 표준 규격(ISO)

- 픽토그램은 다수의 국가에서 국제 표준 규격으로 지정한 픽토그램 표지판 사용을 의무화하여 설치, 운영하고 있다.
- 우리나라에서는 한국산업규격으로 제정해 사용한다. 이 중 32종이 국제 표준규격으로 선정되어 있다.

단답형 문제

01 감정(Emotion)과 아이콘(Icon)의 합성어로 문자 텍스트에 감정을 가미한 의사소통 용도로 활용되는 것은?

객관식 문제

02 대상의 의미를 시각적으로 쉽고 빠르게 인식할 수 있도록 하는 상징문자는 무엇인가?
① 기호
② 이모티콘
③ 픽토그램
④ 아이콘

03 오스트리아 사회학자 오토 노이라트가 개발한 것으로 정보를 쉽게 전달하기 위한 목적으로 개발된 것은?
① 픽토그램
② 엠블럼
③ 이모티콘
④ 이모지

정답 01 이모티콘 02 ③ 03 ①

POINT 52 | 정보의 가시화

01 정보그래픽

◉ 정보그래픽 목적

- 정보그래픽은 정보를 구성하여 효율적으로 사용할 수 있게 하는 디자인 기술 및 업무를 말한다.
- 복잡하거나 구조화 되지 않은 데이터를 시각적으로 표현하여 그 뜻을 명확하고 분명하게 보이게 하는 데 목적을 둔다.

◉ 시각화를 위한 정보와 그래픽의 관계

특정 정보 체계를 쉽고 명확하게 이해할 수 있도록 시각화하는 다양한 연출 방식의 정보그래픽을 활용한다.

- **데이터** : 의미 체계로 연결되기 이전의 개별적 정보 단서로서 정량 데이터, 정성 데이터로 구성
- **정보** : 데이터들 중 서로 연관된 것을 선별하여 의미 체계로 만든 구조
- **지식** : 정보가 축적이 되어 타 정보 및 연결 정보 체계의 생성 및 유추, 파악을 가능케 하는 의미 체계

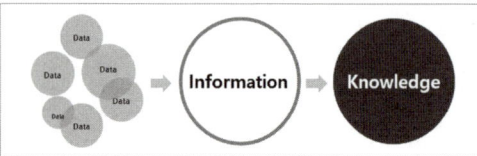

◉ 데이터 시각화

- 데이터 시각화란 다양한 분야에서 축적되는 가공되지 않은 데이터를 통계와 알고리즘을 통해 시각화하는 것을 말한다.
- 의미보다는 현상 그 자체를 시각적으로 표현한 것으로, 데이터의 패턴이나 구조를 분석하여 관계성을 밝히는 것에 목적을 둔다.
- 사용자는 데이터 시각화를 통해 데이터 변화에 대한 통찰과 앞으로 벌어질 일에 대한 예측을 하여 신속하게 필요한 조치를 하며 대응할 수 있다.

◉ 인포그래픽

- 다이어그램, 차트, 그래프 등 정보의 시각화를 말한다.
- 데이터를 단순히 시각화하는 것에서 벗어나, 명확한 목적을 갖고 정보의 관계, 패턴, 구조를 파악한 다음, 파악한 내용을 정확한 메시지로 구체화하고 스토리를 중심으로 새롭게 가공하여 만드는 것이다.

◉ 시각화를 위한 데이터의 유형

- **사실(Facts)** : 사실에 대한 정량적 데이터로서 별도의 설명이 없더라도 사용자가 이해할 수 있도록 간단명료한 형태소로 표현
- **개념(Concepts)** : 특정 대상의 이해를 돕기 위해 사용되는 정의를 형태 및 텍스트 요소로 간단명료한 형태소로 표현
- **절차(Procedures)** : 순차적인 진행 과정에 대해 설명하는 데이터로서 수행의 순차적인 행위를 인지할 수 있는 연속적 형태로 표현
- **원리(Principles)** : 특정 구조의 작동 원리 및 진행 과정을 간단명료한 형태로 표현
- **이야기(Stories)** : 이야기의 전개 상황을 시각화할 수 있도록 전환 지점에서 간명한 형태소를 배치한 구조로 표현

02 정보그래픽 시안 개발

● 정보의 시각화 아이데이션 단계
① 정보 데이터의 구조 구상
② 유기적 정보 축 설정
③ 정보 형태소를 계열화하기 위한 배치

● 정보 비주얼 모티브 제작 단계
① 시각화 방식, 매체의 특성을 고려한 비주얼 모티브 제작
② 아이콘 및 그래픽 모티브 제작

● 비주얼 모티브 연출 정교화 단계
① 다이어그램 구조 정교화
② 다이어그램의 정보컬러 체계 적용

● 다이어그램 시안 제작 단계
① 다이어그램의 구조와 컬러 등을 베리에이션하여 최적의 다이어그램 시안을 제작
② 정보 체계를 명확히 파악할 수 있는지 검토

● 정보 구조화
- 정보를 엮어 새로운 의미를 부여하기 전에, 즉 스토리텔링을 하기 전에 기획자 혹은 디자이너가 할 일은 정보를 구조화하는 것이다.
- 정보를 한눈에 파악할 수 있도록 구조화하면, 정보는 더 간결해지면서 강력해진다.
- 같은 정보라도 어떻게 해석하고 편집하느냐에 따라 전혀 다른 메시지를 전달할 수 있다.

단답형 문제

01 다양한 분야에서 축적되는 가공되지 않은 데이터를 통계와 알고리즘을 통해 시각화하는 것은?

객관식 문제

02 데이터 시각화를 하는 이유로 가장 적합한 것은?
① 정보를 쉽고 명확하게 이해할 수 있도록 시각화하기 위해서
② 글로 표현하기 어려워서
③ 데이터 정보가 적고 미흡해서
④ 심미적 요소를 강화하기 위해서

03 시각화를 위한 데이터 유형으로 적합하지 않은 것은?
① 개념(Concepts)
② 절차(Procedures)
③ 허구(Fiction)
④ 이야기(Stories)

정답 01 데이터 시각화 02 ① 03 ③

POINT 53 | 인포그래픽

01 인포그래픽 특성

◉ 흥미 유발
- 다양한 정보를 해당 정보에 맞는 그래픽으로 구성한 인포그래픽은 빼곡하게 차 있는 글 속에서 사람들의 눈길을 잡기에 충분하다.
- 인포그래픽은 사람들의 호기심을 자극하면서 행동을 하게 만드는 힘을 가진 것이다.

◉ 정보 습득 시간 절감
- 산발적인 정보들을 효율적으로 배열하여 효과적으로 전달한다.
- 정보를 읽게 하는 것이 아니라 직관적으로 느끼게 하는 것에 가까우므로 더 빠르게 전달할 수 있다.

◉ 빠른 확산
- 사람들의 관심사를 잘 파악한 인포그래픽, 시사성을 갖는 인포그래픽은 정보 제공자가 특별한 노력을 하지 않아도 사람들이 SNS 등을 이용해 스스로 정보를 유포한다.
- SNS 특성상 인포그래픽은 매우 빠른 속도로 광범위하게 확산되고 파괴력 있는 효과를 가진다.

◉ 기억 지속 시간 연장
정보가 이미지와 결합할 경우 더 오래 남는다.

02 인포그래픽 유형

◉ 나열형 인포그래픽
- 작성된 목록들을 활용하여 메시지를 전달하는 정보형 그래픽이다.
- 풍부한 데이터가 포함된 텍스트를 이용하여 독자들에게 정보를 전달할 수 있다.

◉ 통계 기반 인포그래픽
- 가장 일반적인 인포그래픽 유형이다.
- 파이 차트, 막대 그래프 및 기타 데이터의 시각적 표현을 포함하는 인포그래픽이다.

◉ 사용법 (How-to) 인포그래픽
- 문제를 해결하는 방법, 과제를 수행하는 방법들에 대해 안내할 때 활용된다.
- 긴 문장들을 장황하게 제시하며 단계별 진행방법을 설명하는 방식의 대안으로 활용된다.

◉ 타임라인 기반 인포그래픽
- 시간 순서대로 정보를 보여주는 형태로, 기업이나 제품의 역사, 프로젝트 일정 등 시간성을 가진 정보를 표현하기에 적합하다.
- 시간흐름에 따라 선 형태로 표현하는 경우가 많으며, 문자, 선, 숫자, 레이블 등을 디자인 요소로 활용한다.

◉ 비교 인포그래픽
- 제품이나 서비스가 경쟁업체보다 얼마나 유리한지를 보여주기 위해 자주 사용된다.
- 차트 또는 표를 아이콘, 일러스트레이션과 함께 사용하여, 독자가 유사점과 차이점을 시각화하여 이해를 높인다.

◉ 프로세스 기반 인포그래픽
- 한 장 안에서 일의 과정을 이해하기 쉽게 나타낸 것으로, 복잡한 업무 처리 과정이나 무엇인가를 만드는 과정을 보여줄 때 효과적으로 사용할 수 있다.
- 생각 또는 일의 과정을 표현하거나, 새로운 서비스 사용법을 쉽게 보여주기 위해 사용하기도 한다.

● 위치, 지리 기반 인포그래픽

- 위치, 지리 기반 인포그래픽은 정보를 지도 위에 나타내는 것이 일반적이다. 국가별 혹은 지역별로 비교할 때나, 건물 층별 안내도를 보여 줄 때, 학문 영역 범위를 나타낼 때 등 다양한 경우에 사용한다.
- 선거 때 지역별 지지율을 나타내거나 인구 분포 등을 나타낼 경우에도 유용하다.

03 인포그래픽 제작

● 디자인 기획

- 인포그래픽을 만들 때, 디자인 능력보다도 더 중요한 것은 데이터를 해석하고 기획하는 능력이다.
- '디자인 기획'은 디자인을 하기 위한 계획을 세우는 일이고, '인포그래픽 기획'은 인포그래픽을 만들기 위해 계획을 세우는 일이다.
- 인포그래픽을 만들 때 디자인 기술보다 더 중요한 것은 데이터를 해석, 기획하는 일이다.
- 전달하고자하는 핵심메시지 분석, 목표를 명확하게 설정한다.

● 인포그래픽 제작 주요사항

- **명확하고 간결한 텍스트** : 텍스트는 읽기 쉽고 이해하기 쉬워야 하며, 제한적으로 사용해야 한다.
- **시각 자료의 효과적인 사용** : 시각 자료는 주제와 관련이 있어야 하며 정보를 전달하는 데 도움이 되어야 한다.
- **일관적인 디자인** : 인포그래픽의 색상 구성표, 레이아웃 및 글꼴 스타일은 일관적이어야 한다.
- **강력한 계층 구조** : 가장 중요한 정보가 가장 눈에 띄게 제공되어야 한다.
- **행동 촉구** : 인포그래픽에는 시청자에게 다음에 무엇을 하기를 원하는지 알려주는 명확한 행동 촉구가 있어야 한다.

객관식 문제

01 인포그래픽 특성이 아닌 것은?
① 흥미유발
② 기억 지속 시간 연장
③ 정보 습득 시간 절감
④ 플렉서블 데이터 적용

02 다음 선거 인포그래픽 유형은?

① 타임라인 기반 인포그래픽
② 프로세스 기반 인포그래픽
③ 위치, 지리 기반 인포그래픽
④ 비교 인포그래픽

03 인포그래픽 제작에서 고려할 사항이 아닌 것은?
① 다양한 텍스트 선정과 컬러 베리에이션
② 일관적인 디자인
③ 강력한 계층 구조
④ 행동 촉구

정답 01 ④ 02 ③ 03 ①

POINT 54 | 정보그래픽 스토리 구조

01 스토리 구조

정보그래픽은 데이터 간 연결, 정보 요소의 유형화, 체계화, 비교 등 다양한 구조를 시각화하는 작업으로 정보 구조는 스토리 구조로 변환하여 적용할 수 있다.

◉ 선형적 스토리 구조
- 시각 정보 요소가 순차적으로 선형 배치된 구조이다.
- 아이콘의 단순한 연결 구조를 이루어 사용자가 쉽게 정보의 단계 및 순차적인 실행 방법을 파악할 수 있다.

◉ 위계적 스토리 구조
- 시각 정보 요소가 계열화하여 위계적인 트리 구조를 이룬다.
- 정보그래픽에서 위계적 스토리는 상위 정보와 하위 정보가 다양한 구조를 이루어 사용자가 일목요연하게 전체 정보 위계 및 구조를 파악할 수 있다.

◉ 유기적 스토리 구조
- 시각 정보가 일정한 구조를 이루지 않고 인과관계에 의하여 불규칙하게 연결된 구조이다.
- 고정적인 구조의 예측보다는 상호 연결되어 사용자가 역동적인 정보 요소의 관계를 파악할 수 있다.

02 이미지와 스토리

이미지를 통해 우선적으로 전달하고자 하는 메시지를 표현하며 시각적 즐거움과 감성적 경험을 할 수 있다.

◉ 즉시적(Iconic) 이미지
- 표현된 이미지와 담고 있는 의미가 동일한 상태를 말한다.
- 의미와 대상체가 언어적인 동일성을 약속하고 있음을 전제로 하기 때문에 광고와 패키지 디자인에서 제품에 신뢰감과 명확한 정보 전달을 위하여 대표적으로 사용한다.

◉ 상징적(Symbolic) 이미지
- 상징적 이미지는 표현되는 이미지와 의미가 별개이며 사회적으로나 관습적으로 이미 약속된 관계, 혹은 특정 문화에서 학습된 관계를 전제로 한다.
- 포스터나 책표지 디자인과 같이 의미를 유추하기 위한 상징 이미지로 활용된다.

◉ 지시적(Index) 이미지
- 표현되는 이미지가 특정 의미를 지시하는 신호의 역할을 하여 의미와 지시대상으로서의 이미지 관계를 형성한다.
- 광고 및 포스터 이미지에서 주로 활용된다.

03 스토리 중심의 이미지 적용

◉ 시점 중심의 이미지 전개

① 원근 시점
- 원근법으로 구현되는 시점에서는 대상체 정면, 반측면이 연출되어 대상체의 두께, 거리감을 경험할 수 있다.
- 원근 시점의 이미지는 대부분 카메라 시점인 촬영컷을 활용하고 있지만 공간감을 나타내는 일러스트레이션이나 투시도법을 이용한 3D시뮬레이션 모델링을 활용하기도 한다.
- 원근 시점의 이미지는 공간감을 통한 심도를 형성하기 때문에 이미지 대상을 실제 공간으로 인지하여 몰입감을 높일 수 있다.
- 시각적 위계를 원근 시점의 그래픽 이미지 표현이 가능하다.

② 평면적 시점
- 이미지 대상의 정면만을 나타내며 두께와 거리감을 느낄 수 없는 평면적인 시점의 이미지를 표현한다.
- 대상체에 담긴 내용을 세밀히 설명하거나 카메라의 시점이 개입되지 않는 사물의 존재감을 부각시키기 위해 활용된다.
- 대상의 내용과 표현 방식에 집중할 수 있으므로 보는 사람에게 이미지 정보에 대한 신뢰감을 제공한다.
- 사실적 표현의 정보그래픽, 설명적 도해, 상황 설명이 필요한 일러스트레이션과 같은 이미지 제작에 적합하다.

◉ 이미지의 내용와 표현의 층위
- '내용'은 시각화된 이미지에 내재된 개념, 이야기, 주장, 설득 메시지로서 보이지 않은 층위를 형성한다.
- '표현'은 이미지를 보는 시점에 따른 형상, 연출된 분위기와 스타일, 질감, 색조 등 보이는 대상으로서 분위기를 형성한다.

① 내용과 표현이 유사한 이미지
- 광고나 패키지 매체에서 제품과 서비스의 정보를 명확히 전달하기 위해서는 이미지의 내용과 표현이 유사하게 연출되는 경우가 대부분이다.
- 이미지와 스토리의 직접적 연관성을 위해서는 도상적 이미지(Iconic Image)로서 내용과 특성을 사실적으로 표현한다.

② 내용과 표현이 상이한 이미지
- 광고, 책 표지 이미지, 포스터 이미지에서는 특정 이미지가 다른 의미나 대상의 상징물이 되거나 다른 대상을 지시하는 전달 내용과 대상의 표현 방식이 상이한 경우가 많다.
- 소비자 및 사용자는 내용과 표현 사이에서 의미를 해석하기 위한 인지적인 노력을 기울이기 때문에 이미지에 대한 창의적 해석이 가능하다.

단답형 문제

01 시각 정보 요소를 순차적으로 선형 배치된 정보구조이며, 단순한 연결 구조로 사용자가 쉽게 정보의 단계 및 순차적인 실행 방법을 파악할 수 있게 조성한 스토리 구조는?

객관식 문제

02 시각 정보 요소를 계열화하여 전체 정보의 중요도와 구조도를 쉽게 파악할 수 있도록 조성한 스토리 구조는?
① 선형적 스토리 구조
② 위계적 스토리 구조
③ 유기적 스토리 구조
④ 나열식 스토리 구조

03 정보그래픽에서 사용되는 시각 이미지가 특정 의미를 지시하는 신호 역할로 활용되는데 이는 이미지 유형 중 어느 것에 해당하는가?
① 상징적 이미지
② 즉시적 이미지
③ 지시적 이미지
④ 통합적 이미지

정답 01 선형적 스토리 구조 02 ② 03 ③

POINT 55 | 아이덴티티 디자인

01 아이덴티티 디자인

◉ 아이덴티티 디자인 개요

- 기업이나 단체 조직 등의 고유한 '이미지'를 형성하는 영역
- 다국적 기업 IBM(International Business Machines Corporation)이 1956년 CI적 발상을 도입

◉ 아이덴티티 디자인의 분류

① C.I.(Coporate Identity)
- 기업 이미지를 통합하는 작업
- 내부적으로는 기업이 추구하는 가치를 공유하여 유대감을 강화하고, 외부적으로 이를 표현하는 것을 목적으로 한다.
- 주로 시각 이미지로 표현할 수 있는 기업 로고나 상징(Symbol) 마크를 통해 나타난다.
- CI 구성 요소
  - MI(Mind Identity, 의식통일화): 기업 철학, 기업이념
  - BI(Behavioral Identity, 행동통일화): 주체성 확립과 목표달성을 위한 기업의 행동, 사회적 행위
  - VI(Visual Identity, 시각통일화): 기업의 시각 디자인 요소

② B.I.(Brand Identity)
- 제품의 특성을 시각적으로 디자인하여 내외 경쟁력 강화 및 차별화를 꾀하는 브랜드 이미지 통일화 작업이다.
- 다른 상품이나 서비스와 차별화, 브랜드의 개성을 드러내고 신뢰성을 주기 위한 디자인
- 브랜드의 고유한 매력을 부여하면서 소비자에게 브랜드를 강하게 인식시킨다.
- 브랜드에 대한 선호도를 높일 수 있고, 마케팅 효과 극대화할 수 있다.

현대자동차의 CI/BI

02 CI(Corporate Identity)

◉ CI 디자인

- Corporate Image에서 출발한 CI는 기업 이미지 통일화 정책을 의미하며, 주로 시각적인 통일성과 주체성을 체계적으로 만드는 작업을 뜻한다.
- CI의 궁극적인 목표는 기업의 이미지 상승과 이윤 추구에 있다.

기본 시스템	심벌 마크, 로고타입, 시그니처, 전용 색상, 전용 서체, 전용 문양, 캐릭터
응용 시스템	서식류(명함, 봉투 등), 사인물, 차량류, 포장류, 유니폼, 사기, 배너

◉ 심벌 디자인(Symbol Design)

- 시각 디자인 중에서 상징성이 가장 높은 분야로 특정한 목적을 가지는 표상을 디자인하는 것이다.
- 기업, 회사, 단체 등의 이념이나 방침을 시각적으로 상징화한 것을 뜻한다.

코퍼레이트 마크	기업이나 회사를 상징하는 심벌 마크
픽토그램	세계 공통으로 사용할 수 있는 그림 문자로서 표시의 기능
로고타입	기업, 회사의 명칭이나 이름을 상징성 있게 디자인한 것

시그니처	사인의 의미로 심벌 마크와 로고타입의 여러 조합 형태
엠블럼	행사, 캠페인 등의 상징성 있는 휘장

● 심벌디자인 유형

① 로고타입, 워드마크
- **로고타입** : 텍스트로만 구성된 로고
- **워드마크** : 로고타입에 상징성을 높여서 이미지화시킨 것
- 브랜드가 한 번에 잘 읽힐 수 있도록 심플하고 간략하게 제작

② 심벌, 브랜드 마크
- 이미지로만 표현된 로고
- 텍스트가 없기 때문에 인지도 있는 기업들이 주로 사용하는 방법

③ 콤비네이션 마크
- 심벌과 워드마크의 조합
- 심벌과 워드마크를 따로 사용하거나 필요한 경우에 콤비네이션으로 사용하는 경우도 있다.

④ **엠블럼 마크** : 텍스트와 심벌을 도형이나 원에 그려 넣어 하나의 문양처럼 보이는 로고

로고타입, 워드마크	olleh kt
심벌, 브랜드 마크	(Apple 로고)
콤비네이션 마크	NIKE
엠블럼 마크	(Starbucks 로고)

단답형 문제

01 기업, 회사, 단체 등의 이념이나 방침을 시각적으로 상징화한 것은?

객관식 문제

02 브랜드 아이덴티티(BI)에 대한 설명으로 맞지 않는 것을 고르시오.
① 다른 상품이나 서비스와 차별적인 특징이다.
② 브랜드의 개성을 나타내고 신뢰성을 줄 수 있다.
③ 마케팅 효과를 기대할 수 있다.
④ 각 매체마다 표현되는 BI의 형식이 모두 동일해야 한다.

03 CI에 대한 설명으로 맞지 않는 것을 고르시오.
① 한 기업의 CI는 다양하게 존재할 수 있다.
② 기업이 추구하는 가치를 표현한다.
③ 기업의 로고나 상징으로 나타난다.
④ CI 하에 다양한 BI가 존재할 수 있다.

04 로고타입에 상징성을 높여서 이미지화시킨 것을 브랜드 네임의 가독성, 시인성이 높은 심벌 디자인 유형은?
① 엠블럼 마크
② 워드마크
③ 콤비네이션 마크
④ 플렉서블 마크

정답 01 심벌 디자인 02 ④ 03 ① 04 ②

POINT 56 | 아이덴티티 시안 디자인

01 아이덴티티 시안 제작

◉ 브랜드 아이덴티티 시안 제작 사전 단계

① 브랜드 포지셔닝 기획
- 클라이언트의 브랜드 요구사항 파악
- 시장과 소비 트렌드
- 사용자 조사
- 현재 포지셔닝을 파악

② 핵심 키워드 도출
- 기업의 미션과 비전, 지향점
- 브랜드 퍼스널리티를 도출
- 시각적 콘셉트 설정 및 반영

③ 아이디어 구상 및 스케치
- 브레인스토밍과 아이데이션에서 핵심 키워드 도출
- 썸네일 스케치와 러프 스케치
- 비주얼 모티브 개발 요소

④ 심벌마크
- 경쟁 브랜드와 비교하여 시각적 포지셔닝 설정
- 비주얼 모티브와 키워드의 융합체로서 디자인 콘셉트 도출

⑤ 로고타입
- 통합성, 어플리케이션 확장성을 고려한 크리에이티브 스타일 설정
- 다수의 시안 제작

◉ BI 시안의 다각화와 계열화

① BI 시안 제작의 다각화 필요
- 심벌과 로고타입을 제작하기 위하여 타 영역보다 많은 분량의 시안 디자인을 제시하여야 한다.
- 시안 제시의 효용성과 디자인 콘셉트를 충실히 반영한 시안을 제작한다.
- 비주얼 모티브와 핵심 키워드가 융합된 시안용 모티브 제작를 제작한다.

② BI 시안의 계열화 필요
- 단일 형태 심벌의 경우, 콘셉트 전개 방식이 한정적이기 때문에 시안의 체계적 계열화를 위한 형태 계열화 방안이 유용하다.

◉ BI 베이직 시스템의 구성

- 베이직 시스템은 브랜드 콘셉트를 시각적 상징으로 하는 원칙으로, 심벌마크와 로고타입으로 구성된 시그니처를 중심으로 한다.
- 브랜딩의 다양한 활용을 위한 어플리케이션 시스템에 일관성을 부여하여야 한다.
- 활용 매체에 따라 최적화된 사용성을 구현하기 위해서는 베이직 시스템의 일관되고 체계화된 정립이 중요하다.

심벌마크	• 기본형(매체의 적용에 항상 기본이 되는 성격) • 응용형(매체의 조건에 용이하게 적용하는 플렉서블 아이덴티티) • 장식형(엠블럼 등)
로고타입	• 국·영문 조건(공식적 명칭, 활용형 로고타입, 축약형 로고타입) • 기타 외국어 로고타입
시그니처	• 상하 조합(국·영문) • 좌우 조합(국·영문) • 기타 조합(국·영문 혼용 등)
지정컬러	• 전용색상 팔레트 및 색 정보(CMYK, 먼셀 코드 등) • 컬러 사용 규정 • 활용 규정 • 사용 금지 규정 등
지정서체	• 일반적 매체 적용에 필요한 국문 폰트 • 일반적 매체 적용에 필요한 영문 폰트
그래픽 모티브	• 심벌 이미지를 확장시키는 그래픽 패턴 • 어플리케이션에 활용할 수 있는 별도의 그래픽 패턴
캐릭터	• 별도의 상징적인 기능으로 사용하는 마스코트 • 다양한 동작의 이미지 표현이 가능한 단일 캐릭터

02 브랜드 심벌(Symbol) 개발

◉ 심벌의 개요

- 마크나 상표를 의미하는 상징물로 강력한 브랜드 아이덴티티를 시각적으로 구현하는 핵심 요소이다.
- 브랜드를 상징하는 형태 이미지로 브랜드 의미와 철학, 비전, 차별화된 특성을 담는다.

◉ 심벌의 스타일 트렌드

기업과 단체의 특성뿐만 아니라 형태와 색채 등 스타일 트렌드를 반영한다.
- 연결/오버랩 유형 심벌 스타일
- 심플/미니멀 유형 심벌 스타일
- 유기적/다이내믹 유형 심벌 스타일

객관식 문제

01 심벌과 기호를 통하여 정보를 전달하는 커뮤니케이션의 역할을 하는 디자인 분야는?
① 환경 디자인
② 제품 디자인
③ 시각 디자인
④ 패션 디자인

02 심벌(Symbol)이 가져야 하는 특성 중 가장 거리가 먼 것은?
① 확대, 축소하여도 느낌이 변하지 않아야 한다.
② 도형과 바탕의 관계에서 균형이 유지되어야 한다.
③ 문자와의 관계를 생각하여 각종 서체와 적응될 수 있는 것이어야 한다.
④ 상징성보다는 특수한 분위기를 연출할 수 있어야 한다.

03 심벌마크를 디자인할 때 가장 유의해야 할 사항은?
① 이미지의 표현
② 상징성의 강조
③ 단순화 형태
④ 전체의 조화

04 CI(Corporate Identity)는 기업 이미지 통일화를 의미하는 계획적 경영 전략이다. 다음 중 CI의 기본 디자인 요소인 베이직 시스템(Basic System)과 관계가 먼 것은?
① 매체 광고
② 마크, 로고타입
③ 기업 색상
④ 전용 서체

정답 01 ③ 02 ④ 03 ② 04 ①

POINT 57 아이덴티티 베리에이션

01 심벌 형태 베리에이션 제작 도구

● 형태 제너레이터의 유용성

- 최적화된 심벌을 개발하기 위해서는 다수의 심벌 시안 개발을 통한 클라이언트와 커뮤니케이션이 필요하다.
- 콘셉트 키워드에 근거한 심벌 형태를 개발하기 위해서는 형태 베리에이션을 위한 도구를 활용하는 것이 유용하다.
- 형태 베리에이션 도구는 핵심 키워드에 해당하는 기본 형태를 대입하여 두 가지 형태소가 다양하게 융합되는 양상을 형태와 시키는 위계도이다.

● 형태 제너레이터의 생성 구조

형태 제너레이터를 활용하기 위해서 두 개의 핵심 키워드를 교차 축으로 배치한다.

① 핵심 키워드의 병렬을 통한 수평 축 배치
- 핵심 키워드 중 두 개의 서로 다른 키워드를 선정하여 이를 표현하는 기본 형태를 만들고 수평 축으로 배치한다.

② 키워드를 시각화하기 위한 기본 형태 대입 및 융합 형태 생성
- 'Simplicity'와 'Flexibility' 키워드를 시각화할 수 있도록 간결한 비주얼 모티브를 제시하여 이 두 개념의 융합 방식을 통하여 다양한 형태로 전개한다.
  - Diffusion, Hub 스타일 : 첨단 산업 중심의 기술의 확산 및 집합의 개념을 메타포화 한 스타일로서 미래지향적인 브랜드 아이덴티티로 구체화한다.
  - Incubate, Repetition, Reflect, Shear 스타일 : 간결한 조형 요소가 중첩되거나 반복, 반사, 변형되는 다양한 방안을 제공할 수 있는 형태 속성으로서 브랜드 아이덴티티에 적용하여 다양하게 구체화한다.
  - Fusion 스타일 : 비정형적인 비주얼 모티브를 바탕으로 하여 서로 중첩하거나 확산, 융합되는 다양한 브랜드 아이덴티티의 베리에이션으로 구체화한다.

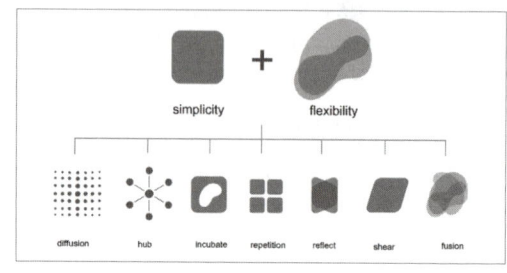

02 브랜드 로고타입(Logotype) 개발

● 로고타입의 개요

- 기업과 단체, 제품 브랜드의 명칭(Naming)에 시각적 아이덴티티를 적용하고 단순화한 워드마크(Word Mark)로서 의미를 시각적으로 연상할 수 있다.
- 브랜드 심벌과 함께 구성되어 대상을 가장 상징적이고 직관적으로 이미지화한 아이덴티티와 정보 전달의 집약체이다.
- 로고타입은 문자, 워드마크를 포함하며, 소비자나 사용자에게 노출되는 다양한 브랜드 어플리케이션을 통해 브랜드 인지도나 브랜드 선호도를 높인다.

● 로고타입 개발 역량

- 브랜드네임을 새로운 서체로 개발하거나 기존 서체를 참고로 브랜드 퍼스널리티와 시각적 콘셉트에 맞게 개발하기 위하여 가독성, 주목성을 높이는 서체 디자인 역량이다.
- 콘셉트를 구체화하기 위해 심벌과 조화를 이룬 시각적 아이덴티티를 적용하며 심미적 형태감을 조성하는 역량이다.

◉ 로고타입의 활용 요건

- 고유의 아이덴티티를 바탕으로 경쟁 브랜드들과 차별화되어야 한다.
- 브랜드 네임과 연계성을 갖고 높은 가독성과 식별성을 전달하여 신뢰감을 형성해야 한다.

① 사용자 측면의 요건
- 선호도와 호감도를 통하여 브랜드에 대한 긍정적인 이미지를 형성하고 친근하게 인지되며 여타 브랜드 로고타입과 차별화된 형태적 특성을 가지고 있어야 한다.
- 로고타입은 심벌과 함께 시그니처 형태로 어플리케이션을 통해 사용자에게 노출되기 때문에 시그니처 적용의 일관성 또한 중요한 고려 요건이다.

② 기업 측면의 요건
- 기업과 브랜드 가치 체계의 집약체로서 내재된 의미가 명확하게 전달될 수 있는 의미 적합성을 가지고 있어야 한다.
- 다양한 어플리케이션에 일관된 이미지로 활용하기 위하여 지속적 관리가 가능한 형태로 개발한다.

단답형 문제

01 기업과 단체, 제품 브랜드의 명칭을 단순한 구조의 시각적 아이덴티티 요소로 만든 것은?

객관식 문제

02 아이덴티티 베리에이션 작업에 유용한 제너레이터로 거리가 먼 것은?
① 서로 중첩시킨다.
② 모티브 요소를 반복시킨다.
③ 반사시켜 대칭구조를 만든다.
④ 시각적 질감을 부여하여 장식성을 키운다.

03 로고타입의 활용요건을 적절하게 설명한 것은?
① 고유의 아이덴티티보다는 시대적 트렌드를 반영한 로고타입으로 자주 변경하여야 한다.
② 가독성보다는 심미성과 독창성을 강화하여 제작해야 한다.
③ 경쟁브랜드와 차별화된 형태로 소비자에게 각인시켜야 한다.
④ 어플리케이션은 다양한 이미지로 제작하여 개별 요소들의 개성을 강화시켜야 한다.

정답 01 로고타입 02 ④ 03 ③

POINT 58 | BI 모티브 확장

01 비주얼 모티브의 개발 및 응용

◉ **브랜드 심벌을 위한 비주얼 모티브의 활용**
- 시안 제작 단계에서 그래픽 모티브를 중심으로 유사한 형태의 심벌 베리에이션을 다양하게 진행해야 한다.
- 시안 제작의 시각적 구현 방안을 제시하여 보다 심화된 시안 디자인 개발을 필요로 한다.

◉ **비주얼 모티브 개발 단계**
① 기업 조사, 시장 조사, 사용자 조사
② 키워드 그룹
③ 핵심 키워드
④ 비주얼 모티브

◉ **비주얼 모티브를 바탕으로 한 그래픽 모티브 시안 개발**
- 브랜드 심벌 시안을 효율적으로 개발하기 위한 도구로서 형태 제너레이터을 통해서 비주얼 모티브를 추출한다.
- 베이직 시스템에서는 전용 색상, 전용 서체와 함께 그래픽 모티브를 개발한다.
- 그래픽 모티브는 비주얼 모티브를 참조하되, 최종 결과물인 어플리케이션에 적용되는 요소로서 비주얼 모티브와 구분된다.

◉ **비주얼 모티브를 활용한 그래픽 모티브의 개발 단계**
- 1단계 : 디자인 콘셉트 추출을 통한 핵심 키워드의 시각화 방안을 아이데이션한다.
- 2단계 : 전개한 아이디어 스케치 중 브랜드 아이덴티티로서 통합성과 플렉서블 형태로 전개할 수 있는 조형적 특성을 지닌 스케치를 선정하여 정교화한다.
- 3단계 : 그래픽 모티브 형태 이미지를 시안 디자인으로 개발한다.

02 플렉서블 아이덴티티 개발 및 적용

◉ **플렉서블 아이덴티티의 등장**
- 플렉서블 아이덴티티는 가변성을 가지고 변화하는 아이덴티티를 말한다.
- 브랜드 수용자들의 다양한 커뮤니케이션 욕구와 기업 간의 다이내믹한 커뮤니케이션의 필요성은 브랜드 아이덴티의 'Flexibility'를 구현하는 계기가 되고 있다.
- 통일성과 유연성의 범위 내에서 변화되는 아이덴티티 시스템이다.
- 사용자와의 상호작용과 같은 경험적 요소 또한 포함한다.

◉ **플렉서블 아이덴티티의 가변적 특성**
- 구성 요소들이 상호연관을 가지고 아이덴티티 통일성을 유지하는 범위에서 여러 형태로 동시에 또는 순차적으로 변형되거나 다른 이미지를 등장시키는 방법을 활용한다.
- 스토리를 설정하여 시·공간적 변화를 만들어 낼 수 있다.
- 가변적 요소로서 심벌마크의 형태 요소를 활용하여 다양한 이미지로 전개될 수 있다.
- 심벌마크는 독립적으로 사용하거나 로고타입이나 그래픽 모티브와 조합을 통해 다양하게 활용된다.

03 플렉서블 아이덴티티의 표현 유형

◉ 내적 유연성의 표현

- 심벌의 외형을 통일 요소로 고정하고 내부 색상이나 패턴 및 이미지 등 표현 요소를 변화시켜 동적인 아이덴티티를 형성한다.
- 고정된 외형으로 인하여 아이덴티티의 통일성이 유지된다.

◉ 외적 유연성의 표현

- 심벌을 단일 형태로 규정짓지 않으며 상황에 따라 기본형에 보조 표현 요소가 첨가되거나 전체 구조만 유지한 상태에서 다양하게 변화하는 방안이다.
- 플렉서블 아이덴티티는 어플리케이션이나 브랜드 매체와 공간이 확장됨에 따라 보다 자유로운 아이덴티티 표현 범위를 제공하고 있다.
- 아이덴티티로서 원형을 지향하는 경향이 있으며 시각적 일관성을 동시에 제공해야 한다.
- 내적 유연성의 표현보다 배치에 의한 변화의 폭을 더 넓힐 수 있기 때문에 다이내믹의 정도가 더욱 크게 나타나는 특성이 있다.

◉ 동적 유연성의 표현

- 연속성이나 운동성을 가지고 모듈의 조합의 '동적 유연성'으로서 색채, 형태, 질감, 리듬, 방향 등을 포함해 빛, 운동, 공간 등을 변형시켜 적용한다.
- 심벌의 이미지가 시간 경과에 따라 연속적 또는 순차적으로 변화하거나 공간 안에서 위치와 형태를 변형할 수 있다.
- 브랜드 어플리케이션이 영상 매체일 때 적용 효용성이 더욱 높아진다.
- 내적 형태 변화와 외적 형태 변화의 양상을 모두 포함한다.

단답형 문제

01 가변성을 가지고 변화있는 아이덴티티를 구현하는 것을 무엇이라고 하는가?

객관식 문제

02 플렉서블 아이덴티티가 활성화된 이유로 가장 적합한 것은?
① 변화하는 미디어 환경과 다양하고 다이나믹한 커뮤니케이션이 필요해서
② 단순한 아이덴티티에 식상함을 느껴서
③ 기업내부의 문제를 화려한 외부로 소비자 인식 변화를 주려고
④ 기업의 오랜 전통성을 각인시키려고

03 플렉서블 아이덴티티에서 발견할 수 있는 표현으로 보기 어려운 것은?
① 유연성
② 점이성
③ 운동성
④ 정체성

정답 01 플렉서블 아이덴티티 02 ① 03 ④

POINT 59 | 색의 기본 원리

01 색 개요

◉ 색
- 색이란 빛이 눈을 자극함으로써 생기는 지각 현상이다.
- 물체의 형상을 인식시키고, 지각하게 해 주는 시각의 근본이다.
- 반사, 흡수, 투과, 분해, 굴절 등을 통해 눈의 망막을 자극함으로써 생기는 물리적 지각 현상이다.

◉ 색채
- 색채는 물리적, 화학적, 생리적, 심리적 현상에 의하여 성립되는 시감각의 일종으로, 지각되어진 모든 색과 지각을 배제한 순수 색감각이다.
- 색채는 의미성, 질감, 상징성, 대조와 대비, 착시현상, 거리감 등을 유발하여 디자인 원리를 한층 더 체감하게 한다.

◉ 색지각의 3요소
- 인간이 색을 지각하는 것은 색지각의 3요소인 광원(빛), 물체(반사, 투과), 시각(눈)의 작용에 의한 것이다.
- 물체 표면에서 반사되는 빛이 눈의 망막을 자극하여 지각될 때 빛 에너지가 전기화학적 에너지로 바뀌어 대뇌로 전달되고 개인의 주관적인 색 경험을 바탕으로 신호와 정보를 해석한다.

◉ 가시광선과 스펙트럼

① 가시광선
- 우리가 지각할 수 있는 빛의 범위로, 380nm~780nm(나노미터)의 파장이다.
- 380nm 이하의 짧은 파장은 자외선, X선 등으로 주로 의료기기에 사용된다.
- 780nm 이상의 긴 파장은 적외선, 레이더, 라디오 및 TV용 전파 등에 사용된다.

② 스펙트럼(Spectrum)
- 백광을 프리즘을 통해 분광시키면 빨강, 주황, 노랑, 녹색, 파랑, 남색, 보라의 연속 띠가 생기게 되는데 이것을 스펙트럼이라고 한다.
- 1666년 아이작 뉴턴이 빛은 파장에 따라 굴절하는 각도가 다르다는 성질을 이용하여 분광기인 프리즘을 통하여 순수한 가시광선의 색을 얻는 데 성공하였다.

02 눈의 구조 및 기능

◉ 추상체
- 원추세포라고도 하며 밝은 곳(명소시)에서 대부분의 색과 명암을 모두 구별한다.
- 추상체에 이상이 생기면 색맹, 색약 등의 이상 현상이 생겨서 정상적인 색 구분이 어려워진다.
- 추상체는 해상도가 뛰어나고 색채 감각을 일으킨다.

◉ 간상체
- 막대세포라고도 하며 어두운 곳(암소시)에서 흑백의 명암만을 구별한다.
- 고감도의 흑백필름과 같다.
- 간상체는 빛에 민감하여 어두운 곳에서 주로 활동한다.

◉ 박명시
해질 무렵 명소시에서 암소시로 변화되는 시점에 추상체와 간상체가 동시에 작용되는 상태를 말한다.

◉ 명소시
색을 느끼는 추상체가 주로 작동하는 시각 상태를 말한다.

03 물체의 색

빛의 반사, 투과, 흡수, 굴절, 편광 등에 의해 나타나는 물체의 고유색을 물체색이라고 한다.

● 물체색의 종류

- **표면색** : 불투명한 물체의 표면에서 느끼는 색으로 사물의 재질, 형태, 위치 등을 나타낸다.
- **평면색** : 주위의 지각 요소(질감, 환경)를 배제한 순수 색자극으로 부드럽고 미적인 상태를 나타낸다.
- **경영색** : 거울색이라고도 하며, 완전 반사에 가까워 거울에 비친 대상에 영향을 거의 주지 않으나, 고유한 거울면의 색이 있을 경우에는 거울면의 색이 지각되고 그 배후에 대상이 있다고 지각된다.
- **금속색** : 금속의 표면에 나타나는 색으로 금, 은색 등을 의미한다.
- **투명색** : 유리와 같이 투명한 물체를 투과해서 보이는 색을 말한다.
- **광원색** : 광원에서 느껴지는 색으로 일반적으로 주황색으로 느껴진다.
- **공간색** : 유리병 안의 액체와 같이 투명하거나 반투명한 물체에서 주로 볼 수 있는 것으로 삼차원적 공간의 부피감을 느낄 수 있는 것을 말한다.
- **간섭색** : 표면막의 빛 반사에 의해 일어나는 무지개 현상으로 반사되는 두 빛의 간섭 효과로 인해 채색된 줄무늬가 일어나는 색으로, 비누거품, 물 위의 기름, 전복 껍데기 등에서 느껴지는 색 등이 있다.

단답형 문제

01 백광을 프리즘을 통해 분광시키면 빨강, 주황, 노랑, 녹색, 파랑, 남색, 보라의 연속 띠가 생기게 되는데 이것을 무엇이라고 하는가?

객관식 문제

02 780nm에서 380nm의 파장 범위에 해당하는 것은?
① 자외선
② 가시광선
③ 적외선
④ 전파

03 불투명한 물체의 표면에서 느끼는 색으로 사물의 재질, 형태, 위치 등을 나타내는 것은?
① 투명색
② 공간색
③ 경영색
④ 표면색

04 다음 중 색지각의 3요소가 아닌 것은?
① 빛
② 파장
③ 물체
④ 시각

정답 01 스펙트럼 02 ② 03 ④ 04 ②

POINT 60 색의 삼속성

01 색의 분류

◉ 유채색

- 유채색은 무채색 이외의 색으로 색상을 갖는 모든 색을 말한다.
- 색의 3속성인 색상, 명도, 채도를 가지고 있다.
- 일반적으로 말하는 색은 모두 유채색에 속하며, 인간의 정서적인 면에서 강하게 작용한다.
- 원색은 빨강, 녹색, 파랑과 같이 더 이상 쪼갤 수 없거나 다른 색의 혼합에 의해서 나올 수 없는 1차색을 의미한다.
- 순색은 색상 중에서 무채색이 섞이지 않은 순수한 색으로, 동일 색상 중에서 채도가 가장 높은 색을 말한다.

◉ 무채색

- 흰색, 검정, 회색과 같이 오직 명도만 존재하는 색을 말한다.
- 색을 밝고 어두운 명암 단계(그레이 스케일)만으로 표현할 수 있다.

02 색채 삼속성

색은 색상, 명도, 채도의 세 가지 지각성질을 가지고 있으며, 이를 색의 3속성이라고 한다. 인간이 물체색을 느낄 때 명도, 색상, 채도의 순서로 지각하게 된다.

◉ 색상(Hue)

- 사물을 보았을 때에 색채를 구별하는 기준이 되는 속성이다.
- 색상은 Hue의 약호인 H로 표기한다.
- 빨강, 노랑, 파랑 등과 같이 다른 색과 구분되는 그 색 고유의 성질이다.
- 색상의 변화를 고리 모양으로 배열한 것을 '색상환'이라고 한다.
- 색상환에서 서로 가까이 있는 색을 유사색, 거리가 먼 색을 반대색(보색)이라고 한다.

  └ 색상환에서 보색은 서로 마주 보는 위치에 있다.

◉ 명도(Value)

- 물체의 밝고 어두움을 나타낸 속성이다.
- 명도는 Value의 약호인 V로 표기한다.
- 색의 삼속성 중 가장 민감하게 반응한다.
- 색채의 무게감과 가장 관계가 있다.
- 흰색부터 검정색까지의 밝고 어두움을 나타내는 명암 단계이며 그레이 스케일(gray scale)이라고도 한다.
- 명도는 가장 어두운 흑색 명도를 0, 백색을 10으로 총 11단계로 나눈다.
- 밝기 정도에 따라 고명도, 중명도, 저명도로 구분한다.

그레이 스케일(Gray Scale)

● 채도(Chroma)

- 색의 선명도를 의미하며 색의 맑기, 탁함, 흐림 등을 채도라고 한다.
- 채도는 Chroma의 약호인 C로 표기한다.
- 동일 색상 중에서 가장 채도가 높은 색을 순색이라고 한다.
- 순색에 무채색이나 다른 색을 혼합할수록 채도는 낮아진다.
- 채도는 3속성 중 가장 둔하게 작용한다.
- 채도는 색상마다 차이가 있는데 채도가 가장 높은 14단계의 색은 빨강과 노랑이다.

순색	동일 색상 계열 중에서 가장 채도가 높은 색
청색	• 순색에 흰색 혹은 검정을 혼합한 색 • **명청색** : 순색 + 흰색 = 명청색 • **암청색** : 순색 + 검정 = 암청색
탁색	순색에 회색을 혼합한 색으로 채도가 매우 낮음 • 순색 + 회색 / 명청색 + 검정 / 암청색 + 흰색 = 탁색

단답형 문제

01 색상환에서 서로 마주 보고 있는 위치의 색을 무엇이라고 하는가?

객관식 문제

02 색의 3속성에 대한 설명 중 틀린 것은?
① 색상, 명도, 채도를 말한다.
② 색상을 둥글게 배열한 것을 색상환이라고 한다.
③ 순색에 무채색을 섞으면 채도가 낮아진다.
④ 먼셀 표색계의 채도는 0~10단계이다.

03 유채색이 가지고 있는 성질은?
① 색상만 가지고 있다.
② 채도와 명도만 가지고 있다.
③ 채도와 투명도만을 가지고 있다.
④ 색상, 명도, 채도를 가지고 있다.

04 동일 색상 중에서 가장 채도가 높은 색을 무엇이라고 하는가?
① 순색
② 청색
③ 탁색
④ 강채색

정답 01 보색 02 ④ 03 ④ 04 ①

POINT 61 색채혼합

01 색 혼합의 원리

색의 혼합은 크게 가산혼합, 감산혼합, 중간혼합으로 나뉜다.

◉ 가산혼합(가법혼색, 색광혼합)

- 빛의 색이 더해질수록 점점 밝아지는 원리이다.
- 가법혼색의 삼원색은 Red, Green, Blue이다.
- TV 모니터, 액정 모니터, 무대 조명 등과 같이 빛으로 색을 표현할 때 응용된다.
- 빛의 삼원색을 혼색하면 백색광이 된다.
- 빨강(Red)+초록(Green) = 노랑(Yellow)
- 초록(Green)+파랑(Blue) = 시안(Cyan)
- 빨강(Red)+파랑(Blue) = 마젠타(Magenta)
- 빨강(Red)+초록(Green)+파랑(Blue) = 하양(White)(백색광)

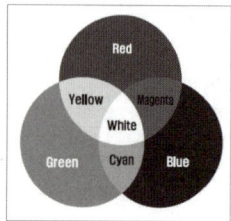

가법혼색

◉ 감산혼합(감법혼색, 색료혼합)

- 색료의 색이 더해질수록 점점 어두워지는 원리이다.
- 감법혼색의 삼원색은 Cyan, Magenta, Yellow이다.
- 색료의 삼원색을 혼색하면 검정이 된다.
- 감산혼합은 그림물감, 염료, 인쇄 잉크 등의 혼합에서 나타나는 현상이다.
- 컬러 사진 및 각종 출판, 인쇄물 등에서 찾아볼 수 있다.
- 마젠타(Magenta)+노랑(Yellow) = 빨강(Red)
- 마젠타(Magenta)+시안(Cyan) = 파랑(Blue)
- 노랑(Yellow)+파랑(Blue) = 초록(Green)
- 마젠타(Magenta)+노랑(Yellow)+시안(Cyan) = 검정(Black)

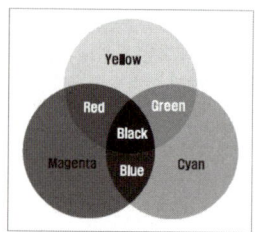

감법혼색

◉ 중간혼합

- 실제로 색이 혼합되는 것이 아니라 시각적으로 혼합되어 보이는 착시현상이다.
- 혼합된 색의 색상은 두 색의 중간이 된다.
- 혼합된 색의 채도는 혼합 전 색의 채도보다 약해진다.
- 보색관계의 혼합은 중간명도의 회색이 된다.

① 회전혼합
- 두 가지 색을 원판 위에 붙인 후 빠르게 회전하면 두 색이 혼합되어 보이는 현상이다.
- 영국의 물리학자인 맥스웰에 의해 발견된 것으로 '맥스웰의 회전판'이라고도 한다.
- 명도와 채도가 중간 정도의 색으로 보이게 된다.
- 두 색 중에서 명도와 채도가 높은 색 쪽으로 보인다.
- 색료가 혼합된 것이 아니므로 계시가법혼색에 속한다.
- 색팽이, 바람개비 등에서 회전혼합을 찾아볼 수 있다.

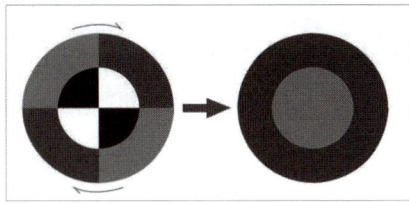
중간혼합

② 병치혼합
- 직접적인 색료혼합이 아닌 밀접된 여러 옆의 색들에 의해 영향을 받아 혼합되어 보인다.
- 직물의 짜임, 점묘화 등 색을 병치시켰을 때 혼합된 것처럼 보이는 시각적인 현상이다.
- 병치혼합의 원리를 이용한 효과를 '베졸드 효과(Bezold Effect)'라고 한다.
- 신인상파(쇠라, 시냐크 등)의 점묘화, 모자이크, 직물, 인쇄, 옵 아트 등이 있다.

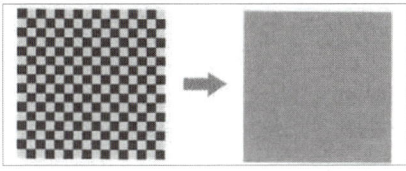
병치혼합

기적의 TIP

베졸드 효과(Bezold Effect)
대비에 의해 색의 변화를 일으키는 현상으로 직물에서 하나의 색을 변화시키면 직물 전체의 색조를 변화시킬 수 있다는 현상이다.

단답형 문제

01 빛의 색이 더해질수록 점점 밝아지는 원리의 가법혼색의 3원색은?

객관식 문제

02 다음 중 가법혼합의 예로 적절한 것은?
① 신인상파 화가의 점묘화
② 2가지 색 이상으로 짜인 직물
③ 컬러 TV의 영상화면
④ 잡지책의 표지 인쇄물

03 회전원판을 이용하여 실현할 수 있으며, 결과는 혼합색의 평균치가 되는 혼색방법은?
① 색광혼합
② 중간혼합
③ 병치가법혼합
④ 감법혼합

04 빨간색과 노란색을 감산혼합을 했을 때의 색은?
① 녹색
② 파랑
③ 주황
④ 보라

05 양탄자 디자인의 사례와 같이 하나의 색만을 변화시키거나 더함으로써 전체의 배색을 변화시킬 수 있다는 사실을 발견한 사람은?
① 애브니
② 피사로
③ 세브뢸
④ 베졸드

정답 01 Red, Green, Blue 02 ③ 03 ② 04 ③ 05 ④

POINT 62 색체계

01 표색계

- 정량적이고 계통적으로 색을 표시하는 체계를 표색계라고 한다.
- 표색계는 심리적, 물리적인 색채를 정량적으로 표시하는 현색계와 빛의 혼합을 기초로 색을 표시하는 혼색계로 구분된다.

◉ 현색계(Color Appearance System)
- 물체색을 표시하는 표색계이다.
- 3속성과 색표에 의한 방법으로 색을 규정한다.
- 대표적인 현색계로는 먼셀 표색계, NCS, PCCS, DIN 등이 있다.
- 우리나라의 공업 규격으로는 먼셀 표색계를 채택하여 사용하고 있다.
- 장점
  - 시각적, 감각적 느낌을 나타내기 적절하다.
  - 색표, 개수 임의조절 가능하다.
- 단점
  - 광원의 영향을 받는다.
  - 변색과 오염의 정도 파악 어렵다.
  - 빛의 색을 표시하기 어렵다.

◉ 혼색계(Color Mixing System)
- 색광을 측정하는 표색계이다.
- 심리적, 물리적인 빛의 혼합을 기초로 하여 색을 표시하는 체계이다.
- CIE(국제조명위원회) 표준 표색계는 혼색계의 대표적인 표색계이다.
- C.I.E 표색계
  - XYZ 표색계라고도 한다.
  - 스펙트럼에 나타나는 색들이 활모양의 곡선으로 표시된다.
  - 백색광은 색 삼각형의 중심에 놓이게 된다.
- 장점
  - 정확한 수치의 개념으로 표현이 가능하다.
  - 탈, 변색의 물리적 영향이 없다.
- 단점
  - 색의 감각적 느낌이 없다.
  - 측정기계가 있어야 한다.

02 먼셀의 색체계

1898년에 미국의 먼셀(Albert H. Munsell)이 창안한 표색계이다.

◉ 먼셀의 기본 원리
물체의 색지각을 색의 3속성에 따라 색상을 휴(Hue), 명도를 밸류(Value), 채도를 크로마(Chroma)라고 규정하여 3차원적인 색입체를 구성하고 있다.

① 색상(Hue)
- 빨강(R), 노랑(Y), 녹색(G), 파랑(B), 보라(P)의 주요 5색을 기준으로 한다.
- 5색 사이에 간색을 추가하여 기본 10색으로 나누고 있다.
- 색을 이어지도록 둥글게 구성한 것을 색상환이라고 한다.
- 색상환에서 서로 인접한 색을 유사색, 먼 거리에 있는 색을 반대색, 정반대에 색을 보색이라고 한다.
- 보색은 색상 차이가 가장 많이 나며, 두 색을 섞으면 무채색에 가까운 회색이 된다.

② 명도(Value)
- 맨 위에 흰색을 두고 맨 아래에 검정을 두어 0~10단계까지 총 11단계로 구분하고 있다.
- 저명도, 중명도, 고명도로 규정하고 있으며 기호 'N'을 숫자 앞에 붙여 무채색을 표시한다.

③ 채도(Chroma)
- 무채색을 채도가 없는 '0'으로 보고, 채도가 가장 높은 색을 14로 규정하고 있다.
- 번호가 커지면 채도가 높아지지만, 색상에 따라 채도는 다르다.
- 채도가 가장 높은 14단계는 빨강과 노랑이다.

◉ 먼셀의 색입체
- 색상, 명도, 채도를 조합하여 색의 체계를 입체로 표현한 것이다.
- 색입체를 세로축에 명도, 입체의 원을 따라 색상, 중심의 가로축을 채도로 구성한 것이다.

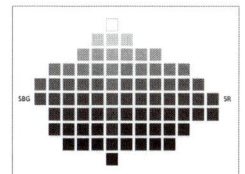 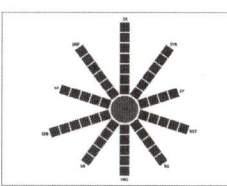

먼셀 색입체 수직 단면 / 수평 단면

03 오스트발트 표색계

- 1923년 독일의 오스트발트가 발표한 색량에 따라 규정한 표색계로, 먼셀 표색계와 함께 대표적인 표색계이다.
- 검정량을 B, 흰색량을 W, 완전한 컬러의 순색량을 C라고 규정하고 이 세 가지의 혼합 비율에 따른 색채를 규정하였다.
- **유채색** : W(흰색량) + B(검은색량) + C(순색량) = 100%
- 색상환은 헤링의 4원색설인 노랑, 빨강, 파랑, 청록을 기본으로 하여 24색상을 만든다.
- 색입체는 삼각형의 회전체인 원뿔을 위아래로 겹쳐 놓은 복원뿔의 형태를 띠고 있다.

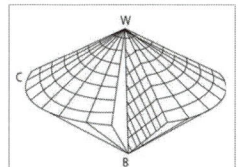 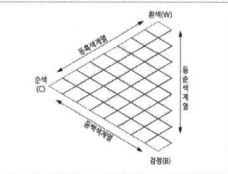

오스트발트 색입체 / 동일 색상면

단답형 문제

01 빛의 혼합을 기초로 색을 표시하는 표색계를 무엇이라고 하는가?

객관식 문제

02 현재 우리나라에서 사용하고 있는 교육용 색상환은?
① 오스트발트(Ostwald)의 색상환
② 먼셀(Munsell)의 색상환
③ 뉴턴(Newton)의 색상환
④ 헤링(Hering)의 색상환

03 오스트발트 표색계의 색채 개념은?
① Red + Green + Blue = 100%
② White + Black + Color = 100%
③ Red + Yellow + Blue = 100%
④ White + Blue + Green = 100%

04 다음 오스트발트 색입체에서 화살표가 나타내는 계열은?

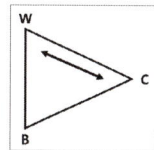

① 등흑색계열
② 등순색계열
③ 등백색계열
④ 등색상계열

정답 01 혼색계 02 ② 03 ② 04 ①

63 색의 대비

01 색의 대비

색의 대비는 하나의 색이 그 주위에 있는 다른색 또는 인접색, 배경색의 영향으로 본래의 색과 다르게 지각되는 시각 현상이다.

◉ 동시대비

- 두 색을 동시에 볼 때 서로에 영향을 주어 색이 다르게 보이는 현상이다.
- 디자인 작업 시 색 선정에 효과적으로 응용한다.

① 색상대비
- 하나의 색이 그 주위에 있는 색의 영향을 받아 실제의 색과는 다르게 지각되는 현상이다.
- 색이 가지고 있는 보색 잔상의 영향을 많이 받게 되면서 나타나는 현상으로 색상이 다른 두 색이 서로 대비되어 색상차가 크게 보인다.
- 우리나라의 전통의상, 건축물의 단청, 오방색에서 쉽게 찾아볼 수 있다.
- 색상의 대비를 강하게 하면 주목성을 높일 수가 있으며, 색상대비는 명도와 채도가 비슷할수록 차이가 크게 나타난다.
- 예 : 같은 연두색이라도 파란색 위에 놓인 연두색은 좀 더 노랗게 보이며, 노란색 위의 연두색은 좀 더 파랗게 보인다.

② 명도대비
- 동시대비 중에서 가장 인간의 눈에 예민하게 지각된다.
- 명도가 다른 두 색이 서로 대비가 되어 두 색 간의 명도차가 크게 보이는 현상이다.
- 명도대비가 강하면 명쾌하고 산뜻한 느낌을 준다.
- 명도가 높은 색끼리의 대비는 가볍고 부드러운 느낌을, 명도가 낮은 색끼리의 대비는 무겁고 차분한 느낌을 준다.
- 수묵화나 동판화에서는 명암 표현을 많이 하므로 명도대비 현상이 일어난다.
- 유채색의 경우 명도대비가 최소가 될 때 색상대비는 최대가 된다.
- 예 : 같은 회색을 흰색 바탕과 검은색 바탕에 놓았을 때 흰색 바탕의 회색은 더 어둡게, 검은색 바탕의 회색은 더 밝게 느껴진다.

③ 채도대비
- 채도가 서로 다른 두 색이 서로의 영향에 의해서 채도 차가 더욱 크게 일어나는 현상이다.
- 무채색 바탕의 유채색은 더욱 채도가 높아 보이고 원색 바탕의 유채색은 상대적으로 채도가 낮아 보인다.
- 하나의 색이 그보다 탁한 색 옆에 위치할 때 실제보다 더 선명하게 보인다.

④ 보색대비
- 보색 관계인 두 색이 서로의 영향으로 더욱 선명하게 보이는 현상이다.
- 서로의 보색 잔상이 일치하기 때문에 더욱 선명하게 보인다.
- 색의 대비 중에서 가장 강한 대비이다.
- 보색대비를 잘못 사용하면 색상이 너무 튀어서 촌스러운 배색이 되므로 주의해서 사용해야 한다.

◉ 계시대비

- 어떤 색을 본 후 시간 차를 두고 다른 색을 보았을 때 먼저 본 색의 영향으로 뒤에 본 색이 다르게 보이는 현상이다.
- 먼저 본 색의 보색 잔상에 의한 영향으로 뒤에 본 색이 다르게 보이는 현상이므로 잔상과 관계가 있다.
- 예 : 빨간색을 잠시 본 후 노란색을 보게 되면 노란색이 황록색으로 보인다.

● 연변대비

- 경계면, 즉 색과 색이 접해 있는 부분의 대비로 경계대비라고도 한다.
- 인접한 두 색은 그 경계 부분에서 색상, 명도, 채도대비가 강하게 일어나게 되고 경계가 몽롱하게 보이게 되는데, 이러한 현상을 헬레네이션 현상 혹은 눈부심(Glare) 효과라고 한다.
- 연변대비의 현상을 막기 위해서 무채색의 테두리를 주어 분리시키는 것을 분리배색이라고 한다.

● 면적대비

- 색이 차지하고 있는 면적에 따라 색이 다르게 보이는 현상이다.
- 면적이 큰 색은 명도와 채도가 높아 보여 실제보다 좀 더 밝고, 맑게 보인다.
- 면적이 작은 색은 명도와 채도가 낮아져 실제보다 어둡고, 탁하게 보인다.
- 같은 색상이라도 큰 면적의 색이 작은 면적의 색보다 화려하고 박력 있어 보이는 현상을 매스효과(Mass Effect)라고 한다.

● 한난대비

- 차가운 색과 따뜻한 색이 대비되었을 경우 서로에게 영향을 주어 더욱 따뜻하거나 차갑게 느껴지는 현상이다.
- 중성색인 경우에는 한색과 대비되었을 때 차갑게 느껴지며, 난색과 대비되었을 때 따뜻하게 느껴진다.
- 무채색 중에서는 흰색이 차갑게 느껴지고 검정이 따뜻하게 느껴진다.

단답형 문제

01 색의 대비 중에서 가장 강한 대비이며, 서로의 보색 잔상이 일치하기 때문에 더욱 선명하게 보이는 대비방법은?

객관식 문제

02 다음 색의 대비 중 동시대비와 거리가 먼 것은?
① 색상대비
② 연변대비
③ 명도대비
④ 보색대비

03 어떤 두 색이 맞붙어 있을 때 그 경계 언저리에 대비가 더 강하게 일어나는 현상은?
① 면적대비
② 한난대비
③ 보색대비
④ 연변대비

04 동시대비에 관한 설명으로 틀린 것은?
① 색의 3속성 차이에 의한 변화가 일어나는 것이다.
② 자극과 자극 사이가 멀수록 대비현상은 약해진다.
③ 시점을 한곳에 집중시키려는 지각 과정에서 일어나는 현상이다.
④ 일정한 자극이 사라진 후에도 지속적으로 자극을 느끼는 현상이다.

정답 01 보색대비 02 ② 03 ④ 04 ④

POINT 64 색의 현상

01 동화현상

◉ 동화현상

- 어떤 색이 옆에 있는 색에 의해서 옆의 색과 비슷한 색으로 보이는 현상이다.
- 한 가지 색이 다른 색에 둘러싸여 있을 때 둘러싸고 있는 색에 가깝게 보이는 현상이다.
- 좁은 시야에 색채들이 복잡하게 구성되어 있을 때 많이 생겨난다.
- 직물 디자인, 텍스타일 디자인, 의상 디자인, 벽지 디자인, 그래픽 디자인 등의 배색에 중요한 요소로 작용한다.

◉ 베졸드 효과

- 색을 직접 혼합하지 않고 색점을 배열함으로써 전체 색조를 변화시키는 효과이다.
- 문양이나 선의 색이 배경색에 영향을 주어 원래의 색과 다르게 보이는 현상을 말한다.

02 색의 잔상

◉ 잔상

망막의 피로 현상으로서 어떤 자극을 받았을 경우 원래의 자극을 없애도 그 없어진 다음에도 상이 그대로 남아 있거나 반대 상이 남아 있는 현상이다.

① 정의 잔상
- 자극이 없어진 후에도 망막이 흥분되어 본래의 색이 계속 느껴지는 현상이다.
- 강한 자극에 의해 발생되며 부의 잔상보다 오랫동안 지속된다.
- 주로 쥐불놀이, 도로 표지판, 영화, TV, 네온사인, 스펙터클 전광판 등에서 볼 수 있다.

② 부의 잔상
- 자극이 사라진 후 원자극의 정반대의 상이 보이는 잔상효과이다.
- 왼쪽에 있는 검은 큰 원을 보다가 오른쪽의 검은 작은 원을 보면 흰색보다 더 선명한 잔상을 느낄 수 있는데 이를 음성적 잔상이라 한다.
- 원자극의 형상과 닮았지만 밝기는 반대로 되는 현상이다.

03 명시도와 주목성

◉ 명시도

- 어떤 색이 인접한 주변색에 영향을 받아 멀리서도 눈에 잘 보이거나 판독하기 쉬워서 정보를 빨리 이해하게 되는 것을 색의 명시성 또는 시인성이라고 한다.
- 명시성은 색의 색상, 명도, 채도의 차이에 따라 다르게 나타나지만 특히 명도 차이를 높이면 명시도가 높다.
- 명시성을 가장 중요하게 고려하여 색상을 배색해야 하는 것이 바로 교통 표지판이다.
- 빨강, 노랑 등과 같은 원색일수록 주목성이 높다.
- 명시도가 가장 높은 배색은 검정과 노랑 배색이다.

바탕색	명시성
흰색	검정 〉 보라 〉 파랑 〉 청록 〉 노랑
검은색	노랑 〉 주황 〉 빨강 〉 녹색 〉 파랑

주목성

- 사람의 눈에 자극을 주어 눈길을 끄는 색의 성질을 뜻한다.
- 난색이나 명도와 채도가 높은 원색(빨강, 노랑 등)일수록 주목성이 높다.
- 주목성이 높은 경우는 난색, 고명도, 고채도, 색의 면적이 크고 노출시간이 길 때이다.
- 주목성이 낮은 경우는 한색, 저명도, 저채도, 색의 면적이 작고 노출시간이 짧을 때이다.
- 색의 진출, 후퇴, 팽창, 수축 현상에 따라서 주목성이 달라진다.
- 강한 고채도의 색은 주목성이 높아 다른 색과 반발하기 쉽다. 이럴 때는 주변에 중성색(연두, 녹색, 자주, 보라 등)을 배색하면 효과적이다.
- 표지판, 포스터, 광고 등에 사용된다.
- 일반적으로 명도가 높으면 주목성도 높다.

진출색과 후퇴색(팽창색과 수축색)

- 앞으로 튀어나와 보이거나 가깝게 보이는 색을 진출색이라고 한다.
- 뒤로 물러나 보이거나 멀리 있어 보이는 색을 후퇴색이라고 한다.
- 실제보다 크게 보이는 색을 팽창색이라고 하며, 실제보다 작게 보이는 색을 수축색이라고 한다.

진출색	• 가까이 있는 것처럼 앞으로 나와 보이는 색 • 고명도, 고채도, 난색계열 • 유채색이 무채색보다 진출되어 보임
후퇴색	• 멀리 있어 보이는 색 • 저명도, 저채도, 한색계열 • 조명, 배경색에 영향을 받음 • 좁은 공간에 후퇴색을 칠하면 조금 넓어 보임

객관식 문제

01 다음 중 동화현상에 대한 특징으로 잘못된 것은?
① 자극이 오래 지속되는 색의 정의 잔상에 의해 생겨난다.
② 주위에 비슷한 색이 많이 배치된 경우 발생한다.
③ 좁은 시야의 색채들이 복잡하게 구성되어 있을 때 많이 생겨난다.
④ 면적이 큰 색이 면적이 작은 색에 영향을 받아 색이 다르게 보인다.

02 흰색(White) 배경 위에서 명시성이 높은 색 → 낮은 색 순으로 배열된 것은?
① 녹색-파랑-보라
② 주황-노랑-빨강
③ 노랑-빨강-파랑
④ 보라-주황-노랑

03 강하고 짧은 자극 후에도 계속 보이는 것으로, 어두운 곳에서 빨간 불꽃을 빙빙 돌리면 길고 선명한 빨간 원을 볼 수 있다. 이것은 어떤 현상이 계속해서 일어나기 때문인가?
① 부의 잔상
② 정의 잔상
③ 보색 효과
④ 도지반전 효과

04 주위의 색과 명도, 색상, 채도의 차를 크게 주어 배색하였을 때 나타나는 가장 큰 효과는?
① 색의 주목성
② 색의 경중성
③ 색의 한난성
④ 색의 음양성

정답 01 ④ 02 ④ 03 ② 04 ①

POINT 65 | 색채와 공감각

01 색채 공감각

공감각(共感覺)이란 색채가 시각뿐만 아니라 인간의 다른 감각인 미각, 후각, 청각, 촉각 등을 함께 느끼는 현상을 말한다.

● 촉각

부드러움	• 명도가 높은 난색은 부드럽게 느껴짐 • 밝은 핑크, 밝은 노랑, 밝은 하늘색 등
거침	• 저명도 저채도의 한색 • 어두운 무채색, 무광택 소재
촉촉함	• 고명도의 한색은 촉촉하게 느껴짐 • 파랑, 청록 등 한색계열
건조함	• 고명도의 난색은 건조하게 느껴짐 • 빨강, 주황 등 난색계열

● 미각

- 미각은 주로 색상의 영향을 많이 받으며 난색계열은 식욕을 돋우고 한색계열은 식욕을 저하시킨다.
- 난색은 단맛을 한색은 쓴맛을 나타낸다.
- 비렌의 색채 공감각에 의하면 가장 식욕을 돋우는 대표적인 색은 주황색이다.

단맛	빨강, 분홍, 주홍
신맛	노랑, 연두
쓴맛	올리브 그린, 갈색
짠맛	연녹색, 연파랑, 회색
매운맛	빨강, 주황, 자주
달콤한 맛	핑크색, 연보라색

● 후각

경험에 의해 연관된 냄새가 연상되며 순색과 고명도 고채도의 색은 향기롭게 느껴지고, 저명도 저채도의 난색계열의 색에서는 나쁜 냄새를 느낀다.

맑고 순수한 고명도의 색	좋은 냄새를 느끼게 함
어둡고 흐린 난색 계열 색	나쁜 냄새를 느끼게 함
자색이나 라일락색	은은한 향기를 느끼게 함
오렌지색	톡 쏘는 냄새를 느끼게 함
코코아색, 포도주색	깊은 맛의 미각을 느끼게 함

● 청각

색채는 청각과 심리적으로 연결되어 소리의 높고 낮음에 따라 각각 다른 색을 연상시킨다.

높은 음	고명도 고채도의 강한 색상
낮은 음	저명도, 저채도의 어두운 색상
거친 음	저명도 저채도의 한색과 어두운 무채색
부드러운 음	고명도 난색계열
예리한 음	고채도의 선명한 색
탁음	회색

02 색채치료

- 색채치료는 컬러테라피(Color Therapy)라는 용어로 사용되고 있다.
- 색채와 심리적인 관계를 통해서 정신적인 스트레스와 심리적인 불안증세 등을 치유하는 치료방법이다.
- 1930년대에 들어와서 이탈리아와 미국에서 인정받기 시작했다.
- 색채치료에는 벽, 옷, 생필품 등의 물체색을 비롯하여 광원색이 사용된다.

빨강	• 혈압을 상승시키고 근육계에도 영향을 미침으로써 심장과 혈액 순환에 자극을 줌 • 노쇠, 빈혈, 무활력, 화재, 방화, 정지, 긴급
주황	• 성적 감각을 자극하고 소화계에 영향을 줌 • 체액을 분비시키는 역할을 함 • 강장제, 무기력, 저조
노랑	• 신경계를 강화시켜 정신을 맑게 하며 근육 에너지를 생성함 • 소화계를 깨끗하게 해주는 역할을 함 • 신경질, 염증, 고독, 피로 회복, 위로
초록	• 심장기관에 도움을 주며 신체적 균형을 유지시켜 줌 • 혈액순환을 도와서 교감신경 계통에 영향을 주어 심호흡을 할 수 있게 함 • 안전, 해독, 피로 회복, 구호
파랑	• 진정 효과가 크고 호흡계·골격계·정맥계에 영향을 주며 자율신경계를 조절하여 혈압을 낮추는 역할을 함 • 침정제, 눈의 피로 회복, 맥박 저하
남색	마취와 연관성을 가지고 있어 마취 효과의 색으로 사용되고 있음
보라	두뇌와 신경계에 영향을 미치고 있어 신경을 진정시키는 작용을 하며 신진대사의 균형을 이루도록 도와줌

단답형 문제

01 색채와 심리적인 관계를 통해서 정신적인 스트레스와 심리적인 불안증세 등을 치유하는 치료방법을 무엇이라고 하는가?

객관식 문제

02 색의 감정을 설명한 것 중 올바른 것은?
① 채도가 높은 색은 탁하고 우울하다.
② 채도가 낮을수록 화려하다.
③ 명도가 낮은 배색은 어두우나 활기가 있다.
④ 명도가 높은 색은 주로 밝고 경쾌하다.

03 다음 중 식욕을 촉진하는 음식점 색채계획으로 가장 적합한 것은?
① 무채색 중명도 계열
② 고명도 난색 계열
③ 중채도 난색계열
④ 저채도 한색계열

04 신경계 강화와 소화계의 컬러테라피 색상으로 적합한 것은?
① 보라
② 초록
③ 노랑
④ 빨강

정답 01 컬러테라피 02 ④ 03 ② 04 ③

POINT 66 | 색채 조화

01 색채 조화

- 두 가지 이상의 색채는 서로 융합하여 미적효과를 나타내며, 일상생활에 활용된다.
- 색채 조화는 배색을 기본으로 조형적이고 미적인 디자인 원리들을 활용하여 목적에 맞게 구성한다.

● 색채 조화의 공통원리

- 질서의 원리
- 비모호성의 원리
- 동류의 원리
- 유사의 원리
- 대비의 원리

● 유사 조화

색상환에서 인접한 색상들이 배색되었을 때 서로 잘 어울리는 것이다.

- **색상 조화**: 명도가 비슷한 색들을 동시에 배색하여 얻어지는 조화
- **명도 조화**: 한 개의 색상에 무채색을 혼합하여 단계를 표현하는 배색
- **주조색 조화**: 여러 가지 색들 중 한 색이 주조색으로 보이는 효과

● 대비 조화

색상환에서 색상이 서로 반대되는 성격으로 배색되었을 때 서로 잘 어울리는 것이다.

- **색상대비 조화**: 색상환에서 색상의 간격을 크게 하여 얻어지는 조화
- **명도대비 조화**: 같은 색상에서 명도의 차이를 크게 하여 얻어지는 조화
- **보색대비 조화**: 색상환에서 정반대편에 있는 색상끼리 배색하여 얻어지는 조화

02 색채조화론

● 셰브럴의 색채조화론

① **대비 조화**: 대립되는 두 색상에 의해서 대비적 조화를 얻을 수 있다.
② **도미넌트 컬러**: 전체를 주도하는 색이 있음으로써 조화된다.
③ **세퍼레이션 컬러**: 셰브럴은 흑색 윤곽이 있으므로 더 이상적인 조화가 이루어지며, 두 색이 부조화일 때에는 그 사이에 백색 혹은 흑색을 더하면 조화된다고 하였다.
④ **보색 배색의 조화**: 슈브럴은 두 색의 대비적 조화는 대립 색상에 의해 얻어진다고 보았다.
⑤ **인접색의 조화**: 색상환에서 인접 색채끼리의 조화는 안정감을 준다.
⑥ **반대색의 조화**: 반대색의 조화는 강도를 높여주며, 쾌적감을 준다.
⑦ **등간격 3색의 조화**

- 색상환에서 등간격 3색의 배열에 있는 3색의 배합을 말한다.
- 근접 보색의 배열보다 더욱 선명하고 원색의 강한 효과를 가질 수 있다.

● 저드의 색채조화론

- **질서의 원리**: 규칙적인 색채의 요소가 일정하면 조화한다.
- **친근성의 원리**: 자연계와 같이 사람들에게 익숙하고 잘 알려진 색은 조화한다.
- **유사성의 원리**: 공통된 속성을 가지고 있는 색은 조화한다.
- **명료성의 원리**: 색의 관계가 애매하지 않고 명쾌하면 조화한다.

문·스펜서의 색채조화론

- 기존의 경험적, 주관적인 색채를 먼셀 시스템을 기초로 정량적 색좌표상에서 색채 조화를 수학적 공식에 따라 구하고 있다.
- 조화 이론을 질량적으로 판단하며, 색채에 대한 연상, 기호 및 색의 적합성 등은 고려하지 않는다.
- 조화를 크게 쾌감과 불쾌감을 주는 것으로 구별하였다.
- 부조화 영역을 서로 판단하기 어려운 배색을 제1부 불명료와 유사조화, 대비조화의 사이에 있는 것을 제2부 불명료로 구분하였다.
- 색채 조화의 기하학적 표현과 면적에 따른 색채조화론을 주장하였다.
- 지각적으로 고른 감도의 오메가 공간(색공간)을 통한 색채조화론을 주장하였다.

비렌의 색채조화론

- 오스트발트 조화론을 기본으로 시각적, 심리학적, 정신적 반응을 연구하였다.
- 비렌의 색채조화론의 근간이 되는 색인 흰색(White), 검정(Black), 순색(Color)을 꼭짓점으로 하는 비렌의 색삼각형을 제시하였다.
- 붉은 색채의 실내에서 시간이 길게 느껴지는 등 색의 속도감을 강조하였다.
- 색채의 지각은 단순 반응이 아니라 정신적인 반응에 지배된다는 색채조화론을 주장하였다.

흰색, 회색, 검정	순색과 상관없는 무채색의 자연스러운 조화
순색, 명색조, 흰색	부조화를 찾기 어려우며, 깨끗하고 신선하게 보임
순색, 암색조, 검정	색채의 깊이와 풍부함이 있음
명색조, 톤, 암색조	색 삼각형에서 가장 세련되고 감동적인 배색

요하네스 이텐의 색채조화론

- 독일의 미술교육가이자 예술가인 요하네스 이텐(Johannes Itten : 1888-1967)은 12색상환을 기초로 한 조화론을 주장하였다.
- 보색대비를 기초로 12색상환에서 삼각형이나 사각형 등의 다각형을 활용하여 2색 조화, 3색 조화, 4색 조화, 5색 조화, 6색 조화의 이론을 발표하였다.

객관식 문제

01 저드의 색채조화론에 해당하지 않는 것은?
① 질서의 원리
② 친근성의 원리
③ 유사성의 원리
④ 시인성의 원리

02 붉은 색채의 실내에서 시간이 길게 느껴지는 등 색의 속도감을 강조한 사람은?
① 비렌
② 문·스펜서
③ 먼셀
④ 저드

03 다음 중 색채 조화의 공통적 원리가 아닌 것은?
① 질서의 원리
② 명료성의 원리
③ 색조의 원리
④ 친근성의 원리

04 문(Moon)과 스펜서(Spencer)의 색채조화론에 대한 설명 중 맞는 것은?
① 부조화 영역을 제1부조화, 제2부조화, 제3부조화로 나누었다.
② 종래의 보색 조화론을 근거로 하여 감각적인 방법을 제시하였다.
③ 조화는 크게 쾌감과 불쾌감을 주는 것으로 구별하였다.
④ 색에 의한 연상, 기호, 적합성 등을 크게 반영하였다.

정답 01 ④ 02 ① 03 ③ 04 ③

POINT 67 | 배색

01 배색 개요

◎ 배색 개념
- 색의 속성을 바탕으로 목적과 기능에 따라 미적 표현을 위한 색과 색의 조합을 배색이라고 한다.
- 설정된 디자인 콘셉트를 적절하게 표현하는 데 효과적으로 응용한다.

◎ 배색의 역할
- 시선의 집중
- 흥미를 유발시켜 주목
- 정보를 효과적으로 전달
- 구성요소들의 조화로운 배치

◎ 배색의 조건
- 사용 목적과 기능에 맞아야 한다.
- 색의 심리적인 작용을 고려한 배색이어야 한다.
- 유행성을 고려해야 한다.
- 실생활에 맞게 한다.
- 미적, 안정감을 주어야 한다.
- 주관적 배색을 배제하고 객관성을 띠어야 한다.
- 재료의 질감과 형태를 고려한다.
- 광원에 어울리게 한다.
- 면적 효과를 고려하여 배색해야 한다.

02 색상에 의한 배색

◎ 동일색상 배색
- 동일한 색을 이용한 배색으로 명도와 채도의 차이를 두어 배색하는 방법이다.
- 정적이고 정리되어 보이는 느낌을 연출할 때 효과적이다.
- 간결함, 차분함, 정적
- 통일감이 있는 배색이지만 단조로워질 우려가 있다.

◎ 유사색상 배색
- 색상환의 인접한 색을 이용하여 배색하는 방법이다.
- 색상차가 적은 유사색 배색은 톤의 차이를 두어 명쾌한 배색을 표현한다.
- 협조적, 온화함, 상냥함, 부드러움, 친근감
- 유사색 배색을 사용하여 톤의 변화를 가져오면 전통적, 온화함의 느낌을 표현한다.

◎ 대조색상 배색
- 색상환에서 색상 간의 거리가 큰 위치에 있는 색을 배색하는 방법으로 '보색대비'라고도 한다.
- 색상차가 나는 두 색은 서로의 영향으로 원래의 색보다 채도가 더 높고 선명하게 보인다.
- 화려함, 율동적인, 흥미로운 느낌
- 색상차가 많이 나는 두 색이 서로 영향을 받아서 강렬하고 화려한 배색에 효과적이다.
- 두 색의 차이로 경직된 이미지는 면적에 변화를 주어 배색한다.

03 색조에 의한 배색

명도와 채도의 상태에 따라 배색의 효과를 결정한다.

◎ 동일색조 배색
- 동일한 색조들이 조합한 배색을 기초로 색상의 변화를 주는 배색 방법이다.
- 통일감 있는 이미지 표현에 효과적이다.
- 안정적, 일관성, 통일성
- 선택한 색상의 대비가 클 경우 통일감을 주기 위해 이용되는 배색기법이다.

◉ 유사색조 배색

- 거리가 인접한 색조 간의 배색 방법으로 친숙하고 편안한 이미지 표현이 특징이다.
- 차분함, 화합적, 온화함, 친근함, 편안함
- 동일색조 배색보다 다양한 배색 표현이 가능하다.

◉ 대조색조 배색

- 거리가 먼 색조 간의 배색이다.
- 경쾌한, 생동감이 있는 이미지 표현이 가능하다.
- 명도대비는 명도가 다른 두 색이 서로 영향을 받아서 명도가 다르게 느껴진다.
- 두 색의 명도 차가 클수록 대비 효과가 크게 나타난다.

04 효과 배색

◉ 톤인톤(Tone in Tone) 배색

- 동일 또는 유사 톤의 조합에 의한 배색 기법으로, 명도차가 적게 나타나도록 하는 배색이다.
- 부드러움, 차분함, 안정적, 온화한 느낌

◉ 톤온톤(Tone on Tone) 배색

- '톤을 겹친다'라는 의미로, 동일 색상 내에서 명도 차가 크게 나타나도록 하는 배색이다.
- 깨끗함, 발랄함, 화려함

◉ 그라데이션 배색

- 색상, 명도, 채도, 톤이 점차적으로 변하는 연속적인 배색이다.
- 서로의 영향을 받아 원래의 색보다 채도가 더 높고 선명하게 보인다.

◉ 반복 배색

- 색을 하나의 단위로 반복적으로 배열하여 리듬감을 주는 배색이다.
- 명도차가 클수록 대비 효과가 크게 나타난다.

◉ 세퍼레이션 배색

여러 가지 색상이 있을 경우 블랙이나 화이트를 써서 색의 개념을 강하게 하는 배색이다.

단답형 문제

01 색의 속성을 바탕으로 목적과 기능에 따라 미적 표현을 위한 색과 색의 조합하는 것은?

객관식 문제

02 모델이 청자켓에 청바지를 입고 있다. 연상되는 배색으로 적합한 것은?
① 톤인톤 배색
② 톤온톤 배색
③ 그라데이션 배색
④ 세퍼레이션 배색

03 대조색상 배색의 특징이 아닌 것은?
① 시각적 자극이 강하다.
② 온화하고 상냥한 느낌을 준다.
③ 선명하고 화려한 느낌을 준다.
④ 원래의 색보다 채도가 더 높아 보인다.

04 빨강, 주황, 노랑과 같은 배색 또는 녹색, 청록, 파랑과 같은 배색과 가장 관계가 깊은 것은?
① 중성색상의 배색
② 동일색조의 배색
③ 유사색상의 배색
④ 반대색조의 배색

정답 01 배색 02 ① 03 ② 04 ③

POINT 68 | 색채 조절

01 색채 조절

◉ 색채 조절 개념
- 색채 조절이란 심리학, 색채학, 생리학, 조명학, 미학 등에 근거를 두고 색을 과학적으로 선택하여 사용하는 것을 말한다.
- 색채 조절은 주로 병원, 회사, 공공장소 등 생활공간에서 응용된다.
- 색채를 기능적으로 활용하여 작업능률 향상 및 피로감의 경감을 유도하여 쾌적한 환경을 제공하는 것을 목적으로 하고 있다.

◉ 색채 조절의 효과
- 밝고 맑은 환경색채를 제공하여 기분이 좋아진다.
- 신체의 피로와 눈의 피로를 줄여 준다.
- 일에 대한 집중력이 높아지며 실패가 줄어든다.
- 안전색채 사용으로 안정성이 높아지며 사고가 줄어든다.
- 쾌적한 환경의 제공으로 일의 능률이 향상되어 생산력이 높아진다.
- 깨끗한 환경 제공으로 청결 및 정리정돈이 쉬워진다.
- 건물의 내부 및 외부의 보호, 유지에 효과적이다.

02 심리 효과를 이용한 색채 조절

◉ 대소의 감각
- 공간을 넓게 보이도록 진출과 후퇴색으로 색채 조절을 한다.
- 노랑, 흰색, 빨강, 녹색, 파랑의 순으로 진출되어 보인다(난색=진출, 한색=후퇴).

◉ 색의 수반 감정
- 인간이 색을 볼 때 색지각과 함께 수반하는 심리적, 감정적 효과를 말한다.
- 색의 3속성인 색상, 명도, 채도 등의 영향에 따라 감정적인 효과가 각각 다르게 느껴진다.

① 온도감
- 난색 : 빨강, 주황, 노랑 등과 같이 따뜻하게 보이는 색이다.
- 한색 : 청록, 파랑, 남색 등과 같이 차가워 보이는 색이다.
- 중성색 : 난색과 한색에 포함되지 않는 색으로 따뜻하지도 차갑지도 않은 연두, 녹색, 보라, 자주 등의 색이다.

② 중량감
- 색에 따라 무겁거나 가볍게 느껴지는 현상이다.
- 저명도의 어두운 색은 무겁게 느껴진다.
- 고명도의 밝은 색은 가볍게 느껴진다.

③ 강약감
- 색의 강하고 약함을 나타내는 말로 대부분 순도를 나타내는 채도에 의해서 좌우된다.
- 빨강, 파랑 같은 원색은 강한 느낌을 주며, 회색 같은 중성색은 약한 느낌을 준다.

④ 흥분과 진정
- 흥분색 : 명도와 채도가 높은 색이나 난색 계통의 색이다.
- 진정색 : 명도가 낮은 색이나 한색은 진정감을 준다.

⑤ 색의 시간성
- 파장이 긴 난색 계열은 시간이 길게 느껴지며, 속도감에서는 빠르게 느껴진다.
- 파장이 짧은 한색 계열은 시간이 짧게 느껴지며, 속도감은 느리게 느껴진다.

⑥ 경연감
- 부드러움과 딱딱함을 느껴지는 현상이다.
- 채도가 낮고 명도가 높은 색은 부드럽게 보인다.
- 채도가 높고 명도가 낮은 색은 딱딱하게 보인다.
- 난색 계통은 안정되고 부드럽게, 한색 계통은 긴장되고 딱딱하게 보인다.

⑦ 팽창, 수축
- 난색계열 고명도 색은 진출되어 보인다.
- 한색계열 저명도 색은 후퇴되어 보인다.

⑧ 흥분감
- 장파장의 색인 빨강, 주황 난색은 맥박을 증가시키고 흥분감을 유발한다.
- 한색은 혈압과 흥분감을 떨어뜨리고 진정 효과를 유도한다.

◉ **환경색**
- 물건의 색상과 반사에 의해 생기는 피로도를 줄이기 위하여 많이 사용한다.
- 항상 보는 물건은 중성 색상이나 채도가 낮은 색상을 선택한다.

03 안전과 색채

- 색채치료(Color Therapy)는 색채를 사용하여 물리적·정신적인 영향을 줌으로써 환자의 상태를 호전시키기 위한 치료방법을 말한다. 색채치료에는 벽, 옷, 생필품 등의 물체색을 비롯하여 광원색이 사용된다.

색상	의미 및 사용 예시
빨강	금지, 정지, 소화설비, 화약류, 고도위험
주황	위험, 항해 항공의 보안시설, 구명보트, 구명대, 구급차
노랑	경고, 주의, 장애물, 위험물, 감전경고
초록	안전, 안내, 진행, 비상구, 피난소, 구급장비, 의약품, 차량의 통행
파랑	특정 행위의 지시, 의무적 행동, 수리 중, 요주의
보라(자주)	방사능과 관계된 표지, 방사능 위험물 경고표시
흰색	문자, 파랑이나 초록의 보조색, 정돈, 청결, 방향지시
검정	문자, 빨강이나 노랑의 보조색

객관식 문제

01 다음 중 색채의 중량감에 대한 설명으로 옳은 것은 무엇인가?
① 저명도의 색은 주로 무겁게 느껴진다.
② 색채의 중량감은 채도에 영향을 받는다.
③ 중명도 무채색보다 노란색이 무겁게 느껴진다.
④ 난색계열의 색보다 한색계열의 색이 가볍게 느껴진다.

02 색채의 온도감에 대한 설명 중 맞는 것은?
① 파장이 긴 쪽이 따뜻하게 느껴진다.
② 보라색, 녹색 등은 한색계이다.
③ 단파장이 따뜻하게 느껴진다.
④ 색채의 온도감은 색상에 의한 효과가 가장 약하다.

03 경고, 주의, 위험물을 알리기 위한 색상으로 적합한 것은?
① 빨강
② 노랑
③ 초록
④ 파랑

정답 01 ① 02 ① 03 ②

POINT 69 색채 지각

01 색채 자극과 반응

◉ 순응

환경의 변화에 적응하여 익숙해지거나 적응하는 현상이다.

① 명암순응
- 명순응 : 어둠 속에서 갑자기 밝은 곳으로 나왔을 때 서서히 빛에 적응하는 현상이다.
- 암순응 : 밝은 곳에서 어두운 곳으로 들어갈 때 서서히 보이기 시작하는 현상이다.

② 색순응
- 어떤 조명광이나 색을 오랫동안 보면 그 색에 순응하여 색지각이 약해지는 현상으로 색광에 대하여 순응하는 것이다.
- 노란 선글라스를 착용하고 푸른 물체를 보았을 때 처음에는 노란 기미가 보이지만 시간이 지나면서 원래의 푸른색으로 보이게 된다.

◉ 연색성
- 동일한 물체색이라도 광원의 분광에 따라 다른 색으로 지각되는 현상이다.
- 빨간색일 경우 백열전구 조명 아래에서는 더욱 밝고 선명하게 보이지만 푸른색의 수은등 아래에서는 어두운 빨강으로 보이게 된다.

◉ 조건등색

분광 반사율이 서로 다른 두 종류의 색이 특정한 광원에서 같은 색으로 보이는 현상으로 실내조명에서 더욱 심하게 일어난다.

◉ 항상성

조명이 되는 빛의 강도와 조건이 달라져도 색이 본래의 모습을 유지하려는 특성이다.

◉ 푸르킨예 현상
- 밝은 빛(명소시)에서 어두운 빛(암소시)으로 옮겨가는 박명시에 일어나는 색지각 현상이다.
- 어두울 경우에는 빛의 에너지양에 따라 파란색 계열의 색이 더 선명하게 보이게 된다.
- 예 : 비상구 표시등

◉ 색음 현상(Colored Shadow)
- 색을 띤 그림자라는 의미(괴테 현상)로 괴테는 저서 '색채론'에서 불타는 양초와 석양 사이에 연필을 세워두면 연필의 그림자가 아름다운 파란색을 띠었다고 한다.
- 양초의 빨간빛에 의해 생기는 그림자가 보색인 청록으로 보이는 것이다.

02 색의 심리적 작용

◉ 보색 심리
- 물리 보색 : 혼합해서 무채색이 되는 색으로 이때의 혼합은 회전혼색판을 이용한 것이다.
- 심리적 보색 : 인간의 생리적 특성에 의한 보색 잔상에 의한 보색이다.

◉ 애브니 효과(Abney Effect)

색의 채도와 관계되며 같은 색이라도 채도를 높이면 색상이 다르게 보이는 현상이다.

◉ 베졸드-브뤼케 효과(Bezold-Brücke Effect)

같은 명소시 상태라도 빛의 강도가 변화하면 색광의 색상이 다르게 보이는 것을 말한다. 단색광의 색상이 휘도에 의해 변화하는 현상이다.

03 공간적 지각 효과

◉ 면적 효과(Mass Effect)
- 면적의 크기에 따라 색이 다르게 보이는 현상이다.
- 같은 색이라도 면적이 큰 색은 명도가 높아 보여 밝고 화려하고 선명하며, 면적이 작은 색은 명도가 낮아 보여 어둡고 탁하게 보인다.
- 윤곽 처리 방법에 따라 색의 면적 효과를 변화시킬 수 있다.
- 면적 대비는 색상을 선택할 때 중요한 역할을 하므로 작은 견본을 보고 선택하면 정확한 색상을 고를 수 없다.

◉ 소면적 3색각 이상
- 눈으로 보기 어려운 상태. 즉, 색상의 크기가 아주 작을 경우 색지각의 혼란으로 인해 작은 색들이 일반적인 색으로 보이게 되는 이상 현상이다.
- 정상적인 눈을 가지고 있어도 흰색에 가까운 색은 흰색으로, 검정에 가까운 색은 검정으로, 빨강에 가까운 색은 빨강으로 보이는 것처럼 미세한 색을 볼 때는 색각 이상자와 같은 색각의 혼란이 오는 것이다.
- 메카로 효과 : 보색을 번갈아 본 후 다른 곳을 보면 원래의 색이 연한 색으로 보이는 현상을 말한다.

04 색 지각설

◉ 영 · 헬름홀츠의 3원색설
- 인간의 망막에는 세 종류의 시신경 세포가 있으며, 빨강, 초록, 청자를 3원색으로 하여 색지각을 느낀다는 학설이다.
- RGB 이론의 중심이 되고 있다.

◉ 헤링의 반대색설
- 무채색을 제외한 빨강, 초록, 노랑, 파랑 등의 4원색을 통하여 여러 가지 색지각을 느낀다는 색지각설이다.
- 빨강과 초록, 노랑과 파랑, 흰색과 검정의 색지각 경로를 통하여 색을 지각한다는 주장이다.

객관식 문제

01 어떤 조명광이나 물체색을 오랫동안 보면 그 색은 선명해 보이지만 그 밝기는 낮아지는 현상은?
① 색순응
② 색반응
③ 색조절
④ 명시성

02 푸르킨예 현상에 대한 설명 중 잘못된 것은?
① 낮에는 추상체로부터 밤에는 간상체로 이동하는 현상이다.
② 파장이 짧은 색이 먼저 사라지고, 파장이 긴 색이 나중에 사라진다.
③ 이 현상을 이용한 것이 비상구 표시, 계단 비상등 등이다.
④ 빨간 사과가 밤이 되면 검게 보인다.

03 영 · 헬름홀츠의 3원색설과 관련 있는 색은?
① 백, 흑, 순색
② 적, 녹, 청자
③ 적, 황, 청자
④ 황, 녹, 청자

04 다음 중 명순응과 암순응을 포함하는 색채 지각 현상의 가장 상위 개념과 그에 대한 설명이 올바르게 짝지어진 것은?
① 순응 – 환경의 변화에 적응하여 익숙해지거나 적응하는 현상이다.
② 항상성 – 조명 조건이 달라져도 색이 본래의 모습을 유지하려는 특성이다.
③ 푸르킨예 현상 – 어두운 곳에서 파란색 계열의 색이 더 선명하게 보이는 현상이다.
④ 조건등색 – 분광 반사율이 다른 두 색이 특정한 광원에서 같은 색으로 보이는 현상이다.

정답 01 ① 02 ② 03 ② 04 ①

POINT 70 | 색의 상징과 연상

01 색의 상징성

◉ 색의 상징성
- 색에 대한 개인의 연상적 이미지와 집단이 보편적으로 느껴서 공통적인 공감대를 형성하는 이미지이다.
- 개인의 생활경험, 기억, 지식 등에 영향을 받는다.
- 성별, 나이, 직업, 성격, 생활환경, 시대, 민족성에 따라 다르게 의미를 부여한다.
- 일정한 의미 또는 메시지를 전달하는 수단으로서의 역할이다.

◉ 색채 상징의 역할
- 공간감, 추상적 개념의 표현
  - 언어로 표현하기
  - 어려운 공간 감각, 사회적·종교적 규범같은 추상적 개념을 색으로 표현
- 전달 기호로서의 역할
  - 사인이나 심볼 등 다양한 상황에서 역할
  - 교통신호의 색, 안전색채 등

◉ 색의 정서적 반응
- 색은 공통적으로 연상되는 이미지와 정서적 반응을 통해 의미와 특징을 지닌다.
- 각 색이 갖는 고유한 감성 이미지이다.
- 적절하지 못한 색을 사용할 경우 어두움, 진부함, 공포감, 집중도를 떨어뜨린다.

붉은색 계열	강렬함
푸른색 계열	평온함, 안정감
황색 계열	발랄함, 화려함
무채색 계열	현대적, 세련됨, 경건함, 모던함

02 색의 상징과 기능

◉ 신분의 구분
- 염료가 발달하기 전까지 의상의 색으로 신분과 계급을 상징한다.
- 왕족들은 권위를 상징하는 색으로 황금색이나 자주색의 옷을 즐겨 입었다.

◉ 방위의 표시
동양권에서는 방위를 색으로 표시하였는데 이를 오방색이라고 한다.
- 적(赤) : 남
- 황(黃) : 중앙
- 흑(黑) : 북
- 청(靑) : 동
- 백(白) : 서

◉ 지역의 구분
올림픽의 오륜기는 5개의 대륙을 상징한다.
- 파랑 : 유럽
- 빨강 : 아메리카
- 초록 : 오세아니아
- 검정 : 아프리카
- 노랑 : 아시아

◉ 종교의 상징
- 기독교 : 빨강, 파랑
- 불교 : 황금색, 노란색
- 힌두교 : 노란색
- 천주교 : 하양, 검정
- 이슬람교 : 초록

03 색의 연상

◉ 색채의 연상 개념
색을 보았을 때 떠올리는 연관된 이미지로 색채지각 과정에서 색채에 대해 가지는 인상이다.

● 색채 연상의 종류
① 추상적 연상
- 색의 상징으로 생활에서 체험 가능한 내용을 추상적인 개념으로 연결한다.
- 성인이 되면서 추상적 연상이 많아진다.

② 구체적 연상
- 생활주변의 동식물, 음식, 의복, 장신구, 자연현상 등 구체적인 사물과 연결한다.
- 유년기에는 구체적 연상을 한다.

● 색채선호
- 좋아하는 색과 싫어하는 색은 개인별, 연령별, 지역적·문화적 영향, 구체적 대상에 따라 달라진다.
- 서구 문화권의 영향을 받은 대부분의 국가에서 성인의 절반 이상이 청색을 선호한다. → 청색은 민주화를 상징한다.

● 색의 연상
① 무채색의 이미지

색상	연상 언어
하양	결백, 소박, 청순, 신성, 순결, 웨딩드레스, 청정
회색	소극적, 평범, 중립, 차분, 쓸쓸함, 안정, 스님
검은색	밤, 죽음, 공포, 침묵, 부패, 죄, 악마, 슬픔, 모던, 장엄함

② 유채색의 이미지
유채색은 일반적으로 구체적 연상이 많으며 채도가 높을수록 연상이 강하다.

색상	연상 언어
빨강	기쁨, 정열, 강렬, 위험, 혁명
주황	화려함, 약동, 무질서, 명예
노랑	황제, 환희, 발전, 노폐, 경박, 도전
연두	생명, 사랑, 산뜻, 소박
초록	희망, 휴식, 위안, 지성, 고독, 생명
파랑	희망, 이상, 진리, 냉정, 젊음
보라	고귀, 섬세함, 퇴폐, 권력, 도발

객관식 문제

01 색에 대한 고정관념의 주된 원인이 아닌 것은?
① 계절적 요인
② 지역적 요인
③ 시대적 요인
④ 성별적 요인

02 색채의 선호 원리 중 옳지 않은 것은?
① 서구 문화권의 영향을 받은 대부분의 국가에서는 성인의 절반 이상이 청색을 선호한다.
② 어린 시절에는 빨강과 노랑 등 장파장의 색을 선호한다.
③ 일반적으로 아프리카에서는 파랑, 보라 등 단파장의 색을 선호한다.
④ 일반적으로 성인의 선호색이 파랑이라고 하지만 성별, 연령별 집단에 따라서 다른 특성을 보이기도 한다.

03 다음 중 색의 추상적 연상과 상징이 잘못 연결된 것은?
① 노랑 – 희망, 환희, 유쾌
② 녹색 – 안식, 평화, 성장
③ 자주 – 신비, 권위, 고귀
④ 검정 – 고급, 권위, 도전

04 색채의 연상에 관한 설명과 거리가 먼 것은 무엇인가?
① 경험과 연령에 따라서 변화하지 않는다.
② 구체적 연상과 추상적 연상이 있다.
③ 경험적이기 때문에 기억색과 밀접한 관련을 갖는다.
④ 생활양식이나 문화적인 배경, 그리고 지역과 풍토 등에 따라서 개인차가 있다.

정답 01 ① 02 ③ 03 ④ 04 ①

POINT 71 | 색조와 색표기법

01 색조(tone)

● 색조의 개념
- 색조는 명도와 채도의 복합개념이다.
- 무채색의 혼합정도에 따라 색의 밝고 어둡기와 무채색과 유채색의 혼합비율에 따라 색의 강약 등의 차이가 생긴다.

● KS기본색조표
- 유채색 13단계, 무채색 5단계로 구성되어 있다. 색조표가 위로 올라갈수록 명도가 높아지고 아래로 내려갈수록 명도가 낮아진다.
- 오른쪽으로 갈수록 채도가 높아져 색이 선명해지고 반대로 갈수록 채도가 낮아지면서 탁한 색으로 보여진다.
- 무채색의 명도 유채색의 명도와 채도의 상호 관계는 기본색의 경우 수식어를 사용하지 않고 기본색 이름 및 조합색 이름만으로 표기한다.

① 명색조 특징
- 검정색이 가미되지 않은 색
- Vivid, Bright, Pale, Very pale 톤
- 주로 밝은 색상 계열

② 회색조 특징
- 미묘하고 빛 바랜 듯한 차분한 색
- Strong, Light, Light grayish, Grayish, Dull 톤

③ 암색조 특징
- 강하고 딱딱한 색으로 깊이감 존재
- Deep, Dark 톤

색조 대응	영어	약호
선명한	vivid	vv
흐린	soft	sf
탁한	dull	dl
밝은	light	lt
어두운	dark	dk
진(한)	deep	dp
연(한)	pale	pl

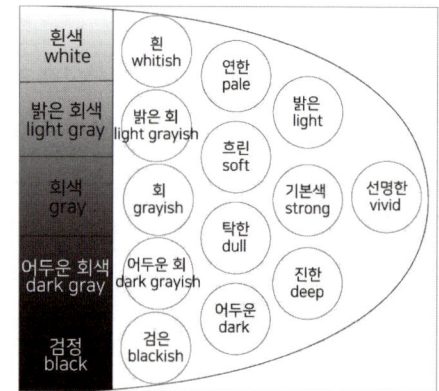

02 색명법

● 관용색명
- 옛날부터 전해오는 습관적인 색 이름이나 고유한 이름을 붙여 놓은 색명이다.
- 지명, 자연, 광물, 식물, 인명 등에 따라서 이름이 붙여진다.
- 청자색, 나무색, 흙색, 하늘색, 호박색, 쥐색, 바다색, 감색 등이 있다.

● 일반색명
- 계통색명이라고도 하며 색채를 부를 때 색의 3속성인 색상, 명도, 채도에 최대한 가깝도록 표현하는 색명이다.
- 원색에 형용사 수식어를 붙여 사용한다. 즉 빨강 기미의 노랑, 검파랑, 연보라 등으로 부르는 것으로 감성적으로 이해하기 쉽고, 전달이 빨라진다.

● 기본색명

① 유채색

기본색이름	대응 영어	약호
빨강	Red	R
주황	Yellow Red	YR
노랑	Yellow	Y
연두	Green Yellow	GY
초록	Green	G
청록	Blue Green	BG
파랑	Blue	B
남색	Purple Blue	PB
보라	Purple	P
자주	Red Purple	RP

② 무채색

기본색이름	대응 영어	약호
하양(백)	White	Wh
회색(회)	Grey(영), Gray(미)	Gy
검정(흑)	Black	Bk

● 기본색명의 조합 방법

- 두 개의 기본색이름을 조합하여 조합색 이름을 구성한다.
- 조합색 이름의 앞에 붙는 색이름을 색이름 수식형, 뒤에 붙는 색이름을 기준색이름이라 부른다.
- 조합색 이름은 기준색이름 앞에 색이름 수식형을 붙여 만든다.
- 색이름 수식형에는 3가지 유형이 있다.
  - 기본색이름의 형용사 (예 빨간, 노란, 파란)
  - 기본색이름의 한자 단음절 (예 적, 황, 청)
  - 수식형이 없는 2음절 색이름에 '빛'을 붙인 수식형 (예 초록빛, 보랏빛, 분홍빛, 자줏빛)

객관식 문제

01 색채를 색의 삼속성에 따라 분류하여 표현한 색 이름은?
① 관용색명
② 고유색명
③ 순수색명
④ 계통색명

02 색명에 관한 설명 중 가장 올바른 것은?
① 색명은 체계화되고 정확성을 가질 필요가 없다.
② 모든 색명은 인명 또는 지명에서 나온 것이다.
③ 색명의 어원은 모두 다 동물, 식물 등 자연을 대상으로 하여 명칭이 지어졌다.
④ 색명은 크게 관용색명과 일반색명으로 구분된다.

03 명색조에 해당하지 <u>않는</u> 것은?
① Vivid
② Very pale
③ Light
④ Bright

정답 01 ④ 02 ④ 03 ③

POINT 72 | 색체계 표기법

01 먼셀의 색 표기법

● 색상(Hue)

- 기본색상은 빨강(R), 노랑(Y), 초록(G), 파랑(B), 보라(P)이다.
- 중간색상은 주황(YR), 연두(GY), 청록(BG), 청보라(PB), 자주(RP)이다.
- 10색상의 순서는 R, YR, Y, GY, G, BG, B, PB, P, RP이다.
- 10색상을 시각적으로 등간격이 되도록 10등분하여 100색상까지 나타낼 수 있다.
- 기준이 되는 색상을 5로 표기한다. 예를 들어 빨강의 기준 색상은 5R이다.

● 명도(Value)

- 0~10까지 11개의 단계 중 가장 어두운 0과 가장 밝은 10을 빼고 1.5~9.5 단계까지 표현된다.
- 디지털 색체에서는 8bit 컬러로 가장 어두운 0에서 가장 밝은 255까지 256 단계로 표현 가능하다.
- 무채색 명도 표기 : N1, N2, N3…

● 채도(Chroma)

- 무채색을 0으로 하여 순색까지 최고 16단계로 표기한다.
- 숫자가 높을수록 선명(고채도)하고 숫자가 낮을수록 탁(저채도)하다.
- 색상마다 채도의 단계가 다르며, 5R·5YR·5Y는 채도 14, 5GY·5PB·5P·5RP는 채도 8이다.

● 색 표기법

- 표기는 H V/C(색상 명도/채도)로 한다.
- 빨강은 '5R 4/14'로 기록하고 '5R4의 14'라고 읽으며 색상은 5R, 명도는 4, 채도는 14를 나타낸다.
- 무채색의 경우는 색상과 채도값은 생략해서 N7.5와 같이 명도만을 나타내고 앞에 N을 표기하여 무채색임을 명시한다.

📌 기적의 TIP

먼셀 색표기
- 5GY 6/3 = 색상 연두, 명도 6, 채도 3
- 5R 4/14 = 색상 빨강, 명도 4, 채도 14
- N5 = 무채색 명도 5

02 오스트발트 색체계의 기호 표기법

- 색각의 생리, 심리원색을 바탕으로 하는 기호표시법이다.
- W-B, W-C, B-C의 각 변에 각각 8단계로 등색상 삼각형을 형성하고 이것에 기호를 붙여서 표기한다.
- a, c, e, g, i, l, n, p와 같이 8단계의 알파벳을 하나씩 건너뛰어 표기하며, a는 가장 밝은 색표의 '백'이며, p는 가장 어두운 색표의 '흑'이다.
- 오스트발트 기호와 흑색량, 백색량

기호	a	c	e	g	i	l	n	p
백색량	89	56	35	22	14	8.9	5.6	3.5
흑색량	11	44	65	78	86	91.1	94.4	96.5

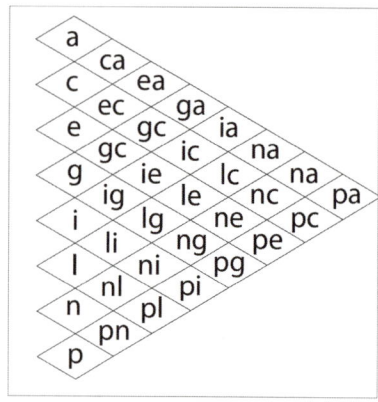

오스트발트 등색상 삼각형의 기호표시

03 NCS표색계

◉ NCS표색계 개념

- NCS는 심리적인 비율척도로 색 지각량을 표현하며 보편적인 자연색을 기본으로 그 순간 인간이 어떻게 색채를 보느냐에 기초한다.
- NCS표색계의 색상은 4가지 기본색인 노랑(Y), 빨강(R), 파랑(B), 초록(G)을 심리보색의 원리에 따라 노랑(Y) – 파랑(B), 빨강(R) – 초록(G)을 각각 반대편에 배치하여 그 사이를 혼합비율에 따라 10개 단위로 나누어 40개의 색상으로 구성되어 있다.

◉ NCS표색계의 뉘앙스

- 뉘앙스(Nuance)는 색조와 같은 개념으로 백색량, 흑색량, 순색량의 혼합비율을 뜻하며 이런 속성들의 합은 항상 100(W+S+C=100)이 된다.
- NCS표색계의 표기법은 S검정의 양과 C순색의 양 – 색상 순으로 표기한다.
- 무채색의 경우는 하양은 0500-N, 검정은 9000-N으로 표기한다.

기적의 TIP

NCS표색계 색표기
- 2060-Y30R
  - 빨강30%, 노랑 70%인 노란 색상이다.
  - 흑색량 20% 채도 60인 뉘앙스이다.

객관식 문제

01 '빨강, 명도 5, 채도 6'인 색의 먼셀 색 표기가 올바른 것은?
① R5 5/6
② 5R 6/5
③ R5 6/5
④ 5R 5/6

02 먼셀의 색채기호 표시법 중 옳은 것은?
① HV/C
② VH/C
③ H/VC
④ CH/V

03 오스트발트 색표기가 아래와 같다면 색 함유량은 얼마인가?

> 20ne = 색상 20, 백색량 5.6%, 흑색량 65%

① 29.4%
② 39.4%
③ 71.6%
④ 59.4%

04 다음 색에 대한 설명 중 옳은 것은?
① 진한색, 연한색, 흐린색, 맑은색 등의 표현은 명도의 고저를 가리키는 것이다.
② 색입체에서 명도는 수치가 높을수록 저명도이다.
③ 무채색은 색의 3속성을 모두 지닌다.
④ 먼셀의 색표기는 HV/C로 한다.

정답 01 ④ 02 ① 03 ① 04 ④

73 목표색 분석

01 목표색 주문

◉ 목표색 분류

- 물성 확인 : 유성, 수성
- 고려사항 : 채색법, 건조방식, 마감 보호처리, 보존환경 등
- 색재료의 분류의 대표적인 기준은 전색제에 있는 고착성분에 의한 분류이다.

명칭	전색제(고착성분)
수성페인트	아크릴 에멀션 합성수지
유성페인트	오일
유화	식물성 오일
투명수채물감	아라빅 검
불투명수채물감	아라빅 검
아크릴컬러	아크릴 에멀션 합성수지
한국화	아교
프레스코화	석회질 물질에 물

◉ 제조 데이터

- 주문요청서(접수)를 받아서 작성하고 결재가 완료되면 연구실에서 제조 데이터를 만든다.
- 배합 표기

안료	P
물	W
습윤제	WA
분산제	DA

02 색채표준의 조건

◉ 색채표기의 국제기호화

영어·독일어·프랑스어의 3개 국어를 사용하여 표기하며, 색상·명도·채도의 표기는 알파벳 기호를 따른다.

◉ 색표 간의 지각적 등보성

배열된 색표가 특정한 색상이나 톤에 치우쳐 분포되지 않고 지각적으로 일정한 간격을 유지하여야 한다.

◉ 색채의 속성표기

배열된 색채의 속성을 체계적으로 알 수 있도록 색상·명도·채도·색조(Tone) 등이 표기되어야 한다.

◉ 규칙적인 배열

표준색표집의 사용목적은 색의 관리, 재현, 선택에 있다. 따라서 색의 3속성 등이 규칙적으로 배열되어야 사용이 편리하다.

◉ 색채 속성배열의 과학적 근거

색채의 속성에 의한 배열일 경우에 색상·명도·채도의 단계가 과학적인 근거에 의하여 배열되어야 한다.

◉ 실용화의 용이

색의 재현이 불가능하거나 해독·전달이 어렵게 설계되면 실용성이 없다.

◉ 특수 안료를 제외, 재현 가능한 일반 안료 사용

가시광선 범위 내의 색료로 제작하는 것이 일반적이다. 그러나 특수 안료를 사용할 경우, 일반 표준이 아니므로 반드시 색채 속성을 명기한다.

03 CIE 색채표준

● CIE(국제조명위원회)

- 국제조명위원회(Commission Internationale de l'Éclairage)는 색채의 명확한 재현과 전달을 위한 표준안을 제시하였다.
- 물체의 색을 표현하는 데 국제적인 표시방법에 의해 사용하여야 한다.

① CIE 삼자극치

- 빛의 삼원색인 R·G·B 색광의 혼합으로 모든 색광을 만들 수 없어 이를 해결하기 위하여 임의의 가상 삼원색 광에 기초한 삼자극치 표기를 채택하였다.
- 가상 삼원색 광에 의한 삼자극치를 X·Y·Z로 표기하였다.

② CIE 표준관측자

- 물체의 크기로 인한 시각이 바뀌면 색감각은 변하므로 표준관측자를 2° 시야와 10° 시야로 정의하였다.
- 2° 시야가 10° 시야로 변화될 때 가장 큰 차이점은 명도가 높아진다.

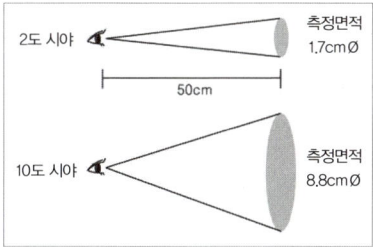

● CIE 표준광

- 표준광원 A : 상관색온도 2,856K
- 표준광원 B : 상관색온도 4,874K
- 표준광원 C : 상관색온도 6,774K
- D65 : 상관색온도 6,500K. 현재 가장 많이 쓰인다.

● 측색계 측색 순서

① 백색교정판에 Yxy값을 입력한다.
② 백색교정판을 측정한다.
③ 측정할 표색계를 선택한다.
④ 목표색을 측정한다.
⑤ 측정결과를 기록한다.
⑦ 작업지시서를 작성한다.

객관식 문제

01 목표색을 분류할 때 일반적으로 제일 먼저 확인해야 하는 사항은?
① 물성 확인
② 보존환경 확인
③ 생산업체 확인
④ 마감처리 확인

02 다음 중 색재료와 전색제가 올바르게 짝지어진 것은?
① 유화 – 아교
② 수성페인트 – 아크릴 에멀젼
③ 프레스코화 – 식물성 오일
④ 수채물감 – 석회물

03 빛, 조명, 빛깔, 색 공간을 관장하는 국제 위원회로, 측광과 측색에 관한 국제적 결정을 하는 기관은?
① CIE
② Pantone
③ ICC
④ ISO

정답 01 ① 02 ② 03 ①

74 | 색료

01 염료

● 색료
- 색료는 물체가 색을 띠는데 바탕이 되는 물질로 크게 염료와 안료로 나눌 수 있다.
- 염료는 물과 유기용제에 녹아 섬유에 침투하여 착색되고, 안료는 물과 유기용제에 녹지 않는 성질로 인해 전색제를 사용하여 물체표면에 착색시킨다.

● 염료 개념
- 영국의 화학자인 퍼킨이 1856년에 개발
- 물과 기름에 녹아 섬유 물질이나 가죽 분자와 결합하여 착색하는 색을 가진 유색 물질이다.
- 가장 오래된 염료 : BC 2000년경 시작된 쪽 염색이다.
- 초기 천연염료는 자연에서만 얻을 수 있었다.
- 우아하고 부드러운 색감에 비해 견뢰도(굳고 튼튼한 정도)는 낮다.
- 현재는 천연염료의 단점을 보완하는 합성염료가 개발되어 이를 대체하고 있다.

● 천연염료
① 식물성

적색 계열	꼭두서니 뿌리, 소목 뿌리, 홍화 꽃
황색 계열	신나무 잎, 울금 뿌리, 치자 열매, 황백 나무 껍질, 황련 뿌리
청색 계열	쪽 잎

② 동물성
- 오징어 먹물 : 갈색계 염료로 세피아(sepia)라고 하며, 오징어의 장(腸)에서 채취한다.
- 코치닐(cochineal) : 적색계 염료로 선인장에 기생하는 벌레에서 채취한다.
- 패자(貝紫) : 자색계 염료로 조개류의 내장에서 채취한다.

● 합성염료
- 유기화학(Organic Chemistry) 즉, 제조법, 성질, 반응, 용도 등 인공적으로 얻어지는 염료이다.
- 타르 염료 합성 염료 : Synthetic 라고도 한다.
- 톨루엔(Toluene), 벤젠(Benzene), 나프톨 (Naphthol) 등의 원료로 제조한다.
- 1856년 W.H.퍼킨이 최초의 합성염료인 모브(모베인)의 합성에 성공하며 발전하기 시작하였다.

산성 염료	• 물에 잘 용해 • 산성에 강함 • 염색 속도에 유념해야 함
염기성 염료	• 모브(Mauve)가 염기성 염료의 시작 • 착색력 우수, 색이 선명 • 햇빛과 세탁에 약함 • 얼룩지기 쉬움
직접 염료	• 혼색이 용이 • 대량 염색 가능 • 햇빛과 세탁에 약한 단점
반응성 염료	• '안료수지 염료'라고도 함 • 색이 선명 • 햇빛과 세탁에 강함

02 안료

● 안료 개념
- 물, 오일 등 용제에 용해되지 않는 미립자 분말 또는 불용성 유채
- 전색제(Vehide)의 도움으로 착색, 고착되어 색을 나타내는 색소
- 색조, 선명도, 은폐력, 착색력, 견뢰도 등이 다르다.
- 입자 크기에 따라 각 색강의 채도가 달라진다.
- 입자가 미세할수록 착색력이 높아지지만 내광성은 낮아진다.

① 무기안료
- 인류가 사용한 가장 오래된 색재
- 암석, 광물을 빻아 그린 동굴벽화에서 볼 수 있다.
- 아연, 납, 철, 구리 등의 금속화학물의 원료로 만든다.
- 내열성, 내광성이 우수하다.
- 도료, 인쇄 잉크 등의 원료로 사용된다.
- 건축 재료, 통신기계, 고무 크레용, 합성수지 등에 사용된다.

② 유기안료
- 제2차 세계대전 이후 출현하였다.
- 빛깔이 선명하고 착색력이 높다.
- 인쇄 잉크로 많이 사용된다.
- 고무, 플라스틱의 착색, 섬유수지날염 등 넓은 범위에 사용된다.
- 다양한 색이 많아 수요가 점점 증가하고 있다.

03 특수 재료

◉ 카본 안료
- 검정 색채를 만들 때 사용되는 중요 안료
- 카본 블랙 (Carbon Black) : 천연 가스에서 만들어지는 그을음을 말한다.
- 본 블랙(Bone Black) : 동물의 뼈 재료로 만든 것이다.

◉ 특수안료
- 특수한 색채 효과를 증가시키기 위해 만들어진 안료
- 종류 : 형광 안료, 금속분말 안료, 진주광택 안료

단답형 문제

01 다음 가로안에 들어갈 말은?

> 색료는 물체가 색을 띠는데 바탕이 되는 물질로 크게 ( )와 ( )로 나눌 수 있다.

객관식 문제

02 다음 중 안료(Pigment)에 대한 설명으로 옳은 것은?
① 물질에 잘 흡착되는 성질을 지닌 광물 색소다.
② 물이나 대부분의 유기용제에 용해되는 분말상의 착색제다.
③ 가장 대표적인 색소에는 플라보노이드가 있다.
④ 동물의 생체활성작용에 의해 만들어지는 생채 색소다.

03 염료(Dye)에 대한 설명으로 바른 것은?
① 인디고는 가장 최근의 염료 중 하나로 인디고를 인공합성하게 되면서 청바지의 색을 내는 데 이용하게 되었다.
② 염료를 이용하여 염색하는 구체적인 방법은 피염제의 종류, 흡착력 등에 의해 정해지는 것은 아니다.
③ 직물 섬유의 염색법과 종이, 털, 피혁, 금속, 표면에 대한 염색법은 동일하다.
④ 효율적인 염색을 위해서 염료가 잘 용해되어야 하고 분말의 염료에 먼지가 없어야 한다.

정답 01 염료, 안료 02 ① 03 ④

POINT 75 조색

01 조색

◉ 조색
흰색, 검정색을 포함하여 2가지 이상의 색재료를 색상, 명도, 채도에 맞추어 섞는 과정이다.

◉ 조색의 기본 원리

① 지정색 만들기
- 각 색이 재현될 수 있는 원색을 찾는다.
- 명도와 채도를 조절한다.
- 지정색
  - 중간색을 만들어야 할 때 기준색이 되므로 되도록 많은 양을 조색한다.
  - 중간색을 혼합할 때 기준색이 부족하면 정확한 등간격의 중간색을 만들기 어렵다.

② 중간색 조색 순서
- 양쪽 기준색 조색
- 왼쪽 기준색 → 오른쪽 기준색으로의 변화 과정
- 밝은 쪽부터 어두운 색으로 조색

◉ 조색작업 시 주의사항
- 목표색에 가장 근접한 원색을 선택한 후 명도, 채도를 맞추고 색상을 맞춘다.
- 색상을 변화시킬 때는 근접 색상을 사용한다.
- 목표색보다 명도와 채도를 높게 시작하는 것이 색을 맞추어 나가기가 쉽다.
- 혼색하는 원색의 수는 적을수록 좋다.
- 착색 전과 건조 후의 도막은 색이 다르므로 반드시 건조 후에 색 비교를 한다.
- 솔리드 색은 건조되면 짙어지고, 메탈릭 색은 밝아진다.

◉ 혼색의 기본원리
- 사용량이 많은 원색부터 혼합한다.
- 혼합하는 색이 많아질수록 명도와 채도가 낮아진다.
- 보색 간의 혼색은 무채색에 가까운 색이 된다. 즉, 채도가 급격하게 낮아진다.
- 순수한 원색만 사용하고 혼색된 색은 사용하지 않는다. 혼색된 색을 사용할 경우 색감을 예측하기 어렵다.
- 색상환에서 근접한 색상(유사색상) 간에 혼합하는 것이 채도가 높다.
- 목표색과 동일하게 조색하였더라도 착색방법에 따라 색의 변화가 생길 수 있다.

◉ 색의 혼합 순서
① 주색 선정 : 지정색의 특징을 가장 많이 포함한 색상 선택
② 첨가색 선정 : 주색에 포함되어 영향을 주는 색상 부가색
③ 명도 조절 : 흰색, 검정을 사용하여 명도 맞춤
④ 톤 조절 : 주색, 첨가색, 흰색, 검정을 사용하여 톤 맞춤 회색 사용

02 색 혼합에 따른 삼속성 변화

● **2색 혼합**

① 무채색 + 무채색
- 채도가 없다.
- 흰색, 검정을 사용해 명도를 맞춘다.

② 유채색 + 흰색 : 명도는 높아지고 채도는 낮아진다.

③ 유채색 + 검정색 : 명도와 채도가 낮아진다.

④ 유채색 + 유채색 : 두 색의 중간 색상, 두 색의 평균 명도, 채도는 낮아진다.

● **3색 혼합**

① 유채색 + 유채색 + 흰색 : 유채색의 중간 색상, 명도는 높아지고 채도는 낮아진다.

② 유채색 + 유채색 + 검정색 : 유채색의 중간 색상, 명도와 채도가 낮아진다.

③ 유채색 + 흰색 + 검정색
- 흰색과 검정의 혼합 양에 따라 명도 변화
- 채도는 낮아진다.

03 CIE L*a*b* 색공간

- CIE L*a*b* 색공간은 오차 보정 시 가장 많이 사용한다.

① L*(스타, Star)
- 명도
- 0(블랙)에서 100(화이트)까지 표기

② a*
- Red ~ Green의 정도
- +쪽일수록 빨강, −쪽일수록 초록

③ b*
- Yellow ~ Blue의 정도
- +쪽일수록 노랑, −쪽일수록 파랑

단답형 문제

01 수치 데이터를 이용하거나 주어진 색표를 가지고 색을 만드는 작업은?

객관식 문제

02 노랑과 보라를 조색하면 나타나는 색의 계열은?
① 빨강계열
② 남색계열
③ 초록계열
④ 갈색계열

03 L*a*b* 색공간의 설명으로 맞지 <u>않는</u> 것은?
① L*(스타, Star)는 명도를 나타내며 0(블랙)에서 100(화이트)까지 표기할 수 있다.
② a*는 Red ~ Green의 정도로 a*가 +쪽일수록 빨강, −쪽일수록 초록을 나타낸다.
③ L*a*b* 색공간은 오차판단 시 가장 많이 사용한다.
④ b*는 Yellow ~ Blue의 정도로 b*가 +쪽일수록 노랑, −쪽일수록 파랑을 나타낸다.

정답 01 조색 02 ④ 03 ③

POINT 76 | 시료색 측색

01 육안 검색

● 색 비교를 위한 시환경

① 조도
- 작업면 조도 : 1,000~4,000lx
- 균제도 : 80% 이상
- 어두운 색을 비교하는 경우에는 작업면의 조도가 4,000lx에 가까울수록 좋다.

② 부스의 내부 색
- 부스 내부의 명도는 약 N4~N5의 무광택 무채색으로 한다.
- 고명도의 색을 비교하는 경우에는 약 N6, 또는 그 이상으로 한다.
- 저명도의 색을 비교하는 경우에는 무광택 검정으로 한다.
- 부스 내의 작업면은 비교하려는 시료면과 가까운 휘도율을 갖는 무채색으로 한다.

③ 작업면의 색
작업면의 색은 원칙적으로 무광택이며, N5인 무채색으로 한다.

● 검사원
- 미묘한 색의 차이를 판단하는 능력과 정상의 색각을 가진 사람으로 한다.
- 눈의 피로에서 오는 영향을 막기 위해 고채도의 색을 검색한 후, 저채도의 색을 검색하면 안 된다.
- 밝고 선명한 색이 신속하게 결과가 판단되지 않을 경우에는 무채색을 보고 눈을 순응시킨 후 검색한다.
- 관찰자가 연속해서 비교작업을 실시하면, 시감판정 능력이 저하되므로 휴식을 취한 후 검색한다.

● 색면의 크기
- 시료색 및 표준색은 평평하고 보기 쉬운 크기로 한다.
- 비교하는 색면의 크기와 관찰거리는 약 2° 시야 또는 약 10° 시야로 한다.
- 색면의 크기가 2° 시야 또는 10° 시야보다 큰 경우에는 마스크를 사용하여 약 2° 시야 또는 약 10° 시야의 관찰조건으로 조정한다.

● 색채 비교용 조명

① 자연광 조명
- 직사광선을 사용하면 안 된다.
- 북반구의 약간 흐린 북쪽 하늘, 남반구의 약간 흐린 남쪽 하늘에서 오는 자연광을 사용한다.
- 조건을 만족시키기 어려운 경우에는 인공광원을 사용한다.

② 색채 비교 부스의 인공광원
- 외부의 빛이 차단되어야 한다.
- CIE 표준 D65광원 또는 A광원으로 조명한다.
- 색채 비교 위치의 조명수준은 1,000~4,000lx, 어두운 색일수록 밝은 조명 아래에서 하는 것이 좋다.
- 일반 용도의 색채 비교 부스 내부는 명도 $L*$이 45~55인 무광택 중간 회색($a*$와 $b*$의 값이 1.0이하)으로 도장한다.

02 측색계

● 측색계의 종류와 사용 용도

종류	특징	정확성
스펙트로 포토미터	• 물체색, 액체, 투명체 • 분광측색계 • 이동용, 고정용	1급
비접촉 스펙트로 포토미터	• 물체색 • 분광측색계 • 액체, 투명체 측정불가	3급
2차원 크로마미터	• 물체색, 분말, 흙, 머리칼 등 • 삼자극치 측정	3급
스펙트로 레디오미터	• 모니터, 전구, 광원, 휘도 • 분광측색계	1급

덴시토미터	• 인쇄 필름, 인쇄교정물 기준색 CMYK 측정 • RGB 방식	2급
글로스미터	• 광택도 • 반사측정 방식 • 각도(20°, 60°, 85°) 측정	2급
컬러리미터	• 투명체 • 삼자극치	2급

● 측색계의 측색조건 표기법

표색계, 측정 광원, 관찰 시야, 수광 방식을 반드시 표기하고 필요에 따라서는 사용한 기기의 종류, 제조사, 파장 간격을 표기한다.

```
Target Value
L* =  78.10    ┐
a* = +12.33    ├ 표색계
b* = +22.19    ┘

D65    10    0/8
측정광원 관찰시야 수광방식
```

● 색차 계산

- 분광측색계로 목표색을 측색한 후 시료색을 측색하여 두 색의 색차를 계산한다.
- 색차는 색 공간에 위치하는 두 색 간의 거리로 표현한다.
- 거리가 멀수록 색차가 크고 가까울수록 색차가 작은 것이다.
- 목표색과 시료색의 총 차이는 $\Delta E*ab$는 CIEL*a*b*(1976) 색 공간에서 두 색 위치 간의 기하학적 거리로 계산한다.

객관식 문제

01 색 비교를 위한 시환경에 대한 설명으로 잘못된 것은?
① 작업면 조도는 1,000~4,000lx 정도로 한다.
② 균제도는 80% 이하로 맞춘다.
③ 어두운 색을 비교하는 경우에는 작업면의 조도가 4,000lx에 가깝게 조정한다.
④ 부스 내부의 명도는 약 N4~N5의 무광택 무채색으로 한다.

02 측색계의 측색조건 표기사항에 포함되지 않는 것은?
① 표색계
② 측정 광원
③ 수광 방식
④ 측색일 온도, 습도

03 측색계 중 물체색, 액체, 투명체를 측정할 수 있으며, 정확성이 1급인 것은?
① 컬러리미터
② 스펙트로포토미터
③ 덴시토미터
④ 2차원 크로마미터

정답 01 ② 02 ④ 03 ②

77 색차 보정

01 조색 평가

● 색차 계산

- 분광측색계로 목표색을 측색한 후 시료색을 측색하여 두 색의 색차를 계산한다.
- 색차는 색 공간에 위치하는 두 색 간의 거리로 표현한다.
- 거리가 멀수록 색차가 크고 가까울수록 색차가 작은 것이다.
- 목표색과 시료색의 총 차이는 $\Delta E*ab$는 $CIEL*a*b*$ 색 공간에서 두 색 위치 간의 기하학적 거리로 계산한다.

$$\Delta E*ab = \sqrt{(\Delta L^*)^2 + (\Delta a^*)^2 + (\Delta b^*)^2}$$

$$\sqrt{(L-L')^2 + (a-a')^2 + (b-b')^2}$$

- 두 색 간의 색차는 $\Delta E*$로 표시한다. 소수점 셋째 자리에서 반올림하여 둘째 자리까지 표기한다.
- NIST의 색차구분

색차(ΔE^*)	색감 차이
0 ~ 0.5	Trace(미약)
0.5 ~ 1.5	Slight(근소)
1.5 ~ 3.0	Noticeable(눈에 띰)
3.0 ~ 6.0	Appreciable(상당)
6.0 ~ 12.0	Much(많음)
12.0 이상	Very Much(매우 많음)

● 시료색 색차 계산

①
목표색	시료색
L : 50 a : 10 b : 30	L : 50 a : 20 b : 40

– Red가 10 높음, Yellow가 10 높음

②
목표색	시료색
L : 50 a : –30 b : –10	L : 50 a : –40 b : 0

– Green가 10 낮음, Blue가 10 높음

③
목표색	시료색
L : 50 a : 30 b : 10	L : 60 a : 40 b : 0

– 명도가 10 높음, R가 10 높음, Y가 10 낮음

● 조색 결과 평가

① 편색 판정
- 시료색을 오차범위 내로 유도하는 작업이다.
- 시료색이 목표색에 대하여 어떤 색의 속성(색상, 명도, 채도)이 어떻게 다른지를 정확하게 판단할 필요가 있다.

② 메타머리즘의 평가
- 일반적으로 중간톤의 색을 조색할 때 많이 발생한다.
- 눈으로 보면 같은 색이지만 분광반사율자체가 달라 광원이 바뀔 때마다 두 색이 달라 보이는 경우를 메타머리즘이라 한다.
- 표준광 D65와 표준광 A를 사용한다.

③ 컬러 어피어런스(Appearance)
- 색은 보이는 것에 따라 인지되는 심리적 현상으로 색의 제시 조건이나 재질 등의 차이에 따라 변화를 보이게 되는 것을 뜻한다.
- 색의 삼속성 외에, 광택감이나 재질감에 관계하는 물리적인 여러 요소를 찾아내어 이를 계량화하고, 개선해 나가는 것이 중요하다.

④ 광택의 평가
- 같은 색이라도 물체 표면의 광택(매끄러움의 정도)에 따라 그 인상이 달라지므로 색채계획 또는 색채관리에 있어 중요한 문제가 된다.

02 보정

● 색차 보정 작성
- 색차 보정 방향을 "(①)를 (②)만큼 추가한다."라고 작성한다.
- CIE L*a*b* 색 공간에서의 +, −는 '양수와 음수'가 아닌 '색상'을 나타내므로 오차 보정 내용 작성 시 혼동하지 않도록 한다.

① L*값을 보정하는 경우
- 'White'를 ( )만큼 추가한다.
  - 시료색의 L*값을 올릴 경우
- 'Black'을 ( )만큼 추가한다.
  - 시료색의 L*값을 내릴 경우

② a*값을 보정하는 경우
- 'Red'를 ( )만큼 추가한다.
  - 시료색의 a*값을 올릴 경우
  - 시료색의 −a*값을 내릴 경우
- 'Green'을 ( )만큼 추가한다.
  - 시료색의 −a*값을 올릴 경우
  - 시료색의 a*값을 내릴 경우

③ b*값을 보정하는 경우
- 'Yellow'를 ( )만큼 추가한다.
  - 시료색의 b*값을 올릴 경우
  - 시료색의 −b*값을 내릴 경우
- 'Blue'를 ( )만큼 추가한다.
  - 시료색의 −b*값을 올릴 경우
  - 시료색의 b*값을 내릴 경우

단답형 문제

※시료색 A를 보정하시오.

구분	L*	a*	b*
목표색	72	−20	−10
시료색 A	75	−24	−8

01 L* : ( )을 ( )만큼 추가한다.

02 a* : ( )을 ( )만큼 추가한다.

03 b* : ( )을 ( )만큼 추가한다.

정답 01 Black, 3 02 Red, 4 03 Blue, 2

POINT 78 색채계획서

01 색채계획의 개념

◉ 색채계획

- 예술 문화적 측면, 심리적 측면, 물리적 기능을 포함한 종합적인 색채 업무이다.
- 기본적으로 색채계획은 이미지 연상, 상징, 기능성, 안전색, 금지색 등 복합적인 분야를 적용하여 계획하고 의도와 미적인 감각이 더해져서 종합색채 계획이 된다.
- 단순한 색채의 사용을 넘어 기능성, 심미성, 문화성으로 색채의 사용이 필수적 요소가 된다.

◉ 색채계획의 필요성

디자인에서 전달하고자 하는 정보를 누구나 쉽게 이해할 수 있도록 시각화하기 위해 아이디어를 좀 더 시각적으로 구체화시키는 역할이다.

02 색채계획서 구성

◉ 색채계획서

- 디자인의 대상이나 용도에 적합한 재료를 바탕으로 기능적·심미적으로 효과적인 배색효과를 얻을 수 있도록 계획하는 것을 말한다.
- 색채계획은 다양한 분야에서 중요시되고 있으며, 목적과 대상에 따라 다양한 방법으로 적용된다.
- 클라이언트 미팅, 정보수집 및 분석, 소비자조사, 시장조사, 마케팅 조사에 의한 색채계획 개요, 방향, 과정 등이 포함된다.

- 색채계획서의 구성

```
클라이언트 미팅
정보수집 및 분석
      ▼
현장조사, 소비자조사, 시장조사, 마케팅조사
      ▼
색채계획서
색채계획 개요, 색채계획의 목적 및 방향,
색채계획의 진행과정
```

◉ 주조색, 보조색, 강조색

① 주조색
- 배색의 기본이 되는 색으로 70~75% 차지하며 전체적인 분위기와 느낌을 좌우하는 색을 말한다.
- 선정 시 재료, 대상, 목적 등을 고려해야 한다.

② 보조색
- 전체 면적의 20~25%를 차지하며 주조색과 유사색상 및 톤을 사용하여 보완해 주는 색을 말한다.
- 보조색에 의해 배색 전체에 리듬감을 줄 수 있다.

③ 강조색
- 포인트 색상으로 전체 면적의 5~10%를 차지하며 주조색 및 보조색과 비교하여 색상 및 명도와 채도를 대비적 사용으로 강조한다.
- 전체 배색에 활력을 넣어 줄 수 있다.

03 색채 마케팅

◉ 마케팅의 구성 요소

4P의 조화를 통하여 마케팅 효과를 높이는 것을 마케팅 믹스(Marketing Mix)라고 한다
- 제품(Product)
- 가격(Price)
- 유통(Place)
- 촉진(Promotion)

● 경쟁사 분석

경쟁사 분석은 경쟁업자와 잠재적 경쟁업자가 누구인지를 파악하는 것이다.

● 소비자 분석

- 시장 분석의 대표적 분석 방법으로 최종 소비자의 개요를 파악하려는 것이다.
- 소비자를 소득 계층별, 지역별, 속성별 등으로 분류하고 사회적 의식, 생활 태도, 구매 태도, 구매 습관 등을 분석한다.

● 시장 세분화

- 공통된 속성을 지닌 시장끼리 나누는 작업을 말한다.
- 소비자의 요구조건, 구매반응 등의 여러 요인에 의해 이루어지기 때문에 먼저 소비자와 그들의 행동에 대한 분석과 충분한 이해가 있어야 한다.

● 색채 마케팅

- 기업경영에 있어 마케팅 기법을 색채와 접목시켜 소비자의 구매 욕구를 증가시키는 요소를 색으로 정해서 판매를 극대화하는 것이다.
- 1950년대 중반부터 색채 마케팅이란 용어를 사용하기 시작하였으며, 우리나라에서는 1980년대 컬러 텔레비전이 등장함에 따라 활성화되었다.
- 색채기획 및 조사, 분석 단계에서 클라이언트·소비자 요구사항과 마케팅 전략을 고려하여 최종적인 배색 적용안을 도출할 수 있다.

● 토탈 마케팅

- 제품이나 서비스의 기획부터 생산, 유통, 판매, 사후 관리에 이르는 모든 마케팅 활동 단계에 디자인 요소를 핵심 전략으로 통합하여 활용하는 경영 및 마케팅 전략이다.
- 기업 이미지(CI/BI), 고객 경험(UX/CX), 판매 공간 등 고객과 만나는 모든 접점에서 일관되고 차별화된 디자인 가치를 제공함으로써 총체적인 브랜드 가치와 경쟁 우위를 확보하는 데 목표를 둔다.

객관식 문제

01 마케팅에 대한 설명 중 틀린 것은?
① 고객의 필요에 초점을 두어야 한다.
② 소비자 중심에서 기업 중심으로 가야 한다.
③ 기업의 제품개발, 광고전개, 유통설계를 중심으로 한 활동이다.
④ 고객의 필요, 충족을 통해서 이익을 획득한다.

02 다음 중 마케팅 믹스에 속하지 않는 것은?
① 제품
② 가격
③ 매장
④ 촉진

03 색채 마케팅 발생에 대한 설명으로 옳은 것은?
① 대한민국은 1950년대 후반 컬러 TV 광고를 중심으로 색채를 강조한 제품 광고를 시작하였다.
② 색이 인간에게 미치는 영향, 효과 기능이 입증은 되지 못하였다.
③ 매스마케팅에서 표적 마케팅, 틈새 마케팅으로 이는 전체 맞춤 마케팅이다.
④ 산업화의 영향으로 기업은 소비자에게 생산, 분배, 판촉을 하는 마케팅이 시작되었다.

04 색채계획서에 포함되지 않는 것은?
① 색채계획 운용 비용
② 색채계획 개요
③ 색채계획 목적
④ 색채계획 방향

정답 01 ② 02 ③ 03 ④ 04 ①

POINT 79 | 색채 이미지 스케일

01 색채 이미지 스케일

◉ 색채 이미지 스케일 개념

- 객관적인 분석 및 조사로 특정한 언어로 객관화 하여 이미지 공간을 구현한 것이다.
- 감성 배색이나 색채 계획과 디자인 진행 → 색에 대한 객관성과 정확성 향상
- 개인, 국가, 문화, 양식, 환경 등에 따라서 이미지 스케일은 모두 다르게 나타난다.
  → 주제와 특성에 맞게 이미지 공간을 제작하여 활용해야 한다.

◉ 색채 조사 분석 방법

- SD법 색채 이미지에 관한 연구법
  - 1959년 미국의 심리학자 오스굿(C.E. Osgoods)에 의해 고안되었다.
  - 색, 경관, 제품, 유행색 경향 및 선호도 비교 분석 등 여러 대상의 인상을 파악하는 방법이다.
  - 요인 분석으로 의미 공간을 해석한다.
- 한국인의 색채 이미지 공간 구현을 위한 Hue & Tone 체제의 130색의 이미지 조사
  - SD법으로 실시 → SPSS/PC+ 통계 패키지요인 분석 → 색채 기호 조사, 디자인 과정에 사용한다.

🅱 기적의 TIP

색채 SD법
- Semantic Differential Method
- 색채 조사 방법 중 상반되는 형용사군 10~50개를 이용하여 이미지 맵과 이미지 프로필과 같은 좌표계로 결과를 볼 수 있다.
- 색채심리를 분석하여 정서를 언어 스케일로 나타낼 수 있다.

02 형용사 이미지 스케일

◉ 색채 이미지 스케일

- 색에 대한 감성적인 부분을 객관적·심리적으로 분류하여 시각적으로 전달하는 역할을 한다.
- 유행색 경향 및 선호도 비교분석에 사용된다.

◉ 단색 이미지 스케일

- 색채가 가지고 있는 느낌의 차이에 따라 단색 이미지 공간 안에서 부드러운, 딱딱한, 동적인, 정적인 영역으로 분류한다.
- 가까운 거리의 색들은 비슷한 이미지 거리가 먼 색들은 이미지 차이도 멀어진다.
- 어둡고 탁한 색들은 딱딱하고 정적이다.
- 밝고 선명한 색들은 부드럽고 동적인 느낌을 준다.

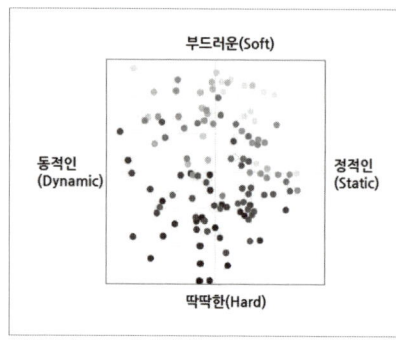

◉ 배색 이미지 스케일의 특징

- 둘 이상의 색이 조합되었을 때의 느낌 차이로 배색되어 이미지 스케일 공간 안에서 부드러운, 딱딱한, 동적인, 정적인 영역으로 분류한다.
- 배색 이미지는 형용사를 배색이미지의 그룹명으로 분류하여 각 배색이 의미하는 특징을 12가지로 구별하였다.

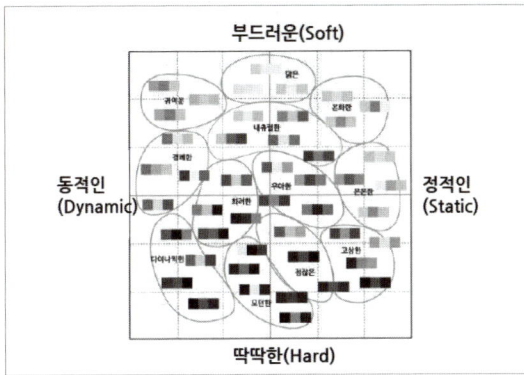

● **형용사 이미지 스케일**

- 색채 이미지를 표현하는 형용사적 표현 방법으로 비슷한 의미의 형용사들을 묶어서 대표 카테고리의 형용사로 다시 분류한 것이다.
- 형용사 이미지 공간에서 각 형용사가 위치하고 있는 곳에 따라 색이 갖는 이미지를 구별한다.
- **형용사 공간** : 귀여운, 맑은, 온화한, 내츄럴한, 경쾌한, 화려한, 우아한, 은은한, 다이나믹한, 모던한, 점잖은, 고상한

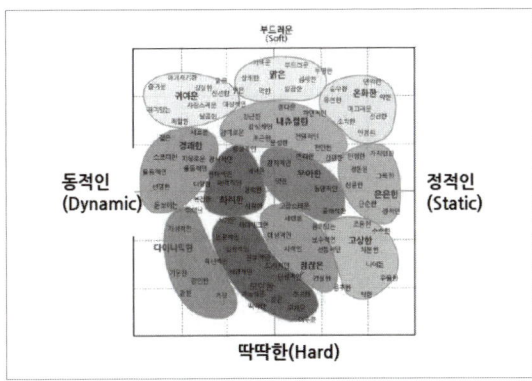

단답형 문제

01 색채에 대한 객관적인 분석 및 조사로 특정한 언어로 객관화하여 이미지 공간을 구성한 것은?

객관식 문제

02 색채 이미지 스케일에 대한 설명으로 옳지 않은 것은 무엇인가?
① 색채가 주는 느낌, 정서를 언어 스케일로 나타낸 것이다.
② 색채의 속성을 체계적으로 이미지화한 것이다.
③ 난색 계열의 색보다 한색 계열의 색이 가볍게 느껴진다.
④ 색채 이미지를 어휘로 표현하여 좌표계를 구성한 것이다.

03 단색 이미지 스케일에 대한 설명으로 옳지 않은 것은 무엇인가?
① 부드러운, 딱딱한, 동적인, 정적인 영역으로 분류한다.
② 어둡고 탁한 색들은 딱딱하고 정적이다.
③ 밝고 선명한 색들은 부드럽고 동적인 느낌을 준다.
④ 부드럽고 정적인 색상은 채도가 높고, 명도는 낮은 편이다.

정답 01 색채 이미지 스케일 02 ② 03 ④

POINT 80 색채 디자인 역할

01 디자인 영역별 색채 디자인

◉ **시각 디자인**

- **편집 디자인** : 편집물의 내용을 상징화 할 수 있으며 유사 출판물과의 차별성을 높일 수 있는 배색이 요구된다.
- **패키지 디자인** : 상품을 안전하게 보관할 수 있는 보호의 기능을 고려하며 상품의 특성을 명확하게 전달하는 배색이 요구된다.
- **캐릭터 디자인** : 애니메이션, 팬시, 문구, 문화상품 등의 상징물로 활용되고 있어 용도와 성격에 적합한 배색이 요구된다.
- **웹 디자인** : 사용자의 시각적 피로감을 유발 할 수 있는 고채도의 형광 색조나 지나치게 대비되는 색채는 지양하는 배색이 요구된다.
- **CI · BI** : 기업 및 상표의 이미지를 부각 시킬 수 있는 독창적인 배색이 요구된다.

◉ **제품 디자인**

- **전기 · 전자제품** : 사용자 중심의 인간공학적 측면과 실내 인테리어와의 조화를 고려한 배색이 요구된다.
- **디지털 제품** : 트렌드에 민감한 제품으로 소비자의 기호색과 유행색을 고려한 배색이 요구된다.
- **생활용품** : 일생생활에서 다양하게 접할 수 있는 제품의 용도와 특성을 고려한 배색이 요구된다.
- **가구 디자인** : 사용자의 개인적 성향과 선호도 및 실내 마감재와의 조화를 고려한 배색이 요구된다.

◉ **환경 디자인**

- **건축 디자인** : 건물의 형태, 성격, 주변 환경 등 기능과 목적을 고려한 조화로운 배색이 요구된다.
- **실내 디자인** : 건축물 내부공간의 용도별 특성에 맞는 심미성을 고려한 배색이 요구된다.

◉ **패션 디자인**

- 패션 디자인은 옷과 장신구에 관한 디자인을 뜻하며 지역, 기후, 생활양식 등의 사회 문화적 영향을 받는다.
- 시간과 장소에 따라 다양하다.
- 패션의 필수 조건 중 색채는 미적 상승효과를 극대화시키는 요소로 계절별 유행색을 고려해야 한다.

◉ **미용 디자인**

- **메이크업** : 개인의 피부색과 모발색 등의 신체적 특징을 파악하여 트렌드, 계절별 색채 및 신체의 부분과의 조화를 고려한 배색이 요구된다.
- **헤어** : 연령과 선호하는 이미지, 목적, 의상과의 조화를 고려한 배색이 요구된다.

02 유행색과 트렌드

● 유행색

- 일정 기간 동안 시장을 점유한 색 또는 디자인 및 산업계에서 전문가에 의해 발표되는 유행 예측색을 의미한다.
- 경제와 문화의 흐름과 밀접한 관계가 있으며, 관련단체에서 상품의 유행 예측색을 계절에 앞서 제안한다.
- 유행 예측색은 1963년 설립된 국제유행색협회에서 연 2회 협의회를 개최하며, 제안색을 바탕으로 2년 후의 색채 경향 및 시즌별 유행색을 선정한다.
  - 예측 유행색(Forecast Color) : 유행이 예측되는 색
  - 스탠더드 컬러(Standard Color) : 기본색으로 받아들여진 색
  - 전위색(Trial Color) : 유행의 징조가 보이는 색
  - 화제색(Topic Color) : 소수의 주목을 받는 색
  - 시장 인기색(Popular Color)
  - 다량 유통색(Style Color)
  - 트렌드 컬러(Trend Color) : 유행의 경향을 상징하는 색

● 트렌드

- 트렌드는 유행과 비슷한 성향을 가지지만 일반적으로 유지되는 기간이 5~10년으로 길기 때문에 트렌드를 파악하는 것은 색채디자인 작업에서 큰 비중을 차지한다.
- 트렌드는 사회, 문화, 디자인 등 여러 분야에 걸친 복합적인 영역에서 나타나는 현상이기 때문에 한 가지 트렌드 자료만으로는 디자인을 도출하기에 어려움이 있다.
- 다양한 기관에서 발행하는 트렌드에 관련된 연구보고서 및 자료를 지속적으로 수집하고 스크랩하는 것이 중요하다.

객관식 문제

01 고감도 산업에서 제품의 부가가치를 높이기 위한 색채의 적용은 매우 중요하다. 따라서 현재 사용되고 있는 색채에 대한 정보의 수집과 시대 및 상황에 맞는 색채 정보의 분석을 토대로 한 합리적인 색채계획이 요구되는 디자인의 분야는 무엇인가?
① 환경 디자인
② 제품 디자인
③ 패션 디자인
④ 시각 디자인

02 유행색 정보와 지난 시즌 인기색상을 토대로 자사의 브랜드 이미지에 맞게 색상을 설정하는 작업은?
① 색채 디자인
② 컬러 트렌드
③ 색채 기획
④ 색채 마케팅

03 유행의 징조가 보인다고 판단되는 색은?
① 예측 유행색
② 전위색
③ 화제색
④ 트렌드 컬러

정답 01 ③ 02 ③ 03 ②

81 | 컴퓨터그래픽의 역사

● 컴퓨터그래픽의 발달 과정

세대	소자	발전 단계
제1세대 (1946년~ 1950년대 말)	진공관	프린터, XY 플로터
제2세대 (1950년대 말~ 1960년대 말)	트랜지스터	리플레시형 CRT
제3세대 (1960년대 말~ 1970년대 말)	IC(집적회로)	벡터 스캔형 CRT
제4세대 (1980년대)	고밀도 집적회로 (LSI)	래스터 스캔 CRT
제5세대 (1990년대 이후)	바이오 소자와 SVLSI	멀티미디어, 인터넷 인공지능, GUI

● 제1세대 : 진공관 시대

- 컴퓨터의 초기 단계로 최초의 컴퓨터인 에니악의 출현 시기인 1946년부터 1950년대 말까지를 말한다.
- 미국 국방성의 요구에 의하여 1946년 미국의 에커트와 모클리가 최초의 컴퓨터인 에니악(ENIAC)을 개발했다.
- 충격식 프린터기인 라인 프린터와 캘컴사의 565드럼 플로터(Plotter)를 통한 문자, 기호의 출력이 가능해졌다.

● 제2세대 : 트랜지스터 시대

- 1950년대 말에서 1960년대 중반까지의 시기로, 컴퓨터 소자로 트랜지스터와 파라메트론, 다이오드 등이 사용되었다. 진공관의 단점인 처리 속도, 비용, 크기 등을 보완할 수 있었다.
- CRT를 이용하여 1960년 보잉 737의 설계를 하였으며, 오늘날 CAD(컴퓨터 응용 설계)의 기반을 구축하였다.
- 1963년 MIT에서 스케치 패드(Sketch Pad) 시스템을 실용화하여 오늘날의 CAD와 사용자 환경에 많은 영향을 주었으며, 화면을 보면서 직접 작업하고, 수정하는 대화형 환경을 구축하였다.

● 제3세대 : 집적회로(IC) 시대

- 컴퓨터그래픽이 실용화, 활성화된 시기로 1960년대 후반부터 1970년대 말까지 집적회로(IC)와 MSI(중규모 집적회로)를 컴퓨터의 소자로 사용한 시기를 말한다.
- CRT는 벡터 스캔(Vector Scan)형의 등장으로 컴퓨터그래픽스의 적용 범위가 확대되었다.
- 마이크로프로세서의 개발로 CPU가 하나의 칩에 놓이게 되었으며, 반도체 메모리, 캐시 메모리를 사용하였고, 운영체제와 가상 메모리 등의 개념이 확립되었다.
- 제조업 전 분야에 CAD/CAM 시스템이 도입되었으며, 와이어 프레임에 의한 방법이 사용되었다.
- 서덜랜드와 에반스에 의하여 최초의 애니메이션 작품인 하프톤 애니메이션으로 컴퓨터에 의한 애니메이션이 발전하게 되었다.

● 제4세대 : LSI(고밀도 집적회로) 시대

- 1970년대 말부터 1980년대에 걸쳐 컴퓨터 소자를 LSI(고밀도 대규모 집적회로)와 VLSI(초고밀도 집적회로)로 사용한 시기를 말한다.
- 1978년 애플사의 최초 개인용 컴퓨터인 애플이 개발되었으며, IBM사에서는 1981년 개인용 컴퓨터인 PC(Personal Computer)를 개발하여 OA(Office Automation)시대가 개막되었다.
- 래스터 스캔 CRT를 이용하여 빛에 의한 가산혼합방식으로 컬러를 표현할 수 있어 현실과 가까운 색상, 선, 면 표시까지 가능해졌다.
- 컴퓨터그래픽의 소프트웨어와 CAD 프로그램, 애니메이션 프로그램이 개발되었으며, 2D, 3D를 이용한 광고, 디자인, 정보, 통신 분야 등에 급격한 발전을 가져왔다.

- 출판 분야에서는 전자출판을 의미하는 DTP의 시대를 열었다.
- 컴퓨터그래픽스를 이용한 애니메이션 기법의 발달로 영화 제작에 큰 변화를 가져왔다.

● 제5세대 : GUI, 인공지능 시대

- 1980년대 말부터 1990년대를 거쳐 현재까지의 기간으로, 바이오 소자와 SVLSI(Super VLSI) 등이 사용되었으며, 인공지능(Artificial Intelligence)의 기능이 발전된 시기를 말한다.
- 바이오 소자와 광소자가 개발되었으며, 인공지능 컴퓨터가 등장하였다.
- GUI(Graphical User Interface)가 발전되어 컴퓨터 환경이 사용자 중심의 환경으로 발전하게 되었다. ─ 그래픽을 기반으로 사용자와 컴퓨터를 연결해 주는 인터페이스
- 컴퓨터를 통해 영상, 음성, 매체 등의 정보를 각 개인이 자유롭게 이용할 수 있는 종합적인 컴퓨터 기술인 멀티미디어(Multimedia)가 발전하였다.
- 1990년대에 들어서면서 인터넷이 대중화, 개인화되어 정보의 활용도와 홈페이지의 중요성이 높아졌다.
- 1990년대 초반 우리나라에 컴퓨터그래픽스가 도입되면서 영화, 광고, 디자인, 출판, 설계 등에 많은 발전을 가져왔다.

객관식 문제

01 다음 중 컴퓨터 세대를 나누는 기억소자의 순서를 바르게 나열한 것은?
① 트랜지스터 – 진공관 – IC – LSI
② IC – 진공관 – 트랜지스터 – LSI
③ LSI – 트랜지스터 – 진공관 – IC
④ 진공관 – 트랜지스터 – IC – LSI

02 다음 소자에 따른 컴퓨터그래픽 역사의 분류가 맞지 <u>않는</u> 것은?
① 제1기 – 진공관
② 제2기 – 트랜지스터
③ 제3기 – 집적회로
④ 제4기 – 인공지능

03 컴퓨터그래픽의 발달 역사에 대한 설명으로 옳은 것은?
① 1970년 앙리 구로(Henri Gouraud)에 의하여 면과 면 사이에 영역을 부드럽게 처리하는 셰이딩 기법이 개발되었다.
② 미국의 애커드와 모클리에 의하여 세계 최초의 진공관 컴퓨터인 UNIVAC-I가 개발되었다.
③ 1962년 서덜랜드에 의하여 CRT 위에 라이트 펜으로 직접 그릴 수 있는 플로터(Plotter)가 개발되었다.
④ 1990년 애플(Apple)사에서 3D스튜디오(3D Studio)를 발표하면서 IBM 호환 계통에서도 컴퓨터그래픽의 대중화가 급격하게 진행되었다.

정답 01 ④ 02 ④ 03 ①

POINT 82 | 컴퓨터그래픽

01 컴퓨터그래픽의 개념

● 컴퓨터그래픽의 정의

- 컴퓨터그래픽(Computer Graphic)이란 컴퓨터 하드웨어와 소프트웨어를 이용하여 도형이나 그림, 화상 등을 작성하고 만들어내는 작업과 일련의 기술을 총칭한다.
- 디자인 작업에 맞는 하드웨어와 프로그램을 선정하고, 그 프로그램을 통하여 결과물을 만들어내는 것을 말한다.
- 컴퓨터그래픽은 2D, 3D, 애니메이션 등의 의미를 모두 포함하고 있다.

● 컴퓨터그래픽의 특징

① 장점
- 수작업으로 불가능한 표현이나 효과를 낼 수 있다.
- 상상의 세계를 자유롭게 표현할 수 있으며, 빛에 의한 컬러로 색채 표현이 가능하다.
- 실제와 같은 형태, 음영, 질감 표현이 가능하다.
- 제작물의 형태와 컬러의 수정, 반복, 변형 등 작업이 자유롭다.
- 정확성과 정밀도를 높일 수 있다.
- 시간과 비용을 줄일 수 있으며, 대량 생산이 가능하다.
- 영구 보존이 가능하다.

② 단점
- 디자이너의 도구로써 존재하며, 창조성이나 아이디어를 제공하지는 않는다.
- 자연적인 표현이나 기교의 순수함이 없다.
- 모니터 크기의 제한이 있어 큰 작업물을 한 눈에 볼 수 없다.
- 모니터, 출력, 인쇄의 컬러가 동일하지 않아 교정이 필요하다.

02 컴퓨터그래픽의 원리

● 정보의 표현 단위

① 비트(Bit) : 비트(Binary Digit)는 2진수인 0과 1의 조합으로 표현하는 단위로써 디지털 컴퓨터의 최소 연산 단위이다.

② 바이트(Byte)
- 숫자나 영문, 한글 등을 나타낼 수 있는 최소 단위이다.
- 한글은 2바이트로 표현이 가능하다.

③ 워드(Word)
- 하나의 단어를 의미하는 것으로 연산의 기본 단위이다.
- 몇 개의 바이트를 묶어 사용하는 워드는 컴퓨터 CPU의 특성에 따라 다르게 나타나게 된다.

④ 필드(Field)
- 레코드를 구성하는 기본 단위이다.
- 데이터 처리의 최소 단위이다.

⑤ 레코드(Record)
- 연관성 있는 데이터들을 묶어놓은 단위이다.
- 하나 이상의 필드로 구성되어 있다.

⑥ 처리 속도와 기억 용량 단위 : 정보의 크기는 Bit-Byte-KB-MB-GB-TB-PB 순으로 표현되며, 각 단위는 2의 제곱 단위로 상승하기 때문에 정확히 1,024단위로 상승한다.

● 기억 용량 단위

- 1Byte = 8Bits
- 1Kilo Byte(KB) = 1,024Bytes(2^{10})
- 1Mega Byte(MB) = 1,024Kilo Bytes(2^{20})
- 1Giga Byte(GB) = 1,024Mega Bytes(2^{30})
- 1Tera Byte(TB) = 1,024Giga Bytes(2^{40})
- 1Peta Byte(PB) = 1,024Tera Bytes(2^{50})

● 컬러 시스템

- 컴퓨터그래픽에서 기본적으로 사용되는 컬러 시스템은 RGB 방식이다.
- RGB 방식은 빛의 3원색인 빨강(Red), 녹색(Green), 파랑(Blue)의 전자층으로 구성되어 있다.
- 인쇄용으로는 CMYK모드로 변경해서 사용해야 한다.
- 컬러 모드의 작업 속도와 색 표현 영역 크기는 LAB 〉 RGB 〉 CMYK 순이다.

03 좌표계

● 직교 좌표계

- 각 축의 교차점을 원점(x, y, z)이라고 하며, 원점의 좌표 값은 모두 0, 0, 0의 값으로 표현된다.
- 좌표계에 나타난 점은 원점으로부터의 x, y, z의 값으로 표현되어 정확한 위치를 표시할 수 있다.

● 극 좌표계

임의의 점의 위치를 원점으로부터의 거리와 각도의 크기에 따라 정하는 좌표계를 말한다.

객관식 문제

01 정보 용량의 단위를 작은 단위에서 큰 순위로 옳게 나타낸 것은?
① 1KB 〈1GB 〈1MB 〈1TB
② 1KB 〈1MB 〈1TB 〈1GB
③ 1KB 〈1MB 〈1GB 〈1TB
④ 1GB 〈1MB 〈1KB 〈1TB

02 다음 중 원점으로부터의 거리와 각도를 사용하여 좌표를 나타내는 좌표계는?
① 극 좌표계(Polar Coordinate System)
② 모델 좌표계(Model Coordinate System)
③ 원동 좌표계(Cylindrical Coordinate System)
④ 직교 좌표계(Cartesian Coordinate System)

03 다음 컴퓨터 연산의 기본단위의 크기가 바르게 설정된 것은?
① Byte〈Bit〈Kilobyte〈Megabyte
② Kilobyte〈Terabyte〈Megabyte〈Gigabyte
③ Bit〈Byte〈Kilobyte〈Megabyte
④ Kilobyte〈Megabyte〈Terabyte〈Gigabyte

정답 01 ③ 02 ① 03 ③

POINT 83 | 컴퓨터그래픽 시스템 구성

01 입력 장치

컴퓨터로 정보를 전달해주는 장치로, 그림, 도형, 화상, 컬러, 문자 등을 컴퓨터에서 처리가 가능하도록 디지털화하여 전달하는 도구이다.

● 키보드(Keyboard)
- 대표적인 입력 장치로 각각의 정보를 가지고 있는 키를 눌러 입력하는 장치이다.
- 숫자, 문자, 기호, 한글, 영문, 한문 등 다양한 기호와 문자 정보를 입력할 수 있다.

● 마우스(Mouse)
- 조작이 간단한 마우스는 포인터라고 하는 화살표 모양의 커서를 조정하는 입력 장치이다.
- 볼 마우스, 휠 마우스, 광 마우스 등이 있다.

● 디지타이저(Digitizer)와 태블릿(Tablet)
- 디지타이저는 도표, 그림, 설계 도면 등의 좌표 데이터를 컴퓨터로 하여금 읽어들일 수 있도록 하기 위한 입력 장치이다.
- 태블릿은 특수 판 위에 스타일러스 펜과 같은 특수 광학 장치를 이용하여 좌표를 입력하는 장치로써 그림, 그래픽 등에 가장 많이 사용되는 입력 장치이다.

● 조이스틱(Joystick)
게임, 시뮬레이터 등에 자주 쓰이는 입력 장치로, 스틱을 움직여서 화면상의 위치를 조정하는 간편한 입력 장치이다.

● 스캐너(Scanner)
- 종이, 필름 등에 인쇄되거나 현상된 그림, 문자, 글자 등을 읽어 들여 컴퓨터 내의 프로그램으로 볼 수 있도록 변환시켜 주는 입력 장치이다.
- OCR(광학 문자 판독기) 프로그램을 이용하여 스캔 받은 이미지에서 텍스트 추출 및 변환 작업이 가능하다.

02 중앙 처리 장치

● CPU
- CPU(Central Processing Unit)는 크게 기억, 제어, 연산의 기능을 가지고 있으며, 컴퓨터에서 가장 핵심적이고 중요한 부분이다.
- 중앙 처리 장치는 산술논리 연산 장치(ALU)와 제어 장치(Control Unit), 레지스터(Register), 기억장치 인터페이스 등으로 구성되어 있다.

● 주기억 장치
컴퓨터 또는 마이크로프로세서에서 직접 연결이 가능한 기억 장치이다.

① ROM(Read Only Memory)
- 비휘발성 메모리로 전원이 끊어져도 지워지지 않고 보관되는 읽기 전용 기억 장치이다.
- 읽는 기능만을 가질 뿐 데이터를 쓰거나 기록하고 삭제하지는 못한다.
- 한 번 내용을 기억시키면 변경이 불가능하기 때문에 컴퓨터 제조 시 기록된다.

② RAM(Random Access Memory)
- 일시적인 휘발성 메모리로 임의 접근 기억 장치이다.
- 데이터를 기록하고, 읽고, 쓰고, 삭제하는 작업을 모두 할 수 있는 기억 장치이다.
- 전원이 끊어지면 동시에 그 기억 내용도 지워지므로 보조 기억 장치에 저장해 놓아야 한다.

● 기타 기억 장치

① 가상 메모리(Virtual Memory)
사용하고 있는 프로그램의 메모리가 하드웨어에 내장되어 있는 메모리보다 크거나 더 필요할 때 하드 디스크를 메모리처럼 사용하는 기능을 말한다.

② 캐시 기억 장치(Cache Memory)
고속의 기억 장치로 속도가 느린 주 기억 장치와 속도가 빠른 중앙 처리 장치 사이에서 원활한 정보 교환을 위한 기억 장치이다.

③ 버스(BUS)
중앙 처리 장치(CPU), 메모리, 그리고 주변 장치(입/출력장치)와 같은 컴퓨터의 모든 구성 요소 간에 데이터와 정보를 전송하는 데 사용되는 통신 경로를 의미한다.

④ 기억 장치의 처리 속도와 용량 순서
- 처리 속도 : 중앙 처리 장치(CPU) 〉 캐시 기억 장치 〉 주 기억 장치(RAM) 〉 보조 기억 장치(하드 디스크/자기 테이프)
- 저장 용량 : 보조 기억 장치 〉 주기억 장치 〉 캐시 기억장치 〉 중앙 처리 장치

객관식 문제

01 중앙 처리 장치(CPU)에 대한 설명 중 잘못된 것은?
① 컴퓨터의 속도는 CPU의 속도에 의해 좌우된다.
② CPU는 사람으로 치면 두뇌에 해당하는 구성요소이며 마이크로프로세서라고도 한다.
③ CPU는 크게 제어장치, 연산장치, 출력장치로 구성되어 있다.
④ CPU는 계산 작업을 수행하는 장치로써 명령어를 실행하고 데이터를 처리한다.

02 다음 RAM(Random Access Memory)의 기능에 대한 설명 중 틀린 것은?
① 정보를 읽기만 하는 기억 장치이다.
② 저장 혹은 지움 등의 명령에 의해서만 읽혀지는 휘발성 메모리이다.
③ 정보를 교환, 처리하는 기능이다.
④ 입력장치로부터 제공된 데이터를 처리하는 기능이다.

03 기억된 정보를 읽어낼 수는 있으나 변경시킬 수 없는 메모리이며, 주로 부팅 시 필요한 프로그램이나 변경될 소지가 없는 데이터 메모리로 사용되는 것은?
① RAM
② ROM
③ Hard Disk
④ WebHard

04 어떤 프로그램의 권장 메모리가 시스템 내의 실제 RAM보다 커서 사용할 수 없을 경우, 올바른 해결 방법은?
① RAM Disk를 사용한다.
② ROM(Read Only Memory)을 증가시킨다.
③ 가상 메모리(Virtual Memory)를 이용한다.
④ 비디오 램(Video RAM)을 증가시킨다.

정답 01 ③ 02 ① 03 ② 04 ③

POINT 84 | 출력 장치

01 모니터(Monitor)

- 흑백 또는 컬러로 된 CRT(음극선관-Cathod Ray Tube) 표시 화면을 갖춘 장치이다.
- TV화면보다 고밀도의 선명한 영상을 만들어내는 디스플레이 장치를 모니터라고 할 수 있다.

● CRT 모니터

- 퍼스널 컴퓨터가 생기면서부터 가장 많이 사용되고 있는 브라운관 구조의 모니터로 가장 일반적이다.
- CRT 모니터는 LCD 모니터보다 디스플레이되는 속도가 빠르며, 가격이 저렴하다.
- 화면이 커서 그래픽 작업에 용이하지만 눈의 피로가 많고, 부피가 크며, 전력이 많이 소모된다.

● LCD 모니터

- LCD 형식이란 액체와 고체의 중간적인 성질인 액정을 이용한 화면 표시 장치이다.
- LCD 모니터는 부피와 크기가 작아 휴대용 노트북, 멀티미디어 PC 등에 많이 쓰이고 있다.
- LCD나 플라즈마 모니터는 CRT 모니터보다 작고 얇으며, 전력이 적게 들어 작은 구조로도 가능한 것이 특징이다.
- 화면이 각도와 빛의 밝기에 따라 다르게 보이므로 정밀한 작업에 어려움이 있다.

● PDP 모니터

- 플라즈마 가스의 발광을 이용하여 화면을 표시하는 장치이다.
- 고해상도이며, 화면 떨림이 없어 눈의 피로가 덜하고, 대형 표시가 가능하다.
- 가격이 비싸고 전력소모가 많으며 많은 열이 발생한다.

● LED 모니터

- 발광 다이오드를 이용하여 화면을 표시하는 장치이다.
- 전등에 비해 전력 소모가 적고, 내구성이 우수하며, 회로가 간단하여 컴퓨터, 프린터, 오디오, VTR 등 각종 가전제품 전면판의 표시등으로 사용한다.
- 가격이 비싸다.

02 프린터(Printer)

- 프린터는 사용자가 작업한 문서, 이미지, 그림, 문자 등의 데이터를 종이나 필름 등에 인쇄할 때 사용되는 출력 장치를 말한다.
- 흑백과 컬러, 충격식과 비충격식으로 분류한다.

● 흑백 프린터

컬러가 아닌 흑백의 명암(그레이스케일)으로만 출력하는 것을 말하며, 도트 매트릭스 방식, 잉크젯 방식, 레이저 방식으로 구분할 수 있다.

● 컬러 프린터

- 컬러 프린터기는 흑백의 명암(그레이스케일)과 여러 색으로 표현될 수 있는 각종 문서, 문자, 그림, 이미지 등을 출력하는 장치이다.
- 잉크젯 방식, 열 전사 방식, 레이저 방식, 디지털 방식으로 구분할 수 있다.

● 출력 장치의 기능과 현상

- 스풀 : 입출력 데이터를 고속의 보조 기억 장치에 일시 저장해 두어 중앙 처리 장치가 보다 빠르게 프로그램의 처리를 계속하게 하는 방법이다.
- 모아레 현상 : 스크린의 각도가 맞지 않아 망점이 서로 겹치면서 발생되는 노이즈 현상이다.
- 트랩 : 4도 분판 출력 시 각 필름을 미세하게 겹쳐서 흰 여백을 없애도록 조절하는 기능이다.

- **플로터(Plotter)**
  - 대형 인쇄물을 출력할 수 있는 출력기로 도면, 건축용 CAD 등을 출력하는 장치이다.
  - A0(841×1189mm) 이상까지 출력이 가능하고 C, M, Y, K의 잉크 뿐만 아니라, 8색까지도 프린트한다.
  - 사인물이나 현수막 등의 글자 및 도안에 사용된다.

- **필름 레코더(Film Recorder)**
  - 컴퓨터에서 나온 최종 디지털 이미지 데이터를 컬러 필름에 출력하는 장치이다.
  - 필름의 출력 사이즈는 35mm부터 가능하다.

단답형 문제

01 스크린의 각도가 맞지 않아 망점이 서로 겹치면서 발생되는 노이즈 현상을 무엇이라고 하는가?

객관식 문제

02 다음 컴퓨터그래픽 시스템 구성 중 출력 장치는?
① 키보드
② 플로터
③ 스캐너
④ 디지타이저

03 다음 중 모아레 현상에 관한 설명으로 틀린 것은?
① TV에서 가는 줄무늬 의상을 촬영할 때 모아레 현상이 생긴다.
② 하프톤 스크린이 잘못 설정되었을 때 나타난다.
③ 인쇄물 이미지를 스캔할 경우에는 필터를 이용하여 모아레 현상을 막을 수 있다.
④ 하프톤 도트 모아레 패턴은 모니터 상에서 교정이 가능하다.

04 다음 중 화상 이미지를 표현하는 출력장치로써 그래픽 카드의 신호를 받아들여 시각적 형태의 영상물로 나타내주는 것은?
① 모니터
② 프린터
③ 플로터
④ 스캐너

정답 01 모아레 현상 02 ② 03 ④ 04 ①

POINT 85 | 컬러 모드

01 컴퓨터그래픽 색상

◉ 컴퓨터그래픽 색상 표현
- 컴퓨터그래픽에서 표현할 수 있는 색 체계는 크게 RGB, CMYK, Grayscale, Lab 등을 들 수 있다.
- 기본적인 컬러 시스템은 RGB를 기준으로 하고 있다.
- 컬러의 표현 영역 크기는 CIE Lab 컬러 → RGB 컬러 영역 → CMYK 컬러 영역 순이다.

◉ 캘리브레이션(Calibration)
모니터와 실제 인쇄물과의 색상이 일치하지 않을 때 여러 과정을 통해 일치하도록 조정해 주는 작업을 말한다.

02 컬러 모드

◉ RGB 모드
- RGB 모드는 비트맵 방식의 기본이 되는 색상이다.
- 빛의 3원색, 빨강(Red), 남색(Blue), 녹색(초록-Green)의 3색을 기본으로 색상을 표현한다.
- 모니터, 영상, 홈페이지 등 화면용 작업에 많이 활용된다.

◉ CMYK 모드
- 인쇄(4도 분판)나 프린트에 사용되는 모드이다.
- CMYK 모드는 혼합할수록 어두워지는 감산혼합이며, RGB 모드에 비하여 색상 표현이 제한적이다.
- RGB 모드에서 볼 때 보다 색상이 더 탁하거나 표현하지 못하는 색상도 있다.
- 4도 분판은 하나의 이미지를 인쇄하기 위해 4도를 분리, 출력하며 각각의 분판은 컬러 값이 흑색 망점으로 표현된다.

◉ HSB 모드
- 색의 3속성인 색상(Hue), 채도(Saturation), 명도(Brightness)를 이용하여 색을 혼합한다.
- 알파 값이 0에 가까우면 투명해지고 1에 가까울수록 불투명해진다.
- 색조인 Hue는 표준색상환의 위치로 측정하여 0~360도 각도로 표시해준다.
- 채도인 Saturation은 색상에 포함된 회색의 양을 0~100%의 퍼센트로 측정해준다.
- 명도인 Brightness는 0(검정)~100%(흰색)로 표현한다.

◉ Lab 모드
- CIE(국제조명위원회)에서 제안한 모델을 기반으로 서로 다른 환경에서도 이미지의 색상을 유지해 주기 위한 컬러 모드이다.
- L(명도), ab(빨강/초록, 노랑/파랑)의 값으로 색상을 정의한다.
- PSD, EPS, PDF, TIFF, DCS 1.0 또는 DCS 2.0 형식으로 저장할 수 있다.

◉ Grayscale 모드
- 이미지에 여러 가지 회색 음영을 사용한다.
- 8비트 이미지에는 최대 256가지의 회색 음영을 사용할 수 있다.
- 회색 음영 값은 검정 잉크 적용 비율(0%는 흰색, 100%는 검정에 해당)로도 측정할 수 있다.
- 회색 음영 모드에서는 컬러 적용이 구현되지 않는다.

◉ Duotone 모드
1-4가지 사용자 정의 잉크를 사용하여 단일톤, 이중톤(2색), 삼중톤(3색) 및 사중톤(4색)의 회색 음영 이미지를 만든다.

● Indexed Color 모드

- 최대 256가지의 색상을 사용하여 8비트 이미지 파일을 만든다.
- 인덱스 색상으로 변환할 경우 Photoshop은 색상 검색표(CLUT)를 만들어 이미지의 색상을 저장하고 인덱스화한다.
- 색상 검색표에 원본 이미지의 색상이 없는 경우에는 프로그램에서 가장 비슷한 색상을 선택하거나 디더링을 이용하여 원본 색상을 시뮬레이션 한다.
- 색상 팔레트는 제한적이지만 인덱스 색상을 사용하면 파일 크기를 줄이면서 멀티미디어 프레젠테이션, 웹 페이지 등에 필요한 화질을 유지할 수 있다.
- 편집이 제한되어 편집 범위를 넓히려면 임시로 RGB 모드로 변환해야 한다.
- PSD, BMP, DICOM, GIF, Photoshop EPS, PDF, PNG 등의 형식으로 저장할 수 있다.

🅱 기적의 TIP

디더링
- 제한된 색을 이용하여 음영이나 색을 나타내는 것이며, 여러 컬러의 색을 최대한 맞추는 과정이다.
- 수치와 색상에 따라 다소 거칠게 보일 수 있다.

단답형 문제

01 비트맵 방식의 기본이 되는 색상이며, 빛의 3원색으로 컬러를 구현하는 모드는?

객관식 문제

02 다음 HSB 컬러 모드에 대한 설명으로 틀린 것은?
① 채도는 색의 강도 또는 순수한 정도를 나타낸다.
② 색상(Hue), 채도(Saturation), 명도(Brightness)에 의해 색을 표현하는 방식이다.
③ 명도 0%는 흰색이며, 명도 100%는 순수한 검정이다.
④ 색상은 일반적 색체계에서 360°의 단계로 표현된다.

03 24비트 컬러 중에서 정해진 256컬러의 컬러표를 사용하는 컬러 시스템은?
① Gray Mode
② Bitmap Mode
③ CMYK Mode
④ Index Color Mode

04 모니터와 출력 시스템 간의 색상 차이를 보정하기 위한 작업을 지칭하는 말은?
① 디티피(DTP)
② 하프톤 스크린(Halftone Screen)
③ 캘리브레이션(Calibration)
④ 리터칭(Retouching)

정답 01 RGB 모드 02 ③ 03 ④ 04 ③

POINT 86 | 인쇄와 색상

01 인쇄 색상

● CMYK 방식

- 이론적으로 모든 색은 CMY 3원색으로 만들 수 있어야 하지만 현실적으로 안료자체의 불순물과 농도의 문제 등의 문제로 채도가 높은 색상이나 어두운 색상 등의 표현에 문제가 발생한다.
- 인쇄물에 사용할 때 감산 혼합 방식은 완벽한 검정색을 만들어 내는데 한계가 있으므로 검정색을 따로 추가하여 인쇄한다.

● 별색(Spot Color)

- CMYK를 통해 다 표현될 수 없는 색과 모니터, 프린터에 따라 다르게 표현되는 인쇄결과에 대한 한계를 보완하기 위해 별색을 사용한다.
- 색마다 별도의 독립적인 색으로 인쇄과정에서 별도의 인쇄판으로 추가하여 인쇄한다.
- 별색 특징 : 팬톤(PANTONE), DIC 컬러 차트 등
- 금박, 은박, 형광색 등
- 별색은 독립적인 색으로 망점 없이 깨끗하게 표현 가능
- 견본 컬러집을 이용하면 인쇄 색상 오차를 줄이는데 도움

● 일러스트레이터에서 별색 지정

① 일러스트레이터에서 윈도우 / 견본 패널 생성
② 견본 패널 우측 버튼을 클릭하여 별색 선택
③ 컬러북 중 원하는 컬러를 더블 클릭하여 지정
④ 견본 패널에 등록된 색은 컬러 타입에서 별색으로 선택하고 확인
⑤ 색상 패널에서 CMYK 모드에서 TINT 모드로 변경
⑥ 견본 패널에서 보면 별색으로 바뀌면서 아이콘도 별색 컬러 박스 표시로 사각형에서 검은 점이 붙여짐

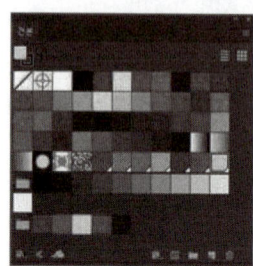

02 인쇄 기법

인쇄의 5대 요소로는 원고, 판, 인쇄기, 피인쇄기, 인쇄 잉크가 있다.

● 활판 인쇄(볼록판 인쇄)

활판 인쇄는 가장 오래된 인쇄 기법으로, 볼록 인쇄 또는 양각 인쇄 기법이다.

● 옵셋 인쇄(평판 인쇄)

- 대표적인 평판 인쇄로, 오늘날 고급 인쇄에 가장 많이 사용하고 있는 인쇄 방법이다.
- 평요판을 사용하는 간접 인쇄로 화학 작용(물과 기름의 반발 원리)에 의해 잉크를 흡수하는 방식으로 인쇄한다.
- 4도 인쇄는 Cyan(밝은 청색), Magenta(선분홍색), Yellow(노란색), Black(검정색) 등의 4원색으로 이루어진다.

◉ 그라비어 인쇄(오목판 인쇄)

- 대표적인 오목 인쇄로서 잉크의 양에 따라 농도 조절을 하는 고급 인쇄 기법이다.
- 색채의 농담이 풍부하여 정밀한 표현이 가능하며, 종이, 비닐 등 인쇄 용지에 제한을 받지 않는다.

◉ 실크 인쇄(공판 인쇄)

- 실크 스크린, 스크린 인쇄라고 불리며 대표적인 공판 인쇄 기법이다.
- 망사(Silk) 구멍으로 잉크를 통과시켜 종이에 인쇄하는 방식이다.

03 출판 프로세스

◉ 도련

- 인쇄물을 작업할 때 재단 시 오차를 감안하기 위해 마련된 여분의 공간을 말한다.
- 어떤 인쇄물이라도 정확한 크기로 인쇄물을 재단하기란 불가능하기 때문에 문서 밖으로 사방 3~5mm정도 여백을 만들어 문서 안의 요소를 연장해서 작업한다.

◉ 스크린 선 수와 인쇄 선 수

- 스크린 선 수란 인쇄에 필요한 선 수로 사방 1inch 안에 들어 있는 선의 개수를 말한다.
- 신문 인쇄와 같이 낮은 질은 80~100선 정도가 사용되며, 카탈로그나 책자 등의 고급 인쇄에는 133선 또는 150선 수가 사용된다.
- 선 수는 이미지 해상도의 2배로 계산된다. 150선 수의 인쇄물 이미지는 300dpi의 해상도로 작업되어야 한다.

◉ 출판/편집 디자인 프로세스

기획 → 자료 수집 → 아이디어 → 시안 → 제작(편집 및 레이아웃) → 필름 출력 → 교정 → 교정 인쇄 → 인쇄 판 작업 → 인쇄 → 제본 → 재단 → 가공 → 납품

단답형 문제

01 인쇄물을 작업할 때 재단 시 오차를 감안하기 위해 마련된 여분의 공간을 무엇이라고 하는가?

객관식 문제

02 다음 인쇄 판식에 관한 설명 중 잘못된 것은?
① 평판 : 물과 기름의 반발 원리를 이용한 것으로 옵셋 인쇄가 대표적이다.
② 볼록판 : 화선부가 볼록부이며 볼록부에만 잉크가 묻기 때문에 문자가 선명치 못하고 박력이 없다.
③ 오목판 : 평평한 판면을 약품이나 조각으로 파이게 하는 방법으로 그라비어 인쇄가 대표적이다.
④ 공판 : 인쇄하지 않을 부분의 구멍을 막아 제판하여 인쇄하며 인쇄량이 비교적 적은 인쇄에 사용된다.

03 인쇄의 4색분판 작업 시 해당되지 않는 색상은?
① Green
② Magenta
③ Black
④ Yellow

04 신문에서 사용하는 인쇄 선 수로 가장 적합한 것은?
① 80~100
② 72~94
③ 300~400
④ 150~200

정답 01 도련 02 ② 03 ① 04 ①

POINT 87 | 2D 이미지

01 2D 이미지

● 픽셀(Pixel)
- 컴퓨터 이미지를 구성하는 최소 단위의 점을 픽셀이라고 한다.
- 모니터를 통해서 보는 모든 이미지는 픽셀 단위로 매우 작은 사각형의 점들로 구성된다.
- 비트맵 이미지를 처리하는 그래픽 프로그램에서 표현하는 이미지를 확대하면 최종 정사각형 픽셀들로 구성되어 있다.
- 바둑판 같은 그리드를 형성하고 그리드로 된 픽셀 전체에 각각의 값이 할당되어 완전한 이미지를 형성한다.

● 해상도
- 화면 또는 인쇄에서 이미지의 정밀도를 나타내는 지표이다.
- 디지털 이미지를 구성하는 픽셀의 수를 뜻한다.
- 해상도가 높을수록 이미지가 깨끗하고 선명하게 보인다.

① dpi(dots per inch) 해상도
- 1인치 당 점(dot)의 개수
- 인쇄를 목적으로 이미지를 편집할 때 사용
- 출판을 위한 컬러 이미지 : 300dpi

② ppi(pixels per inch) 해상도
- 1인치 당 픽셀(pixel)의 개수
- 모니터용 컬러 이미지 : 72 또는 96ppi 등으로 사용

02 디지털 이미지 최적화

● 벡터 이미지(Vector Image)
- 그래픽 화면에서 각 선분이나 곡선 요소, 위치, 두께 등을 수학적 연산에 의해 표현하는 방식이다.
- 벡터 이미지는 패스라는 각각의 점으로 구성되어 있으며, 이 점들은 베지어 곡선으로 형성된다.
- 심벌마크, 로고타입, 문자, 캐릭터 등 명확한 형태의 도형 표현에 사용된다.
- 일러스트레이터, 프리핸드, 코렐드로우, CAD 등에 사용하고 있는 방식이다.

① 벡터 이미지 장점
- 수학적인 도형으로 수정과 변형이 쉽다.
- 출력하거나 확대해도 이미지의 손상이 없다.
- 파일의 크기가 작다.

② 벡터 이미지 단점 : 비트맵 이미지처럼 자연스러운 이미지와 색상 표현에 한계가 있다.

● 비트맵 이미지(Bitmap Image)
- 픽셀로 구성된 이미지로 래스터 이미지라고도 부른다.
- 픽셀마다 색 정보를 가지고 있으므로 사진이나 그림을 표시하는데 적합하다.
- 픽셀의 양에 의해 이미지의 품질이 결정되므로 벡터 이미지에 비해 용량이 크다.
- 비트맵 방식에서 이미지의 상태는 해상도와 크기로 결정되기 때문에 사용 목적을 고려하여 디자인을 수행한다.
- 포토샵이나 페인터, 페인트샵 프로 등에서 사용되는 방식으로, 픽셀이 모여서 표현되는 방식이다.

> **기적의 TIP**
>
> **래스터라이징(Rasterising)**
> 벡터 방식의 정보를 비트맵(픽셀) 방식의 정보로 바꾸는 작업이다.

03 그래픽 파일 포맷의 최적화

● 벡터 파일 포맷

AI	벡터 이미지 소프트웨어의 기본 파일 포맷
EPS	• 인쇄할 때 사용하는 파일 포맷 • 고해상도 그래픽 이미지를 표현
PICT	• 매킨토시용 표준 그래픽 파일 포맷으로 16 또는 32비트 색상을 처리 • 비트맵과 벡터 이미지를 동시에 저장 가능
SVG	• 가변 벡터 도형 처리 포맷 • 2차원 벡터 그래픽을 표현하기 위한 XML 기반의 파일 형식

● 비트맵 파일 포맷

PSD	• 비트맵 이미지 소프트웨어인 포토샵의 기본 파일 포맷 • 이미지뿐만 아니라 레이어, 채널, 패스 등의 정보를 모두 저장할 수 있으며 파일 용량이 큰 포맷
JPEG(JPG)	• 이미지의 손상을 최소화시켜 압축할 수 있는 포맷 • 높은 압축률과 작은 파일 용량, 정교한 색상 표현으로 그래픽 파일 포맷 중 가장 널리 사용되는 포맷
TIFF(TIF)	• 고해상도 출력, 이미지 스캐닝 및 전송을 위해 사용하는 포맷 • PC와 매킨토시에서 공통으로 사용
BMP	• 24비트 색상을 포함하는 윈도우 시스템의 기본 그래픽 파일 포맷 • 윈도우에서 호환성이 좋으나 용량이 다른 포맷들에 비해 큼

● 기타 파일 포맷

> RAW : 화소 자체의 정보만 담고 있으며, 파일 크기가 큰 그래픽 포맷

GIF	• 배경이 투명한 이미지와 애니메이션 파일 제작이 가능 • 웹 상에서 가장 많이 사용되는 파일
PNG	• 인터넷 환경에서 사용하는 GIF와 JPEG의 장점을 합친 것 • GIF의 8비트 컬러를 극복하고 32비트 트루컬러를 표현
PDF	• 아크로벳의 파일 포맷 • 서체, 프린팅 기술을 지원하기 위해 국제 표준 페이지 기술 언어인 포스트스크립트를 기반으로 개발한 소용량 형식

단답형 문제

01 컴퓨터의 디지털 이미지를 구성하는 최소의 단위는 무엇인가?

객관식 문제

02 비트맵 이미지의 특징이 <u>아닌</u> 것은?
① 깊이 있는 색조와 부드러운 질감을 나타낼 수 있다.
② 이미지의 크기에 따라 출력에 영향을 준다.
③ 압축을 통해 해상도와 파일 크기의 조절이 가능하다.
④ 베지어 곡선의 오브젝트로 구성된다.

03 벡터 이미지의 특성에 대한 설명으로 <u>틀린</u> 것은?
① 선과 면이 깔끔하고 정갈하다.
② 다양한 질감과 사실적인 효과의 연출이 가능하다.
③ 글자, 로고, 캐릭터 디자인에 적합하다.
④ 축소, 확대하여도 이미지의 질에 영향을 주지 않는다.

04 화소 자체의 정보만을 담고 있는 그래픽 포맷 방식은?
① RAW
② EPS
③ TGA
④ BMP

정답 01 픽셀 02 ④ 03 ② 04 ①

88 2D 그래픽 프로그램

01 소프트웨어를 활용한 이미지 표현

◉ 2차원 그래픽

2차원 그래픽 프로그램이란 컴퓨터상에서 그림이나 문자, 도형, 편집 등을 작업할 수 있는 프로그램을 말한다.

① 드로잉 프로그램(Drawing Programs)
- 넓은 의미로 회화, 사진, 도표, 도형 등 문자 외의 시각화된 이미지로 벡터 방식의 드로잉 프로그램을 이용하여 제작한다.
- 좌표 값을 이용하여 정확하게 도형과 문자를 제작하고 편집과 수정이 용이하다.
- 확대, 축소 변형에도 이미지 왜곡이 없이 윤곽선이 명료하다.
- 대표 소프트웨어
  - 일러스트레이터(Illustrator)
  - 코렐드로우(CorelDRAW)

② 이미지 프로세싱
- 이미지를 구성하는 픽셀의 값을 변화시키는 비트맵 계열의 이미지 편집 프로그램에서 사용한다.
- 이미지를 수정, 보완, 합성하거나 색상 값을 조절하여 디자인에 필요한 소스로 제작한다.
- 타 프로그램 간의 호환성이 뛰어나므로 광고, 출판, 웹, 영상 등의 다양한 분야에서 사용한다.
- 대표 소프트웨어
  - 포토샵(Photoshop)
  - 페인터(Painter)

③ 편집 프로그램(Editing Program)
- 1984년 미국 알더스 사가 발표한 개인 수준의 전자출판 편집 시스템이다.
- 서적이나 신문, 브로슈어 등의 인쇄 매체나 웹진, 전자책과 같은 전자 매체의 편집 디자인을 위해 전문적인 출판 프로그램을 이용한다.
- 원고 집필에서 레이아웃, 교정 및 출력에 이르는 전 과정을 컴퓨터 시스템으로 진행한다.

- 대표 소프트웨어
  - 인디자인(InDesign)
  - 쿽익스프레스(QuarkXPress)

02 그래픽 소프트웨어

◉ 일러스트레이터(Illustrator)

- 벡터 방식인 일러스트레이터에서는 그래프나 도형, 문자, 글자 등의 드로잉 작업이 가능하다.
- 수정 보완이 자유로우며, 축소, 확대, 변형에도 이미지의 왜곡이 없는 것이 장점이다.
- 해상도의 영향을 받지 않는다.
- 작업 범위로는 일러스트, 심벌마크 작업, 캐릭터, 패턴, 문양 등이 포함된다.

◉ 포토샵(Photoshop)

- 비트맵 방식의 프로그램인 포토샵은 현재 세계에서 가장 많이 쓰일 정도로 활성화되어 있다.
- 디자인에 관련된 모든 작업에도 포토샵을 많이 사용한다.
- 실제 사진 이미지를 수정 보완하거나 변형, 합성 등으로 또 다른 이미지를 만들 수 있으며, 원하는 색상과 효과 등을 적용할 수 있다.
- 각종 웹디자인, 광고 디자인, 편집 디자인 등에 많이 사용된다.
- 72dpi : 화면용 이미지, 홈페이지, CD-ROM 타이틀, 게임 등
- 150~200dpi : 신문이나 저해상도 이미지, 시안 작업 등
- 300~350dpi : 고해상도 이미지, 고급 출판물, 서적, 잡지 등

◉ 페인터(Painter)

- 일러스트레이션을 전문적으로 제작하는 사람들이 주로 사용하는 소프트웨어이다.
- 연필, 지우개, 붓, 펜파스텔, 목탄, 수채화 등 다양한 도구들이 지원된다.

◉ 인디자인

- 어도비 시스템즈에서 제작한 출판 레이아웃 소프트웨어이다.
- 레이아웃 조정 기능을 이용하여 기존 레이아웃을 빠르고 간단하게 변경할 수 있다.
- 그래픽, PDF, 영상, 텍스트 파일을 가져올 수 있다.
- 커닝과 자간을 사용하여 글자 간격을 정확하게 조정하고 문자 및 단락 스타일을 작업에 적용하여 글꼴 및 대량의 텍스트 서식을 빠르게 지정할 수 있다.
- Publish Online 기능을 사용하여 버튼, 슬라이드 쇼, 애니메이션 등 다양한 요소가 포함된 인터랙티브 버전으로 문서를 변환할 수 있다.

기적의 TIP

안티앨리어싱(Anti-aliasing)
- 픽셀과 픽셀로 이어지는 가장자리 부분에 중간색을 넣어 부드럽게 보이게 하는 방식을 안티앨리어싱이라고 한다.
- 중간 계조를 없애고 표현한 방식을 앨리어싱이라고 한다. 이때는 중간의 데이터가 없기 때문에 이미지가 지그재그의 계단 형태로 보인다.

객관식 문제

01 다음 중 2D 그래픽 소프트웨어가 아닌 것은?
① 포토샵(Photoshop)
② 페인터(Painter)
③ 일러스트레이터(Illustrator)
④ 스트라타 스튜디오 프로(Strata Studio Pro)

02 그래픽 소프트웨어의 벡터 프로그램 중 일러스트레이터에 대한 설명이 잘못된 것은?
① Adobe사에서 만든 드로잉 프로그램이다.
② 마이크로소프트의 대표적인 프로그램이다.
③ 로고 및 심플 디자인에 많이 쓰인다.
④ 포토샵과 더불어 2D 프로그램의 대표적인 소프트웨어이다.

03 일러스트레이터에서 두 오브젝트 간의 색채 및 모양의 단계적 변화를 위한 명령은?
① Blend
② Shear
③ Skew
④ Effects

04 그래픽 프로그램 사용 시 고려사항으로 적절하지 않은 것은?
① 컬러모드
② 해상도
③ 이미지 크기
④ 프로그램 크기

정답 01 ④ 02 ② 03 ① 04 ④

POINT 89 | 2D 그래픽 제작

01 2D 그래픽 구성 요소

◉ 일러스트레이션

일러스트레이션은 전달 내용이나 주제를 상징적, 풍자적, 해학적, 설명적, 장식적으로 표현할 때 매우 효과적이다.

◉ 사진

- 사진은 전달하고자 하는 내용을 사실적으로 보여 줄 때 매우 효과적인 요소이다.
- 사실성과 현장성이 강해 정보 전달의 신뢰도를 높일 수 있다.

◉ 타이포그래피

- 정보전달을 위해 가독성을 고려한다.
- 심미적 기능의 타이포그래피를 위해 서체, 크기, 위치, 색상 등의 미적요소를 조율하고, 이미지와의 관계를 고려하여 표현기법을 정하고 배치한다.

02 2D 이미지 합성 보정

◉ 이미지 레이어

여러 장의 이미지를 중첩되게 쌓아서 위에 있는 이미지의 부분을 오리고 또는 블렌드 모드로 색상값을 합치는 등, 새로운 이미지 조합에 사용되는 필수 기능이다.

◉ 알파 채널

- 흑백의 이미지를 말하여 마스크로 사용된다.
- 마스크란 작업 영역을 분할하고 선택하며 레이어 상에서는 이미지를 오려내서 투명하게 보이게 된다.

▲ 선택을 마스크로 전환한 모습 /
선택 부분을 지운 모습(알파 채널 추가)

◉ 블렌드 모드 개념 및 종류

- Normal : 상·하위 두 이미지 합성을 하지 않은 상태
- Multiply : 상위 색상값을 곱하는 방식으로 어두운 색이 합쳐지는 효과를 냄
- Darken : 상위 레이어의 어두운 부분 중심으로 하위 레이어에 합성되는 방식
- Lighten : 상위 레이어의 밝은 부분 중심으로 하위 레이어에 합성되는 방식
- Screen : 상·하위 두 이미지의 밝은 색이 합쳐져서 이미지가 밝아짐
- Difference : 상위 이미지를 리버스 합성하는 방식으로 보색으로 표현됨
- Grain merge : 상·하 이미지의 질감 합치기 방식으로 이미지들이 합성됨

● **이미지의 음영 및 색상 보정하기**

이미지 수정 방법 : 포토샵 Image 메뉴의 Adjustment에 있는 세부 메뉴에서 여러 조절 방식을 사용하여 한다.

- **Brightness/Contrast** : 이미지를 수정할 때 많이 활용하는 메뉴로, 밝고 어둡게 하거나 색상의 대비를 조절하여 전체적인 이미지를 수정한다.
- **Levels** : 이미지의 어두운 톤, 중간 톤, 밝은 톤의 밝기를 조절하여 이미지 수정을 한다.
- **Curves** : 곡선 그래프를 이용하여 색상의 대비와 밝기를 조절할 수 있다. Levels에 비해 정교한 수정이 가능하고, 채널을 설정하여 색상 조절도 할 수 있다.
- **Hue/Saturation** : 명도, 채도, 색상을 조정할 수 있다.
- **Color Balance** : 수정하고자 하는 이미지의 색상을 조절하면서 변경할 수 있다.
- **Variations** : 이미지의 색상을 조절할 수 있는 메뉴이며, 여러 개의 창으로 되어 있어 색상 변화의 결과를 바로 알 수 있다.

단답형 문제

01 이미지, 텍스트 또는 벡터 그래픽을 서로 다른 픽셀 위에 겹치지 않고 편집하여 품질 저하 없이 편집할 수 있도록 하는 것은?

객관식 문제

02 작업 영역을 분할하고 선택하며 레이어 상에서는 이미지를 오려내서 투명하게 보이게 되는 기능은?
① Blend Mode
② Opacity Layer
③ Path
④ Mask

03 블렌드 모드 중 상위 색상값을 곱하는 방식으로 어두운색이 합쳐지는 효과는?
① Darken
② Multiply
③ Lighten
④ Grain merge

04 포토샵에서 이미지의 어두운 톤, 중간 톤, 밝은 톤의 밝기를 조절하여 이미지 수정하는 색상 보정 기능은?
① Levels
② Curves
③ Hue/Saturation
④ Color Balance

정답 01 레이어 02 ④ 03 ② 04 ①

POINT 90 | 타이포그래피

01 타이포그래피의 의미

◉ 타이포그래피 개념
- 타이포그래피는 타입(Type)과 그래피(Graphy)의 합성어로, 활판 인쇄술에서 출발하였다.
- 디자인되어 있는 활자(폰트)를 운용하는 미적 기술력을 말한다.
- 시각적으로 표현된 예술과 기술이 합해진 영역이다.

02 타이포그래피의 기능적 요건

◉ 정보 커뮤니케이션 방안
- 객관적 정보 전달 : 타입페이스의 배치와 크기, 레이아웃, 그룹핑과 합성 등 조형적인 아트워크를 가독성을 고려하여 정보전달력을 높여 작업한다.
- 감성적 요인 전달 : 정보 전달의 정확성과 함께 타입페이스를 이용한 조형의 감성적 연출 방식으로 진행된다.

◉ 매체별 요구 기능
- 매체의 시각적 특성을 규정하는 크기, 해상도, 사용자의 접근성 등 매체 특성 때문에 잡지, 신문, 포스터 등 매체에 따라 타입페이스를 달리 적용해야 한다.
- 전달하고자 하는 대상에 따라 타입페이스의 배치, 색, 크기, 밀도 등 시각적 최적화 요소들을 선택하여 사용해야 한다.

◉ 가독성과 판독성

① 가독성
- 글자의 형태와 디자인을 통해 독자가 내용을 빠르고 쉽게 이해할 수 있는 정도
- 가독성을 고려하여 제목, 본문, 캡션 등은 차별성이 있는 서체를 선택한다.
- 자간, 사이즈, 행간, 행 길이, 정렬 등에 영향을 받는다.

② 판독성
- 글자가 가지는 외형적 특징으로 한 글자와 다른 글자를 구분하기 쉬운 정도를 의미한다.
- 가독성처럼 정보를 얼마나 쉽고 빨리 판독하여 읽을 수 있는지에 영향을 미친다.
- 헤드라인, 목차, 로고타입 등과 같이 짧은 양의 텍스트를 독자가 과연 얼마나 많이 인식하고 알아차리는가와 같은 효율을 의미한다.

◉ 주목성 조절
- 성격이 강한 타이포그래피는 다른 구성 요소보다 우선적으로 주목성을 확보하여 표현한다.
- 서체의 스타일, 컬러, 이미지와의 병합을 고려하여 디자인 콘셉트를 구체화한다.

◉ 시인성 적용
- 서체 형태, 컬러, 그룹핑이 여타 시각적 요소들 사이에서 식별이 쉬운 유목성 혹은 주목성과 구별되는 속성이다.
- 시인성 강화 방안
  - 타입페이스는 크고 밀도가 높을수록 시인성이 높다.
  - 서체들 간의 명도, 채도 차이가 클수록 시인성이 높다.

03 타이포그래피의 심미적 요건

● 구성 요소들과의 조화

- 타이포그래피와 함께 구성하는 요소들과의 조화를 이루도록 서체를 선택한다.
- 사진의 느낌, 크기, 분량, 일러스트의 스타일과 컬러 등과 적절히 조화를 이루는 서체를 선택한다.
- 선택한 서체 수가 적어도 패밀리 서체 사용, 크기, 밀도, 배치, 컬러 등의 변화만으로 디자인 개발자가 의도하는 시각적 스타일을 창의적으로 구현할 수 있다.

● 콘셉트의 심미적 연출

- 조형적 스타일, 폰트 구조체로서의 미감으로 인하여 사용자에게 풍부한 정서적 효과가 있다.
- 타이포그래피의 심미성은 단지 서체의 조합을 아름답게 구현 할 뿐만 아니라, 메시지의 심미적 스타일을 고려하여 감성적으로 연출을 고려한다.

객관식 문제

01 타이포그래피를 구성하는 과정에서 고려하지 않아도 되는 항목은 무엇인가?
① 가독성
② 주목성
③ 판독성
④ 경제성

02 타이포그래피의 심미적 요건이 아닌 것은?
① 사진의 느낌, 크기와 컬러를 고려하여 서체를 선택한다.
② 선택한 서체 수가 많을수록 다채롭고 심미적이다.
③ 서체 크기, 밀도, 배치, 컬러 등의 변화만으로 창의적인 구현이 가능하다.
④ 함께 구성하는 요소들과의 조화를 이루도록 서체를 선택한다.

03 가독성과 판독성의 설명으로 올바르지 않은 것은?
① 가독성은 내용을 빠르고 쉽게 이해할 수 있는 정도를 말한다.
② 판독성을 위해 제목, 본문, 캡션 등에 다른 서체를 사용한다.
③ 가독성은 자간, 사이즈, 행간, 행 길이 등에 영향을 받는다.
④ 판독성은 글자가 가지는 외형적 특징으로 글자들의 구분하기 쉬운 정도를 의미한다.

정답 01 ④ 02 ② 03 ②

POINT 91 | 서체

01 서체의 종류

● 서체
- 정보를 전달하는 중요한 디자인 요소
- Typeface = 글자의 모양, 생김새를 의미한다.
- 글자를 쓰는 목적이나 취향, 품격 등에 따라 모양과 스타일에 차이가 있다.
- 정보를 전달하는 중요한 디자인 요소의 하나로 정보를 전달하는 방법으로 사용한다.
- 사용 목적에 따라 신중하게 서체를 선택한다.

● 영문 타입 기본 분류

① 세리프/로만
- 세리프(Serif)는 글자 획 끝부분에서 돌출되어 튀어 나온 부분을 말한다.
- 세리프를 가진 글자는 로만체로 분류하며 가독성이 뛰어나고 본문용으로 가장 선호된다.
- 섬세함, 우아함, 품격 있는 감성적인 느낌이다.
- 서적, 신문과 같은 본문용 서체로 사용된다.
- 대표 폰트 : Times New Roman, Garamond, Bodoni

② 산세리프/고딕
- '없다'를 뜻하는 Sans가 결합되어 세리프가 없다는 뜻, 고딕이라고도 부른다.
- 깔끔하고 간결한 것이 특징, 본문용보다는 제목용에 적합하다.
- 획 굵기가 일정하고 형태가 단순하며 공간을 최대한 이용하는 서체로 장식선이 없는 명쾌하고 모던하며 강한 느낌이다.
- PC, 모바일에서 본문용 서체로 사용된다.
- 대표 폰트 : Helvetica, Arial, Gill sans

③ 블렉레터/블록
- 중세에 유행했던 장식성 강한 필기체 양식을 기초로 한다.
- 구텐베르크 성경에 활자로 사용된 서체이다.
- 고풍스러움, 복잡함, 무거움, 장식성

Blackletter / Block

④ 스크립트/필기체
- 손글씨를 모방해 만든 활자체로 부드럽고 마무리 획이 길게 뻗어 나와 연결성이 강하다.
- 전통적이고 우아한 아름다움이 느껴지는 곳에 사용한다.
- 필기체와 비슷한 느낌이 나도록 개발된 서체이다.
- 문자를 보다 아름답고 장식적으로 활용한 서체이다.
- 컴퓨터에서 개발한 서체와 상대되는 개념의 서체로 개인의 개성과 감성적 요소가 특징이다.
- 텍스트가 많은 본문에서 사용할 경우 시각적으로 피로감과 가독성이 떨어진다.
- 우아한 곡선미, 친근함, 화려함, 전통적, 격식 있는 느낌

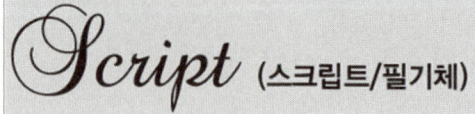

◉ 한글 타입 기본 분류

① 바탕체/명조체
- 조선 여인들이 다듬어 온 궁체 중 해서체를 기본으로 정리한 것
- 중국 서체를 닮아 명조체라고 불려왔으나 1991년 '바탕체'로 이름을 바꾸었다.

② 돋움체/고딕체
- 획 굵기가 거의 일정하며 좌우대칭이 특징이다.
- 1991년 '고딕체'를 우리말로 표현하여 '돋움체'로 지정하였다.

③ 필사체/손글씨체
- 손글씨체라고도 하며 손으로 쓴 글씨 모양을 일컫는다.
- 인간미 넘치는 수작업 느낌이 난다.
- 따뜻한 정서를 반영한다.
- 모양과 재료가 불규칙하고 다양하다.
- 가독성이 떨어진다.

▲ 바탕체와 돋움체

◉ 타입 특성별 활용

잡지, 신문, 포스터 등 매체의 특성에 맞는 서체를 선택하여 사용한다.

세리프(Serif)	신문, 잡지, 포스터, 단행본 본문용
산세리프(Sans-Serif)	타이틀용, 사진 설명
스크립트(Script)	카드 인사장, 광고

객관식 문제

01 다음 워드마크에 사용된 폰트타입은?

① 세리프
② 산세리프
③ 블랙레터
④ 스크립트

02 세리프 서체에 대한 설명으로 옳지 <u>않은</u> 것은?
① 섬세하고 우아해 보인다.
② 서적의 본문용 폰트로 많이 활용된다.
③ 감성적인 메시지 전달에 유용하다.
④ 모바일 기기 본문 폰트로 적합하다.

03 중국의 서체를 닮아 '명조체'라고 불렸으나 윈도우 3.1 한글판에서 우리 고유 명칭으로 변경 사용된 한글 타입은?
① 바탕체
② 맑은고딕체
③ 돋움체
④ 굴림체

정답 01 ② 02 ④ 03 ①

POINT 92 | 글자 인지

01 가독성과 판독성

◉ 가독성(Readability)

① 가독성 개념
- 글을 쉽게 읽고 이해할 수 있는 능률의 정도를 뜻한다.
- 가독성은 기본적으로 익숙함과 관련이 있으며 글자뿐 아니라 글자가 놓이는 공간의 모든 디자인 요소에 영향을 받는다.
- 가독성에는 판독성이 전제되어 있으므로 정확히 글자의 식별에 대한 것으로 의미를 한정할 필요가 없는 경우에는 가독성으로 통칭하기도 한다.
- 가독성이 높다/낮다, 좋다/떨어진다 같은 식으로 사용된다.

② 가독성 구현 요소
- 글자의 형태와 크기
- 글자와 글자 사이의 간격
- 글줄과 글줄 사이의 간격
- 한 문단 안에 들어가는 글자의 양과 위치
- 관련된 정보를 가진 문단과 문단 사이의 관계
- 다른 내용을 가진 문단과 문단을 구분하는 것 등

◉ 가독성과 색의 대비

- 디자인에서 색은 전체적인 분위기를 좌우하며 주위를 끄는 적극적 수단이다.
- 강렬한 색 대비는 시선을 끌고 집중 시킬 수 있다.
  - 흰색 바탕에 검은색 글자의 조합은 가독성이 가장 좋다.
  - 검은 바탕에 흰색 글자는 가독성은 떨어지지만 주로 강한 주목을 주기 위해 사용한다.

◉ 판독성(Legibility)

- 글자의 식별을 통해 의미를 해석하는 것이다.
- 글에서 글자와 낱말, 글줄 등의 단위를 쉽게 구별하여 읽을 수 있는 능률의 정도이다.
- 판독성은 가독성과 달리 글자의 식별을 통한 의미 해석에 초점을 둔다.
- 글자의 식별은 글자 형태 구별, 단어와 글줄 단락, 글의 의미 단위 등의 요인으로 인식된다.
- 판독성이 높다고 해서 가독성 역시 높다고 판단할 수 없지만, 판독성이 높지 않은 상태에서 가독성이 높기는 거의 불가능하다.

02 활자 형태에 따른 감성

활자의 감정 곡선을 살려 적절히 사용하면 쉽게 타이포그래피 작업을 할 수 있다.

◉ 획의 굵기

- 획이 가는 글자
  - 여성스러움, 가벼움
  - 지면 공간이 많다.
  - 밝은 느낌을 준다.
- 획이 굵은 글자
  - 무거움, 튼튼함, 남성적
  - 지면공간이 적다.
  - 어두운 느낌이 굵은 글자

무거움 | 가벼움

- **획의 외형**
  - 둥근 형태
    - 성격이 부드러워 보인다.
    - 활기차며 동적이다.
  - 각진 형태
    - 날카로운 인상을 준다.
    - 둔탁하고 무게감이 있어 보인다.

둥근 | 뾰족

- **평체**(가로길이가 세로길이보다 긴 서체) : 안정감 있고 무거운 느낌
- **장체** : 가로길이가 세로길이보다 짧음, 젊음, 세련되고 모던한 느낌
- **이탤릭**(Italic)
  - 한쪽으로 비스듬히 기울어진 서체
  - 가독성을 방해하기 때문에 보다 사용에 신중해야 한다.
  - 텍스트 전체에 적용하는 것보다 텍스트 안에서 특정 내용을 강조할 때 사용하는 것이 바람직하다.

slow | FAST

넓은서체   좁은서체

- **날자 크기 균형**
- 도형 착시를 반영하여 크기를 조절해 디자인한다.
- 영문과 한글 낱자를 지각화하는 과정에서 발생하는 착시를 줄이고, 글자의 균형을 맞춰 시각적으로 안정되어 보이도록 조절한다.
- 도형이 서로 영향을 주어 생기는 착시를, 시각적 일관성을 갖게 조절하여 가독성을 높여야 한다.

단답형 문제

01 글을 쉽게 읽고 이해할 수 있는 능력의 정도를 뜻하는 것은?

객관식 문제

02 글자의 식별을 통해 의미를 해석하는 것을 뜻하며 글에서 글자와 낱말, 글줄 등의 단위를 쉽게 구별하여 읽을 수 있는 능률의 정도는 나타내는 것은?
① 가독성
② 판독성
③ 설득성
④ 인지성

03 타이포그래피를 구성하는 과정에서 고려하지 않아도 되는 항목은 무엇인가?
① 가독성
② 주목성
③ 판독성
④ 경제성

04 활자 형태에 대한 설명으로 틀린 것은?
① 획이 가늘면 여성스럽고 가벼워 보인다.
② 평체는 세련되고 모던해 보인다.
③ 획이 굵은 글자는 남성적이고 무겁게 보인다.
④ 둥근 형태의 글자는 활기차고 동적으로 보인다.

정답 01 가독성 02 ② 03 ④ 04 ②

POINT 93 타이포그래피 구조

01 공간의 조절

◉ 공간의 특징
- 정보를 쉽게 읽어나갈 수 있도록 해주는 역할을 한다.
- 텍스트를 구성하는 공간은 디자인 요소들의 간격 및 여백을 의미한다.
- 정보를 쉽게 읽어나갈 수 있도록 해주는 역할을 한다.
- 적절하지 못한 공간은 가독성을 떨어뜨리고, 심미적인 완성도가 낮으므로 공간에 있어 시각적 중량감을 맞추는 것이 중요하다.

◉ 자간
- 글자와 글자 사이 간격을 말한다.
- 글자 사이 값을 적절하게 조절하여 소통 효과를 증대시켜야 한다.
- 글자 사이 조절 방법
  - 트래킹(Tracking) : 글자 사이 전체를 조절하는 것
  - 커닝(Kerning) : 특정한 글자와 글자 사이를 조절하는 것

◉ 어간
- 단어 사이에 존재하는 공간이다.
- 단어를 행 속으로 자연스럽고 리듬감 있게 조화시키는 요소이다.
- 지나치게 넓은 어간은 행의 시각적 질감을 파괴하고, 연속적 흐름을 방해한다.
- 너무 좁은 어간은 양 옆의 단어들을 너무 가깝게 달라붙게 만들어 단어의 분별력을 떨어뜨린다.

📑 기적의 TIP
흰강 현상(White River)
어간들의 흰 여백이 상하로 이어져 마치 흰색의 강줄기처럼 보이는 것으로, 어간이 넓게 설정되었거나 행간이 너무 좁을 경우에 나타나는 것이다.

◉ 행폭
- 행의 가로 글자 수를 정하는 수치이다.
- 행폭이 너무 긴 행은 시선의 이동 폭이 너무 커서 피로감을 느낄 수 있고, 다음 행의 서두를 찾기 어려워 읽기가 불편하며 지루한 인상을 준다.
- 너무 짧은 행은 빈번한 눈 운동을 야기시켜 피로감을 준다.
- 적당한 행폭은 단어들을 편안히 읽을 수 있는 리듬감을 준다.
- 일반적으로, 한 행에 약 60~70자 정도(알파벳을 기준으로 함)가 놓이는 것이 가장 이상적으로 알려져 있다.
- 텍스트가 들어가는 공간의 좌우 폭이 너무 넓을 경우에는 다중 칼럼(Multi Column)을 사용한다.

◉ 행간
- 행과 행 사이에 존재하는 공간이다.
- 독서 시에 끊임없이 진행되는 눈 운동을 원활하게 도와주는 요소이다.
- 행과 행 사이가 좁거나 넓으면, 다음 행을 찾는 데 어려움을 겪는다.
- 행간의 변화를 주는 요소
  - x-높이
  - 수직 강세
  - 세리프
  - 타입 크기
  - 행폭
  - 심미성

02 텍스트 요소 배치

◉ 양끝 맞추기
- 단락의 양끝 모두가 직선상에 나란히 정렬된 상태이다.
- 일상에서 많이 접하는 글줄 정렬 방법이다.
- 모든 글줄의 길이와 여백은 같지만, 단어 간격은 줄마다 달라질 수 있다.
- 화면이 안정적이고 집중감이 있으며, 편안하고 정돈된 인상을 준다.
- 과도한 간격 조정으로 흰강(White rivers) 현상이 생기거나 가독성 저하가 일어날 수 있다.

◉ 왼끝 맞추기(오른끝 흘리기)
- 양끝 맞추기 다음으로 많이 사용된다.
- 왼쪽을 일직선으로 정렬하고 오른쪽은 흘려진 상태이다.
- 각 글줄의 길이가 모두 다르지만 일정한 낱말 사이를 얻을 수 있다.
- 단의 폭이 좁을 때 효과적이며, 가독성이 높고 편안하다.
- 하이픈이 불필요하며 줄바꿈 규칙으로 인해 추가 조정을 하는 등 번거로운 상황이 생기기도 한다.

◉ 오른끝 맞추기(왼끝 흘리기)
- 오른쪽이 일직선으로 정리되고 왼쪽이 흘려진 상태이다.
- 적은 양의 텍스트에 적합하다.
- 일정한 어간을 유지할 수 있다.
- 시각적 흥미가 생길 수 있으나 동시에 가독성이 떨어질 수 있다.

◉ 가운데 맞추기
- 가운데를 기준으로 양끝 글줄을 리듬감 있게 만들어 대칭시키는 정렬이다.
- 품위 있고 고급스러운 느낌, 위엄 있는 느낌이다.
- 많은 양의 텍스트를 다룰 때는 부적합하다.
- 시각적으로 흥미를 주는 형태를 연출할 때 적합하다.

◉ 비대칭
- 일정한 규칙 없이 자유롭게 활자를 배열하는 방법이다.
- 획일적인 디자인으로부터 탈피하기 위함이다.
- 창의적이며 실험적 인상을 부여한다.
- 포스터, 책 표지, 광고 등에서 독자의 주의를 환기하려는 의도로 적합하다.

단답형 문제

01 어간이 너무 넓게 설정되었거나 아니면 행간이 너무 좁을 경우에 나타나는 것으로, 수직적 방향성을 일으켜 수평으로 움직이는 시선의 흐름을 방해하는 현상은?

객관식 문제

02 글자와 글자 사이의 간격을 조정하는 것을 자간이라고 하는데, 특정한 글자에서 발생하는 시각적 공간감을 해소하기 위한 글자 사이의 간격 조정을 무엇이라고 하는가?
① 어간
② 행간
③ 칼럼
④ 커닝

03 행간의 변화를 주는 요소로 적합하지 않은 것은?
① x-높이
② 수평 강세
③ 세리프
④ 타입 크기

04 품위 있고 고급스러운 느낌이며, 양끝 글줄을 리듬감 있게 만들어 대칭시키는 정렬은?
① 오른끝 맞추기
② 가운데 맞추기
③ 왼끝 맞추기
④ 양끝 맞추기

정답 01 흰강 현상(White River) 02 ④ 03 ② 04 ②

POINT 94 | 캘리그래피

01 캘리그래피의 개념

◉ 캘리그래피 의미

- 캘리그래피는(Calligrapy)는 "아름답게 쓰다."라는 뜻이다.
- 캘리그래피라는 용어를 처음으로 사용한 사람은 기욤 아뽈리네르이다.
- 좁은 의미 : 서예(書藝, 문자를 소재로 하는 조형예술)
- 넓은 의미 : 활자 이외의 모든 '서체'

◉ 캘리그래피 특징

- 아날로그적 느낌과, 독특하고 창조적인 표현을 할 수 있다.
- 누구나 쉽게 글씨를 창조할 수 있다.
- 인간의 다양한 감성을 인간적이고 따뜻하게 감각적으로 표현해 낼 수 있다.
- 유연하고 동적인 선, 독특한 번짐, 스쳐가는 효과, 여백의 균형미 등

02 캘리그래피 요소

◉ 가독성

- 글자가 정확히 보이고, 문장의 내용이 쉽게 전달될 수 있어야 한다.
- 추가 설명이 없어도 읽고 이해하는 데 불편함이 없어야 한다.

◉ 주목성

디자인 공간에서는 어느 특정 부분에 시선이 집중되어야 하며, 이는 중심 내용과 직결된다. 따라서, 사람들의 시선이 중심내용에 고정될 수 있도록 공간 안에서 차별을 두어야 한다. 이런 이유로 캘리그래피가 시각적인 디자인에서 많이 사용된다.

◉ 율동성

- 글자에서 보이는 흐르는 듯한 유연함과 리듬감을 포함해야 한다.
- 타이포와 같이 일정한 규칙을 가지는 글씨가 아닌, 손글씨의 불규칙함을 장점으로 가져야 한다.

◉ 조형성

캘리그래피 자체가 조형적 요소이기 때문에 선의 움직임과 형태가 아주 중요하다.

◉ 독창성

글씨를 쓰는 사람에 따라 다양한 글씨체로 새로운 느낌을 표현해 낼 수 있다.

◉ 협업성

글씨를 쓰는 사람과 디자이너와의 교감과 협업에 의해 이루어진다.

03 캘리그래피 표현

◉ 문화권에 따른 표현방식

구분	서양	아라비아	동양
미의식	장식적 표현	신성의 표현	정신적 표현
표현 도구	평필, 펜, 한정적 표현	평필, 한정적 표현	모필, 표현이 자유롭고 농담표현도 가능
표현 유형	기능적	기하학적	감성적

캘리그래피의 표현

① 속도
- 붓 속도에 따라 밝음, 느림, 정적임 등 다양한 느낌을 표현한다.
- 속도에 따라 달라지는 번짐을 이용해 촉촉한 느낌을 표현할 수 있다.

② 농도 : 종이와 먹의 농도 변화로 번짐, 투명도를 표현할 수 있다.

③ 필압 : 붓과 종이에 가하는 힘에 따라 무거움, 가벼움 등 획의 느낌을 변화시킬 수 있다.

④ 결구법
- 초성, 중성, 종성의 변화를 주어 글씨를 쓰는 방법이다.
- 초성의 크기가 커지면 귀엽고 재미있는 느낌을 준다.
- 중성의 짧아지면 초성이 커보이고 길어지면 초성은 작고 멀어져 보인다.
- 종성이 커지면 안정적으로 보인다.

캘리그래피 도구

- 붓, 화선지, 먹물 : 서예 기본 도구로써 양감, 필압의 변화로 다양한 감성으로 표현한다.
- 매직펜 : 경쾌한 느낌을 연출한다.
- 수채화 도구 : 부드럽고 여성스러운 느낌을 준다.
- 목탄, 머메이드지 : 거친 느낌을 준다.
- 다양한 재료를 활용하여 감성적 캘리그래피 표현이 가능하다.

단답형 문제

01 글씨나 글자를 아름답게 쓰는 기술. 좁게는 서예에서 나아가서는 모든 활자 이외의 서체를 가리키는 용어는?

객관식 문제

02 캘리그래피(Calligraphy)에 대한 설명으로 옳지 않은 것은?
① 출판물의 특징이나 성격을 살리기 위해 사용된다.
② 상호, 책 제목, 상품명 등에 제한적으로 사용된다.
③ 고객이 쉽고 빠르게 인지할 수 있게 표현되어야 한다.
④ 가시성과 가독성을 높이기 위해 모든 텍스트에 사용한다.

03 캘리그래피에서 초성, 중성, 종성의 변화를 주어 글씨를 쓰는 방법을 무엇이라고 하는가?
① 결구법
② 쌍구법
③ 회완법
④ 단구법

정답 01 캘리그래피 02 ④ 03 ①

POINT 95 판형과 판면

01 판형과 판면

● 판형(判型)
- 판형은 책의 크기를 말한다.
- 4×6판, 4×6배판, 국판, 국배판 등이 있다.
- 종이를 어떻게 자르는가에 따라 책의 크기가 결정된다.
- 시중에서 유통되고 있는 종이 규격은 4×6전지, 국전지이다.
- 4×6전지는 한 변이 788mm, 다른 한 변이 1,090mm이다.
- 국전지는 한 변이 636mm, 다른 한 변이 939mm이다.
- 종이의 크기와 자르는 방법을 잘 알고 있어야 불필요한 종이의 낭비를 줄이고 원하는 크기로 책을 만들 수 있다.

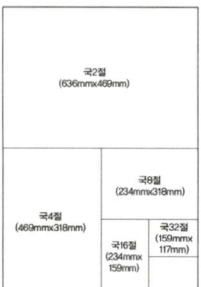

국전지

46전지

● 판면
① 판면의 개념
- 정보 요소가 들어있는 부분(지면)과 정보가 있지 않은 부분(여백)을 통틀어 판면이라고 한다.
- 정보가 들어가지 않은 부분 : 윗여백, 아랫여백, 오른쪽 여백, 왼쪽 여백, 또는 안쪽 여백 등
- 정보 요소 부분 : 문자와 사진, 일러스트레이션 등

② 편집 판면 명칭

펼친면	책이나 잡지 판면의 펼쳐진 양면 두 쪽의 연결. 가로짜기의 책에서는 왼쪽 면이 짝수, 오른쪽 면은 홀수 페이지
면주	책 판면의 맨 위쪽이나 아래쪽에 표제, 편, 장, 절 제목 등을 넣어 독자의 편람을 돕도록 한 머리글 및 꼬리글
큰제목	책이나 잡지 등의 본문 제목이 둘 이상일 경우의 첫째 제목. '대제목'이라고도 함
부제목	책이나 잡지 등의 본문 제목을 더 보충 설명해 주는 제목. '부표제'라고도 함
전문	잡지나 신문 등의 인쇄 매체에서 제목 밑에 해당 내용을 간결하게 설명한 요약문
쪽번호	책 판면의 위나 아래에 붙이는 페이지 숫자로 인쇄소에서는 프랑스어인 농브르(Nombre)라고도 하나 컴퓨터의 전자 편집 용어로 통일 표준
캡션	판면에 편집된 사진이나 그림을 설명하는 글로 본문체의 크기보다 작은 글자로 편집
단	판면을 가로나 세로로 나눈 구획. 책 판면이 둘 이상으로 나뉠 경우, 각각 행 길이가 기존 길이의 2분의 1이나 3분의 1 등으로 짧게 편집

> **기적의 TIP**
> 한 페이지에서 여백을 제외하고 본문과 도표 등이 배치되는 인쇄 영역은 지면이라고 한다.

02 콘텐츠 구성 요소 배치

● 콘텐츠 구조

- 텍스트가 지면에 구성될 때는 일반적으로 크게 부, 편, 장, 절, 관, 항, 목으로 구분된다.
- 제1부, 제1편, 제1장, 제1절… 등으로 구성되는 것이 일반적이다.
- 텍스트도 지면에서 기정의된 순서와 같은 계층별 구조를 가지고 있다.
- 출판물을 펼쳐보면 큰제목, 부제목, 중간 제목, 소제목, 본문, 캡션 등의 순서로 문자의 크기를 점점 작게 하는 것이 텍스트의 계층별 질서를 유지하는 데 중요한 원칙이 된다.

● 문자 이미지 표현

- 출판물에 표현되는 문자는 출판물의 특징이나 성격을 살리기 위해 캘리그래피(Calligraphy)를 사용하는 방법이 있다.
- 캘리그래피는 고객이 쉽게 인지할 수 있게 표현되어야 하고 상호, 책 제목, 상품명 등의 표현에만 제한적으로 사용되는 것이 좋다.
- 가시성과 가독성에 지장을 줄 수 있기 때문이다.

단답형 문제

01 책, 잡지, 신문 등 인쇄물에서 여백을 포함한 문자와 사진 등 실제로 인쇄되는 부분을 무엇이라 하는가?

객관식 문제

02 판형을 기반으로 하는 디자인 요소들의 배치 작업사항이 아닌 것은?
① 구체적 스케치 작업
② 문서 출력 요소 배치
③ 텍스트 요소 배치
④ 이미지 요소 배치

03 편집 판면 명칭의 설명 중 올바르지 않은 것은?
① 단은 판면을 가로나 세로로 나눈 구획이다.
② 면주는 맨 위쪽이나 아래쪽의 머리글 및 꼬리글이다.
③ 캡션은 제목 밑에 해당 내용을 간결하게 설명한 요약문이다.
④ 부제목은 본문 제목을 더 보충 설명해 주는 제목이다.

04 판형과 관련된 설명으로 올바르지 않은 것은?
① 판형은 종이를 어떻게 자르는가에 따라 결정된다.
② 판형은 책의 최종 크기를 나타낸다.
③ 판형의 이해는 종이 낭비를 줄이는 데 도움이 된다.
④ 판형은 디자인 작업 후 인쇄 전에 결정한다.

정답 01 판면 02 ② 03 ③ 04 ④

POINT 96 | 출판물

01 출판물의 분류

◉ **주기별 분류**

① 정기 간행물
- 정기적으로 발행되는 간행물로 일간지(하루), 주간지(일주일), 월간지(1달), 계간지(3달), 연간지(1년) 등으로 구분한다.
- 간행물 : 종이에 인쇄되어 출판된 서적, 신문, 잡지 등을 통틀어 이르는 말이다.

② 비정기 간행물 : 기간과 관계없이 발행되는 간행물로서 단행본, 카탈로그, 브로슈어 등이 있다.

◉ **형태별 분류**

① 낱장(Sheet) 형태 : 한 장으로 된 인쇄물로 DM(Direct Mail), 안내장, 명함, 카드, 전단지 등이 있다.
② 스프레드(Spread) 형태 : 펼치고 접는 형태로 신문, 카탈로그, 팸플릿 등이 있다.
③ 책 형태 : 한 쪽이 제본되어 있는 책자 형태로 서적, 단행본, 잡지 등이 있다.

◉ **출판물의 종류**

단행본	소설책, 시집 등과 같은 비정기 간행물 책자를 말한다.
잡지	여러 가지 내용과 정보를 모아서 펴내는 정기 간행물 책자를 말한다.
신문	새로운 사건이나 사실을 알리고 기사 내용을 신속하고 정확하게 전달하는 정기 간행물을 말한다.
카탈로그 (Catalogue)	상품의 견본 책으로 영업용이나 소개를 목적으로 제작된 것을 말한다.
매뉴얼 (Manual)	특정 제품에 대한 기능과 사용 방법을 알기 쉽게 정리해 놓은 것을 말한다.
팸플릿 (Pamphlet)	제본된 작은 책자로 행사 안내에 사용된다.
브로슈어 (Brochure)	고급스러운 안내 책자로 기업 업무 및 소개용으로 사용된다.
리플릿 (Leaflet)	한 장으로 구성된 고급스러운 전단지로서 접지 형태로 구성된 것을 말한다.

02 출판물의 기획 의도 파악

◉ **콘셉트(How)**

어떻게 표현할 것인지 자료 검토 및 분석을 한 후에 독자의 니즈와 원츠를 파악하여 디자인 방향을 결정한다.

◉ **대상(Who)**
- 대상이 누구인지 알아야 내용을 잘 전달하고 설득할 수 있는 것이다.
- 효과적인 메시지 전달을 위하여 독자의 연령대, 성향, 취향, 유행 등을 파악하는 것이 중요하다.

◉ **주제(What)**

무엇을 전달하려고 하는지 기획의 주제와 내용을 파악하고 시대적 상황을 고려하여 최신 트렌드를 반영한다.

03 출판 편집 디자인

● 편집 디자인 개요

- 신문·잡지·서적 등의 인쇄물을 시각적으로 구성하여 제작하는 시각 디자인의 한 분야이다.
- 출판 디자인(Publication Design) 또는 에디토리얼 디자인(Editorial Design)으로 불린다.
- 편집 디자인의 역사는 1920년대 미국의 잡지 「포춘」과 1976년 국내의 「뿌리 깊은 나무」 월간지를 들 수 있다.
- 컴퓨터 그래픽의 발전으로 인하여 인쇄물뿐만 아니라 컴퓨터상에서 구현될 수 있는 방향으로 발전하고 있다.
- 소형 인쇄물을 시각적으로 구성한 시각 커뮤니케이션 표현에 중점을 둔 디자인이다.

● 편집 디자인의 분류

- 편집 디자인은 그래픽 디자인의 분야에 해당되는 넓은 범위를 갖는데 이는 시각을 통해서 전달되는 모든 인쇄물이 편집 디자인의 대상이 되기 때문이다.
- 편집 디자인은 크게 형태별, 표현 양식별, 간행 주기별로 분류할 수 있다.

낱장(Sheet) 형식	한 장짜리의 인쇄물(DM, 레터헤드, 리플릿, 전단지, 안내장, 카드 등)
스프레드(Spread) 형식	펼치고 접는 형식(리플릿, 신문, 팸플릿, 카탈로그 등)
서적 형식	제본된 책자 형식(매뉴얼, 단행본, 화보, 잡지, 브로슈어 등)

객관식 문제

01 다음 중 에디토리얼 디자인의 형태별 분류가 잘못된 것은?
① 서적 스타일 – 잡지, 화보, 단행본
② 스프레드(Spread) 스타일 – 카탈로그, 팸플릿
③ 카드 스타일 – 브로슈어, 매뉴얼
④ 낱장(Sheet) 스타일 – 명함, 안내장

02 출판물의 기획 의도 파악에서 주제(What)에 해당하는 작업은?
① 자료를 검토하고 분석한다
② 독자의 니즈와 원츠를 파악한다.
③ 무엇을 전달할 것인지 기획의 내용을 파악한다.
④ 독자의 성향, 취향, 유행 등을 파악한다.

03 편집 디자인에 대한 설명으로 옳지 <u>않은</u> 것은?
① 컴퓨터그래픽의 발전으로 디지털 매체에서도 구현될 수 있다.
② 신문·잡지·서적 등의 인쇄물을 시각적으로 구성하여 제작하는 디자인이다.
③ 크게 형태별, 표현 양식별, 간행 주기별로 분류할 수 있다.
④ 시각을 통해서 전달되는 소형 인쇄물에만 적용된다.

정답 01 ③ 02 ③ 03 ④

POINT 97 | 레이아웃 구성

01 레이아웃 구성 요소

◎ **타이포그래피**
- 메시지 전달이라는 측면에서 중요한 레이아웃 구성 요소이다.
- 타이포그래피의 적절한 선택과 표현은 독자와의 커뮤니케이션을 보다 쉽고 명확하게 한다.

◎ **사진 및 일러스트**
- 내용을 쉽고 빠르게 전달하면서 이해되도록 도와주는 역할을 한다.
- 독자들의 호기심을 유발시키고 시선을 끄는 도구로 사용된다.
- 사진과 일러스트는 비언어적 수단으로써 그 자체로 커뮤니케이션의 수단이 된다.

◎ **색상**
- 독자의 시선과 흥미, 주목을 끌고 기억하는데 중요한 역할을 한다.
- 구성 요소들과의 조화를 이루게 하고, 판면을 정리해줌으로써 레이아웃의 산만함을 배제시키고 통일감을 유지시킨다.

◎ **여백**
- 지면의 비워진 흰 공간을 의미하며 레이아웃 구성 요소들 간의 조화와 통일감을 주기 위해 적절한 여백이 요구된다.
- 여백은 다른 구성 요소들을 배치하고 남은 공간이 아닌 다른 구성 요소들과 같은 비중으로 취급되어 레이아웃 시작하는 단계에서부터 여백을 미리 염두에 두는 것이 좋다.

02 레이아웃 배치

라인업 : 출판 흐름을 알 수 있도록 편집물을 지면 안에 배치하는 작업

◎ **레이아웃 배치 원리**

① 통일과 변화
- 구성 요소들이 질서를 이루는 것이다.
- 독자가 쉽게 내용을 파악할 수 있다.
- 지나친 통일감은 딱딱하고 지루함을 줄 수 있다.

② 변화
- 적절한 변화는 메시지 전달에 효과적이다.
- 극단적 변화는 산만한 느낌을 줄 수 있다.

③ 균형
- 어느 한 쪽으로 치우치지 않은 안정감이다.

④ 율동
- 통일을 바탕으로 한 움직임, 리듬감을 준다.
- 생기를 불어넣어 경쾌한 느낌을 준다.

⑤ 강조
- 공간의 단조로움을 피하고, 힘의 강약을 조절하는 것이다.
- 내용을 강조하고, 시각적으로 주목을 유도한다.

◎ **레이아웃 구성 요소 배치 특성**
- **상단 위치** : 주목도가 가장 높다.
- **하단 위치** : 가장 안정적이고 무거움과 정지감이 함께 느껴진다.
- **중간 위치** : 균형적으로 느껴지고 안정적인 분위기와 주목성은 보통 수준이다.

◎ **그리드 레이아웃의 필요성**
- 다양한 디자인 요소들을 일관성있게 배치하기 위한 가이드라인 역할을 한다.
- 디자인의 모든 요소들을 서로 융화시킬 수 있고 디자인에 질서를 적용할 수 있는 하나의 수단이다.
- 매체의 지면을 구성하는 요소들이 시각적 질서와 일관성을 유지할 수 있도록 하기 위한 도구이다.

03 그리드의 종류

편집 디자인 작업 시 디자인 형태에 목적에 맞게 컬럼(단)의 수를 선택하여 사용한다.

- **1단 그리드** : 설명문, 보고서, 논문, 단행본에서 많이 볼 수 있는 기본적인 그리드 형태로서 내용이 연속적인 글에 적용한다.
- **2단 그리드** : 카탈로그, 소책자에서 볼 수 있는 형태로서 텍스트의 양이 많거나 구성 요소가 다양할 때 단을 나누어 적용한다.
- **다단 그리드**
  - 잡지나 신문에서 볼 수 있는 가장 많이 사용하는 형태로서 2단 그리드 보다 많은 구성 요소들을 배치할 때 사용한다.
  - 칼럼(단)의 수가 많아지면 그리드 활용도와 가독성이 높아진다.
- **모듈 그리드** : 달력, 그래프, 졸업 앨범에서 볼 수 있는 단을 여러 개로 나눈 형태로서 구성 요소가 많고 복잡한 정보에 적용한다.
- **계층 그리드** : 웹사이트에서 볼 수 있는 형태로서 스크롤 바를 내려가면서 읽기 편하도록 여러 개의 가로 단으로 분할하여 적용한다.

1단 그리드

2단 그리드

다단 그리드

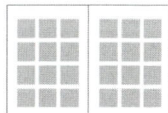
모듈 그리드

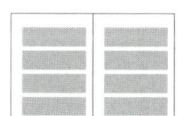
계층 그리드

객관식 문제

01 디자인 콘셉트에 맞는 이미지 레이아웃 구성 방법과 거리가 먼 것은 무엇인가?
① 사람의 시선이 이동되는 순서를 고려하여 순서대로 읽힐 수 있도록 유도되는 배치
② 이미지는 텍스트와 일치하는 이미지를 선택하고 배치
③ 구성 요소들을 조형원리에 의해 체계적인 질서를 가지고 배치
④ 아트워크 요소들의 파일 포맷을 고려하여 선택

02 편집 디자인에서 레이아웃의 형태로는 크게 프리(Free)방식과 그리드(Grid)방식으로 나눌 수 있는데 다음 설명 중 그리드(Grid)의 설명이 아닌 것은?
① 원래의 뜻은 그물이며 그래프지나 바둑판 모양의 구조를 말한다.
② 하나의 시각적 작품을 응결시켜주는 하부 구조이다.
③ 하나의 조직이며 시간을 절약하고 지속감을 부여하는 데 도움을 준다.
④ 곡선을 많이 사용하고 디자이너의 직관력에 의존하는 것이다.

03 편집 디자인의 레이아웃 요소 중에서 계획된 편집물들을 지면 안에 배치하는 작업으로 내용과 중요도에 따라 각각 분할하여 배열하는 것을 무엇이라고 하는가?
① 포맷
② 라인업
③ 타이포그래피
④ 마진

정답 01 ④ 02 ④ 03 ②

POINT 98 글자의 배치

01 글자의 배치

◉ 본문용 타입과 제목용 타입

① 본문용 타입
- 가독성이 가장 중요하다.
- 8~12pt 사이즈가 일반적으로 사용된다.
- 글자의 식별이 어려운 아동이나 시력이 불편한 노인의 경우에는 큰 글자를 사용해야 한다
- 복잡하고 장식적인 폰트는 피해야 한다.
- 글줄 길이나 자간과 행간도 가독성에 큰 영향을 준다.

② 제목용 타입
- 판독성이 가장 중요하다.
- 책 제목이나 헤드라인 등에 사용된다.
- 목적에 어울리는 적절한 서체를 선택해야 한다.
- 적당한 무게감과 비례감을 고려해야 한다.

◉ 텍스트 배치 시 결정 사항

전달내용, 독자, 미디어에 따라 그 방법을 다르게 사용한다.

① 표지 : 제목과 간단한 글 정도만 들어가는 경우가 많아 비교적 정렬 방식을 자유롭게 선택한다.

② 본문
- 텍스트를 가장 많이 담아낼 수 있는 양쪽 정렬을 가장 많이 사용한다.
- 양쪽 정렬은 자간이 고르지 않아 세심한 조절이 필요하다.

◉ 단락 구분

① 들여쓰기
- 문단의 첫 줄을 오른쪽으로 들여쓰는 방식을 말한다.
- 단행본이나 신문 등에 주로 사용한다.
- 시각 효과를 중시하는 잡지 등에서는 사용되지 않을 수 있다.

② 내어쓰기
- 문단의 첫 줄을 왼쪽으로 내어쓰는 방식을 말한다.
- 과도하게 시각적으로 강조되는 들여쓰기와 내어쓰기는 가독성이 떨어지므로 명확하게 표현하기 위해 일정한 간격을 설정한다.

③ 첫 글자 강조
- 중세 시대에 사용하는 장식적인 방법이다.
- 첫 글자에 포인트를 준다.
- 첫 글자는 같은 폰트 페이스를 사용하기도 하고, 그렇지 않을 수도 있다.
- 줄은 2~3줄까지 사용하거나 가독성을 해치지 않는 범위에서 자유롭게 사용한다.

◉ 방향, 위치, 도형

- 점유하고 있는 위치나 고유한 형태감에 따라 방향을 느끼게 하는 속성이다.
- 본질적으로 문자는 가지런히 늘어선 수평적 방향성을 나타내지만 각도가 달라지거나 회전하면 여러 종류의 에너지가 탄생한다.
- 문자가 지면의 중앙에 위치하면 엄숙하고 확신에 차 보인다.
- 지면의 가장자리 또는 외곽선에 닿아 있으면 어설프고 신뢰감이 떨어져 보인다.
- 문자를 도형과 함께 사용하면 타이포그래피의 효과를 강화시킬 수 있다.

> **기적의 TIP**
> 타이포그래피 이미지를 표지로 활용할 경우, 텍스트의 가독성과 시인성보다는 그래픽 이미지로서 타이포그래피 역할을 중심적으로 한다.

02 서체 선택 고려 사항

◉ 메시지의 성격

- 내용을 감성적인 메시지로 분류하여 메시지의 성격을 파악한다.
- 진지한, 가벼운, 심각한, 유머러스한, 긍정적인, 냉소적인, 차분한, 격정적인 등 담긴 메시지를 분석한다.
- 디자인 콘셉트의 맞는 서체를 선택
  - 진지, 가벼움, 심각, 냉소적, 차분을 표현할 경우 → 세리프 서체
  - 가벼움, 긍정적, 격정적임을 표현할 경우 → 산세리프 서체
  - 유머러스를 표현할 경우 → 산세리프 서체, 스크립트 서체

◉ 타이포그래피 베리에이션

- 기존 타입을 대상으로 재배치한다.
- 서체를 분해한다.
- 형태와 비율을 왜곡한다.
- 실루엣, 음영 효과, 입체감을 부여한다.
- 캘리그래피를 활용한다.
- 이미지 요소와 결합한다.

◉ 타이포그래피 사용 시 고려 사항

- 한 지면에 많은 서체를 사용하지 않는다.
- 가독성 높인다.
- 적절한 글자 사이(자간), 글줄 사이(행간)를 사용한다.
- 적절한 글줄 길이를 결정한다.
- 디자인 콘셉트에 맞는 서체를 사용한다.

객관식 문제

01 본문용타입에 대한 설명으로 옳지 않은 것은?
① 8~12pt 사이즈가 일반적으로 사용된다.
② 판독성이 가장 중요하다.
③ 복잡하고 장식적인 폰트는 피해야 한다.
④ 가독성을 고려하여 자간, 행간을 조정한다.

02 진지하고 차분한 느낌의 책표지에 적절한 서체는?
① 세리프
② 산세리프
③ 블랙레터
④ 스크립트

03 타이포그래피 사용 시 고려 사항이 아닌 것은?
① 한 지면에 많은 서체를 사용한다.
② 제목용 폰트와 본문용 폰트의 특성을 파악해 선정한다.
③ 디자인 콘셉트에 맞는 서체 사용한다.
④ 적절한 글줄 길이 결정한다.

정답 01 ② 02 ① 03 ①

POINT 99 | 이미지 배치

01 사진과 일러스트

◉ 사진

- 사진은 단지 기록, 보존의 수단을 벗어나 이미지 연출의 개성화 또는 계획된 시각 표현 등 다각도의 표현 방법이다.
- 사진만으로 구현이 어려운 내용일 경우 보다 풍부한 표현이 가능한 일러스트를 사용한다.

◉ 일러스트

- 일러스트는 과학적으로 증명이 어려운 내용이거나 현실 재현이 불가능한 내용을 소개할 때 매우 효과적이다.
- 현실성을 직접 보여주기보다는 가볍고 재미있는 묘사로 표현하기도 한다.
- 개성이 없고 기성의 일러스트는 화면의 긴장도를 낮추는 방해 요소로 작용될 수 있으므로 선택에 주의해야 한다.

◉ 사진과 일러스트의 효과

- 글의 내용을 쉽게 이해되도록 도와주는 역할과 함께 독자들의 호기심과 시선을 끄는 도구로 사용된다.
- 기사의 내용을 빠르고 쉽게 전달하는 중요한 역할을 수행한다.
- 이미지로 보여 주는 효과는 독자에게 주목 받고 선호도가 더 크게 나타난다.
- 사진과 일러스트는 레이아웃을 잡을 때 시선 이동의 중요한 요소이다.
- 사진과 일러스트의 크기, 위치, 명암, 방향, 개성의 강도에 따라 시선이 우선적으로 가는 곳이 결정된다.
- 잘 배치된 이미지는 본문의 내용을 구체적으로 시각화시키고 설득력을 갖게 하는 역할을 하여 레이아웃에 큰 효과를 준다.

◉ 사진, 일러스트레이션 이미지 사용 시 주의 사항

① CMYK 컬러 모드
- 컴퓨터 모니터에 보이는 색상은 RGB(Red, Green, Blue) 모드이기 때문에 인쇄 매체에 사용될 이미지를 작업할 때는 반드시 CMYK(Cyan, Magenta, Yellow, Black) 모드로 설정한다.

② 해상도 설정
- 해상도는 텔레비전이나 컴퓨터 화면 또는 인쇄물에서 이미지를 표현하는 데 1인치당 도트(Dot)의 개수로 나타낸 선명도를 말한다.
- 컴퓨터 화면에 사용하려면 72dpi, 인쇄 매체에 사용하려면 300dpi로 설정한다.

③ 트리밍
- 트리밍은 이미지의 주제를 강조하거나 약하게 하기 위해 이미지를 확대 또는 축소하면서 불필요한 부분을 잘라 내거나 없애는 것을 말한다.
- 품질이 떨어지거나 지나치게 작은 사진을 사용할 경우에는 최소 50% 이하 축소, 최대 120% 이상 확대하는 것을 지양하고 명암, 질감, 색상 등에서 약간의 보정이나 수정을 한다.

④ 기타
- 이미지가 많이 들어가는 지면을 디자인할 때는 지면 사이즈의 외곽선을 흰색으로 지정한다.
- 출력 과정에서 이미지 위치나 순서가 바뀔 수가 있으니 그룹으로 묶어 주어야 한다.
- 이미지 외곽선이 들어갈 때는 반드시 선이 들어간다고 체크를 해 주어야 한다.

02 이미지 외주 제작

- 직접 제작하기 어려운 시각화 이미지를 전문적인 외부 제작사에 의뢰하여 제작하게 하는 것을 말한다.
- 사진작가, 일러스트레이터, 캘리그래퍼, 3D 모델링 디자이너 등이 이에 해당된다.

● 외주 작가 섭외 방법

필요한 이미지를 제작할 수 있는 디자인 관련 전문 회사를 검색하여 문의 후 진행한다.

● 이미지 의뢰 방법

- 구두로 전달하기보다는 문서 형태로 된 작업 의뢰서를 최대한 자세하게 작성하여 업무 작업 사항을 명확히 제시한다.
- 의뢰서에는 의뢰자, 의뢰일, 제품명, 제작 기간, 이미지 컷 수, 크기, 내용 또는 줄거리, 특징, 유의 사항 등을 명시한다.
- 의뢰서와 별도로 이미지 제작 진행 시 계약서를 작성하여 비용, 기간, 저작권 문제, 수정, 보안 등에 대한 구체적인 사항도 명시하고 협의하여 진행하는 것이 바람직하다.

객관식 문제

01 사진과 일러스트에 대한 설명으로 바르지 <u>않</u>은 것은?
① 사진은 과학적으로 증명이 어려운 내용이거나 현실 재현이 불가능한 내용을 소개할 때 매우 효과적이다.
② 사진과 일러스트는 레이아웃을 잡을 때 시선 이동의 중요한 요소이다.
③ 사진은 사실적인 면을 강조하여 신뢰도를 높일 수 있다.
④ 사진만으로 구현이 어려운 내용일 경우에 보다 풍부한 표현이 가능한 일러스트를 사용한다.

02 인쇄용 컬러 모드 설정에 대한 설명으로 옳은 것은?
① 모니터가 RGB이므로 인쇄용도 RGB가 안전하다.
② 인쇄 매체용 이미지는 CMYK 모드로 작업한다.
③ HSB 모드는 웹과 인쇄 모두에 표준이다.
④ Lab로 저장하면 색관리 없이도 인쇄 색이 보장된다.

03 이미지 의뢰 시 의뢰서에 작성해야 하는 항목이 <u>아닌</u> 것은?
① 의뢰자 학력정보
② 의뢰일
③ 제작기간
④ 이미지 컷 수

정답 01 ① 02 ② 03 ①

POINT 100 | 디자인 검수

01 서체 및 이미지 유실

◉ 데이터 포맷에 따른 서체의 분류

- 디지털 폰트를 표현하는 방식에는 비트맵(Bitmap)과 아웃라인(Outline)이 있다.
- 비트맵은 문자를 점의 집합으로 표현하기 때문에 복잡한 연산 과정을 거치지 않고 표시된다.
- 웹상의 디스플레이용으로 12pt, 14pt, 24pt 등 정해진 글자 크기를 제외하고는 픽셀이 보이는(앨리어싱) 형태로 나타난다.
- 아웃라인은 특정 연산 과정을 거쳐 글자의 테두리를 먼저 만들고 안을 채우는 방식이기 때문에 글자를 확대해도 화면상 매끈하게 나타나서 디자인하기에 적합하다.

◉ 아웃라인 폰트

① **포스트스크립트 폰트(.ps)** : 비트맵 형식으로 보이는 폰트를 고품질의 폰트로 인쇄할 수 있도록 립(Rip)을 거쳐 처리하는 프로그램 언어의 일종으로 포스트스크립트 폰트가 설치된 프린터에서만 출력이 가능해 '프린트 서체'라고도 불린다.

② **트루타입 폰트(.ttf)**
- 애플사와 마이크로소프트사가 공동 개발한 포맷으로 현재 일반적으로 널리 사용되고 있다.
- 화면에 나타나는 글꼴과 인쇄 글꼴이 거의 비슷해 전자 출판에 유용하며 매킨토시와 윈도우 운영체제에서 모두 사용된다.

③ **오픈타입 폰트(.otf)**
- 마이크로소프트사와 어도비사가 협력해 개발한 포맷으로 화면의 글꼴과 인쇄 글꼴이 비슷해 전자 출판에 유용하게 사용된다.
- 조합 글자를 사용하는 한중일 문화권 서체에서 발생하는 다양한 문제점을 해결하는 등 편집 디자이너에게 편리함을 준다.

◉ 유실 서체 발생 및 해결

- **유실 서체 발생 원인**
  - 서체를 사용하다가 굵기를 잘못 설정한 경우
  - 서체가 지원하지 않는 글리프(도형 기호, 구두점, 괄호 등)를 선택 또는 설정했을 경우
  - 작업 중간에 컴퓨터 환경이 바뀐 경우
  - 타 컴퓨터에서 작업을 한 경우
- **유실 서체 해결방법**
  - 유실된 서체를 새로 설치
  - 비슷한 느낌의 다른 서체로 교체

> **기적의 TIP**
>
> **유실 글꼴 찾기**
> [문자]-[글꼴 찾기]를 클릭하면 '글꼴 찾기' 대화창이 나타나고 유실된 서체가 있으면 글꼴 항목에 노란색 느낌표 경고 표시(⚠)가 나타난다.

◉ 유실 이미지 발생

- 파일 정리하면서 폴더가 변경된 경우
- 파일을 유실한 경우
- 파일 경로 및 파일명이 변경된 경우

◉ 유실 이미지 해결방법

- 작업 파일의 사본을 별도 저장한다.
- 포토샵 작업은 원본 레이어를 보전하면서 작업한다.
- 시안용으로 사용했던 이미지나 소스를 만들기 위한 이미지는 보관해 둔다.

02 출력용 파일 정리

● 프리플라이트

- 프리플라이트(Preflight)는 시험 비행이라는 뜻이다.
- 문서가 인쇄 가능한 문서인지를 수시로 체크하여 사용자에게 알려주는 기능이다.
- 문서 메뉴 바에서 [창]-[출력]에서 패널을 활성화하여 구체적인 오류 내용과 페이지를 확인하여 문제를 해결한다.
- 실행된 문서의 하단에 붉은색 표시는 문서 하단에 오류가 있다는 것을 알려주고, 문서의 서체 또는 이미지가 인쇄 또는 출력에 적합하지 않은 상태임을 나타낸다.
- 초록색 표시는 인쇄 또는 출력에 아무 문제가 없음을 알려준다.

● 출력용 파일 모으기

- 인쇄를 하기 위해서는 먼저 출력소에 데이터를 넘겨야 하는 단계가 있다.
- 최종 데이터를 대부분 출력소에 PDF 파일 형식으로 만들어서 보낸다.
- 최종 PDF 파일을 만들기 전에 작업에 사용된 모든 파일을 모으는 것은 나중에 작업을 마치고 최종 데이터를 보관하기 쉽고, 혹시 누락된 데이터 유실을 방지하기 위함이다.
- 인디자인 프로그램에서는 패키지 기능을 사용하면 쉽게 파일을 한 폴더에 모을 수가 있다.

> **기적의 TIP**
>
> **인디자인 패키지 기능**
> 패키지를 실행하면 새 폴더를 만든 후 함께 사용하였던 이미지와 글꼴이 각 폴더별로 복사되어 작업자가 사용한 데이터를 한눈에 알아볼 수 있다.

단답형 문제

01 아웃라인 폰트 중에 비트맵 형식으로 보이는 폰트를 고품질로 인쇄할 수 있도록 도와주는 프로그램 언어를 무엇이라 하는가?

객관식 문제

02 서체 유실의 발생 원인으로 옳지 않은 것은?
① 작업 중 서체의 굵기를 잘못 설정한 경우
② 서체가 지원하지 않는 글리프를 선택한 경우
③ 작업 중간에 컴퓨터 환경이 바뀐 경우
④ 서체를 새로 설치한 경우

03 출력용 파일 모으기와 관련된 설명으로 올바르지 않은 것은?
① 최종 PDF 파일을 만들기 전에 작업에 사용된 모든 파일을 모으는 것이 관리하기에 용이하다.
② 최종 데이터를 PDF 파일 형식으로 출력소에 전달한다.
③ 인디자인에서는 패키지 기능을 사용하여 파일을 모을 수 있다.
④ 한글 프로그램으로 작업한 PDF 자료는 출력이 불가능하다.

04 프리플라이트(Preflight) 설명으로 올바르지 않은 것은?
① 인쇄 가능한 문서인지를 수시로 체크하여 알려주는 기능이다.
② 문서의 하단에 붉은색 표시로 오류가 있음을 알려준다.
③ 메뉴 바의 [창]-[출력]에서 패널을 활성화하고 오류를 확인하여 문제를 해결할 수 있다.
④ 문서의 하단에 초록색 표시로 인쇄 또는 출력에 적합하지 않은 상태임을 나타낸다.

정답 01 포스트스크립트 폰트 02 ④ 03 ④ 04 ④

MEMO

MEMO

MEMO

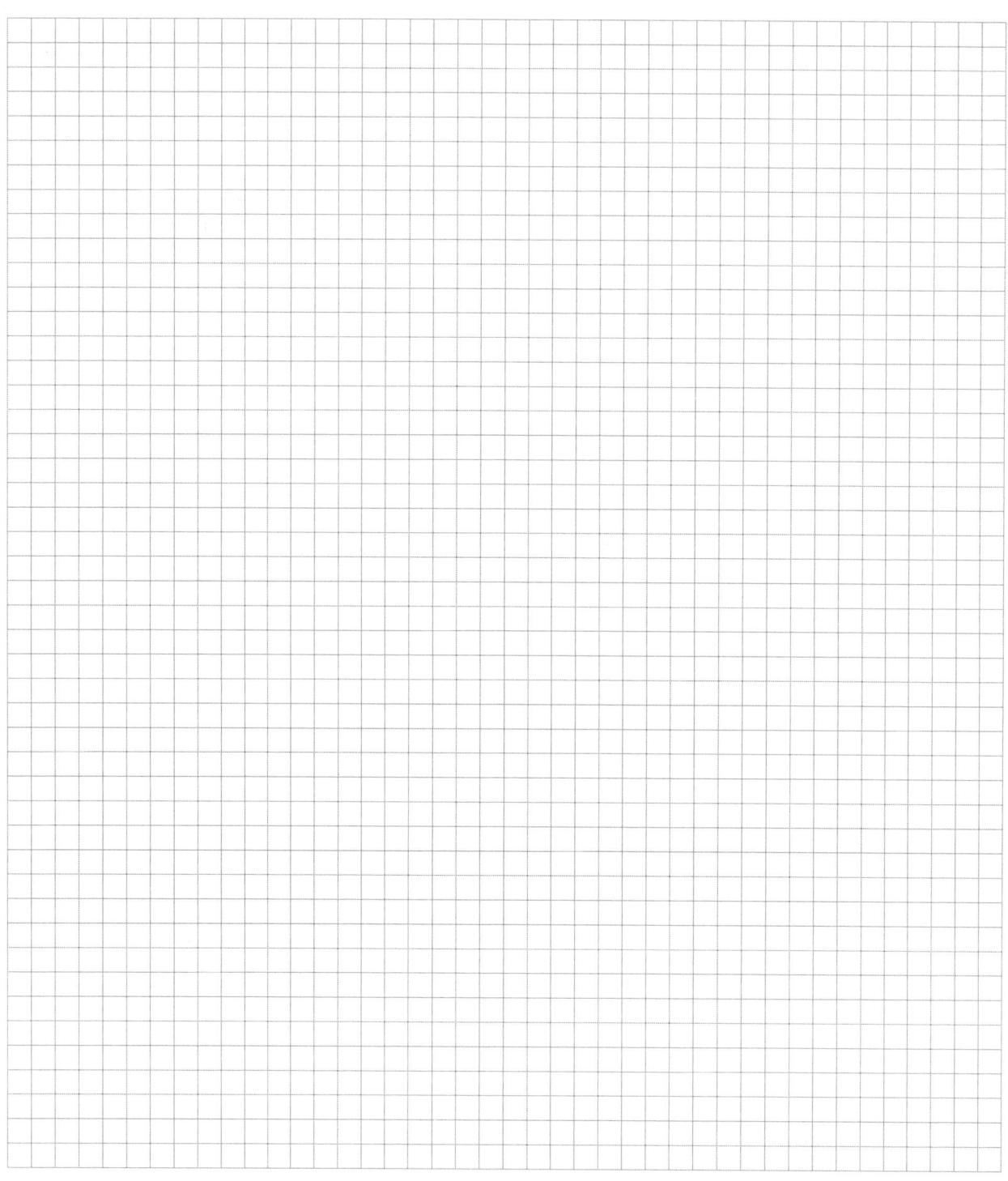

먼 곳을 항해하는 배가 풍파를 만나지 않고
조용히만 갈 수는 없다. 풍파는 언제나
전진하는 자의 벗이다.

프리드리히 니체

이기적 강의는
무조건 0원!

이기적 영진닷컴

공부하다가
궁금한 사항은?

이기적 스터디 카페

 이기적 강의는 무조건 0원!
이기적 영진닷컴

공부하다가 궁금한 사항은?
이기적 스터디 카페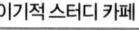

책은 너무 무겁다면? 가볍게 만나자!
이기적 전자책(eBook)

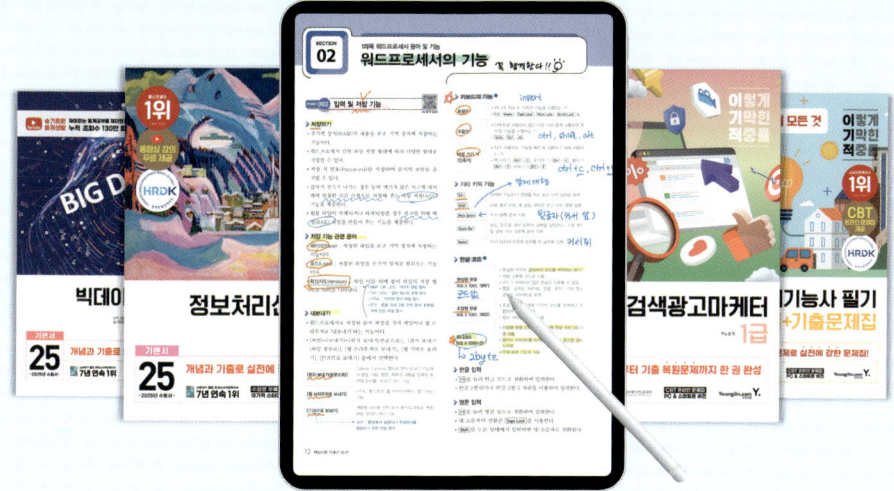

LIGHT
여러 권의 책도
eBook으로
구매하면 0.0g!

EASY
필요한 키워드
손쉽게 검색 &
무제한 필기 가능

FAST
배송 기다림 없이
즉시 다운받고
바로 학습 가능

이용방법

온라인 서점 접속 → eBook 메뉴에서 이기적 도서 검색 → [eBook] 상품 구매 → 서점별 eBook뷰어로 바로 이용 가능

※ eBook은 배송 과정이 없는 디지털 상품으로 온라인 서점별 앱에서 바로 이용 가능하며 이와 별개로 **도서 전체의 PDF 파일은 제공하지 않습니다.**

◀ 이기적 전자책 보러가기

한번에 합격, 자격증은 이기적

이기적 스터디 카페

합격 전담 마크! 추가 자료부터
1:1 Q&A까지 다양한 혜택 받기

365 이벤트

매일 쏟아지는 이벤트!
기출 복원, 리뷰, 합격 후기, 정오표

100% 무료 강의

핵심만 쏙쏙 설명하는
합격 강의 100% 무료

CBT 온라인 문제집

연습도 실전처럼!
PC와 모바일로 언제든지 시험 연습

이기적 스터디 카페
홈페이지 : license.youngjin.com
질문/답변 : cafe.naver.com/yjbooks

이기적 유튜브 채널
@ydot0789 채널을 구독해 주세요!
15만 구독자와 약 10,000개의 동영상으로 합격을 준비하세요!

이기적 카카오톡 플러스친구
@이기적 친구를 추가해 주세요!
합격을 부르는 소식, 카톡으로 먼저 받아보고 혜택을 챙기세요!

이렇게 기막힌 적중률

절대족보

컴퓨터그래픽기능사 필기
2권 · 기출문제

김부치 저

26
· 2026년 수험서 ·
수험서 20,000원

핵심이론과 기출문제로 빠르게 합격!

- 100% 무료 강의 / 도서 연계 동영상 제공
- CBT 온라인 문제집 / 시험장 환경 완벽 적응
- 이기적 스터디 카페 / 전문가와 1:1 질문 답변

ISBN 978-89-314-8047-4

YoungJin.com Y.
영진닷컴

기적의 적중률, 여러분의 참여로 완성됩니다
기출 복원 EVENT

영진닷컴 쇼핑몰 30,000원

기출 복원하기 ▶

전원지급

네이버페이 포인트 쿠폰 N Pay 최대 20,000원

1. 이기적 수험서로 공부하고 시험에 응시했다면 누구나 참여 가능
2. 응시일로부터 7일 이내 복원 문제만 인정(수험표 첨부 필수!)
3. 중복, 누락, 허위 문제는 당첨 대상에서 제외

※ 이벤트별 혜택은 변경될 수 있으므로 자세한 내용은 해당 QR을 참고해 주세요.

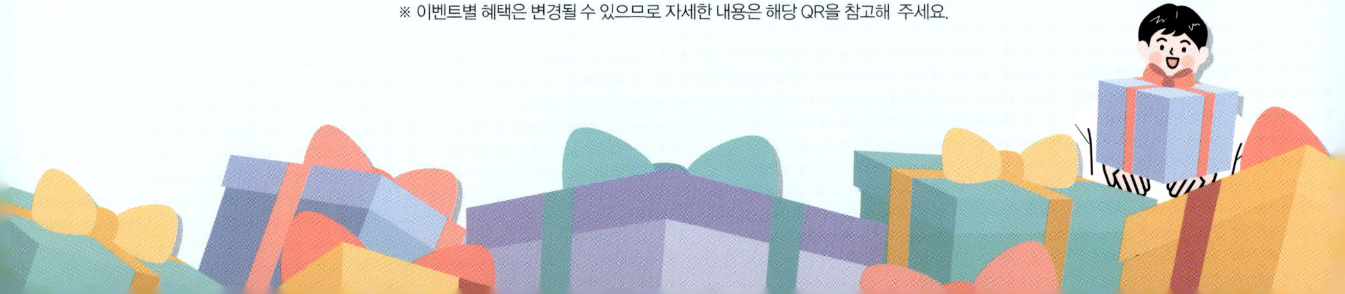

이렇게 기막힌 적중률

컴퓨터그래픽기능사
필기 절대족보
2권 · 기출문제

"이" 한 권으로 합격의 "기적"을 경험하세요!

차례

2권 손에 잡히는 기출문제

공부한 날짜

자주 출제되는 기출문제 100선

1과목 디자인 일반	2-4	__월 __일
2과목 비주얼 아이데이션	2-10	__월 __일
3과목 시안 디자인	2-14	__월 __일
4과목 조색 및 배색	2-16	__월 __일
5과목 2D 그래픽 제작	2-26	__월 __일

최신 기출문제

2025년 최신 기출문제 01회	2-34	__월 __일
2025년 최신 기출문제 02회	2-42	__월 __일
2025년 최신 기출문제 03회	2-50	__월 __일
2025년 최신 기출문제 04회	2-58	__월 __일
2025년 최신 기출문제 05회	2-66	__월 __일
2024년 최신 기출문제 01회	2-74	__월 __일
2024년 최신 기출문제 02회	2-82	__월 __일
2024년 최신 기출문제 03회	2-89	__월 __일
2024년 최신 기출문제 04회	2-96	__월 __일
2024년 최신 기출문제 05회	2-103	__월 __일
2023년 최신 기출문제 01회	2-110	__월 __일
2023년 최신 기출문제 02회	2-117	__월 __일

정답 & 해설 · 2-124

PDF 또기적 합격자료집

시험장 스케치
스터디 플래너
POINT 핵심 요약 노트
실기 맛보기 모의고사

참여 방법

'이기적 스터디 카페' 검색 → 이기적 스터디카페(cafe.naver.com/yjbooks) 접속 → '구매 인증 PDF 증정' 게시판 → 구매 인증 → 메일로 자료 받기

자주 출제되는 기출문제 100선

- **1과목** 디자인 일반 ········· 2-4
- **2과목** 비주얼 아이데이션 ········· 2-10
- **3과목** 시안 디자인 ········· 2-14
- **4과목** 조색 및 배색 ········· 2-16
- **5과목** 2D 그래픽 제작 ········· 2-26

자주 출제되는 기출문제 100선

과목 01 디자인 일반

001 디자인의 목적   POINT 01 참조

인간의 행복을 위하여 물질적인 생활환경을 개선하고 창조하여 인간의 삶의 질을 향상시키는 데 있다.

05.5/2
01 디자인의 궁극적인 목적을 가장 바르게 기술한 것은?

① 용도나 기능을 목표로 하는 생산행위에 목적이 있다.
② 인간의 행복을 위한 물질적 생활환경의 개선 및 창조를 목적으로 한다.
③ 대중의 미의식보다는 개인의 취향을 전제로 디자인하는 데 목적이 있다.
④ 경제 발달을 목적으로 한다.

10.2
02 디자인의 본질적 의미를 옳게 설명한 것은?

① 아름다움만을 추구하는 조형 활동이다.
② 기능적인 면만을 고려하는 행위이다.
③ 실용적이고 미적인 조형의 가시적인 표현이다.
④ 기존의 디자인을 수정 개선하여 모방하는 활동이다.

기적의 TIP
디자인이란 실용적이고 미적인 조형으로 인간의 삶의 질을 향상시키는 것이다.

002 합목적성   POINT 01 참조

- 디자인의 목적 자체가 합리적으로 설정되어야 한다.
- 실용성과 기능성을 충족시켜야 한다.

13.2, 01.2
03 디자인의 조건에서 합목적성이 가장 잘 표현된 내용은?

① 중명도, 저채도로 그려진 포스터가 시인도가 크다.
② 아름다운 곡선의 주전자가 물 따르기가 좋다.
③ 주로 장식적인 의자의 형태가 앉기에 편리하다.
④ 크고 화려한 집이 살기에 가장 편리하다.

18.1, 11.5, …
04 다음 디자인 조건 중 기능성과 실용성이 중요시 되는 것은?

① 합목적성
② 경제성
③ 심미성
④ 독창성

08.5
05 다음 설명에 해당하는 디자인의 조건은?

> 포스터는 정보를 전달하기 위하여 제작되고, 의자는 휴식이나 어떤 작업을 위하여 형태를 구성하고 있으며, 집은 사람이 살기 위하여 존재한다.

① 심미성
② 합목적성
③ 독창성
④ 경제성

기적의 TIP
합목적성이란 목적 자체에 기능성과 실용성이 있어야 한다.

003 심미성 — POINT 01 참조

- 심미성은 개인이 느끼는 아름다움을 말하는 것으로 주관적이며 개인의 차이가 있으나 디자인에서의 미(美)는 개인차보다는 대중에 의하여 공감되는 미(美)이어야 한다.
- 미의식은 시대성, 국제성, 민족성, 사회성, 개인성에 따라서 차이가 있으며 스타일이나 유행과도 밀접하게 나타난다.
- 심미성은 제품 소재에 따라서 큰 차이를 느끼므로 소재를 찾을 때 가장 먼저 고려해야 한다.

07.5, 04.4
06 다음 문장 속에 들어갈 가장 적절한 말은?

> "인테리어 디자인은 개인 기호와 (　)이 강하게 작용하므로 색채 이미지의 자유로운 선택이 요구된다."

① 심미성　　② 경제성
③ 시간성　　④ 성별성

18.2, 04.5
07 디자인의 기능적 조건 중 감성공학 측면의 기능에 해당하는 것은?

① 물리적 기능　　② 생리적 기능
③ 심리적 기능　　④ 사회적 기능

004 굿 디자인 — POINT 01 참조

- 디자인 조건을 고루 갖춘 디자인이다.
- 합목적성(기능성, 실용성), 심미성, 독창성, 경제성, 질서성

15.4, 10.1, 09.4, …
08 굿 디자인(Good Design)의 조건이 아닌 것은?

① 합목적성　　② 심미성
③ 종합성　　　④ 독창성

기적의 TIP
굿 디자인에 포함되지 않는 것에는 시장성, 종합성, 보편성, 욕구성, 모방성, 복합성 등이 있다.

005 산업 디자인의 분류 — POINT 02 참조

- 시각 디자인 : 그래픽 디자인, 편집 디자인, 광고 디자인, 타이포그래피, 레터링, 일러스트레이션, C.I(Corporate Identity), 심벌, 로고 디자인, 포장 디자인, POP 디자인, 영상 디자인
- 제품 디자인 : 벽지 디자인, 텍스타일 디자인, 직물 디자인, 태피스트리 디자인, 인테리어 패브릭 디자인, 액세서리 디자인, 패션 디자인, 가구 디자인, 공예 디자인, 전기/전자제품 디자인, 주방용품 디자인, 운송기기 디자인
- 환경 디자인 : 실내(Interior) 디자인, 점포 디자인, 디스플레이, 도시계획, 조경 디자인, 스트리트 퍼니처, 정원 디자인

13.4/1, 12.4, …
09 디자인의 분류상 인간과 사회를 맺는 정신적 장비에 해당하는 디자인은?

① 제품 디자인(Product Design)
② 시각전달 디자인(Visual Communication Design)
③ 공간 디자인(Space Design)
④ 실내 디자인(Interior Design)

19.1, 07.2, …
10 인간은 자연과 함께 생활하면서 생활에 필요한 여러 가지 도구를 창안하였는데, 이와 관련된 디자인 분야는?

① 제품 디자인
② 환경 디자인
③ 시각 디자인
④ 그래픽 디자인

기적의 TIP
디자인의 분류를 분야별과 1차원, 2차원, 3차원으로 분류하여 학습해야 한다.

006 POP 디자인 (POINT 05 참조)

- 구매시점 광고로 소비자가 구매하는 장소인 매장에서 일어나는 광고의 형태를 총칭하는 말이다.
- 소비자로 하여금 제품을 구매하는 데 동기 부여를 일으켜 제품을 구매하게끔 유도하는 광고물이다.
- 간판, 윈도, 디스플레이, 포스터, 배너, 안내사인 등이 있다.

13.2/1, 09.4, 08.2

11 '구매시점 광고'라고도 하며, 소비자가 상품을 구매하는 장소에서 이루어지는 광고는?

① 디스플레이
② POP 광고
③ 신문 광고
④ 상품 광고

007 피보나치 수열 (하단 문제 참조)

- 앞의 두 항을 합하면 다음 항이 되는 수열이며 자연이나 식물의 구조에서 번식의 문제로 많이 응용된다.
- 1, 2, 3, 5, 8, 13, 21, 34…….

08.2, 01.2

12 다음 중 1:2:3:5:8:13…과 같은 수열에 의한 비례는?

① 등비수열
② 루트비
③ 정수비
④ 피보나치 수열

008 광고의 내용적 구성 요소 (POINT 04 참조)

헤드라인 (Head Line)	헤드 카피(Head Copy)라고도 하며, 광고의 제목이나 표제
서브 헤드라인 (Sub-Head Line)	헤드라인을 설명하는 글 또는 바디 카피의 핵심이 되는 글
바디 카피 (Body Copy)	본문 문구로 구체적인 내용의 글
캡션 (Caption)	그림, 사진, 일러스트 등을 설명하는 짧은 글
캐치프레이즈 (Catch-Phrase)	제품의 광고, 선전, 행사 따위에서 남의 주의를 끌기 위한 문구나 표어. '구호'
슬로건 (Slogan)	기업의 메시지를 전달하기 위하여 지속적으로 광고에 반복해서 사용되는 간결한 문장

02.5, 01.1

13 광고 디자인의 구성 요소가 아닌 것은?

① 레이아웃
② 바디 카피
③ 헤드라인
④ POP 디자인

06.1, 00.5/1

14 신문 광고의 내용적 요소로서, 기업이 광고에 반복해서 사용하는 간결한 문장은?

① 헤드라인
② 바디 카피
③ 슬로건
④ 캡션

> **기적의 TIP**
> 광고의 내용적 구성 요소란 전반적인 글의 내용을 말하는 것이다.

009 신문 광고의 장점 (POINT 04 참조)

- 매일 발행되므로 때에 맞는 광고를 할 수 있어 주목률이 좋다.
- 여러 독자층에게 소구할 수 있다.
- 광대한 보급으로 매체의 도달 범위가 넓다.
- 지역별 광고에 편리하다.
- 시리즈 광고에 적당해서 계속적이고 누적된 인상을 줄 수 있다.
- 광고 효과가 빠르다.
- 상세한 카피로 제품에 대한 심층 정보를 마련할 수 있다.
- 기록성과 보존성이 있다.
- 광고의 크기를 자유로이 선택할 수 있다.
- 광고의 상품과 서비스에 대한 확실한 결과를 얻을 수 있다.

13.4, 06.4, 04.2, …

15 신문 광고의 장점이 아닌 것은?

① 인쇄나 컬러의 질이 높고, 소구 대상이 뚜렷하다.
② 다수인을 상대로 광고하므로 광고 효과가 크다.
③ 매일 발행되므로 때에 맞게 광고할 수 있다.
④ 지역별 광고가 용이하며 효과적이다.

기적의 TIP

신문 광고의 장점과 잡지 광고의 장점을 서로 비교하여 알아두어야 한다.

010 잡지 광고의 특성 (POINT 04 참조)

- 특정한 독자층을 갖는다.
- 매체로서의 생명이 길다.
- 회람률이 높다.
- 컬러인쇄 효과가 크다.
- 감정적 광고나 무드 광고에 적당하다.
- 스페이스 독점이 가능하다.
- 구체적으로 전문적인 내용을 전달할 수 있다.
- 광고비가 저렴하다.

11.4, 08.1, 07.5, …

16 잡지 광고의 특성과 가장 거리가 먼 것은?

① 특정한 독자층을 갖는다.
② 매체로서의 생명이 짧다.
③ 대부분 월간지 형태로 출간된다.
④ 감정적 광고나 무드 광고를 하는 데 적당하다.

기적의 TIP

잡지 광고와 신문 광고의 장점 및 단점을 서로 비교하여 알아두어야 한다.

011 포스터의 종류 POINT 03 참조

문화행사 포스터	연극, 영화, 전람회, 박람회 등 문화행사의 정보를 알리는 포스터
공공 캠페인 포스터	각종 사회 캠페인 매체로써 기능을 수행하며, 단체적인 행동을 유도해내기 위한 포스터
상품광고 포스터	상품을 알리는 포스터로 다양한 내용과 움직이는 정보전달의 매체로써의 기능을 함
관광 포스터	관광객들로 하여금 관광동기와 욕구를 유발시켜 관광 행위를 하도록 유도하는 시각광고 포스터
장식 포스터	고지적 소구의 목적이 아닌 새로운 시각적 예술성을 지닌 것으로, 장식성을 강조한 포스터

10.4, 05.2, 03.5

17 포스터의 종류에서 연극, 영화, 음악회, 전람회 등의 고지적 기능을 가진 포스터는?

① 상품광고 포스터
② 계몽 포스터
③ 문화행사 포스터
④ 공공 캠페인 포스터

기적의 TIP

포스터의 종류는 그림과 함께 출제되는 경우도 있다.

012 DM(Direct Mail) POINT 04 참조

- 우송 광고 또는 직송 광고의 뜻이다.
- 특정 회사가 회원에게 직접 보내는 우편물에 포함되는 광고이다.
- 회원제의 운영으로 예상 고객을 선별할 수 있으며 시기와 빈도를 조절할 수 있다.
- 광고의 주목성, 오락성이 부족하고, 지면이 적어 조잡할 수 있다.

08.5, 04.5, 01.3

18 사전에 계획된 예상 고객에게 직접 전달할 수 있으므로 소구 대상을 정확하게 선정하여 발송할 수 있는 장점을 가진 광고는?

① 직접 우송 광고(DM)
② 구매시점 광고(POP)
③ 신문 광고
④ 잡지 광고

기적의 TIP

DM은 직접 우편으로 수신자의 이름이 있는 우편물이다.

013 사인보드의 종류 (POINT 04 참조)

옥상간판	건물의 옥상 위에 설치하는 간판
점두간판	상점의 입구에 설치하는 간판
평간판	처마 끝에 설치하는 간판
수간판	세로로 설치하는 간판
돌출간판	도로 쪽으로 돌출되게 설치하는 간판
입간판	점두나 옥외에 세워서 설치하는 간판
전주간판	전주에 직접 광고를 기재하는 간판
야외간판	철도노선 또는 간선도로변의 산기슭이나 논밭에 세운 간판

10.2, 01.2

19 옥외 광고 중 상점의 입구 또는 처마 끝 등에 설치하는 간판은?

① 가로형간판
② 점두간판
③ 입간판
④ 야립간판

014 포장 디자인의 기능 (POINT 05 참조)

보호와 보존성, 편리성, 상품성, 심리성

15.4, 10.1, 08.1, …

20 포장 디자인의 기능과 가장 거리가 먼 것은?

① 보호성
② 편리성
③ 상품성
④ 교환성

015 포장 디자인의 조건 (POINT 05 참조)

- 제품을 보호할 수 있어야 하고 제품의 정보나 성격이 잘 전달되어야 한다.
- 유통 시 취급 및 보관이 용이해야 한다.
- 구매의욕을 느낄 수 있도록 해야 한다.
- 경쟁 상품과 차별화될 수 있도록 해야 한다.

13.2/1, 11.2, 10.5, …

21 다음 포장 디자인에서 갖추어야 할 내용 중 거리가 먼 것은?

① 쌓기 쉽게 디자인되어야 한다.
② 여러 조건하에서도 필요한 정보를 전달할 수 있어야 한다.
③ 어떤 상태에서든지 매혹적으로 보이도록 디자인되어야 한다.
④ 상표명과 내용물에 관한 표현보다는 전시효과가 더 중시되어야 한다.

016 실내 디자인의 목적 (POINT 07 참조)

- 인간의 정서 함양과 보다 나은 삶의 가치로 승화시키며, 인간생활의 물리적, 심리적 미적 기능을 만족시켜야 한다.
- 심미성과 기능성이 동시에 이루어질 수 있도록 해야 한다.
- 전반적으로는 경제성 등을 고려해야 한다.

17.1, 15.4, 13.2/1, …

22 다음 중 실내 디자인의 목적과 거리가 가장 먼 것은?

① 실내 공간을 문화적, 경제적 측면으로 고려한 합리적인 계획
② 실내 공간을 보다 기능적이고, 쾌적한 환경으로 창조하는 계획
③ 실내 공간을 독창적이고, 합리적인 공간으로 창조하는 계획
④ 실내 공간을 기능적 설계 요소보다 미적인 요소를 중시하는 계획

기적의 TIP

단순하게 효율성, 경제성, 심미성 등으로 출제되기도 하나 문장으로 출제되는 경우가 많으므로 보기의 문제를 꼼꼼히 이해해야 한다.

과목 02 비주얼 아이데이션

017 선 (POINT 21 참조)

- 점이 이동하면서 이루는 흔적이나 궤적을 말하며, 기하학에서는 무수히 많은 점들의 집합을 선이라고 한다. 선은 길이, 위치, 방향을 갖고 있으나 두께나 폭은 없다. 두께를 가지면 입체가 되고, 폭이 있거나 이동하면 면이 된다. 선의 주체 요소로는 운동의 속도, 운동의 강약, 운동의 방향 등이 있다.
- 수평선 : 평온, 평화, 정지, 무한함, 정적인 느낌
- 수직선 : 강직, 엄숙, 존엄, 희망, 상승, 권위, 숭고한 느낌, 엄격
- 사선(대각선) : 동적이고 불안정한 느낌을 주지만 사용에 따라 강한 표현을 나타낼 수 있는 선으로 생동감, 긴장감, 운동감, 속도감, 불안한 느낌

17.2, 13.2, 10.5/2/1, 09.4, 06.5, 03.2/1, 02.4
23 선의 유형별 특징에 관한 설명 중 잘못된 것은?

① 직선은 경직, 명료, 확실, 남성적 성격을 나타낸다.
② 곡선은 고결, 희망을 나타내며 상승감, 긴장감을 높여준다.
③ 사선은 동적이고, 불안정한 느낌을 주지만 강한 표현을 나타내기도 한다.
④ 수평선은 평화, 정지를 나타내고 안정감을 더해준다.

11.2/1, 10.5/1, …
24 동적이고 불안정한 느낌을 주지만 사용에 따라 강한 느낌을 나타낼 수 있는 선은?

① 곡선
② 수평선
③ 포물선
④ 사선

> **기적의 TIP**
> 선의 종류와 그 특징에 대하여 숙지해야 한다.

018 면 (POINT 21 참조)

면의 종류

수직면	고결, 엄숙, 상승, 긴장감
수평면	정지, 안정감
기하직선형 평면	질서가 있는 간결함, 확실, 명료, 강함, 신뢰, 안정
곡면	온화하고 유연한 동적 표정

13.1, 09.2, 08.2, 03.5/4
25 면에 관한 설명 중 가장 올바른 것은?

① 평면은 곧고 평활한 표정을 가지며, 간결성을 나타낸다.
② 수직면은 동적인 상태로 불안정한 표정을 주어 공간에 강한 표정을 더한다.
③ 수평면은 고결한 느낌을 주고, 긴장감을 높여준다.
④ 사면은 정지 상태를 주고 안정감을 나타낸다.

> **기적의 TIP**
> 면의 종류와 그 특징에 대하여 숙지해야 한다.

019 시각 요소 (POINT 23 참조)

우리가 눈으로 보고, 느낄 수 있게 만드는 요소로 형과 형태, 크기, 색채, 질감, 명암, 빛 등이 있다.

11.5, 10.5, 04.4
26 다음 중 평면 디자인의 원리에서 가시적인 시각 요소와 거리가 가장 먼 것은?

① 중량
② 형태
③ 색채
④ 질감

> **기적의 TIP**
> 중량은 시각 요소가 아니라 상관 요소이다.

020 대칭 (POINT 25 참조)

선 대칭	하나의 선을 기준으로 상하, 좌우로 대칭을 이루는 것이다.
방사 대칭	한 점을 기준으로 일정한 거리로 회전하면서 대칭을 이루며, 여성적이고 우아하며, 상징적이고 화려하다.
이동 대칭	일정한 규칙에 따라 평행으로 이동했을 때 생기는 형태이다.
확대 대칭	일정한 비율로 확대되는 형태이다.

19.2, 10.4, …

27 다음 그림과 같은 대칭은?

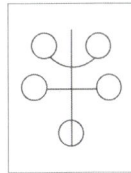 

① 역 대칭
② 방사 대칭
③ 점 대칭
④ 선 대칭

🚩 **기적**의 TIP

중심선을 기준으로 좌·우 대칭이다.

021 비례 (POINT 26 참조)

- 요소들 간의 상대적 크기를 말하며 부분과 부분, 부분과 전체 사이의 수량적인 관계이다.
- 인체비례, 황금비례, 모듈, 피보나치 수열, 루트비, 금강비례 등이 있다.

03.1, 00.1

28 미적 형식원리에서 비례에 대한 설명으로 가장 올바른 것은?

① 한 선을 축으로 하여 서로 마주 보게끔 형상하는 것이다.
② 부분과 부분 또는 부분과 전체의 수량적 관계이다.
③ 2개 이상의 요소 또는 부분적인 상호관계의 통일이다.
④ 동일한 요소나 대상을 둘 이상 배열하는 것을 말한다.

022 점이 (POINT 26 참조)

점증이라고도 하며 어떤 도형이나 형태가 점점 커지거나 작아지는 현상이다.

11.2, 10.2, …

29 시각적인 힘의 경쾌한 율동감을 주는 것은?

① 반복
② 점이
③ 강조
④ 대비

🚩 **기적**의 TIP

율동감 있게 점점 순차적으로 변화가 나타나는 것이다.

023 이념적인 형태 — POINT 22 참조

이념적인 형태 = 순수 형태 = 추상 형태 = 기하학 형태

17.3, 11.4, 09.1, …
30 다음 형태의 분류 중 성격이 <u>다른</u> 하나는?
① 이념적인 형태
② 순수 형태
③ 기하학 형태
④ 현실적 형태

024 게슈탈트(Gestalt)의 심리법칙 — POINT 27 참조

- 근접성의 원리 : 서로 근접해 있는 것은 하나의 무리를 지어 보인다.
- 유사성의 원리 : 서로 비슷한 것들은 하나의 무리를 지어 보인다.
- 연속성의 원리 : 일정한 흐름을 갖는 것들은 하나의 무리를 지어 보인다.
- 폐쇄성의 원리 : 선이 끊어져 있어도 닫혀진 하나의 형태로 보인다.

16.1, 13.4, 10.1, …
31 게슈탈트(Gestalt)의 시각에 관한 기본 법칙이 <u>아닌</u> 것은?
① 근접성 요인
② 방향성 요인
③ 연속성 요인
④ 유사성 요인

> **기적의 TIP**
> 근접성, 유사성, 연속성, 폐쇄성 각각의 원리도 함께 알아두어야 한다.

025 착시(반전 도형) — POINT 28 참조

바탕과 도형 모두 형태가 있어 바탕을 보면 바탕의 형태가 보이고, 형태를 보면 형태가 인지되는 현상을 말한다.

17.1, 05.4, 04.4
32 다음 그림에서 보이는 가장 큰 효과는?

① 정의 잔상
② 반전
③ 리듬 효과
④ 매스 효과

026 옵 아트 — POINT 24 참조

- '시각적 미술(Optical Art)'이란 뜻으로 1960년대 미국에서 발달한 추상 미술의 한 경향이다.
- 선과 면의 구성으로 발생하는 착시 현상을 최대한 이용한 작품으로 추상적, 기계적인 형태의 반복과 연속 등을 통한 시각적 환영, 지각, 색채의 물리적 및 심리적 효과와 관련된 사조이다.

13.4, 10.1, 07.5, …
33 다음 중 시지각의 원리에 근거를 둔 추상적, 기계적 형태의 반복과 연속 등을 통한 시각적 환영, 지각, 색채의 물리적 및 심리적 효과와 관련한 디자인 사조는?
① 아르누보
② 미술공예운동
③ 팝디자인 운동
④ 옵 아트

> **기적의 TIP**
> 옵 아트는 점, 선, 면을 이용하여 시각적인 착시 현상을 일으키게 한다.

027 브레인스토밍법 (POINT 11 참조)

- 1930년대 후반 미국의 알렉스 오즈번(Alex Osborn)이 제창한 집단 토의식 아이디어 발상법이다.
- **브레인스토밍 시 명심해야 할 원칙**
  - 자유분방한 아이디어를 적극적으로 권장한다.
  - 타인의 발언을 일체 비난하지 않는다.
  - 다른 사람의 아이디어를 발전시켜 연쇄반응을 시도한다.
  - 될 수 있는 한 많은 아이디어를 내게 한다.
  - 많은 아이디어가 나온 후 아이디어의 조합을 생각한다.
  - 아이디어의 정리는 최후에 한다.

16.1, 13.2, 11.1, …

34 다음 중 브레인스토밍법을 가장 잘 설명한 것은?

① 회의 중에는 절대 비평하지 않는 개인 위주의 토의법
② 집단사고에 의한 자유분방한 아이디어를 창출하는 방법
③ 모든 아이디어를 간결하고 명백하게 하는 방법
④ 다른 사람의 아이디어를 결합하여 개선하도록 노력하는 방법

기적의 TIP

브레인스토밍에서 중요한 것은 다른 사람의 의견을 존중해 주는 것이다.

028 스크래치 스케치 (POINT 16 참조)

- 디자이너가 아이디어 발상 초기 단계에 즉흥적으로 떠오르는 생각을 적은 메모의 성격을 띤 스케치이다.
- 아이디어 발상 과정의 초기 단계에서 사용한다.
- 아이디어 스케치, 크로키, 썸네일 스케치(Thumbnail Sketch) 등이 있다.

11.2/4, 10.1/2, …

35 난필의 의미로 아이디어 발상 과정의 초기 단계에서 사용하며, 프리핸드 선에 의한 약화 형식의 스케치는?

① 러프 스케치
② 스타일 스케치
③ 퍼스펙티브 스케치
④ 스크래치 스케치

기적의 TIP

아이디어를 주목적으로 하는 스케치로 아이디어 스케치라고도 한다.

029 1소점 투시도 (POINT 19 참조)

- 평행 투시도라고도 하며, 물체가 화면에 평행하게 놓이고 기선에 수직인 투시도이다.
- 하나의 소점이 모이게 되며, 이 소점의 거리에 따라서 투시도의 깊이가 달라진다.
- 한쪽 면에 물체의 특징이 집중되어 있는 물체를 표현하기에 좋다.
- 기계의 내부 물체나 실내 투시에 많이 사용된다.
- 긴 복도, 곧게 뻗은 철길, 가로수 등을 표현하기에 적합하다.

10.4, 09.5/4, 08.1, 06.4/1, …

36 대상물이 화면에 평행하게 놓인 투시방법으로 주로 제품 투시와 실내 투시도 등에 많이 사용되는 도법은?

① 1소점법
② 2소점법
③ 3소점법
④ 등각 투상법

030 3소점 투시도(사각 투시도) `POINT 19 참조`

- 소점이 3개인 투시도를 말한다.
- 위에서 아래를 내려다보는 면을 강조하기에 좋으나, 물체가 과장되어 보이기도 한다.
- 좌우의 소점을 높이면 조감도에 가까워진다.
- 투시도법 중에서 최대의 입체감을 살릴 수 있어 복합건물, 아파트 단지, 공장, 조경 등에 많이 이용된다.

05.2, 03.1, 00.1
37 높은 빌딩을 위에서 내려다볼 경우 가장 알맞은 투시도는?

① 1소점 투시도
② 2소점 투시도
③ 3소점 투시도
④ 유각 투시도

031 조감도 `POINT 19 참조`

- 공중의 높은 곳에서 내려다 본 투시도이다.
- 소점에 의한 투시도법으로 알릴 수 없는 공장, 아파트, 부지 등의 넓은 지역을 투시할 때 사용한다.

11.1, 07.4, 03.2
38 눈 아래에 넓고 멀리 펼쳐진 세상을 비스듬히 굽어본 형상대로 그리는 것은?

① 지도
② 렌더링
③ 평면도
④ 조감도

과목 03 시안 디자인

032 기업 이미지 통합계획(C.I.)과 브랜드 통일 계획(B.I.) `POINT 55 참조`

- C.I.(Corporate Identity) : 기업 이미지를 통일시키는 작업이다. 내적인 요소는 기업의 이념, 경영이념, 마케팅 환경 등 총체적인 것들을 다루며, 외적인 요소로는 주로 시각적인 통일성을 만드는 작업이다.
- B.I.(Brand Identity) : 브랜드는 제품의 상표로써 한 회사의 같은 업종의 상표를 통일시키는 작업으로 회사만의 컬러와 서체, 레이아웃 등을 통일시키는 작업이다. 고려할 사항은 신뢰감, 판매 촉진, 좋은 이미지 창출이 되도록 해야 한다.

13.4, 08.5/4, …
39 기업의 이미지(시각적 특징) 통합을 광고매체를 이용하여 불특정 다수의 사람들에게 표현하는 것은?

① CF
② BI
③ CI
④ DM

11.5, 10.5
40 다음 중 브랜드 아이덴티티 디자인(BI)의 고려 요소 중 가장 거리가 먼 것은?

① 브랜드의 성격을 모두 다 보여 주어야 한다.
② 신뢰감을 주어야 한다.
③ 판매를 촉진시켜야 한다.
④ 좋은 이미지를 창출하여야 한다.

> **기적의 TIP**
> C.I.는 이미지 통합 계획이며, B.I.는 제품을 통일시키는 작업이다.

033 레이아웃
POINT 45 참조

- '배치하다', '배열하다' 등의 뜻으로 문자, 기호, 그림 등을 디자인적 요소 및 원리를 이용하여 정해진 틀(사이즈)에 조형적으로 배치한다.
- 가독성, 전달성, 주목성, 심미성, 조형 구성 등을 주기 위해 효과적으로 구성하는 것이다.

11.1, 04.1
41 편집 디자인에서 레이아웃의 형태로는 크게 프리(Free) 방식과 그리드(Grid) 방식으로 나눌 수 있는데 다음 설명 중 그리드(Grid)의 설명이 아닌 것은?

① 원래의 뜻은 그물이며 그래프나 바둑판 모양의 구조를 말한다.
② 하나의 시각적 작품을 응결시켜 주는 하부 구조이다.
③ 하나의 조직이며 시간을 절약하고 지속감을 부여하는 데 도움을 준다.
④ 곡선을 많이 사용하고 디자이너의 직관력에 의존하는 것이다.

034 정투상도
POINT 43 참조

- 정투상도는 제1각법과 제3각법이 있다. 한국산업규격(KS)에서는 일반적으로 제3각법을 원칙으로 사용하고 있으나, 토목이나 선박의 경우 제1각법을 사용한다.
- 정면도는 입체물의 형태, 기능을 가장 잘 표현한다.

13.2, 08.1, 03.4
42 한국산업규격의 제도통칙에 의거한 정 투상도법은 어느 것을 사용함을 원칙으로 하는가?

① 제1각법
② 제2각법
③ 제3각법
④ 제4각법

035 평량
POINT 41 참조

- 평량은 종이의 단위 면적당 무게를 표시하는 것으로 종이의 품질을 표시하는 가장 대표적인 단위이다.
- 단위는 g/m^2로 $1m^2$당의 무게로 표시한다.

18.2, 10.2, 02.2
43 종이의 단위 면적당 무게를 표시하는 것으로 종이의 품질을 표시하는 대표적인 단위는?

① 평량
② 인장강도
③ 파열강도
④ 인열강도

🚩 **기적의 TIP**

종이의 무게와 강도의 단위를 확실하게 알아 두어야 한다. 강도의 단위는 kg/cm^2로 표시한다.

036 강도의 종류
POINT 41 참조

파열강도	종이를 눌러 찢는 힘을 표시한 것
인장강도	종이를 양쪽으로 잡아당겨서 찢어질 때의 힘을 표시한 것
신축률	종이를 잡아당겨서 파단(찢어짐)될 때까지의 신장률을 표시한 것
인열강도	종이를 일정한 길이만큼 찢는 데 필요한 에너지를 표시한 것
충격강도	순간적인 힘이 가해졌을 때 종이의 강도를 표시한 것
내절강도	종이를 일정한 장력으로 접거나 구부릴 때 종이가 저항하는 세기

11.4, 09.1, …
44 종이의 장편을 일정한 장력으로 접어 개거나, 집어 구부릴 때 종이가 저항하는 세기를 알기 위한 강도는?

① 파열강도
② 인열강도
③ 내절강도
④ 인장강도

과목 04 조색 및 배색

037 가시광선 (POINT 59 참조)

- 빛은 광범위한 전자파로 이루어져 있다.
- 눈으로 인지될 수 있는 380nm~780nm의 범위의 파장을 가진 전자파를 가시광선이라 한다.
- 380nm 이하의 짧은 파장(단파장)은 의료기기에 사용하는 자외선, 렌트겐에 사용하는 X선 등으로 사용된다.
- 780nm의 긴 파장(장파장)은 열선으로 알려진 적외선, 라디오, TV 등에 사용하는 전파 등으로 사용된다.

17.2, 10.4/1, 08.5/4, …

45 다음 중 ( ) 안에 들어갈 내용을 알맞게 짝지은 것은?

> 인간이 볼 수 있는 ( )의 파장은 약( )nm이다.

① 적외선, 560~960
② 가시광선, 380~780
③ 적외선, 380~780
④ 가시광선, 560~960

🏁 기적의 TIP

가시광선의 범위에 대한 내용은 자주 출제되므로 가시광선의 범위, 파장별 용도 등을 잘 숙지해야 한다.

038 추상체와 간상체 (POINT 59 참조)

- 추상체 : 원추세포라고도 하며, 밝은 곳(명소시)에서 대부분의 색과 명암을 모두 구별한다. 추상체에 이상이 생기면 색맹, 색약 등의 이상 현상이 생겨서 정상적인 색 구분이 어려워진다.
- 간상체 : 막대세포라고도 하며, 어두운 곳(암소시)에서 흑백의 명암만을 구별한다. 고감도의 흑백필름과 같다.

13.2, 11.2/1, 10.4, 09.4/1, …

46 인간의 시세포가 밤과 낮의 각기 다른 조건에서도 잘 활동할 수 있는 것은 무엇 때문인가?

① 간상체와 추상체
② 수평세포
③ 수정체와 홍채
④ 양극세포

039 색순응 (POINT 69 참조)

어떤 조명광이나 색을 오랫동안 보면 그 색에 순응하여 색지각이 약해지는 현상으로 색광에 대하여 순응하는 것이다. 예를 들어 노란 선글라스를 착용하고 푸른 물체를 보았을 때 처음에는 노란 기미가 보이지만 시간이 지나면서 원래의 푸른색으로 보이게 된다.

19.2, 17.1

47 사진 암실의 빨강 안전광 아래에서는 흰색이나 노랑, 빨강이 잘 구별되지 않고, 빨강 잉크는 무색의 물처럼 보이는 현상은?

① 명암순응
② 색순응
③ 항상성
④ 빛의 감도

040 푸르킨예 현상 (POINT 69 참조)

- 밝은 곳에서는 적이나 황이, 어두운 곳에서는 청이나 보라가 밝게 보이는 현상이다.
- 추상체와 간상체의 움직임의 교차에 의한 것이다.
- 명소시에서 암소시로 옮겨갈 때 붉은 계통은 어둡게 되고, 파란 계통은 시감도가 높아져 밝게 보이는 시지각적인 성질이다.
- 낮에 빨간 물체가 밤이 되면 검게, 낮에 파랑 물체가 밤이 되면 밝은 회색으로 보인다.

10.5/4, 07.5, 06.4, …

48 푸르킨예 현상에 대한 설명 중 <u>잘못된</u> 것은?

① 낮에는 추상체로부터 밤에는 간상체로 이동하는 현상이다.
② 파장이 짧은 색이 먼저 사라지고, 파장이 긴 색이 나중에 사라진다.
③ 이 현상을 이용한 것이 비상구 표시, 계단 비상등 등이다.
④ 빨간 사과가 밤이 되면 검게 보인다.

> **기적의 TIP**
> 푸르킨예 현상은 출제 빈도가 매우 높다. 개념과 특성을 잘 이해해야 한다.

041 색채지각설 (POINT 69 참조)

- 영·헬름홀츠의 3원색설은 인간의 망막에는 적, 녹, 청자의 색각세포와 색광을 감지하는 수용기인 시신경섬유가 있다는 가설을 통해 혼색과 색각이상을 잘 설명하는 이론이다.
- 헤링의 반대색설은 인간의 눈에는 빨강-녹색물질, 노랑-파랑물질, 그리고 흰색-검정물질의 세 가지 유형의 시세포가 있고 각각의 물질은 빛에 따라 동화와 이화라는 합성 작용과 분해 작용에 의해 색을 지각할 수 있다는 이론이다.

15.4, 10.5, …

49 영·헬름홀츠의 3원색설을 설명한 것 중 <u>틀린</u> 것은?

① 3원색은 빨강, 녹색, 청자이다.
② 노랑은 빨강과 녹색의 수용기가 같이 자극되었을 때 지각된다.
③ 정상인과 색맹자의 색각현상을 설명하기 어려운 점이 있다.
④ 감산 혼합의 이론과 일치되는 점이 있다.

> **기적의 TIP**
> 영·헬름홀츠의 3원색설과 헤링의 반대색설의 개념 및 특성에 대하여 잘 숙지해야 한다.

042 색의 삼속성 POINT 60 참조

- 색은 색상, 명도, 채도의 세 가지 지각성질을 가지고 있다.
- 인간이 물체색을 느낄 때 명도가 가장 우선시되고 색상, 채도의 순서로 지각하게 된다.
- 색상이란 사물을 봤을 때 빨강, 노랑, 파랑 등의 색채를 구별하는 특성을 말하며 명도, 채도에 관계없이 색채만을 구별하는 것을 의미한다.
- 명도란 흰색부터 검정색까지의 밝고 어두움을 나타내는 명암단계이다.
- 채도란 색의 선명도를 의미하며 색의 맑기, 탁함, 흐림 등이다.

16.1, 11.4, 09.5, 08.4/2/1, …
50 색의 3속성에 대한 설명 중 **틀린** 것은?

① 색상, 명도, 채도를 말한다.
② 색상을 둥글게 배열한 것을 색상환라고 한다.
③ 순색에 무채색을 섞으면 채도가 높아진다.
④ 먼셀표색계에서 무채색의 명도는 0~10단계로 나눈다.

043 가산혼합 POINT 61 참조

- 빛의 3원색인 빨강(Red), 녹색(Green), 파랑(Blue)을 혼합하는 것으로, 혼합이 될수록 점점 맑고 밝은 색을 얻을 수가 있으며, 3원색을 모두 혼합하면 흰색이 된다.
- 가산혼합의 종류는 동시가법혼색(무대조명), 계시가법혼색(회전혼합), 병치가법혼색(TV) 등으로 나뉘어 일상생활에서 널리 활용된다.
- Red + Blue = Magenta, Red + Green = Yellow, Green + Blue = Cyan이 된다.

03.1, 01.2
51 다음 중 가산혼합은?

① 혼합할수록 명도, 채도가 낮아진다.
② 색료 혼합이라고도 한다.
③ 3원색을 모두 섞으면 검정이 된다.
④ 혼합할수록 명도가 높아진다.

▶ **기적**의 TIP

가산혼합의 개념 및 특성에 대하여 이해하고 Red, Green, Blue의 혼합색에 대하여 숙지해야 한다.

044 감산혼합 POINT 61 참조

- 색료의 3원색인 시안(Cyan), 마젠타(Magenta), 노랑(Yellow)을 혼합하는 것으로, 혼합이 될수록 명도, 채도가 낮아지며, 3원색을 모두 혼합하면 검정에 가까운 무채색이 된다.
- 감산혼합은 컬러슬라이드 필름, 영화 필름, 사진 및 각종 출판, 인쇄물 등의 여러 분야에서 널리 활용된다.
- Magenta + Yellow = Red, Magenta + Cyan = Blue, Yellow + Cyan = Green이 된다.

13.4, 11.4, 07.1, …
52 빨간색과 노란색을 감산혼합을 했을 때의 색은?

① 녹색   ② 파랑
③ 주황   ④ 보라

▶ **기적**의 TIP

감산혼합의 개념 및 특성에 대하여 이해하고 Cyan, Magenta, Yellow의 혼합색에 대하여 잘 숙지해야 한다.

045 중간혼합 POINT 61 참조

평균혼합이라고도 하며 실제로 색이 혼합되는 것이 아니라 시각적으로 혼합되어 보이는 것으로 병치혼합과 회전혼합이 있다.

10.4/2, 09.1, 08.5, …
53 중간혼합에 대한 설명으로 **틀린** 것은?

① 혼합된 색의 색상은 두 색의 중간이 된다.
② 혼합된 색의 채도는 혼합 전 채도가 강한 쪽보다는 약해진다.
③ 보색관계의 혼합은 중간명도의 회색이 된다.
④ 혼합된 색의 명도는 혼합 전 색의 명도보다 높아진다.

046 병치혼합
POINT 61 참조

- 여러 가지 색이 조밀하게 분포되어 있을 경우 멀리서 보면 주위 색들의 영향을 받아 혼합되어 보이는 현상이다.
- 색료 자체의 직접적인 혼합이 아니기 때문에 병치가법혼색에 속한다.
- 병치혼합의 원리를 이용한 효과를 '베졸드 효과(Bezold Effect)'라고 한다.
- 신인상파(쇠라, 시냐크 등)의 점묘화, 모자이크, 직물, 인쇄, TV영상, 옵 아트 등에서 찾아볼 수 있다.

16.9, 09.2, 07.4, …

54 병치혼합의 예가 <u>아닌</u> 것은?

① 신인상파 화가의 점묘화
② 2가지 색 이상으로 짜여진 직물
③ 컬러 TV의 영상화면
④ 아파트 벽면의 그림과 배경색

047 현색계와 혼색계
POINT 62 참조

- 현색계 : 색채를 표시하는 표색계로써 심리적인 색의 3속성에 따라 일정한 표준을 정하여 번호, 기호 등을 사용하여 정량적으로 표시하는 체계이다. 현색계로는 먼셀표색계, NCS, DIN, 오스트발트 표색계가 있으며, 우리나라는 먼셀표색계를 표준으로 쓰고 있다.
- 혼색계 : 색광을 표시하는 표색계로서 심리적, 물리적인 빛의 혼합을 기초로 색을 표시하는 체계를 말하며, 현재 측색학의 근본이 되고 있다. CIE(국제조명위원회) 표준 표색계는 혼색계의 대표적인 표색계이다.

10.2, 07.2, 06.5/4/1, …

55 다음 내용 중 A와 B에 들어갈 내용을 알맞게 짝지은 것은?

> 표색계에는 심리 물리적인 빛의 혼색실험에 기초를 두고 색을 표시하는 (A)와 지각색을 표시하는 (B)가 있다.

① 심리계, 지각계
② 혼색계, 현색계
③ 현색계, 혼색계
④ 물리계, 지각계

048 색명법
POINT 71 참조

- 기본색명 : 기본적인 색을 구별하기 위해서 한국산업규격(KS)에서는 빨강, 주황, 노랑, 연두, 녹색, 청록, 파랑, 남색, 보라, 자주색을 기본 10색으로 사용하고 있다.
- 일반색명 : 계통색명이라고도 하며, 색의 3속성에 따라 분류하고, 쉽게 이해하기 위해서 기본색명에 수식어를 붙여 '빨강 띤(Reddish)', '노랑 띤(Yellowish)', '해맑은(Vivid)', '맑은(Light)' 등으로 표시한다.
- 관용색명 : 옛날부터 전해오는 습관적인 색이름이나 동물, 식물, 광물, 원료, 인명, 지명, 자연대상 등의 고유한 이름을 붙여 놓은 색이다.

13.2/1, 10.4/1, 08.4/2, …

56 색명법에 의한 일반색명과 관용색명에 관한 설명 중 <u>잘못된</u> 것은?

① 일반색명은 계통색명이라고도 한다.
② KS 규격에서 일반색명 중 유채색의 기본색명은 오스트발트 10색상에 준하여 색명을 정하였다.
③ 관용색명은 관습적으로 쓰이는 색명으로써 식물, 광물, 지명 등을 빌려서 표현한다.
④ KS 규격에서는 일반색명으로 나타내기 어려운 경우에 관용색명을 쓰도록 하였다.

> **기적의 TIP**
>
> 일반색명과 관용색명의 특성과 개념을 이해하고 구체적인 색상 예를 숙지해야 한다.

049 색입체 (POINT 62 참조)

- 색의 3속성인 색상, 명도, 채도를 세로축에 명도, 입체의 원을 따라 색상, 중심의 가로축을 채도로 구성한 것이다.
- 각 색의 3속성이 다르므로 색입체의 모양은 불규칙한 타원이 된다.
- 색입체를 수직(종단면)으로 자르면 동일 색상면이, 수평(횡단면)으로 자르면 동일 명도면이 나온다.

11.1, 10.2, 04.2/1, …

57 먼셀의 색입체에 대한 설명 중 <u>틀린</u> 것은?

① 수평으로 자르면 동일 명도면이 나타난다.
② 수직으로 자르면 동일 채도면이 나타난다.
③ 중심축으로 가면 저채도, 바깥둘레로 나오면 고채도가 된다.
④ 색의 3속성에 따라 배열되어 있다.

> **기적의 TIP**
> 색입체의 개념과 특히 횡단면도와 종단면도에 나오는 단일면의 출제 경향이 높다.

050 먼셀 표색계 (POINT 62 참조)

- 빨강(R), 노랑(Y), 녹색(G), 파랑(B), 보라(P)의 주요 5색을 같은 간격으로 배치하고, 그 사이에 간색을 추가하여 기본 10색을 만든다.
- 우리나라 KS에서는 10색상환, 교육부에서는 20색상환을 사용한다.
- 명도란 빛에 의한 색의 밝고 어두움을 말하며, 먼셀은 이러한 명도를 맨 위에 흰색을 두고 맨 아래에 검정을 두어 총 11단계로 구분하고 있다.
- 색상환에서 중심의 무채색 축을 채도가 없는 0으로 하고, 채도가 가장 높은 색을 14로 규정하여, 중심축에서 수평방향으로 번호가 커진다.
- 색상을 Hue, 명도를 Value, 채도를 Chroma라고 규정하고, 기호를 H, V, C로 표기하여 'HV/C'로 표시한다.
- 각 색들의 3속성이 다르게 나타나므로 색입체가 불규칙한 타원의 모양을 한다.

13.4/2/1, 09.5, 08.4/2/1, …

58 우리나라 산업규격(KS)에서 제정되어 교육용으로 채택되어 사용되고 있는 표색계는?

① 오스트발트 표색계
② 먼셀 표색계
③ NCS 표색계
④ PCCS 표색계

> **기적의 TIP**
> 먼셀 표색계는 출제 비중이 매우 높다. 먼셀의 색상, 명도, 채도, 색입체의 개념과 특성을 잘 이해해야 한다.

051 오스트발트 표색계
POINT 62 참조

- 색입체의 정삼각형 꼭짓점에 모든 빛을 완전히 반사하는 이상적인 백색(W), 모든 빛을 완전히 흡수하는 이상적인 흑색(B), 이상적인 완전색(C)을 가상으로 정하고, 이 3가지 색의 혼합량을 기호화하여 색 삼각 좌표 안쪽의 각 좌표 색들을 그 세 가지 성분의 혼합비로 표시함으로써 오스트발트 표색계를 완성하였다.
- 혼합량의 합계에서 무채색은 '흰색량(W) + 검정량(B) = 100%'이고, 유채색은 '흰색량(W) + 검정량(B) + 순색량(C) = 100%'가 되어 언제나 일정한 공식에 의해 쌍원추체(복원추체) 형태의 색입체를 만든다.

18.4, 10.5/1, 07.4

59 오스트발트 표색계의 색채 개념은?

① Red + Green + Blue = 100%
② White + Black + Color = 100%
③ Red + Yellow + Blue = 100%
④ White + Blue + Green = 100%

052 동시대비
POINT 63 참조

- 자극을 부여하는 크기가 작을수록 대비 효과가 강해진다.
- 자극과 자극 사이가 멀어질수록 대비 효과가 약해진다.
- 색의 차이가 클수록 대비 효과는 강해진다.
- 오랫동안 계속해서 볼 경우 대비 효과는 약해진다.
- 색의 3속성 차이에 의한 변화이다.

13.4, 08.5, 07.4/2/1, …

60 동시대비에 관한 설명으로 틀린 것은?

① 색의 3속성 차이에 의한 변화가 일어나는 것이다.
② 자극과 자극 사이가 멀수록 대비현상은 약해진다.
③ 시점을 한 곳에 집중시키려는 지각과정에서 일어나는 현상이다.
④ 일정한 자극이 사라진 후에도 지속적으로 자극을 느끼는 현상이다.

053 보색대비
POINT 63 참조

- 보색관계인 두 색이 서로의 영향으로 더욱 선명하게 보이는 현상이다. 이는 서로의 보색 잔상이 일치하기 때문에 더욱 뚜렷하게 보이는 것이다. 또한 색의 대비 중에서 가장 강한 대비이다.
- 대표적인 보색대비는 빨강과 청록의 대비이며, 이러한 보색대비는 조형 구성의 기본이 되는 중요한 대비이다.

16.1, 07.1, 03.2, 01.2

61 다음 중 먼셀의 20색상환에서 보색대비의 예가 아닌 것은?

① 빨강(Red) – 청록(Blue Green)
② 파랑(Blue) – 주황(Orange)
③ 노랑(Yellow) – 남색(Purple Blue)
④ 파랑(Blue) – 초록(Green)

054 연변대비
POINT 63 참조

- 경계대비라고도 하며, 어떤 두 색이 맞붙어 있을 때 그 경계 부분에서 색상, 명도, 채도대비가 강하게 일어나게 되고 경계가 몽롱하게 보이게 되는 현상을 말한다. 이러한 현상을 헐레이션(Halation) 현상 혹은 눈부심(Glare) 효과라고 한다.
- 색상을 색상, 명도, 채도 단계별로 배치할 때 나타난다.
- 연변대비의 반발성을 막기 위해서는 무채색의 테두리를 적용하여 분리시켜야 하는데 이를 분리배색이라고 한다. 주로 만화영화에서 이러한 분리배색을 볼 수 있다.

10.1, 09.2, 08.4, …

62 어떤 두 색이 맞붙어 있을 경우, 그 경계의 언저리가 멀리 떨어져 있는 부분보다 색상대비, 명도대비, 채도대비의 현상이 더욱 강하게 일어나는 것은?

① 면적대비   ② 한난대비
③ 보색대비   ④ 연변대비

055 동화현상 (POINT 64 참조)

- 자극이 오래 지속되는 색의 정의(긍정적) 잔상에 의해 생겨난다.
- 주위에 비슷한 색이 많이 배치된 경우, 좁은 시야에 색채들이 복잡하게 구성되어 있는 경우 발생한다.
- 동일한 회색 배경 위에 검은색 선을 그리면 배경의 회색은 검고 어둡게 보이고, 백색 선을 그리면 배경의 회색은 밝게 보인다.

11.1, 09.4, 07.4, 06.1, …

63 색의 동화현상에 관한 설명 중 틀린 것은?

① 주변색과 동화되어, 색이 만나는 부분이 좀 더 색상 대비 효과가 강하게 나타난다.
② 어떤 색이 다른 색에 둘러싸여 있을 때, 둘러싸고 있는 색에 가깝게 보이는 현상이다.
③ 베졸드가 이 효과에 흥미를 갖고 패턴을 고안한 것이 베졸드 효과이다.
④ 일반적으로 색상 면적이 작을 때나, 그 색 주위의 색과 비슷할 경우 동화가 일어난다.

056 정의 잔상 (POINT 64 참조)

- 자극이 사라진 뒤에도 망막의 흥분 상태가 계속적으로 남아있어 본래의 상의 밝기와 색이 그대로 느껴지는 현상이다.
- 강한 자극에 의해 발생되며, 부의 잔상보다 오랫동안 지속되어 주로 쥐불놀이, 도로 표지판, 영화, TV, 네온사인, 스펙터클 전광판 등에서 볼 수 있다.

13.1, 06.2/1, 04.4, …

64 어두운 곳에서 빨간 불꽃을 돌리면 불꽃이 빨간 원으로 보이는데, 이는 어떤 현상 때문인가?

① 정의 잔상
② 부의 잔상
③ 도지 반전
④ 보색 잔상

> **기적**의 TIP
> 정의 잔상의 특성과 적용 범위에 대해서 숙지해야 한다.

057 부의 잔상 (POINT 64 참조)

- 자극이 사라진 후 원자극의 정반대의 상이 보이는 잔상 효과이다.
- 원자극의 형상과 닮았지만 밝기는 반대로 되는 현상이다.

07.4, 06.4, 05.5, 04.1

65 자극이 사라진 후 원자극의 정반대의 상이 보이는 잔상 효과는?

① 부의 잔상
② 정의 잔상
③ 정지 잔상
④ 변화 잔상

> **기적**의 TIP
> 부의 잔상의 특성과 적용 범위에 대해서 숙지해야 한다.

058 명시도(명시성/시인성) (POINT 64 참조)

- 어떤 색이 주변 인접색의 영향을 받아 멀리서도 확실히 눈에 잘 보이거나 판독하기 쉬워서 정보를 빨리 이해하게 되는 것을 색의 명시성 또는 시인성이라 한다.
- 명시성은 색의 3요소의 차이에 따라 다르게 나타나지만 특히 명도 차이를 높이면 명시도가 높다.
- 명시도가 가장 높은 배색은 검정과 노랑의 배색이다.
- 우리 주변에서 명시성을 가장 중요하게 고려하여 색상을 배색해야 하는 것이 바로 교통 표지판이다.

13.2/1, 07.5, 06.1, …

66 다음 배색 중 명시도가 가장 높은 것은?

① 흰색, 파랑
② 검정, 노랑
③ 흰색, 녹색
④ 검정, 녹색

059 진출색과 후퇴색 `POINT 64 참조`

- 가까이 있어 보이거나 앞으로 튀어나와 보이는 색을 진출색, 멀리 떨어져 보이거나 뒤로 물러나 보이는 색을 후퇴색이라고 한다.
- 고명도, 고채도, 난색은 진출되어 보인다.
- 저명도, 저채도, 한색은 후퇴되어 보인다.
- 유채색이 무채색보다 진출되어 보이지만, 조명이나 배경색의 영향에 따라 다르게 나타난다.

16.1, 13.1, 10.4, 05.1, …

67 다음 중 진출색과 후퇴색에 대한 설명으로 틀린 것은?

① 따뜻한 색은 차가운 색보다 진출하는 느낌을 준다.
② 무채색은 유채색보다 진출하는 느낌을 준다.
③ 밝은 색은 어두운 색보다 진출하는 느낌을 준다.
④ 고채도 색은 저채도 색보다 진출하는 느낌을 준다.

060 온도감 `POINT 68 참조`

- 색상에 따라서 따뜻함과 차가움 또는 따뜻하지도 차갑지도 않은 중간 온도를 느끼는 시감각으로써 일반적으로 적색계통이 따뜻하게, 청색계통이 차갑게 느껴진다.
- 적색계통의 난색, 청색계통의 한색, 연두·보라계통의 중성색으로 구분한다.

11.5/4/1, 10.5/1, 08.1, …

68 색채의 온도감에 대한 설명 중 맞는 것은?

① 파장이 긴 쪽이 따뜻하게 느껴진다.
② 보라색, 녹색 등은 한색계이다.
③ 단파장이 따뜻하게 느껴진다.
④ 색채의 온도감은 색상에 의한 효과가 가장 약하다.

> **기적의 TIP**
> 최근 들어 자주 출제되는 문제로 온도감의 개념 중 난색, 한색, 중성색을 구분하여 숙지해야 한다.

061 중량감 `POINT 68 참조`

- 색의 느낌에서 오는 무겁고 가볍게 느끼는 현상을 중량감이라고 하며, 색의 명도에 의해 중량감을 다르게 느낄 수 있다.
- 고명도의 밝은 색은 가볍게, 저명도의 무거운 색은 무겁게 느껴진다.
- 중량감이 느껴지는 순서로는 검정, 파랑, 빨강, 보라, 주황, 초록, 노랑, 흰색의 순이다.
- 복장이나 상품에서도 권위를 상징할 때에는 명도가 낮은 검정이나 남색을 사용한다.
- 산업체에서 운반도구나 큰 작업 도구들을 가벼운 노랑, 주황 등으로 칠하는 것은 작업자와 보는 사람들의 시각적 중량감을 줄이고, 주의를 표시하여 피로도를 줄여 작업의 능률을 높이기 위함이다.

13.2/1, 10.5, 09.5, 07.1, 06.2, …

69 다음 중 색채의 중량감에 대한 설명으로 옳은 것은?

① 주로 채도에 의하여 좌우된다.
② 중명도의 회색보다 노란색이 무겁게 느껴진다.
③ 난색계통보다 한색계통이 가볍게 느껴진다.
④ 주로 고명도의 색은 가볍게 느껴진다.

062 색의 공감각   POINT 65 참조

색채는 시각 이외의 다른 감각 기관인 미각, 청각, 후각, 촉각 등을 함께 느낄 수가 있는데, 이러한 공통된 특성이 감각기관과 서로 교류하는 현상을 말한다.

10.5, 06.5, 04.2, …

70 색에서 냄새를 느낄 수 있는 공감각의 설명 중 잘못된 것은?

① 좋은 냄새가 나는 것 같은 색은 맑고 순수한 고명도 색상의 색이다.
② 나쁜 냄새가 나는 듯한 색은 밝고 맑은 한색계통의 색이다.
③ 깊은 맛의 미각을 느끼게 하는 색은 코코아색, 포도주색, 올리브 그린 등이다.
④ 은은한 향기가 나는 것 같은 색은 보라 또는 연보라의 라일락색 등이다.

📌 **기적**의 TIP

색의 공감각 중 미각, 후각, 청각의 개념에 대하여 잘 이해하고 구분지어 숙지해야 한다.

063 색의 연상과 상징   POINT 70 참조

- 색을 지각할 때 개인의 경험과 심리적 작용에 의해 색과 관계된 사물, 분위기, 이미지 등을 떠올리는 것을 색의 연상이라고 한다.
- 색의 상징은 하나의 색을 보았을 때 특정한 형상이나 뜻이 상징되어 느껴지는 것이다.

09.2, 07.5/2, 05.1, …

71 다음 중 색의 추상적 연상과 상징이 잘못 연결된 것은?

① 노랑 – 희망, 환희, 유쾌
② 녹색 – 안식, 평화, 성장
③ 자주 – 신비, 권위, 고귀
④ 검정 – 고급, 권위, 도전

064 색채치료   POINT 65 참조

빨강	노쇠, 빈혈, 무활력, 화재, 방화, 정지, 긴급
주황	강장제, 무기력, 저조, 공장의 위험표시
노랑	신경질, 염증, 고독, 위로, 방부제
녹색	안전, 해독, 피로회복, 구호
파랑	침정제, 눈의 피로회복, 맥박저하, 피서

19.3, 10.2, 07.1

72 다음 중 정신질환자의 치료에 도움이 되는 병실 색채로 적합한 것은?

① 고채도의 빨강   ② 고채도의 연두
③ 고채도의 주황   ④ 중간채도의 파랑

📌 **기적**의 TIP

정신질환자에게는 안정적인 색채가 효과적이다.

065 저드의 색채조화 원리   POINT 66 참조

질서의 원리	규칙적으로 선택된 색들끼리는 잘 조화됨
친근성의 원리	사람들이 친근감 있는 배색일 때 조화를 이룰 수 있음
유사성의 원리	유사한 색끼리의 배색, 3속성의 차이가 적은 배색은 조화가 잘 됨
명료성의 원리 (비모호성의 원리)	색상, 명도, 채도 차가 큰 배색은 색채조화를 이룸

13.2, 11.2, 03.5, …

73 다음 중 색채조화의 공통적 원리가 아닌 것은?

① 질서의 원리   ② 명료성의 원리
③ 색조의 원리   ④ 친근성의 원리

📌 **기적**의 TIP

저드의 색채조화 원리의 개념과 내용을 숙지해야 하며, 구분을 지을 수 있어야 한다.

066 색채조화론 (POINT 66 참조)

- 셰브럴의 색채조화론 : 프랑스의 화학자로 현대 색채조화 이론의 기초를 만들었다. 색의 3속성을 근본으로 한 색채 체계를 만들었고, 유사 및 대비의 관계를 통해 색의 조화를 규명하였다. 셰브럴은 "모든 색채조화는 유사성의 조화와 대비에서 이루어진다."라고 주장하였다.
- 문·스펜서의 색채조화론 : 작은 면적의 강한 색과 큰 면적의 약한 색은 어울린다는 면적 효과와 조화와 부조화의 관계를 '미도계산'으로 산출하여 '오메가 공간'에서 정량적인 색좌표에 의해서 과학적으로 설명하였다.
- 비렌의 색채조화론 : 시각적이고 심리학적 의미인 흰색(White), 검정(Black), 순색(Color)을 꼭짓점으로 하는 비렌의 색삼각형을 제시하였고, 이러한 색삼각형의 연속된 선상에 위치한 색들을 조합하면 그 색들 간에는 관련된 시각적 요소가 포함되어 있기 때문에 서로 조화를 이루게 된다.

13.4, 10.2, 08.5/2, 07.1, ⋯

74 색채조화의 기하학적 표현과 면적에 따른 색채조화론을 주장한 사람은?

① 셰브럴(Chevreul)
② 오스트발트(Ostwald)
③ 문(Moon)과 스펜서(Spencer)
④ 비렌(Birren)

> **기적**의 TIP
>
> 색채조화론을 주장한 인물과 해당 내용을 잘 숙지하여 구분을 지을 수 있어야 한다.

067 비렌의 색채조화론 (POINT 66 참조)

- 미국의 색채 연구가 파버 비렌(Faber Birren)은 장파장 계통의 난색계열은 시간이 길게 느껴지고, 속도감을 빠르게 느껴지게 하며, 단파장 계통의 한색계열은 시간의 경과가 짧게 느껴지게 한다고 강조했다.
- 단기간에 쓰이는 장소 혹은 빠른 회전률을 느끼게 하는 장소에서는 난색계열을 사용한다(음식점).
- 장기간 기다리거나 사용하는 장소에서는 한색계열을 사용한다(대합실, 병원, 역).
- 운동을 할 때는 빨강계열의 색을 사용하면 속도감을 높일 수 있다.

07.2, 06.5, 05.5

75 붉은 색채의 실내에서 시간이 길게 느껴지는 등 색의 속도감을 강조한 사람은?

① 비렌
② 문·스펜서
③ 먼셀
④ 저드

068 배색심리 POINT 67 참조

동일색상의 배색	• 같은 색상에서 명도나 채도의 차이를 이용한 배색 • 동일성이 있기 때문에 차분하고 정적인 질서성, 간결성이 있음
유사색상의 배색	• 색상환에서 색상의 차이가 적은 배색 • 친근감, 평온감, 온화함, 안정감, 건전함 등을 느낄 수 있음
반대색상의 배색	• 색상환에서 보색 관계의 배색(예 빨강과 청록, 노랑과 남색 등) • 똑똑함, 생생함, 화려함, 강함, 동적인 느낌을 가짐
난색계의 배색	동적, 정열, 따뜻함 등을 느낄 수 있음
한색계의 배색	정적, 차분함, 시원함, 이성적인 느낌을 느낄 수 있음
중성색계의 배색	녹색계는 평화적, 조용함을 느끼며, 보라색계는 부드러움을 느낄 수 있음
보색의 배색	• 선명하면서도 풍부한 조화를 이룸. 각 색마다 독특한 특성을 살릴 수 있어 활기와 긴장감을 나타낼 수 있음 • 명도, 채도에 의한 배색은 강한 느낌을 얻을 수 있음

13.4, 11.2, 10.5, 06.5, 04.5
76 다음 중 배색에 따른 느낌이 잘못 짝지어진 것은?

① 유사색상의 배색 – 완화함, 상냥함, 건전함
② 반대색상의 배색 – 똑똑함, 생생함, 화려함
③ 유사색상의 배색 – 차분함, 시원함, 일관됨
④ 반대 색조의 배색 – 강함, 예리함, 동적임

과목 05 2D 그래픽 제작

069 편집 디자인의 형태별 분류 POINT 96 참조

• 낱장(Sheet) 형식 : 한 장짜리의 인쇄물
  예 명함, DM, 안내장, 레터헤드, 카드, 리플릿 등
• 스프레드(Spread) 형식 : 펼치고 접는 형식
  예 신문, 카탈로그, 팸플릿, 리플릿 등
• 서적 형식 : 제본되어 있는 책자 형식
  예 잡지, 화보, 카탈로그, 매뉴얼, 브로슈어, 단행본 등

13.4, 11.1, 01.5
77 다음 중 에디토리얼 디자인의 형태별 분류가 잘못된 것은?

① 서적 스타일 – 잡지, 화집, 단행본
② 스프레드(Spread) 스타일 – 카탈로그, 팸플릿
③ 카드 스타일 – 브로슈어, 매뉴얼
④ 시트(Sheet) 스타일 – 명함, 안내장

070 타이포그래피 POINT 90 참조

• 타입(Type)과 그래피(Graphy)의 합성어로 가독성을 높이기 위하여 활자의 형태, 문자의 크기, 글의 줄 사이, 띄어쓰기 등이 그 요소로 사용된다.
• 내용 전달이 잘 되도록 해야 하며 타이포그래피는 메시지를 가장 잘 전달하는 중요한 요소 중의 하나이다.

17.3, 05.1, …
78 다음 중 편집 디자인 요소로서 가독성과 불가분의 관계를 갖는 것은?

① 타이포그래피   ② 포토그래피
③ 컬러 디자인   ④ 플래닝

> **기적의 TIP**
> 기존의 글자로 가독성을 높이기 위하여 사용한다.

071 인쇄 기법 POINT 86 참조

볼록판 인쇄	볼록 부분에 잉크를 묻혀 인쇄하는 방법. 활판, 목판, 선화철판, 고무판 등에 사용
평판 인쇄	물과 기름의 반발로 인쇄하는 방법. 옵셋(Off-Set), 석판 등에 사용
오목판 인쇄	오목한 부분에 잉크가 들어가 인쇄하는 방법. 그라비어(Gravure), 조각요판 등에 사용
공판 인쇄	인쇄되는 곳만 구멍을 내고 나머지 부분은 가려서 인쇄하는 방법. 실크스크린 등에 사용

07.2, 04.5
79 다음 인쇄 판식에 관한 설명 중 잘못된 것은?

① 평판 : 물과 기름의 반발 원리를 이용한 것으로 옵셋 인쇄가 대표적이다.
② 볼록판 : 화선부가 볼록부이며 볼록부에만 잉크가 묻기 때문에 문자가 선명치 못하고 박력이 없다.
③ 오목판 : 평평한 판면을 약품이나 조각으로 패이게 하는 방법으로 그라비어 인쇄가 대표적이다.
④ 공판 : 인쇄하지 않을 부분의 구멍을 막아 제판하여 인쇄하며 인쇄량이 비교적 적은 인쇄에 사용된다.

🏁 기적의 TIP
인쇄의 방법과 용도, 종류를 숙지해야 한다.

072 인쇄의 4색분판 POINT 86 참조

밝은 청색(Cyan, 시안), 선분홍색(Magenta, 마젠타), 노란색(Yellow, 옐로우), 검정색(Black, 블랙)이며 검정색은 'K'로 표시한다.

07.1, 03.5
80 인쇄의 4색분판 작업 시 해당되지 <u>않는</u> 색상은?

① 녹색   ② 마젠타
③ 검정색   ④ 노랑색

🏁 기적의 TIP
C, M, Y, K로 표시한다.

073 컴퓨터그래픽 세대별 주요소자 POINT 81 참조

- 제1세대 : 진공관
- 제2세대 : 트랜지스터
- 제3세대 : IC(집적회로)
- 제4세대 : LSI(고밀도 집적회로)
- 제5세대 : SVLSI와 바이오 소자

09.5, 06.5, 04.2, …
81 다음 중 컴퓨터 세대를 나누는 기억소자의 순서를 바르게 나열한 것은?

① 트랜지스터 – 진공관 – IC – LSI
② IC – 진공관 – 트랜지스터 – LSI
③ LSI – 트랜지스터 – 진공관 – IC
④ 진공관 – 트랜지스터 – IC – LSI

074 가상 메모리 POINT 83 참조

- 프로그램이 사용할 수 있는 주소 공간의 크기가 실제 주기억장치의 기억공간보다 클 경우에 사용한다.
- 사용하는 응용프로그램이 내장되어 있는 메모리보다 클 경우 하드 디스크를 메모리처럼 사용하는 기능이다.

15.4, 13.2/1, 03.4
82 어떤 프로그램의 권장 메모리가 시스템 내의 실제 RAM보다 커서 사용할 수 없을 경우, 올바른 해결 방법은?

① RAM Disk를 사용한다.
② ROM(Read Only Memory)을 증가시킨다.
③ 가상 메모리(Virtual Memory)를 이용한다.
④ 비디오 램(Video RAM)을 증가시킨다.

075 플로터 — POINT 84 참조

- 그래프나 도형, 건축용 CAD, 도면 등을 출력하기 위한 대형 출력장치이다.
- 대형 출력이기 때문에 A0(841×1189mm) 이상까지 출력이 가능하고 C(시안), M(마젠타), Y(노랑), K(검정)의 잉크로 프린트를 한다.
- 사인물이나 현수막 등의 글자 및 도안에 사용된다.

09.5, 06.2
83 다음은 어떤 출력장치에 대한 설명인가?

- 그래프, 지도, 도표, 도형, 건축용 CAD, 도면 등을 출력하기 위한 특수 목적으로 사용된다.
- 깨끗한 선과 면으로 출력 결과가 깨끗하다.
- 보통 A0 크기까지의 대형 출력이 가능하다.

① 필름 레코더
② 잉크젯 프린터
③ 열전사 프린터
④ 플로터

---

076 그래픽 소프트웨어 — POINT 88 참조

드로잉 프로그램	일러스트레이터, 프리핸드, 파이어웍스, 코렐드로우, 오토캐드
이미지 프로그램	포토샵, 페인터, 페인트샵프로, 코렐포토페인트
편집 프로그램	쿼크익스프레스, 페이지메이커, 인디자인, 코렐드로우

11.2
84 다음 중 2D 그래픽 소프트웨어가 아닌 것은?

① 포토샵(Photoshop)
② 페인터(Painter)
③ 일러스트레이터(Illustrator)
④ 스트라타 스튜디오 프로(Strata Studio Pro)

④ : 3D 모델링, 렌더링 소프트웨어

---

077 비트맵 방식 — POINT 87 참조

- 컴퓨터의 모니터에 픽셀들이 모여서 그림을 표현하는 방식으로 픽셀 이미지 또는 래스터 이미지라고도 한다.
- 다양한 픽셀들이 각각의 정보를 가지고 있으므로 상세한 명암과 색상을 필요로 하는 사진이나 그림을 표시하는 데 매우 적합하다.
- 확대 및 축소할 경우 이미지의 화질이 떨어지고 용량이 늘어날 수 있다.
- 비트맵 방식에서 이미지의 상태는 해상도와 크기로 결정이 되기 때문에 사용목적에 맞는 해상도와 1:1 작업이 되어야 한다.
- 비트맵 방식은 포토샵, 페인터, 코렐포토페인트 등에서 사용된다.

10.5/4/1, 06.4/1, 04.5
85 비트맵 이미지의 특징이 아닌 것은?

① 깊이 있는 색조와 부드러운 질감을 나타낼 수 있다.
② 이미지의 크기에 따라 출력에 영향을 준다.
③ 압축을 통해 해상도와 파일 크기의 조절이 가능하다.
④ 베지어 곡선의 오브젝트로 구성된다.

기적의 TIP

최근 출제 비중이 높아진 부분으로, 반드시 비트맵 방식의 특성에 대해 숙지해야 한다.

078 벡터 방식 `POINT 87 참조`

- 그래픽 화면에 나타나는 도형, 글자, 문양의 모양을 각 선분이나 곡선 요소, 위치, 두께 등으로 수학적 연산에 의해 기억하여 연산하는 방식이다.
- 수학적 연산에 의해 이미지를 만들기 때문에 비트맵 방식보다 파일 용량이 작다.
- 이미지 크기에 상관없이 축소, 확대하여도 이미지에 손상이 전혀 없으며, 수정과 변형이 자유롭다.
- 선과 면에 색상을 표현하는 방식을 사용하므로 부드럽고 정교한 선을 표현하는 데 적합하나, 비트맵처럼 상세한 명암과 풍부한 색감표현을 할 수 없다.
- 객체지향적 이미지, 오브젝트 이미지, 포스트스크립트 이미지라고도 한다.
- 벡터 방식은 일러스트레이터, 코렐드로우, 프리핸드, CAD 등에서 사용된다.

13.2, 10.5/1, 08.5, 07.4, …

86 벡터 이미지의 특성에 대한 설명으로 틀린 것은?

① 선과 면이 깔끔하고 정갈하다.
② 다양한 질감과 사실적인 효과의 연출이 가능하다.
③ 글자, 로고, 캐릭터 디자인에 적합하다.
④ 축소, 확대하여도 이미지의 질에 영향을 주지 않는다.

기적의 TIP
해마다 출제되는 부분으로, 벡터 방식의 특성에 대해 숙지해야 한다.

079 INDEX 모드 `POINT 85 참조`

- 24비트 컬러 중 정해진 256컬러의 컬러표를 사용하는 단일 채널 이미지이다.
- 부족한 컬러를 표현하기 위해 디더링 기법이 사용된다.
- 대부분 웹상에서 이미지 전송용, 게임 그래픽용으로 사용하며, 대표적인 포맷은 GIF 이미지가 있다.

15.4, 09.1, 06.4

87 24비트 컬러 중에서 정해진 256컬러의 컬러표를 사용하는 컬러 시스템은?

① Gray Mode
② Bitemap Mode
③ CMYK Mode
④ Index Color Mode

080 HSB 모드 `POINT 85 참조`

- 인간이 색을 인지하는 방식을 기초로 색상, 채도, 명도에 의해 색을 표현하는 모드이다.
- 일반적으로 디자이너나 색채를 다루는 사람들이 보통 사용하는 방식이다.

13.4, 11.1, 08.4

88 다음 HSB 컬러 모드에 대한 설명으로 틀린 것은?

① 채도는 색의 강도 또는 순수한 정도를 나타낸다.
② 색상(Hue), 채도(Saturation), 명도(Brightness)에 의해 색을 표현하는 방식이다.
③ 명도 0%는 흰색이며, 명도 100%는 순수한 검정이다.
④ 색상은 일반적 색체계에서 360°의 단계로 표현된다.

③ : 명도 0%는 검정, 100%는 최대 밝기이다.

081 해상도 (POINT 87 참조)

- 해상도는 모니터 화면에 그래픽을 얼마나 선명하고 정밀하게 표현할 수 있는지를 결정하는 요소다.
- 모니터상의 작은 점이 화면을 구성하는 최소 단위이며, 픽셀(Pixel)이라고 한다.
- 해상도가 클수록 선명하게 표현되지만 파일의 용량은 늘어난다.
- 해상도와 이미지의 크기는 반비례의 관계로 이미지 크기가 커지면 해상도는 감소하고, 이미지 크기가 작아지면 해상도는 증가한다.
- 그래픽 작업을 하기 위해서는 반드시 목적에 맞는 해상도로 작업을 해야 한다. 화면용일 경우 72dpi의 저해상도로 작업하고, 인쇄용일 경우 200~300dpi의 고해상도로 작업하는 것이 좋다.

07.1

89 디지털 해상도에 대한 설명 중 적합하지 <u>않은</u> 것은?

① 한 이미지의 해상도는 측정 단위당 픽셀의 수를 의미한다.
② 비트 해상도는 각 픽셀에 저장되는 색 정보의 양과 관련이 있다.
③ 고해상도로 스캔하면 데이터 크기도 커진다.
④ 모니터 해상도는 보통 72dpi이며, 고해상도 이미지인 경우 모니터 해상도를 수시로 변경한다.

082 앨리어싱과 안티앨리어싱 (POINT 88 참조)

- 앨리어싱 : 비트맵 이미지는 픽셀 단위로 처리되기 때문에 곡선이나 사선을 표현할 때 계단모양으로 나타나는 현상을 말한다.
- 안티앨리어싱 : 픽셀과 픽셀로 이어지는 계단모양의 가장자리 부분에 주변 색상과 혼합한 중간 색상을 넣어 계단 현상의 외형을 부드럽게 처리해 주는 방식을 말한다.

15.4, 13.4, 11.5, 07.4, 06.4, …

90 톱니 모양의 우둘투둘한 비트맵 이미지의 가장자리 픽셀들을 주변색상과 혼합한 중간 색상을 넣어 매끄럽게 처리하는 방식은?

① 질감전사(Mapping)
② 렌더링(Rendering)
③ 모델링(Modeling)
④ 안티앨리어싱(Anti-Aliasing)

083 GIF 포맷 (POINT 87 참조)

투명도, 인터레이스, 애니메이션 지원이 가능한 파일 포맷으로 파일의 압축률이 좋고, Index 모드에서 최대 256 컬러의 색상표를 이용하여 압축하는 비손실 압축방식이다.

13.1, 11.1, 10.1, 08.2/1, 05.4/1, …

91 온라인 전송을 위한 압축파일로 용량이 적고 투명도, 인터레이스, 애니메이션 지원이 가능한 그래픽 파일 포맷은?

① JPEG
② TIFF
③ EPS
④ GIF

084 PDF 포맷 (POINT 87 참조)

Portable Document Format의 약자로 미국 Adobe사가 서체, 프린팅 기술을 지원하기 위해 PostScript를 기반으로 개발한 소용량의 전자 문서 작성용 파일 포맷이다.

06.1, 05.1

92 하이퍼텍스트 기능과 전자 목차 기능을 제공하고 인쇄 상태 그대로를 컴퓨터에서 보여주므로 전자책과 디지털 출판에 적합한 파일 포맷 형식은?

① PCX
② TIFF
③ TGA
④ PDF

085 PSD 포맷 (POINT 85 참조)

포토샵 전용 파일 포맷으로 레이어, 채널, 패스 등을 모두 저장할 수 있는 파일 포맷이다.

19.4, 16.1, 10.1, 08.4, ···

93 포토샵에서의 레이어와 알파 채널 등을 모두 저장할 수 있는 파일 포맷은?

① JPG
② PSD
③ GIF
④ EPS

086 픽셀 (POINT 87 참조)

그래픽 화면을 구성하는 최소 단위로 화소라고 하며, 컴퓨터 모니터를 통해 문자나 그림을 표시할 때 작은 점들로 표현된다.

11.2, 10.5, 07.2, 05.4

94 다음 중 픽셀의 설명으로 틀린 것은?

① 픽셀은 이미지를 구성하는 최소 단위이다.
② 종횡으로 많은 수의 픽셀이 모여 문자 또는 그림을 형성한다.
③ 픽셀은 각각의 위치 값을 가진다.
④ 픽셀은 색에 따라 다양한 크기를 가진다.

087 일러스트레이터의 기능 (POINT 88 참조)

Blend	두 개의 오브젝트 사이에 컬러나 모양을 연속적으로 만들어 주는 기능
Gradient	선택 영역에 2가지 이상의 색을 점진적으로 혼합하여 영역을 채울 때 사용
Distort	오브젝트를 변형하거나 왜곡시켜 주는 기능
Reflect	오브젝트를 선택하는 방향에 따라 반전시켜 주는 기능

13.1, 11.1

95 일러스트레이터에서 두 오브젝트 간의 색채 및 모양의 단계적 변화를 위한 명령은?

① Blend
② Shear
③ Skew
④ Effects

088 포토샵 (POINT 88 참조)

- 포토샵은 어도비사가 발표한 2차원 그래픽 소프트웨어로써 전문 사진 편집을 위한 비트맵 방식의 소프트웨어이다.
- 디자인에 관련된 모든 작업에서 포토샵을 폭 넓게 사용하고 있다.
- 사진 등의 이미지를 수정 보완하거나 색상, 변형, 합성 등의 디자인에 필요한 소스로 제작이 가능하며, 타 프로그램 간의 호환성도 뛰어나다.
- 그림이나 문자를 화소로 나타내며 비트맵 방식으로 데이터를 처리한다.
- 웹디자인, 영화, 광고, 출판 등의 다양한 분야에서 이용되고 있다.

10.4/2, 06.4, 05.5, 04.5

96 다음 중 픽셀로 구성되어 있는 사진 이미지의 편집, 수정에 가장 적합한 프로그램은?

① 일러스트레이터
② 3D 스튜디오 맥스
③ 포토샵
④ 쿼크익스프레스

089 캘리브레이션 POINT 85 참조

입출력 시스템인 스캐너, 모니터, 프린터와 같은 장치들의 특성과 성질에 따라 색온도, 컬러 균형 및 기타 특성을 조절하여 일정한 표준으로 보이도록 하는 과정이다.

13.1, 11.5, 10.5/1, …
97 모니터의 출력 시스템 간의 색상 차이를 보정하기 위한 작업을 지칭하는 말은?

① 디티피(DTP)
② 하프톤 스크린(Halftone Screen)
③ 캘리브레이션(Calibration)
④ 리터칭(Retouching)

090 GUI POINT 81 참조

Graphical User Interface의 약자로 사용자가 컴퓨터와 정보를 교환할 때, 그래픽을 통해 작업할 수 있는 환경을 말한다. 마우스 등을 이용하여 화면에 있는 메뉴를 선택하여 작업을 할 수 있다.

09.4, 08.4/2, …
98 현재의 컴퓨터 운영체제에서 대부분 사용되고 있는 방식으로, 그림을 기반으로 사람과 컴퓨터를 연결해 주는 일종의 맨-머신 인터페이스(Man-Machine Interface)는?

① CUI(Character User Interface)
② GUI(Graphical User Interface)
③ VRUI(Virtual Reallity User Interface)
④ CAI(Computer Assisted Instruction)

091 모아레 POINT 84 참조

전자출판 시 4원색의 분해과정 중에 색의 스크린 각도가 맞지 않아 생기는 물결모양의 현상이다.

13.2, 07.1, 04.2
99 전자출판의 4원색 분해 인쇄 과정에서 각 색상의 스크린 각도가 일치하지 않아서 생기는 물결모양의 현상은?

① 모아레(Moire)
② 디더링(Dithering)
③ 트래핑(Trapping)
④ 캘리브레이션(Calibration)

092 래스터라이징 POINT 87 참조

벡터 방식의 이미지를 비트맵 방식의 이미지로 전환시키는 작업이다.

18.1, 13.2, 10.4, …
100 벡터 방식의 이미지를 비트맵 방식의 이미지로 전환시키는 과정을 나타내는 용어는?

① 드로잉(Drawing)
② 페인팅(Painting)
③ 래스터라이징(Rasterising)
④ 이미지 프로세싱(Image Processing)

최신 기출문제

2025년 최신 기출문제 01회	2-34		2024년 최신 기출문제 01회	2-74
2025년 최신 기출문제 02회	2-42		2024년 최신 기출문제 02회	2-82
2025년 최신 기출문제 03회	2-50		2024년 최신 기출문제 03회	2-89
2025년 최신 기출문제 04회	2-58		2024년 최신 기출문제 04회	2-96
2025년 최신 기출문제 05회	2-66		2024년 최신 기출문제 05회	2-103
			2023년 최신 기출문제 01회	2-110
			2023년 최신 기출문제 02회	2-117

※ CBT 복원 문제를 저자가 재구성한 것으로, 실제 출제된 문제와 100% 일치하지 않을 수 있습니다.

CBT 온라인 문제집
시험장과 동일한 환경에서
문제 풀이 서비스

▶

❶ QR 코드 스캔(PC는 홈페이지 접속)
❷ 랜덤 모의고사 무료 응시
❸ 풀이 후 자동 채점
❹ 해설 즉시 확인 가능

2025년 최신 기출문제 01회

- 제한시간 : 60분
- 소요시간 :   시간   분
- 전체 문항 수 : 60문항
- 맞힌 문항 수 :   문항

과목 01 디자인 일반

01 디자인의 4대 조건 중, 디자인이 대상과 용도, 목적에 맞게 이루어져야 한다는 1차적 조건은?
① 합목적성
② 심미성
③ 독창성
④ 경제성

02 생산비용, 유통, 판매 가격 등을 고려하여 대중적인 가격과 이윤을 확보해야 하는 디자인의 조건은?
① 심미성
② 예술성
③ 사회성
④ 경제성

03 SWOT 분석에서 'W/O 전략'이 의미하는 것은?
① 약점을 보완해 기회를 잡는다.
② 강점을 활용해 위협을 피한다.
③ 기회를 버리고 강점을 강화한다.
④ 위협을 없애기 위해 약점을 버린다.

04 토탈 마케팅에 대한 설명으로 틀린 것은?
① 4P를 통합적으로 고려한다.
② 내부 커뮤니케이션, 고객, 사회적 책임까지 포괄한다.
③ 외부 광고만 중시하고 내부 정렬은 배제한다.
④ 시장조사 · 관계마케팅을 포함한다.

05 20세기 초 독일에서 설립된 예술가, 장인, 건축가들의 단체로, 수공예 대신 대량 생산의 질적 향상을 목표로 한 단체는?
① 미술공예운동
② 데 스틸
③ 바우하우스
④ 독일공작연맹

06 다음 중 굿디자인 조건에 해당하지 않는 것은?
① 기능성
② 심미성
③ 경제성
④ 감각성

07 시각 디자인의 대표적인 영역이 아닌 것은?
① 광고 디자인
② 편집 디자인
③ 인테리어 디자인
④ 포스터 디자인

08 포장 디자인 기능 중, 내용물을 보호하고 운반 및 보관을 용이하게 하는 동시에 소비자가 구매를 결정하도록 유도하는 기능은?
① 유통성 및 환경성
② 보호성 및 판매촉진성
③ 심미성 및 경제성
④ 기능성 및 보존성

09 특정 대상을 선정하여 그들에게 광고 인쇄물을 우편으로 직접 발송하는 마케팅 활동은?

① POP(구매 시점 광고)
② 옥외 광고
③ DM(Direct Mail)
④ PR(Public Relations)

10 19세기 말 영국에서 산업 혁명으로 인한 기계 생산품의 비인간적이고 조악한 디자인에 반발하여, 수공예의 부활과 일상생활과 예술의 통합을 주장했던 디자인 운동은?

① 아르누보
② 바우하우스
③ 미술공예운동
④ 아르데코

과목 02 비주얼 아이데이션

11 문제에 대한 정확한 인식을 바탕으로 잠재된 아이디어를 표출하고, 환경과 상황에 맞게 체계화하고 구체화 시키는 과정은?

① 아이디어 발상
② 창의성
③ 디자인 트렌드
④ 메모

12 아이디어 발상 기법 중 브레인스토밍의 특징은?

① 평가 없이 자유로운 발상
② 리더의 통제 중심
③ 비판적 토론 중심
④ 개인 작업만 허용

13 서로 무관한 것들을 강제적으로 결합하여 아이디어를 도출하는 기법으로, 유추를 통해 창의적인 문제 해결을 시도하는 방법은?

① 시네틱스
② 마인드맵
③ 스캠퍼
④ 브레인스토밍

14 디자인 발상 능력의 발전 단계를 바르게 나열한 것은?

① 모방 → 수정 → 적응 → 혁신
② 수정 → 모방 → 혁신 → 적응
③ 혁신 → 적응 → 수정 → 모방
④ 모방 → 적응 → 혁신 → 수정

15 조형의 가장 기본적인 단위로, 위치만 있고 크기는 없는 추상적 요소를 무엇이라고 하는가?

① 점(Point)
② 선(Line)
③ 면(Plane)
④ 형(Shape)

16 다음 설명의 괄호 안에 들어갈 내용을 바르게 짝지은 것은?

> 두 개 이상의 요소 또는 (   ) 안의 상호관계에 대한 (   ) 판단으로서, 그들이 서로 (   )되어 배척하지 않고 (   )된 전체로서 높은 감각적 효과를 발휘할 때 일어나는 현상이다.

① 부분 – 외적 – 결합 – 통일
② 형태 – 내적 – 분리 – 균형
③ 색상 – 외적 – 대비 – 통일
④ 요소 – 감각 – 분리 – 조화

17 게슈탈트의 기본 원리에 해당하지 않는 것은?
① 근접의 법칙
② 유사의 법칙
③ 연속의 법칙
④ 균형의 법칙

18 양 끝의 화살표 방향에 따라 길이가 다르게 보이는 착시 현상은?

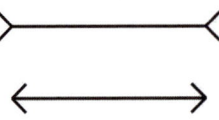

① 뮐러−라이어 착시
② 분할의 착시
③ 수평−수직 착시
④ 면적의 착시

19 디자인 개발 과정의 초기 단계 순서로 옳은 것은?
① 콤프 → 러프 → 스크래치 → 썸네일
② 스크래치 → 썸네일 → 러프 → 콤프
③ 러프 → 콤프 → 썸네일 → 스크래치
④ 썸네일 → 콤프 → 러프 → 스크래치

20 다음과 같은 정육면체의 세 면이 동시에 보이는 투상도법은?

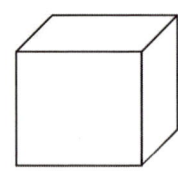

① 등측투상도
② 사투상도
③ 평행투상도
④ 정투상도

21 디자인 제도에서 물품의 '보이지 않는 부분'의 형상을 나타낼 때 사용하는 선의 종류는?
① 굵은 실선
② 가는 실선
③ 파선
④ 일점 쇄선

22 아이디어, 컨셉 또는 프로젝트의 전체적인 분위기나 느낌을 시각적으로 표현하기 위해 이미지, 텍스트, 색상, 소재 샘플 등을 조합하여 시각화한 것은?
① 폰트 자료집
② 컬러 팔레트
③ 무드보드
④ 스크랩북

과목 03 시안 디자인

23 디자인 기획 의도와 클라이언트의 요구사항을 파악하여 디자인 콘셉트를 시각화하고, 최종 결정 안을 선택할 수 있도록 복수의 디자인 안을 개발하는 직무 단계는?
① 시안 디자인 개발
② 아이디어 스케치
③ 자료 수집
④ 최종 인쇄

24 실제 제품이 출시되거나 최종 결과물이 나오기 전에 미리 만들어보는 실물 크기의 모형 또는 시각적 시뮬레이션은 무엇인가?
① 렌더링
② 목업(Mock-up)
③ 프로토타입
④ 도면

25 패키지디자인이나 UI/UX 디자인에서, 종이를 이용하여 그려진 라인에 따라 접거나 붙여 3차원 구조체를 만들어 아이디어를 구체화하는 방법은?
① 종이 프로토타이핑
② 3D 모델링
③ 렌더링
④ 라인 드로잉

26 기업의 철학과 비전을 시각적으로 체계화하여 일관된 이미지를 구축하는 'CI(Corporate Identity)'의 3가지 구성 요소가 아닌 것은?
① MI(Mind Identity)
② BI(Behavior Identity)
③ VI(Visual Identity)
④ PI(Product Identity)

27 가변성을 가지고 변화하는 아이덴티티로, 통일성을 유지하면서도 매체나 상황에 따라 심벌의 형태, 색상 등이 유연하게 변화하는 디자인 전략은?
① 플렉서블 아이덴티티
② 스테틱 아이덴티티
③ 리지드 아이덴티티
④ 싱귤러 아이덴티티

28 사진 인화 과정에서 네거티브 필름을 인화지 위에 직접 밀착시켜 전체 이미지를 시험 인화하는 방법은 무엇인가?
① 확대인화
② 감광인화
③ 밀착인화
④ 컬러밸런스 인화

29 데이터, 정보, 지식을 시각적으로 표현하여 빠르고 쉽게 이해할 수 있도록 만드는 그래픽을 무엇이라고 하는가?
① 인포그래픽
② 픽토그램
③ 아이콘
④ 일러스트레이션

30 데이터 시각화와 인포그래픽에 대한 설명으로 가장 적절한 것은?
① 데이터 시각화는 스토리를 중심으로 정보를 가공하는 것이다.
② 인포그래픽은 데이터의 패턴이나 구조 분석 자체에 목적을 둔다.
③ 인포그래픽은 데이터 시각화를 포함하여 명확한 목적과 스토리를 갖고 정보를 가공하는 것이다.
④ 두 용어는 완전히 동일한 의미로 사용된다.

31 다음 중 종이의 제조공정 순서로 옳게 나열된 것은?
① 펄프화(고해) → 착색 → 사이징 → 정정 → 가공 → 완성
② 펄프화(고해) → 사이징 → 착색 → 정정 → 가공 → 완성
③ 착색 → 정정 → 펄프화(고해) → 가공 → 완성
④ 펄프화(고해) → 정정 → 사이징 → 착색 → 가공 → 완성

32 제한된 공간 안에 문자, 이미지, 도형, 여백 등의 시각적 구성 요소를 효과적으로 배열하는 것을 무엇이라고 하는가?
① 레이아웃(Layout)
② 그리드(Grid)
③ 타이포그래피(Typography)
④ 아이덴티티(Identity)

과목 04 조색 및 배색

33 '명도(Value)'에 대한 설명으로 가장 옳은 것은?
① 색상환에서 서로 반대편에 있는 관계를 나타낸다.
② 색의 순수하고 선명한 정도를 나타낸다.
③ 색의 밝고 어두운 단계를 의미하며, 무채색도 가지고 있다.
④ 순색에 흰색과 검은색이 섞인 정도를 나타낸다.

34 색의 3속성을 올바르게 묶은 것은?
① 색상, 명도, 채도
② 색상, 혼합, 투명도
③ 채도, 명암, 면적
④ 색온도, 명암, 채도

35 가법혼색의 3원색(빛의 3원색)으로 옳은 것은?
① Cyan, Magenta, Yellow
② Red, Green, Blue
③ Red, Yellow, Blue
④ White, Black, Gray

36 일본 색채연구소가 개발한 표색계로, 색상(Hue)과 색조(Tone)라는 두 가지 축으로 색을 분류하는 칼라색체계는?
① PCCS
② NCS
③ 먼셀 색체계
④ DIN

37 다음 중 '보색대비'의 설명으로 옳은 것은?
① 인접한 유사색끼리의 대비 현상이다.
② 명도와 채도가 동일한 색끼리의 대비이다.
③ 서로 반대 위치의 색이 나란히 있을 때 더욱 선명하게 보이는 현상이다.
④ 색이 서로 섞여 중간색을 만드는 현상이다.

38 멀리서도 눈에 잘 띄고 판독하기 쉬운 성질을 의미하며, 교통 표지판 디자인에서 가장 중요하게 고려되는 요소는?
① 명시도
② 주목성
③ 색채조화
④ 항상성

39 인간의 망막에 R, G, B 빛에 반응하는 세 종류의 수용체가 있다는 '영-헬름홀츠'의 3원색설과 가장 직접적인 관련이 있는 색 혼합 방식은?

① 감법혼색
② 중간혼합
③ 병치혼합
④ 가법혼색

40 밝은 곳에서 어두운 곳으로 옮겨갈 때, 빨간색보다 파란색이 더 선명하게 보이는 현상은?

① 푸르킨예 현상
② 애브니 효과
③ 베졸드 효과
④ 메카로 효과

41 KS 색명법의 구성 요소는?

① 기본색명, 관용색명, 계통색명
② RGB, CMYK, LAB
③ Warm, Cool, Neutral
④ 색상, 명암, 톤

42 '하늘색', '흙색', '쥐색'처럼 옛날부터 관습적으로 사용해 온 색명은?

① 관용색명
② 일반색명
③ 계통색명
④ 고유색명

43 다음 중 KS 색명법에서 사용하는 톤(Tone) 약호가 아닌 것은?

① Lt(Light)
② Dk(Dark)
③ Vv(Vivid)
④ Bn(Brown)

44 'LtGy'는 어떤 톤을 의미하는 약호인가?

① 짙은 회색톤
② 밝은 회색톤
③ 어두운 회색톤
④ 선명한 톤

45 톤(Tone)의 정의로 옳은 것은?

① 색상의 고유한 종류를 구분하는 기준이다.
② 색의 명도와 채도의 조합을 의미한다.
③ 색의 밝고 어두움을 뜻하는 명도이다.
④ 색의 선명한 정도를 뜻하는 채도이다.

46 베졸드 효과(Bezold Effect)는 어떤 현상인가?

① 색을 직접 혼합하지 않고 색점의 배열로 색조가 달라져 보이는 현상
② 명도차에 의해 색이 다르게 인식되는 현상
③ 잔상으로 인해 반대색이 보이는 현상
④ 밝은색이 실제보다 더 확장되어 보이는 현상

47 색을 조색할 때 채도를 낮추는 방법은?

① 순색을 반복하여 혼합한다.
② 보색을 혼합한다.
③ 명도를 높인다.
④ 색상을 반대로 돌린다.

과목 05 2D 그래픽 제작

48 전원이 꺼지면 저장된 내용이 모두 사라지는 '휘발성 메모리'로, 컴퓨터의 주기억장치로 사용되는 것은?

① ROM
② RAM
③ HDD
④ SSD

49 다음 중 시스템 소프트웨어가 아닌 것은?

① DOS
② UNIX
③ MAC OS
④ Illustrator

50 벡터 그래픽의 장점은?

① 확대 시 해상도 손실이 없다
② 픽셀 기반이다
③ 파일 크기가 항상 크다
④ 사진 표현에 유리하다

51 포토샵의 기본 파일 포맷으로, 레이어, 채널, 패스 등 모든 작업 정보를 그대로 저장할 수 있는 원본 파일 형식은?

① JPEG(JPG)
② PNG
③ PSD
④ AI

52 다음 중 동영상 파일 형식에 대한 설명으로 틀린 것은?

① AVI는 비압축 방식으로 용량이 크다.
② MP4는 MPEG-4 코덱 기반의 압축 형식이다.
③ MOV는 애플 QuickTime 포맷이다.
④ GIF는 동영상 편집용 고해상도 포맷이다.

53 RGB 모드 사용에 적합한 것은?

① 디지털 디스플레이용
② 인쇄용
③ 재단용
④ 용지 인쇄용

54 레이아웃의 기본 요소로 구성된 것은?

① 이미지, 타이포그래피, 여백, 색상
② 명도, 채도, 색상, 질감
③ 면적, 부피, 질감, 크기
④ 명암, 비례, 간격, 비율

55 다음 중 타이포그래피의 판독성(Legibility)에 대한 설명으로 옳은 것은?

① 글의 내용을 쉽고 빠르게 이해할 수 있는 정도를 말한다.
② 글자의 외형적 형태를 통해 글자를 식별할 수 있는 정도를 말한다.
③ 문단의 배치와 여백을 통해 시각적 안정감을 주는 것이다.
④ 색상과 대비를 이용해 주목성을 높이는 것이다.

56 그리드 시스템의 구성 요소 중, 그리드 외곽의 빈 공간으로, 화면에 균형과 긴장을 부여하는 여백을 무엇이라고 하는가?
① 컬럼(Column)
② 모듈(Module)
③ 마진(Margin)
④ 스페셜 존(Special Zone)

57 다음 중 종이 제조 공정에서 잉크 번짐을 방지하기 위한 처리 단계는?
① 펄프화
② 사이징
③ 착색
④ 정정

58 인쇄용 이미지의 권장 해상도는?
① 300dpi
② 72dpi
③ 96dpi
④ 120dpi

59 인쇄된 망점이 서로 겹치면서 의도하지 않은 물결무늬나 얼룩이 발생하는 현상을 무엇이라고 하는가?
① 스풀(Spool)
② 모아레(Moire)
③ 트랩(Trap)
④ 앨리어싱(Aliasing)

60 글자가 놓이는 기준이 되는 가상의 수평선을 무엇이라 하는가?
① Cap Line
② Baseline
③ Mean Line
④ X-height

2025년 최신 기출문제 02회

- 제한시간 : 60분
- 소요시간 :   시간   분
- 전체 문항 수 : 60문항
- 맞힌 문항 수 :   문항

과목 01 디자인 일반

01 마케팅의 4요소로 옳은 것은?
① 제품, 가격, 유통, 촉진
② 생산, 관리, 판매, 유지
③ 브랜드, 고객, 매출, 광고
④ 목표, 계획, 수행, 통제

02 다음 중 제품수명주기(Product Life Cycle)의 단계 순서로 옳은 것은?
① 성장기 → 도입기 → 성숙기 → 쇠퇴기
② 도입기 → 성장기 → 성숙기 → 쇠퇴기
③ 도입기 → 성숙기 → 성장기 → 쇠퇴기
④ 성장기 → 성숙기 → 쇠퇴기 → 도입기

03 토탈 디자인(Total Design)의 개념으로 옳은 것은?
① 제품 하나의 형태만 설계
② 시각·환경·제품 등 전체 시스템 통합
③ 그래픽 디자인에 한정
④ 감성 표현 중심

04 앤디 워홀의 작품 '캠벨 수프 캔'에서 볼 수 있는 표현 의도는?

① 소비사회의 반복성과 대량생산 풍자
② 인간의 내면 감정 표현
③ 자연의 아름다움 강조
④ 사회주의 이념 표현

05 산업혁명이 디자인 발전에 미친 가장 본질적인 영향으로 옳은 것은?
① 예술가를 위한 일품 제작 방식이 확산되었다.
② 기계에 의한 대량생산 체제가 도입되어 디자인의 규격화가 중요해졌다.
③ 자연의 유기적인 형태를 모방하는 것이 주된 디자인 경향이 되었다.
④ 디자인의 목적이 순수한 미적 표현에만 국한되었다.

06 시각 디자인의 목적과 가장 관련 깊은 것은?
① 기능성, 조형성, 심미성을 균형 있게 통합한다.
② 판매 촉진만을 목표로 한다.
③ 조형적 장식 효과만을 강조한다.
④ 기술적 완성도만을 중시한다.

07 광고 디자인의 목적으로 거리가 먼 것은?
① 정보전달
② 설득
③ 미적표현
④ 심미적 공간연출

08 다음 중 디자인 활동이 가져야 할 윤리적 책임과 가장 거리가 먼 것은?
① 소비자 안전성 확보
② 제품 사용의 편리성 극대화
③ 환경 오염 최소화
④ 디자이너의 이윤 극대화

09 시각 디자인의 영역 중, 신문, 잡지, 서적 등 인쇄물의 시각적 구조를 설계하고 텍스트와 이미지의 배열, 타이포그래피 등을 결정하는 디자인 분야는?
① 포장 디자인
② 광고 디자인
③ 편집 디자인
④ 일러스트레이션

10 소비자가 제품을 개봉하기 전까지 내용물을 습기, 충격, 오염 등으로부터 안전하게 지키는 포장 디자인 기능은?
① 미화 기능
② 정보전달 기능
③ 보호 기능
④ 판매 촉진 기능

과목 02 비주얼 아이데이션

11 알렉스 오스본(Alex Osborn)이 창안한 기법으로, 여러 사람이 모여 비판 없이 자유롭게 아이디어를 제시하여 연쇄 반응을 일으키는 회의 방식은?
① 브레인스토밍
② 브레인라이팅
③ 마인드맵
④ 시네틱스

12 '친화도 분석'이라고도 하며, 브레인스토밍 등에서 나온 방대한 아이디어들을 관련성 있는 것끼리 그룹화하여 정리하는 기법은?
① 어피니티 다이어그램
② 마인드맵
③ 스캠퍼
④ 브레인라이팅

13 기존 제품의 형태, 기능, 색채, 재료 등을 새롭게 개선하거나 개량하는 디자인 방식을 무엇이라고 하는가?
① 모방 디자인
② 스타일링(Styling)
③ 리디자인(Redesign)
④ 혁신 디자인

14 디자인의 요소 중, 점, 선, 면, 부피(입체)와 같이 시각적으로 지각할 수는 없지만, 디자인의 기초를 이루는 추상적인 요소는?
① 개념 요소
② 시각 요소
③ 상대적 요소
④ 조형 원리

15 두 도형의 실제 면적이 같으나 한쪽이 더 커 보이는 착시는?

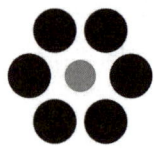

① 면적 착시
② 거리 착시
③ 색상 착시
④ 동시 대비

16 종이의 분할과 활용에 효과적으로, A4, A3 등 현재 국제표준규격(ISO) 종이의 기준이 되는 비례는?
① 황금비
② 정수비
③ √2 비례(루트 2 비례)
④ √3 비례(루트 3 비례)

17 게슈탈트의 그루핑 법칙 중, 비슷한 형태, 색, 크기를 가진 요소들을 하나의 집합적인 전체로 인식하려는 경향은?
① 근접성의 법칙
② 유사성의 법칙
③ 연속성의 법칙
④ 폐쇄성의 법칙

18 러프 스케치의 주요 목적은?
① 콘셉트 시각화
② 완성품 제작
③ 인쇄 공정 확인
④ 광고 문안 결정

19 디자인의 제작 의도를 정확하게 알리기 위해, 완성물과 거의 같은 수준으로 정밀하게 묘사된 시안용 스케치는?
① 썸네일 스케치
② 러프 스케치
③ 콤프 스케치
④ 프리핸드 스케치

20 실제 공간의 3차원 사물을 2차원 평면에 구현할 때, 눈과 대상 간의 공기층이나 빛의 작용으로 인해 멀리 있는 대상의 색채가 흐려지는 것을 표현하는 기법은?
① 선 원근법
② 대기 원근법
③ 1점 투시도법
④ 3점 투시도법

21 무드 보드(Mood Board)의 역할은?
① 시각적 감성과 콘셉트 정리
② 인쇄 시 잉크 조절
③ 글꼴 테스트
④ 레이아웃 인쇄본

22 아이디어 스케치 결과물을 팀 구성원 및 관계자들에게 설명하고 피드백을 받아 개선 및 선정에 반영하는 과정을 무엇이라고 하는가?
① 아이디어 필터링
② 아이디어 프레젠테이션
③ 아이디어 베리에이션
④ 콘셉트 시각화

과목 03 시안 디자인

23 시안 제작을 위한 준비 사항으로 거리가 먼 것은?
① 디자인 콘셉트를 이루는 핵심 어휘 및 문장 도출
② 시안 제작용 이미지, 텍스트, 폰트 자료 수집
③ 콘셉트에 맞는 색채 계획
④ 최종 인쇄소 선정 및 대량 인쇄 발주

24 언어적인 유머와 위트를 시각적 표현으로 변환하여 유머러스한 효과를 주는 이미지 스타일을 무엇이라고 하는가?
① 비주얼 펀
② 비주얼 모티프
③ 비주얼 아이덴티티
④ 비주얼 리터러시

25 콘셉트 워드의 역할은?
① 디자인 방향을 언어로 정의
② 인쇄 설정
③ 예산 책정
④ 이미지 포맷 지정

26 디자인 과정을 아이디어 구체화 단계에서 실제와 유사하게 축소 또는 원본 크기로 제작하여 형태, 재료, 작동 등을 확인하는 초기 모델이나 견본을 무엇이라고 하는가?
① 렌더링
② 스케치
③ 목업(Mock-up)
④ 최종 드로잉

27 기업의 로고(CI) 디자인을 할 때 가장 중요하게 고려해야 할 점은?
① 최신 유행하는 복잡하고 화려한 스타일의 적용
② 기업의 이념과 정체성을 함축적이고 상징적으로 표현
③ 디자이너 개인의 독창적인 예술 세계 표현
④ 특정 제품의 기능만을 강조하여 표현

28 플렉서블 아이덴티티 설계 시 고려해야 할 핵심 요소로 가장 적절한 것은?
① 로고의 모든 요소를 랜덤하게 변경한다.
② 브랜드의 핵심 의미나 구조를 시각적으로 유지한다.
③ 사용 매체마다 임의의 폰트를 적용한다.
④ 특정 인쇄매체에만 적용한다.

29 사물, 시설, 행위 등을 상징적인 그림으로 나타내어, 언어를 초월하여 누구나 빠르고 쉽게 인식할 수 있도록 만든 그림 문자는?
① 아이콘
② 픽토그램
③ 로고
④ 엠블럼

30 인포그래픽의 특징으로 옳지 않은 것은?
① 다양한 그래픽으로 구성되어 흥미를 유발한다.
② 복잡한 정보를 직관적으로 전달하여 정보 습득 시간을 절감한다.
③ SNS 등을 통해 빠른 속도로 광범위하게 확산될 수 있다.
④ 텍스트보다 기억 지속 시간이 짧다.

31 어떤 메시지를 효과적으로 전달하기 위해 이미지나 텍스트를 배치하고 구성하는 시각적 설계 행위를 무엇이라고 하는가?

① 드로잉
② 렌더링
③ 레이아웃
④ 일러스트레이션

32 레이아웃의 원리 중, 정보의 중요성과 연계성을 고려하여 사용자의 시선이 머무는 순서를 의도적으로 결정하고 연출하는 것은?

① 일관성 적용
② 집중과 분산 조절
③ 위계적 구조 연출
④ 스토리 진행형 구조 연출

과목 04 조색 및 배색

33 색의 3속성 중, 색의 맑고 탁한 정도, 즉 선명한 정도를 나타내는 속성은?

① 색상
② 명도
③ 채도
④ 대비

34 인간의 눈으로 볼 수 있는 빛의 파장 영역(약 380nm~780nm)을 무엇이라고 하는가?

① 가시광선
② 스펙트럼
③ 감마선
④ 엑스선

35 다음 중 실제 물체의 색을 '색상, 명도, 채도'의 3속성으로 지각하여 체계화한 표색계는?

① 현색계
② 혼색계
③ RGB 색체계
④ CIE 색체계

36 먼셀과 오스트발트의 색체계 공통점으로 옳은 것은?

① 색의 명도·채도를 기준으로 체계를 만들었다.
② 색의 심리적 효과만을 다룬다.
③ 빛의 파장을 중심으로 설명한다.
④ 색의 감성 어휘만을 분류했다.

37 보색대비의 효과는?

① 서로의 색을 강조한다.
② 채도를 낮춘다.
③ 명도를 높인다.
④ 동일 색으로 보인다.

38 진출색의 특징은?

① 따뜻한 색, 고채도, 밝은 명도
② 차가운 색, 저채도, 낮은 명도
③ 명도 낮고 채도 낮음
④ 흑백 중심 색

39 저드의 색채조화 4원리에 해당하지 않는 것은?

① 질서의 원리
② 친근감의 원리
③ 대비의 원리
④ 명료성의 원리

40 병원 수술실 벽면을 청록색으로 칠한 이유로 가장 알맞은 것은?
① 푸르킨예 현상
② 잔상효과
③ 명시도 대비
④ 동화현상

41 다음 중 톤(Tone)에 대한 설명으로 틀린 것은?
① 색의 명도와 채도의 조합이다.
② 색상의 영향을 받지 않는다.
③ 색상과 관계된다.
④ 중간톤은 부드러운 인상을 준다.

42 먼셀 색표기에서 '5R 4/12'에서 R은 무엇을 의미하는가?
① 명도(Value)
② 색상(Hue)
③ 채도(Chroma)
④ 톤(Tone)

43 톤(Tone)의 변화에 따른 색의 시각적 느낌으로 옳은 것은?
① 명도와 채도가 낮을수록 가볍고 산뜻한 느낌을 준다.
② 명도와 채도가 높을수록 활기차고 팽창된 느낌을 준다.
③ 명도와 채도가 높을수록 수축감이 강하다.
④ 명도가 낮을수록 밝고 경쾌한 이미지를 준다.

44 DIC 색표기(DIC-256)에서 숫자 256은 무엇을 의미하는가?
① 명도
② 색상의 고유번호
③ 채도 단계
④ 톤의 구분

45 다음 중 톤의 분류로 옳지 않은 것은?
① Vivid tone
② Light tone
③ Dark tone
④ Hue tone

46 애브니 효과(Abney Effect)는 어떤 현상인가?
① 채도가 높을수록 색상이 달라져 보이는 현상
② 명도차로 인한 색의 확장
③ 잔상에 의한 색 반전
④ 보색에 의한 색 상쇄

47 문·스펜서의 색채조화론의 특징으로 옳은 것은?
① 예술적 감각에 따른 주관적 조화이다.
② 먼셀 체계에 근거한 수학적 색채조화이다.
③ 보색대비에 의한 색채조화이다.
④ 흑백 중심의 무채색 조화이다.

과목 05 2D 그래픽 제작

48 읽기 전용의 '비휘발성 메모리'로, 전원이 끊어져도 내용이 지워지지 않으며 컴퓨터의 기본 입출력 시스템 등을 저장하는 데 사용되는 것은?
① RAM
② ROM
③ 캐시 메모리
④ 가상 메모리

49 컴퓨터의 구성 요소 간에 데이터나 제어 신호를 전달하는 통로를 무엇이라 하는가?
① 버스(Bus)
② 캐시(Cache)
③ 레지스터(Register)
④ 인터럽트(Interrupt)

50 래스터 이미지의 특징은?
① 픽셀 기반으로 세밀한 사진 표현에 적합
② 선형 데이터
③ 확대해도 손실 없음
④ 수학적 연산 기반

51 Illustrator의 기본 파일 확장자는?
① .AI
② .PSD
③ .EPS
④ .INDD

52 다음 중 동영상 파일 포맷이 아닌 것은?
① AVI
② MOV
③ WMV
④ TIFF

53 모니터와 실제 인쇄물 간의 색상 차이를 최소화하기 위해, 각 장치(모니터, 프린터 등)의 색상 표준을 일치시키는 작업을 무엇이라고 하는가?
① 캘리브레이션
② 디더링
③ 앨리어싱
④ 렌더링

54 책이나 잡지 등에서 글, 그림, 사진 등의 요소들을 지면에 효과적으로 배치하여 가독성과 심미성을 높이는 작업을 무엇이라 하는가?
① 타이포그래피
② 인포그래픽
③ 레이아웃
④ 그리드 시스템

55 타이포그래피에서 '가독성'이란?
① 글자를 쉽게 인식하고 읽을 수 있는 정도
② 디자인의 독창성
③ 글자의 장식성
④ 문장 길이

56 인쇄에서 트래핑(Trapping)의 목적은?
① 색 맞춤 불량으로 생기는 흰 틈 보정
② 잉크 농도 강화
③ 종이 평활도 조절
④ 인쇄속도 향상

57 유산지의 특징으로 옳은 것은?
① 불투명하고 잉크 번짐이 심하다.
② 반투명하며 밑그림을 비춰 그릴 수 있다.
③ 표면이 거칠고 흡수성이 강하다.
④ 두껍고 무게감이 큰 종이다.

58 인쇄용 이미지 작업 시 설정해야 할 컬러 모드와 해상도로 가장 적절한 것은?
① RGB, 72dpi
② CMYK, 300dpi
③ Grayscale, 150dpi
④ Indexed Color, 72dpi

59 다음 중 그래픽 출력장치에 해당하지 않는 것은?
① 플로터
② 모니터
③ 프린터
④ 스캐너

60 한글 구조의 명칭으로 옳게 연결된 것은?

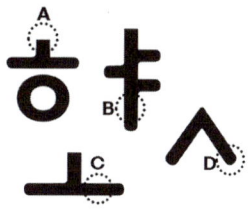

① A=꼭지, B=세로줄기, C=보, D=맺음
② A=기둥, B=줄기, C=밑줄, D=기울기
③ A=꼭지, B=보, C=받침, D=맺음
④ A=머리, B=세로줄기, C=보, D=걸침

2025년 최신 기출문제 03회

- 제한시간 : 60분
- 소요시간 :   시간   분
- 전체 문항 수 : 60문항
- 맞힌 문항 수 :   문항

과목 01 디자인 일반

01 최소의 비용으로 최대의 효과를 얻고자 하는 경제 원칙과 관련이 있으며, 재료 선택부터 제작 공정까지 고려하는 디자인 조건은?
① 합목적성
② 심미성
③ 질서성
④ 경제성

02 다음 중 SWOT 분석의 4요소에 해당하지 않는 것은?
① Strength
② Weakness
③ Opportunity
④ Strategy

03 판매 촉진을 위한 모든 활동 수단을 의미하며, 4대 매체 광고를 제외한 이벤트, 전시, POP, 쿠폰 등을 포함하는 광고는?
① SP 광고
② DM 광고
③ 옥외 광고
④ 교통 광고

04 입체주의 시작을 알린 다음 그림의 작가는?

① 앤디 워홀
② 파블로 피카소
③ 앙리 마티스
④ 르네 마그리트

05 포장 디자인의 5가지 기능으로 옳지 않은 것은?
① 보호 보존성
② 편리성
③ 심미성
④ 복잡성

06 '디자인(Design)'의 어원과 가장 관계 깊은 의미로 옳은 것은?
① 구조(Structure)
② 그리다(Draw)
③ 계획하다(Plan)
④ 장식하다(Decorate)

07 바우하우스의 교육 이념인 '예술과 기술의 통합'을 가장 잘 반영하는 디자인의 특징은?

① 장식의 극대화
② 기능에 충실한 형태
③ 순수 예술의 절대적 우위
④ 전통 수공예 기법의 고수

08 다음 중 시각 디자인의 주요 분야로 볼 수 없는 것은?

① 편집 디자인
② 영상 디자인
③ 조경 디자인
④ 일러스트레이션

09 소비자의 니즈를 충족시키고 기업의 이윤을 창출하기 위해 제품의 포장, 광고, 유통 경로 등을 통합적으로 계획하고 디자인하는 활동은?

① 브랜딩
② 마케팅
③ 엔지니어링
④ 품질 관리

10 1960년대 미국에서 대중문화의 이미지를 차용하고 상업적 요소를 예술로 끌어들여 대중성을 확보했던 예술 사조는?

① 퓨처리즘
② 팝아트
③ 미니멀리즘
④ 옵아트

과목 02 비주얼 아이데이션

11 브레인스토밍의 단점을 보완한 기법으로, 아이디어를 말 대신 종이에 기록하여 돌려가며 발전시키는 방식은?

① 브레인라이팅
② 마인드맵
③ 시네틱스
④ 어피니티 다이어그램

12 아이디어 발상법 중, 기존에 구축된 논리에 얽매이지 않고 다양한 관점에서 가능한 한 많은 아이디어를 도출하는 데 중점을 두는 기법은?

① 확산 기법
② 수렴 기법
③ 통합 기법
④ 분석 기법

13 '선(Line)'이 주는 느낌의 연결이 바르지 않은 것은?

① 수평선 – 평온, 안정, 정적
② 수직선 – 존엄, 권위, 상승
③ 대각선 – 운동감, 속도감, 불안정
④ 자유곡선 – 딱딱함, 완고함, 남성적

14 시각적, 형태적인 유사성의 조화, 일치, 일관성 등을 의미하며, 근접, 반복, 연속을 통해 표현할 수 있는 조형 원리는?

① 통일
② 변화
③ 균형
④ 대비

15 두 개의 영역이 같은 외곽선을 가질 때, 어느 한쪽은 형태로, 다른 한쪽은 바탕으로 인식되는 시지각 현상은?

① 도형과 바탕의 법칙
② 근접성의 법칙
③ 연속성의 법칙
④ 지각 항상성 법칙

16 아이디어 발상 과정에서 떠오르는 생각을 엄지손톱만 한 크기로 빠르고 간략하게 그리는 스케치는 무엇인가?

① 썸네일 스케치
② 러프 스케치
③ 콤프 스케치
④ 스토리보드

17 스케치에서 빛을 표현할 때, 대상물의 어두운 부분과 그림자 사이에 나타나 입체감을 더 뚜렷하게 해주는 빛은?

① 하이라이트
② 중간 부분
③ 그림자
④ 반사광

18 디자인 제도에서 '도형의 중심'을 표시할 때 사용하는 선의 종류는?

① 파선
② 가는 실선
③ 굵은 실선
④ 일점 쇄선

19 리서치 단계에서 가장 우선되는 활동은?

① 문제 정의
② 색상 조합
③ 인쇄 테스트
④ 타이포 선택

20 디자인에서 작품이나 제품을 통해 드러내려고 하는 '주된 생각'이나 '개념'을 의미하는 용어는?

① 콘셉트　　　② 소구점
③ 키워드　　　④ 테마

21 다음 중 스케치 도구에 대한 설명으로 옳은 것은?

① 마커는 섬세한 선 표현과 수정이 원활하다.
② 펜은 선의 강약 조절이 어려워 명암 표현에 유리하다.
③ 연필은 명암 조절이 용이하고 수정이 쉬워 스케치의 기본 도구로 사용된다.
④ 콘테는 선이 가늘고 균일하여 정밀 묘사에 가장 적합하다.

22 러프 스케치의 특징으로 옳은 것은?

① 아이디어 탐색을 위한 초기 단계이다.
② 최종 시안을 제시하기 위한 완성단계이다.
③ 구체적 형태와 배치를 시각화하는 중간단계이다.
④ 색상과 질감을 사실적으로 묘사하는 단계이다.

과목 03 시안 디자인

23 설정된 디자인 콘셉트에 맞게 준비된 시각 자료를 활용하여 창의적으로 디자인 이미지를 만들어내는 과정을 무엇이라고 하는가?
① 아트워크
② 캘리브레이션
③ 아이데이션
④ 리서치

24 디자인의 주요 3대 요소가 아닌 것은?
① 형
② 색
③ 질감
④ 재료비

25 스토리보드의 주요 목적은?
① 영상 · 광고 흐름 계획
② 인쇄 배색표 작성
③ 예산 산정
④ 원고 교정

26 CI의 기본 시스템 요소에 해당하지 않는 것은?
① 심벌마크, 로고타입
② 전용 색상, 전용 서체
③ 명함, 봉투, 서식류
④ 전용 문양, 캐릭터

27 국제적으로 사용되는 필름 감도 표준 규격은 무엇인가?
① ASA
② DIN
③ ISO
④ JIS

28 초현실주의에서 사용되는 데페이즈망의 표현 특징으로 옳은 것은?
① 익숙한 사물을 낯선 상황에 배치하여 비현실적인 느낌을 준다.
② 종이를 접었다 펴서 생긴 무늬를 이용한다.
③ 물체의 질감을 문질러 표현한다.
④ 사물의 형태를 해체하여 재구성한다.

29 정보그래픽에서 다루는 데이터의 유형 중, 수치, 도형, 기호 등 바로 측정할 수 있는 정형화된 데이터를 무엇이라고 하는가?
① 정량적 데이터
② 정성적 데이터
③ 비정형 데이터
④ 가공 데이터

30 종이를 일정한 장력으로 접거나 구부릴 때 종이가 저항하는 세기를 뜻하는 용어는?
① 평량
② 파열강도
③ 인장강도
④ 내절강도

31 시각적 무게 중심이 맞지 않은 디자인의 문제점은?
① 불안정한 인상
② 통일성 강화
③ 시선 집중 향상
④ 균형 유지

32 신문이나 잡지 편집에 주로 활용되며, 수평, 수직으로 일정하게 교차되는 격자형 스타일의 레이아웃은?
① 축 레이아웃
② 방사형 레이아웃
③ 그리드 레이아웃
④ 불규칙 레이아웃

과목 04 조색 및 배색

33 다음 중 '채도'가 가장 높은 색은?
① 파스텔 톤의 연분홍색
② 짙은 갈색
③ 선명한 원색 노랑
④ 탁한 국방색

34 신인상파 화가 쇠라의 '점묘화'에서처럼, 작은 색점들을 나란히 병치시켰을 때 눈의 망막에서 혼합되어 보이는 현상은?
① 회전혼합
② 병치혼합
③ 가법혼색
④ 감법혼색

35 '혼색계'에 대한 설명으로 가장 적절한 것은?
① 물체색을 기준으로 한다.
② 색상, 명도, 채도를 기본 축으로 한다.
③ 먼셀 색체계가 대표적이다.
④ 빛의 혼합 원리를 기반으로 색을 수치화한다.

36 오스트발트 색체계의 특징은?
① 흑·백·순색의 혼합 비율
② 파장 중심 분류
③ 감정색 분류
④ 감산혼합 중심

37 어떤 색이 옆에 있는 색의 영향을 받아 그 색과 비슷한 색으로 보이는 현상은?
① 동화현상
② 대비현상
③ 잔상현상
④ 항상성

38 '톤을 겹친다'는 의미로, 동일 색상 내에서 '명도 차이'를 크게 두어 배색하는 기법은?
① 톤인톤 배색
② 톤온톤 배색
③ 그라데이션 배색
④ 세퍼레이션 배색

39 다음 중 주로 낮에 활동하며 색을 인식하는 시세포는?
① 추상체
② 간상체
③ 홍채
④ 수정체

40 다음 중 관용색명, 일반색명, 계통색명의 개념으로 틀린 것은?
① 관용색명은 전통적 통용명으로, 오래전부터 일상적으로 사용되어 온 색명이다.
② 기본색명은 대중이 널리 사용하는 색 이름이다.
③ 계통색명은 개인의 감정과 주관에 따라 자유롭게 표현하는 색명이다.
④ 일반색명은 색의 3속성(색상·명도·채도)을 기준으로 규격화된 과학적 명칭이다.

41 KS 색명법에서 톤을 나타내는 약호로 옳은 것은?
① Lt, Dk, Vv, D
② R, G, B, P
③ CMYK
④ Warm, Cool, Neutral

42 톤 표기에서 'V'는 무엇의 약호인가?
① Vivid(선명한)
② Violet(보라색)
③ Value(명도)
④ Very(매우)

43 톤의 종류와 인상의 연결로 옳은 것은?
① Deep – 무겁고 강렬함
② Dull – 선명하고 가벼움
③ Light – 어둡고 진함
④ Vivid – 차분하고 안정적

44 저드의 색채조화론 중 '유사성의 원리'란?
① 색의 관계가 명확하지 않을수록 조화롭다.
② 공통 속성을 가진 색끼리 조화된다.
③ 반대색일수록 강한 조화를 이룬다.
④ 익숙하지 않은 색일수록 조화롭다.

45 병원 수술실 벽면이 청록색인 이유는?
① 색의 확장 효과
② 푸르킨예 현상 방지
③ 보색잔상 효과를 줄이기 위해
④ 시각적 대비효과 강화

46 유사색 배색에 대한 설명으로 옳은 것은?
① 색상환에서 서로 인접한 색의 조합이다.
② 색상환 반대편의 색을 조합한다.
③ 명도·채도가 극단적으로 다른 색을 조합한다.
④ 무채색을 혼합한 배색이다.

47 보색 배색의 특징으로 옳은 것은?
① 부드럽고 안정된 느낌이다.
② 대조적이고 강렬한 느낌이다.
③ 통일감이 크다.
④ 중간톤 중심의 배색이다.

과목 05 2D 그래픽 제작

48 컴퓨터 그래픽에서 3차원 물체의 표면에 재질감, 색상, 질감 등을 입히는 작업을 통칭하는 용어는?

① 렌더링
② 모델링
③ 매핑
④ 리깅

49 어도비 일러스트레이터가 주로 사용되는 작업으로 가장 적절한 것은?

① 사진 이미지 보정 및 합성
② 로고, 캐릭터, 심벌 디자인
③ 페이지 수가 많은 책자 및 브로슈어 편집
④ 영상 편집 및 특수효과

50 파일 포맷 중 투명 배경을 지원하지 않는 것은?

① JPG
② PNG
③ GIF
④ TIFF

51 다음 중 인쇄용 컬러모드에 해당하는 것은?

① CMYK
② RGB
③ HSL
④ LAB

52 RAM의 용량이 부족할 때 임시로 데이터를 저장하여 프로그램이 계속 실행될 수 있도록 도와주는 보조기억장치는 무엇인가?

① 캐시 메모리
② 가상 메모리
③ 보조 저장장치
④ ROM

53 글줄(행)의 조정 시 특별히 신경 쓰지 않아도 되는 항목은?

① 자간
② 행간
③ 문단 들여쓰기
④ 문제의 어조

54 타이포그래피의 기능적 특징이 아닌 것은?

① 조형적 기능 : 소리의 언어를 시각적으로 표현하여 전달
② 언어적 기능 : 논리적인 구성의 문자로 정보를 정확하게 전달
③ 심미적 기능 : 조형적 스타일을 통해 감성적, 미적 경험을 전달
④ 경제적 기능 : 최소의 비용으로 최대의 효과를 창출

55 편집 디자인의 구성 요소 중, 출판물의 형태, 분량, 크기, 페이지 수 등 외형적인 형식을 의미하는 용어는?

① 포맷
② 마진
③ 라인업
④ 그리드

56 활자의 구성 요소 중 '세로획보다 가로획이 얇고 끝에 삐침이 있는 서체 구조'는?

① 산세리프 구조
② 세리프 구조
③ 모노스페이스 구조
④ 기하학적 구조

57 검수 과정에서 색상이 실제 인쇄 색상과 다르게 보이는 원인은?

① 해상도 부족
② 모니터 색상 프로파일 미설정
③ 종이 강도 부족
④ 파일 형식 오류

58 디자인 책임자의 역할로 부적절한 것은?

① 조직 전체의 디자인 방향을 조율한다.
② 브랜드 이미지의 일관성을 유지한다.
③ 비용·효율·시장성을 고려한 의사결정을 한다.
④ 회사와 상관없이 디자이너 입장만 고집한다.

59 디자인 문제해결의 마지막 단계에서 수행되는 활동으로 옳은 것은?

① 문제 발견
② 아이디어 발상
③ 평가 및 피드백
④ 재디자인

60 다음 중 폰트 선택의 심미적 요건이 아닌 것은?

① 다른 디자인 요소와 조화를 이루어야 한다.
② 글자 크기·밀도·배치 등 변화로 창의적 표현이 가능하다.
③ 다양한 서체 혼용으로 다채로움을 높인다.
④ 시각적 통일감을 고려한다.

빠르게 정답 확인하기!

스마트폰으로 QR 코드를 스캔해 보세요.
정답표를 통해 편리하게 채점할 수 있습니다.

2025년 최신 기출문제 04회

- 제한시간 : 60분
- 소요시간 :   시간   분
- 전체 문항 수 : 60문항
- 맞힌 문항 수 :   문항

과목 01 디자인 일반

01 디자인의 4대 조건(합목적성, 심미성, 독창성, 경제성)이 서로 조화를 이루도록 유지하는 상위의 조건은?
① 질서성
② 기능성
③ 시대성
④ 실용성

02 SWOT 분석에서 'S-O 전략'이 의미하는 것은?
① 약점을 극복하고 위협에 대응하는 전략
② 강점을 활용하여 기회를 극대화하는 전략
③ 외부 요인을 배제하는 방어 전략
④ 위협 요인을 제거하는 기술 전략

03 토탈 마케팅의 주요 특징이 아닌 것은?
① 통합적 접근
② 고객 중심
③ 포괄적인 전략
④ 생산관리와 홍보관리의 이분화

04 신인상주의 화가 조르주 쇠라가 사용한 기법으로, 선 대신 점의 집합과 짧은 터치로 이미지를 표현하는 기법은?
① 콜라주
② 데페이즈망
③ 점묘법(점묘화)
④ 프로타주

05 구매 시점 광고(Point of Purchase)의 약자로, 매장 내외에서 소비자의 시선을 유도하고 구매를 촉진하는 광고물은?
① POP 광고
② DM 광고
③ CI 디자인
④ SP 광고

06 1920~1930년대 유럽과 미국에서 유행했으며, 기하학적 형태, 단순화된 선, 풍부한 색채, 고급 재료의 사용을 특징으로 하는 장식 예술 양식은?
① 아르누보
② 아르데코
③ 신조형주의
④ 팝아트

07 근대 디자인 운동의 효시로, 산업혁명으로 인한 조악한 기계 생산품에 반발하여 수공예와 장인 정신의 부활을 강조했던 운동은?
① 아르누보(Art Nouveau)
② 바우하우스(Bauhaus)
③ 미술공예운동(Arts and Crafts Movement)
④ 아르데코(Art Deco)

08 다음 중 디자인의 미적 요소를 추구하는 활동과 가장 거리가 먼 것은?
① 새로운 색채 조합 연구
② 심미적 형태 탐구
③ 재료의 경제적 절감
④ 조화로운 요소 배치

09 다음 중 유니버설 디자인의 7원칙에 해당하지 않는 것은?
① 공평한 사용(Equitable Use)
② 사용의 융통성(Flexibility in Use)
③ 인지 가능한 정보(Perceptible Information)
④ 미적 조형성(Aesthetic Form)

10 도시 환경 속에서 모든 시민이 안전하고 쾌적하게 이용할 수 있도록 공공시설물, 사인, 거리, 공원 등의 시각적·기능적 통일성을 추구하는 디자인은?
① 유니버설 디자인(Universal Design)
② 소셜 디자인(Social Design)
③ 공공디자인(Public Design)
④ 에코 디자인(Eco Design)

과목 02 비주얼 아이데이션

11 스캠퍼(SCAMPER) 기법의 목적은?
① 기존 아이디어 변형을 통한 새로운 발상
② 문제 해결 포기
③ 자료 수집
④ 재무 분석

12 다음 중 마인드맵이 가진 장점을 바르게 설명한 것은?
① 연상 확장과 구조적 사고를 가능하게 한다.
② 단편적인 사고를 유도한다.
③ 언어를 중심으로 내용을 정리하도록 한다.
④ 다양한 정보를 한 방향으로 수렴하는 데 초점을 둔다.

13 선이 이동한 자취 또는 점이 확대되어 만들어지는, 길이와 넓이를 가진 2차원 요소를 무엇이라고 하는가?
① 점
② 선
③ 면
④ 입체

14 다음 중 기하학적 형태(Geometric Form)에 대한 설명으로 옳은 것은?
① 자연물처럼 자유롭고 불규칙한 곡선 형태이다.
② 수학적 원리와 기하학적 법칙에 의해 구성된 인위적 형태이다.
③ 생명체의 유기적 움직임을 표현한 형태이다.
④ 감성적이고 우연적인 조형 특징을 가진다.

15 디자인에서 대비(Contrast)의 주된 기능은?
① 시각적 흥미 유발
② 균형 해체
③ 통일감 약화
④ 정보 왜곡

16 피사체를 낮은 곳에서 높은 곳으로 올려다보는 촬영 각도로, 극적이고 역동적인 분위기를 나타내는 것은?

① 하이(High) 앵글
② 로우(Low) 앵글
③ 아이 레벨(Eye Level)
④ 버드 아이 뷰(Bird's Eye View)

17 다음 중 '지각 항상성'에 대한 설명으로 옳은 것은?

① 시각적 자극이 변하면 물체의 크기나 형태를 다르게 인식하는 현상이다.
② 조명, 거리, 각도 등이 달라져도 물체를 일정하게 인식하는 시지각의 성질이다.
③ 명암의 차이로 물체가 실제보다 크게 보이는 현상이다.
④ 실제보다 색상이 과장되어 보이는 착시 현상이다.

18 썸네일 스케치를 기반으로 선택된 아이디어를 좀 더 명확하게 구체화하며, 간단한 음영이나 색상을 표현하기도 하는 스케치 단계는?

① 러프 스케치
② 콤프 스케치
③ 스크래치 스케치
④ 개념 스케치

19 한국산업규격(KS)의 제도 통칙에서 원칙으로 하는 정투상도법은?

① 제1각법
② 제2각법
③ 제3각법
④ 제4각법

20 집단심층면접으로, 타겟이 되는 소수의 응답자를 선정하여 정해진 주제에 대해 토론하는 과정을 통해 정보나 아이디어를 수집하는 조사 방법은?

① FGD
② 브레인스토밍
③ 설문조사
④ 델파이 기법

21 상품이나 서비스에 대한 강점을 호소하여 소비자의 공감을 구하는 것으로, 디자인 콘셉트를 도출하는 데 중요한 근거가 되는 것은?

① 소구점(Appealing Point)
② 키워드(Keyword)
③ 콘셉트(Concept)
④ 테마(Theme)

22 다음 중 연필에 대한 설명으로 옳은 것은?

① H가 높을수록 진하다.
② B가 높을수록 진하고 부드럽다.
③ HB는 가장 단단하다.
④ 2H는 4B보다 어둡다.

과목 03 시안 디자인

23 디자인 콘셉트 설정에 활용되며, 전달하고자 하는 이미지를 빠르고 쉽게 인지시킬 수 있는 중요한 시각적 수단은?

① 폰트
② 색채
③ 질감
④ 크기

24 아트워크 구현 요소에 해당하지 않는 것은?

① 디자인 소프트웨어를 활용한 이미지 표현
② 콘셉트에 적합한 타이포그래피 사용
③ 컬러의 적용
④ 프로젝트 예산 수립

25 중심이 되는 시안을 바탕으로 이미지·텍스트 배치나 컬러를 부분 변경하여 여러 가지 대안을 만들어보는 작업을 무엇이라고 하는가?

① 베리에이션(Variation)
② 프로토타이핑(Prototyping)
③ 캘리브레이션(Calibration)
④ 오버프린트(Overprint)

26 플렉서블 아이덴티티(Flexible Identity)의 개념으로 옳은 것은?

① 모든 응용 매체에서 동일한 로고 형태만 사용하는 방식
② 브랜드 핵심 구조는 유지하되, 색·형태·패턴 등 일부를 가변적으로 운영하는 방식
③ 브랜드 로고를 매체마다 전혀 다른 형태로 교체하는 방식
④ 디자인 시스템이 존재하지 않는 자유로운 표현 방식

27 필름 감도(ISO)와 노출 관계에 대한 설명으로 틀린 것은?

① ISO가 높을수록 같은 밝기에서 노출 시간이 짧아진다.
② ISO가 낮을수록 조리개를 더 열어야 한다.
③ ISO가 높을수록 입자 크기가 작아진다.
④ ISO 100보다 ISO 800이 어두운 환경에 적합하다.

28 초현실주의 일러스트레이션의 표현 기법 중 옳지 않은 설명은?

① 몽타주 – 서로 다른 이미지를 병치하여 새로운 의미를 창출하는 기법이다.
② 데페이즈망 – 일상적인 사물을 낯선 환경에 배치하여 비현실적 분위기를 만든다.
③ 콜라주 – 여러 재료를 오려 붙여 새로운 구성을 만드는 표현 기법이다.
④ 포토리얼리즘 – 무의식의 세계를 자동기술법으로 표현하는 기법이다.

29 사용자의 감정, 태도, 인식 등 주관적 경험을 중심으로 분석하는 데이터 유형은?

① 정량적 데이터
② 통계적 데이터
③ 정성적 데이터
④ 실험적 데이터

30 유산지의 특징으로 옳은 것은?

① 불투명하고 잉크 번짐이 심하다.
② 반투명하며 밑그림을 비춰 그릴 수 있다.
③ 표면이 거칠고 흡수성이 강하다.
④ 두껍고 무게감이 큰 종이다.

31 그리드 시스템의 목적은?

① 정보 정렬과 일관성 유지
② 창의성 억제
③ 복잡성 증가
④ 무질서 강조

32 그리드 종류 중, 설명서, 보고서, 단행본 등 연속적인 글에서 텍스트 위주로 사용되는 가장 기본적인 그리드는?

① 블록 그리드
② 컬럼 그리드
③ 모듈 그리드
④ 계층 그리드

과목 04 조색 및 배색

33 색의 3속성에 대한 설명으로 틀린 것은?

① 색상(Hue) : 빨강, 노랑, 파랑과 같이 색을 구별하게 하는 고유한 성질
② 명도(Value) : 색의 밝고 어두운 정도
③ 채도(Chroma) : 색의 맑고 탁한 정도
④ 색조(Tone) : 다른 색과 구분되는 그 색만의 독특한 느낌

34 감법혼색의 3원색(색료의 3원색)으로 옳은 것은?

① Cyan, Magenta, Yellow
② Red, Green, Blue
③ Red, Yellow, Blue
④ White, Black, Gray

35 빛의 혼합을 물리적으로 측정하여 색을 수치로 정의하는 CIE 표색계는 어떤 체계에 속하는가?

① 현색계
② 혼색계
③ 감성 표색계
④ 자연색 체계

36 같은 회색이라도 흰색 바탕 위에서는 더 어둡게, 검은색 바탕 위에서는 더 밝게 보이는 대비 현상은?

① 색상 대비
② 명도 대비
③ 채도 대비
④ 보색 대비

37 망막의 피로 현상으로, 어떤 자극이 사라진 후 원래 자극의 보색이 보이는 현상은?

① 정의 잔상
② 부의 잔상
③ 동화현상
④ 푸르킨예 현상

38 색의 동화현상에 대한 설명으로 옳은 것은?

① 주변 색의 영향으로 색이 달라 보이는 현상
② 서로 다른 색의 대비가 더 강하게 느껴지는 현상
③ 채도가 변하지 않고 일정하게 유지되는 현상
④ 명도가 변하지 않고 일정하게 유지되는 현상

39 저드의 색채조화론 중 '질서의 원리'에 해당하는 설명으로 옳은 것은?

① 사람들에게 익숙한 색이 조화를 이룬다.
② 공통된 속성을 가진 색이 조화를 이룬다.
③ 색의 요소가 규칙적이면 조화가 된다.
④ 색의 관계가 불분명할수록 조화롭다.

40 다음 중 관용색명으로 옳은 것은?
① 5R 5/12
② 호박색
③ 밝은 노랑
④ 빨강 기미의 노랑

41 명도와 채도의 복합 개념으로, 'vivid(선명한)', 'pale(연한)', 'dull(탁한)' 등 색의 전체적인 분위기를 나타내는 용어는?
① 색상
② 색조
③ 색명
④ 색차

42 KS 색상 약호 중 Yellow-Red(YR)는 어떤 색상에 해당하는가?
① 보라색
② 주황색
③ 초록색
④ 남색

43 먼셀 색체계 표기 '2.5PB 6/8'에서 PB는 무엇을 의미하는가?
① Purple-Blue
② Pale Blue
③ Pink-Blue
④ Pure Blue

44 다음 중 안료(Pigment)에 대한 설명으로 옳은 것은?
① 물이나 용제에 잘 녹아드는 물질이다.
② 빛의 굴절로 색이 변하는 투명성 물질이다.
③ 물이나 용제에 녹지 않고, 입자 상태로 색을 내는 물질이다.
④ 염색용으로만 사용하는 착색제이다.

45 배색에서 '도미넌트 컬러(Dominant Color)'란?
① 주조색으로 전체의 분위기를 결정하는 색
② 강조색으로 시선을 집중시키는 색
③ 보조색으로 균형을 맞추는 색
④ 명도 대비가 가장 강한 색

46 조색(Color Mixing)의 개념으로 옳은 것은?
① 색의 배열 관계를 정립하는 과정이다.
② 색을 혼합하여 새로운 색을 만드는 과정이다.
③ 색상환의 각도를 배치하는 과정이다.
④ 명도 대비를 조절하는 과정이다.

47 보색 배색을 사용했을 때 나타나는 일반적인 느낌으로 가장 알맞은 것은?
① 색의 차이가 거의 느껴지지 않는다.
② 강한 대비감을 느낄 수 있다.
③ 조화롭고 일관된 느낌을 준다.
④ 온화하고 안정적인 인상을 준다.

과목 05   2D 그래픽 제작

48 데이터 신호를 주고받는 경로를 무엇이라 하는가?
① 버스
② 게이트
③ 칩셋
④ 포트

49 어도비 인디자인(InDesign)이 주로 사용되는 작업으로 가장 적절한 것은?
① 캐릭터 디자인
② 사진 보정
③ 다페이지 문서 편집 및 레이아웃
④ 웹사이트 디자인

50 PNG 포맷의 대표적인 장점으로 가장 적절한 것은?
① 무손실 압축과 투명 배경 지원
② CMYK 인쇄
③ 16비트 색상
④ 애니메이션 전용

51 비트맵 이미지의 가장자리(경계선)가 톱니바퀴처럼 거칠게 보이는 현상을 무엇이라고 하는가?
① 앨리어싱
② 안티앨리어싱
③ 디더링
④ 모아레

52 CMYK 모드 사용이 적합한 것은?
① 인쇄용
② 모니터용
③ 조명색 조절
④ 조명제작

53 서체의 종류 중 신문·사전 등에 가장 적합한 것은?
① 세리프체
② 산세리프체
③ 필기체
④ 장식체

54 다음 중 산세리프체의 용도로 가장 적절한 것은?
① 고전적인 인쇄서적의 본문용 서체
② 필기체 디자인이나 서예 표현용
③ 표지, 제목, 로고 등 시각적 주목성을 요하는 디자인
④ 장식적이고 감성적인 분위기의 초대장 디자인

55 편집 디자인의 구성 요소 중, 이미지나 서체 등이 배치된 부분을 제외한 나머지 '여백' 또는 문서의 가장자리를 뜻하는 용어는?
① 마진
② 포맷
③ 라인업
④ 스프레드

56 그리드 시스템의 구성 요소 중, 글자나 이미지를 배열하기 위해 나눈 '세로 형태의 공간'을 의미하는 용어는?

① 컬럼(Column)
② 모듈(Module)
③ 마진(Margin)
④ 마커(Marker)

57 다음 중 성경, 사전 등 얇고 내구성이 필요한 인쇄물에 주로 사용하는 종이는?

① 아트지
② 인디아 페이퍼
③ 상질지
④ 모조지

58 '가독성(Readability)'의 정의로 옳은 것은?

① 글자를 인식하는 속도와 정확성
② 글자 간 간격의 균형
③ 문장의 배치 구성
④ 글자의 조형적 아름다움

59 폰트 선택 시 가장 우선적으로 고려해야 할 사항은?

① 미적 감각
② 조화성
③ 주목성
④ 가독성

60 아래 이미지에서 'A'에 해당하는 부분의 영문 글자의 구조 명칭은?

① Baseline
② X-height
③ Ascender
④ Stem

2025년 최신 기출문제 05회

- 제한시간 : 60분
- 소요시간 :   시간   분
- 전체 문항 수 : 60문항
- 맞힌 문항 수 :   문항

과목 01 디자인 일반

01 굿 디자인(Good-Design)의 조건 중, 다른 제품과 차별화된 창조적인 디자인을 의미하는 것은?
① 합목적성
② 심미성
③ 독창성
④ 경제성

02 마케팅 4P 조합으로 옳은 것은?
① Product, Price, Place, Promotion
② Production, Profit, Plan, PR
③ People, Process, Physical, Promotion
④ Planning, Price, PR, Place

03 팝아트의 성격으로 옳지 않은 것은?
① 대중문화와 소비사회의 이미지를 예술에 도입하였다.
② 일상적 사물을 예술의 주제로 삼았다.
③ 개인의 감정과 주관적 표현을 강조하였다.
④ 광고, 만화, 신문 등 시각매체의 이미지를 활용하였다.

04 디자인의 어원이 되는 라틴어 '데지그나레(Designare)'의 본래 의미로 가장 적절한 것은?
① 아름답게 장식하다.
② 전통을 계승하다.
③ 계획하다, 지시하다, 표현하다.
④ 수공예로 제작하다.

05 1919년 독일에서 설립되어 '예술과 기술의 통합'을 기치로 내걸고, 기능주의적이고 합리적인 디자인을 추구하며 현대 디자인 교육의 근간을 마련한 학교는?
① 아르데코
② 바우하우스
③ 데 스틸
④ 아르누보

06 나이, 성별, 장애 유무, 문화적 배경과 관계없이 모든 사람이 최대한 편리하고 안전하게 사용할 수 있도록 설계하는 디자인 원칙은?
① 유니버설 디자인
② 바우하우스
③ 굿 디자인
④ 어포던스

07 다음 중 시각 디자인 분야에 속하지 않는 것은?
① 웹/모바일 인터페이스 디자인
② 타이포그래피
③ 옥외광고 디자인
④ 가구 디자인

08 디자인의 본질적인 요소 중, 제품이나 구조물이 사용 목적에 적합한 기능을 수행하도록 설계하는 특성은?
① 심미성
② 합목적성
③ 독창성
④ 상징성

09 1907년 독일에서 창립되어 예술과 산업의 협력을 통해 독일 공업 제품의 질을 향상시키려 했으며, 기능주의를 주창한 단체는?

① 데 스틸
② 독일 공작 연맹
③ 바우하우스
④ 퓨처리즘

10 다음 중 전통적인 원근법과 고전적인 표현 방식을 파괴하고 입체주의(Cubism)의 효시로 여겨져 근대 디자인과 예술에 혁명적인 영향을 미친 파블로 피카소의 작품은 무엇인가?

① 꿈(Le Rêve)
② 게르니카(Guernica)
③ 한국에서의 학살(Massacre in Korea)
④ 아비뇽의 처녀들(Les Demoiselles d'Avignon)

과목 02 비주얼 아이데이션

11 브레인스토밍의 4대 원칙에 해당하지 않는 것은?

① 평가의 지양 및 보류
② 자유분방한 사고
③ 아이디어의 질적 평가 우선
④ 아이디어의 양산

12 아이디어 발상 시 가장 중요한 태도는?

① 자유로움과 개방성
② 즉각적 평가
③ 타인 모방
④ 비판적 태도

13 다음 중 디자인의 기본 개념 요소인 '점, 선, 면'에 대한 설명으로 틀린 것은?

① 점이 모이면 선이 된다.
② 선이 확장되면 면이 된다.
③ 면이 이동하면 입체가 된다.
④ 선은 길이와 두께를 가진 2차원 요소이다.

14 2차원적인 '형(Shape)'과 3차원적인 '형태(Form)'에 대한 설명으로 옳은 것은?

① 형(Shape)은 입체적이고, 형태(Form)는 평면이다.
② 형(Shape)은 사물의 윤곽선을, 형태(Form)는 원근과 깊이를 포함한다.
③ 형(Shape)은 3차원, 형태(Form)는 2차원이다.
④ 형(Shape)과 형태(Form)는 완전히 동일한 의미이다.

15 디자인 원리 중 '조화'의 설명으로 옳지 않은 것은?

① 서로 다른 요소의 균형 있는 통합
② 리듬과 반복을 통해 통일감 형성
③ 모든 요소의 완전한 동일화
④ 대비를 포함한 시각적 조율

16 디자인 원리 중 '리듬'의 설명으로 올바른 것은?

① 요소의 규칙적 반복과 변화
② 완전 대칭
③ 불규칙적 배치
④ 시선 방해 요소

17 다음 중 황금비율(Golden Ratio)에 가장 가까운 것은?

① 1 : 1.2
② 1 : 1.414
③ 1 : 1.5
④ 1 : 1.618

18 게슈탈트의 그루핑 법칙 중, 불완전하거나 끊어진 도형을 완전한 형태로 메우거나 닫아서 인식하려는 경향은?

① 근접성의 법칙
② 유사성의 법칙
③ 연속성의 법칙
④ 폐쇄성의 법칙

19 디자이너가 구상한 생각을 구체화하는 '시각 언어'로, 아이디어 발상 과정에서 가장 기초가 되는 시각화 작업은?

① 아이디어 스케치
② 프로토타이핑
③ 렌더링
④ 최종 디자인

20 3차원 사물을 2차원 평면에 표현할 때, 다음과 같은 그림의 원근법은?

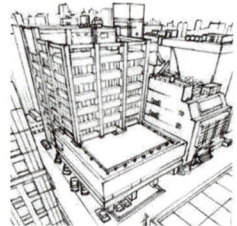

① 1점 투시도　　② 2점 투시도
③ 3점 투시도　　④ 등각 투시도

21 디자인 과정에서 자료 수집의 주된 목적은?

① 디자인의 미적 감각을 향상시키기 위함
② 디자인 문제해결을 위한 기초 정보를 확보하기 위함
③ 아이디어를 즉흥적으로 떠올리기 위함
④ 조형 요소의 감각적 자극을 위해

22 프레젠테이션을 구성하는 3가지 주요 요소로 옳은 것은?

① 기획, 디자인, 인쇄
② 콘텐츠, 비주얼, 전달
③ 서론, 본론, 결론
④ 키워드, 이미지, 컬러

과목 03　시안 디자인

23 디자인 과정에서 당면한 과제나 필요성을 명확히 정의하고, 창의적인 방법으로 시각적 또는 기능적 해결책을 제시하는 일련의 과정을 무엇이라 하는가?

① 디자인 비평
② 디자인 문제 해결
③ 디자인 마케팅
④ 디자인 역사 연구

24 콘셉트 개발의 핵심은?

① 문제 정의와 해결 방향 설정
② 시제품 제작
③ 마케팅 자료 인쇄
④ 데이터 분석

25 디자인 콘셉트에 부합하는 비주얼 소재를 선택하는 기준으로 옳지 않은 것은?
① 동질성 : 콘셉트와 소재의 특성이 비슷하여 연관성이 있어야 한다.
② 보편성 : 소재에 대한 개념을 일반적으로 공유할 수 있어야 한다.
③ 독창성 : 소재에 대한 새롭고 강한 인상을 주어야 한다.
④ 복합성 : 하나의 소재가 여러 가지 상반된 의미를 동시에 가져야 한다.

26 기업이나 단체의 고유한 이미지를 형성하는 디자인 영역으로, 'CI'가 의미하는 것은?
① Corporate Identity
② Brand Identity
③ Color Identity
④ Character Identity

27 다음 중 플렉서블 아이덴티티의 장점으로 옳지 않은 것은?
① 다양한 매체와 환경에 유연하게 대응할 수 있다.
② 브랜드의 시대적 확장성을 확보할 수 있다.
③ 브랜드 인식의 일관성을 완전히 버릴 수 있다.
④ 디지털 플랫폼에서 변형 시스템 운영이 가능하다.

28 사진 이미지로 표현하기 어려운 추상적인 내용이나 복잡한 메시지를 작가의 개성과 상상력을 바탕으로 표현하는 시각 이미지는?
① 정보그래픽
② 일러스트레이션
③ 픽토그램
④ 아이콘

29 기호학에서 기호는 '기표'와 '기의'로 나뉜다. 이때 '기의'가 의미하는 것은?
① 의미를 지닌 대상을 표현하는 명칭
② 대상이 지닌 의미
③ 기표와 기의의 결합체
④ 기호를 해석하는 사람

30 종이의 단위 면적당 무게(g/m^2)를 의미하는 용어로, 종이의 두께를 가늠하는 대표적인 단위는?
① 평량
② 내절강도
③ 파열강도
④ 신축률

31 다음 중 레이아웃의 4대 구성 요소에 해당하지 않는 것은?
① 타이포그래피
② 색상
③ 여백
④ 용지의 재질

32 레이아웃의 유형 중, 아트워크 구성 요소가 페이지 중심에서 둥글게 퍼져나가는 형태로 동심원의 불규칙한 분절을 통해 조형적 리듬감을 연출하는 것은?
① 축 레이아웃
② 방사형 레이아웃
③ 확장형 레이아웃
④ 그리드 레이아웃

과목 04 조색 및 배색

33 'Dull tone'의 특징으로 옳은 것은?
① 명도와 채도가 모두 높다.
② 색이 선명하고 강렬하다.
③ 명도와 채도가 모두 낮아 탁한 느낌을 준다.
④ 채도만 높고 명도는 낮다.

34 다음 중 중간혼합에 해당하지 않는 것은?
① 병치혼합
② 평균혼합
③ 회전혼합
④ 가산혼합

35 표색계 중 먼셀 색체계, NCS, PCCS와 같이 우리 눈에 보이는 물체색을 '색상, 명도, 채도'의 3속성으로 분류하는 체계는?
① 현색계
② 혼색계
③ 디지털 색체계
④ 관용 색명

36 먼셀 표색계의 기본 색상은?
① R, Y, G, B, P
② C, M, Y, K
③ R, G, B
④ O, G, B, P

37 색과 색이 접해 있는 경계면에서 대비가 더 강하게 일어나 경계가 뚜렷하게 보이는 현상은?
① 연변대비
② 면적대비
③ 한난대비
④ 보색대비

38 후퇴색의 특징은?
① 저명도, 저채도, 한색 계열
② 고명도, 고채도, 난색
③ 따뜻한 색
④ 밝은 흰색

39 색의 속성을 바탕으로 목적과 기능에 따라 미적 표현을 위한 색과 색의 조합을 무엇이라고 하는가?
① 조색
② 측색
③ 배색
④ 착색

40 다음 중 색명에 대한 설명으로 옳지 않은 것은?
① 관용색명은 전통적으로 통용되어 온 색 이름이다.
② 기본색명은 대중이 널리 사용하는 색명이다.
③ 계통색명은 색의 3속성에 따라 규격화된 명칭이다.
④ 일반색명은 개인의 감정에 따라 달라진다.

41 순색에 회색을 섞어 채도를 제일 낮춘 색의 상태를 나타내는 색조(Tone) 용어는?

① 밝은(Bright)
② 선명한(Vivid)
③ 탁한(Dull/Grayish)
④ 연한(Pale)

42 다음 중 관용색명의 예로 가장 적절한 것은?

① 청자색, 쥐색, 감색
② Light Grayish Blue
③ 빨강, 노랑, 파랑
④ #FF6600

43 KS 색명법의 색상환에서 순서가 올바른 것은?

① R → G → Y → B → P
② R → Y → G → B → P
③ Y → R → G → P → B
④ P → B → Y → G → R

44 CMYK 색상모드에서 K는 어떤 색을 의미하는가?

① Khaki
② Black
③ Pink
④ Smoke

45 톤의 분류에서 'Vivid tone'은 어떤 특징을 가지는가?

① 명도는 높고 채도는 낮다.
② 명도와 채도가 모두 높다.
③ 명도는 낮고 채도는 높다.
④ 명도와 채도가 모두 낮다.

46 색의 명도와 채도가 같아도 주변색의 영향으로 그 색이 배경색과 비슷한 방향으로 보이는 현상은 무엇인가?

① 대비 현상
② 동화 현상
③ 색순응
④ 베졸드 효과

47 배색의 기본 개념으로 옳은 것은?

① 색의 심리적 반응을 분석하는 것이다.
② 두 가지 이상의 색을 조화롭게 배열하는 것이다.
③ 단색을 반복하여 패턴을 만드는 것이다.
④ 색의 명도를 조절하는 것이다.

과목 05 2D 그래픽 제작

48 다음 중 입력장치가 아닌 것은?
① 플로터
② 스캐너
③ 디지타이저
④ 마우스

49 일러스트레이터에서 점(anchor point)을 이동할 때 사용하는 도구는?
① 다이렉트 셀렉션 툴
② 펜 툴
③ 핸드 툴
④ 메쉬 툴

50 다음 중 dpi의 의미로 옳은 것은 무엇인가?
① 인치당 도트 수
② 초당 프레임 수
③ 색상 수
④ 파일 크기

51 다음 중 JPG 이미지 파일의 형식의 특징으로 옳은 것은?
① 손실 압축 방식을 사용하여 파일 용량을 줄일 수 있다.
② 투명 배경을 표현할 수 있다.
③ 이미지를 압축해도 화질 손실이 없다.
④ 선이나 도형의 정보를 수학적으로 기록하는 벡터 그래픽 형식이다.

52 다음 중 듀오톤(Duotone)의 설명으로 옳은 것은?
① 두 개의 보색을 혼합하여 중간색을 만드는 기법이다.
② 두 가지 색 잉크를 사용하여 흑백 사진에 색감을 부여하는 인쇄 방식이다.
③ 두 가지 색광(RGB)을 섞어 새로운 빛의 색을 표현하는 방법이다.
④ 두 개의 색을 대비시켜 시각적 진동 효과를 내는 디자인 기법이다.

53 다음 중 매핑(Mapping)에 대한 설명으로 옳은 것은?
① 3차원 물체의 움직임을 설정하는 과정이다.
② 3차원 물체 표면에 질감이나 이미지를 입히는 과정이다.
③ 빛의 반사와 굴절을 계산하는 과정이다.
④ 2차원 그래픽을 벡터화하는 과정이다.

54 디자인 작업 시, 글줄을 조절할 때 신경 써야 할 요소가 아닌 것은?
① 행간
② 자간
③ 장평
④ 글

55 자간(Tracking)과 커닝(Kerning)의 차이를 올바르게 설명한 것은?
① 자간은 크기, 커닝은 색상이다.
② 자간은 줄 간격, 커닝은 문단 간격이다.
③ 자간은 범위 전체 간격, 커닝은 낱자 간 조정이다.
④ 두 용어는 동일하다.

56 블리드(도련)의 역할은 무엇인가?
① 재단 오차 대비
② 용지 절약
③ 컬러 농도 증가
④ 해상도 향상

57 펄프 섬유를 기계적으로 처리하여 섬유 표면을 거칠게 만들거나 섬유를 적절히 잘라서 섬유 간의 결합력을 높이도록 준비하는 과정은?
① 고해
② 정정
③ 가공
④ 사이징

58 한글 서체 중 '명조체'와 '고딕체'를 구분 짓는 가장 결정적인 디자인 요소는 무엇인가?
① 획의 굵기
② 삐침(Serif)의 유무
③ 색상 대비
④ 자간의 간격

59 '판독성(Legibility)'과 '가독성(Readability)'의 차이로 옳은 것은?
① 판독성은 글자 형태, 가독성은 문장 인식과 관련이 있다.
② 판독성은 문장 구조, 가독성은 시각적 질감이다.
③ 두 용어는 동일하다.
④ 가독성은 폰트의 해상도와 관련이 있다.

60 타이포그래피에서 글줄 길이가 너무 길면 생기는 현상은?
① 판독성이 향상된다.
② 시선 이동이 어려워 가독성이 저하된다.
③ 글자 간 균형이 좋아진다.
④ 여백 활용이 증가한다.

빠르게 정답 확인하기!

스마트폰으로 QR 코드를 스캔해 보세요.
정답표를 통해 편리하게 채점할 수 있습니다.

2024년 최신 기출문제 01회

• 제한시간 : 60분   • 소요시간 :   시간   분   • 전체 문항 수 : 60문항   • 맞힌 문항 수 :   문항

과목 01 산업 디자인 일반

01 굿 디자인(Good Design)의 조건이 아닌 것은?
① 합목적성
② 심미성
③ 종합성
④ 독창성

02 실내 디자인의 목적과 거리가 가장 먼 것은?
① 문화적, 경제적 측면을 고려한 합리적인 실내 공간 계획
② 기능적이고, 쾌적한 환경을 창조하기 위한 실내 공간 계획
③ 독창적이고, 합리적인 공간으로 창조하기 위한 실내 공간 계획
④ 기능적 설계요소보다 미적인 요소를 중시하는 실내 공간 계획

03 제품 디자인의 프로세스로 가장 적합한 것은?
① 계획 – 분석 – 조사 – 평가 – 종합
② 조사 – 분석 – 계획 – 평가 – 종합
③ 계획 – 조사 – 분석 – 종합 – 평가
④ 조사 – 계획 – 분석 – 종합 – 평가

04 다음 중 제품 디자인 영역이 아닌 것은?
① 가구 디자인
② 완구 디자인
③ 자동차 디자인
④ 디스플레이 디자인

05 고객분석 및 경쟁업자 분석을 하는 것은 다음 제품 디자인 프로세스 중 어디에 속하는가?
① 제품 스케치   ② 계획
③ 드로잉   ④ 모델링

06 원시인들이 사용하였던 흙의 사용 용도로 볼 수 없는 것은?
① 집을 짓는 재료
② 수렵용 도구
③ 물을 담는 용기
④ 종교적인 토우

07 포장 디자인(Package Design)의 주요 기능이 아닌 것은?
① 보호성   ② 생산성
③ 명시성   ④ 환경성

08 일반적으로 유연성과 우아함, 부드러움과 운동감이 있으며 사람의 내면을 나타내는 선은?
① 자유곡선형
② 자유직선형
③ 기하직선형
④ 기하곡선형

09 마케팅의 원칙에 속하지 않는 것은?
① 수요전제의 원칙
② 판매촉진의 원칙
③ 수요창조의 원칙
④ 적정배분의 원칙

10 다음 중 면에 대한 설명이 틀린 것은?
① 길이와 너비를 가진다.
② 공간을 구성하는 단위이다.
③ 수직면은 동적이면서도 안정감을 준다.
④ 넓이는 있으나 두께는 없다.

11 시각 디자인의 주요 분야가 아닌 것은?
① 텍스타일 디자인
② 편집 디자인
③ 일러스트레이션
④ 패키지 디자인

12 디자인에서 최종적으로 생명을 불어 넣을 수 있는 요소는?
① 독창성
② 유행성
③ 재료성
④ 성실성

13 인테리어 실내 공간의 기본적 요소가 아닌 것은?
① 바닥
② 가구
③ 벽
④ 천장

14 편집 디자인의 요소로 가장 거리가 먼 것은?
① 타이포그래피
② 레이아웃
③ 포토그래피
④ 스토리보드

15 다음 중 객실 인테리어(Private Interior)에 해당되는 것은?
① 기숙사의 침실, 교실
② 사무실, 병원의 병실
③ 연구실, 나이트클럽
④ 주택의 거실, 호텔의 객실

16 질감에 대한 설명으로 틀린 것은?
① 빛에 의해 만들어지므로 명암효과에 따라 다르게 보일 수 있다.
② 명도의 대비나 시각적 거리감과 함께 표현된다.
③ 물체의 무게와 안정감을 부여하는 기능이 없다.
④ 촉각적 질감과 시각적 질감으로 나누어진다.

17 마케팅에 대한 설명 중 틀린 것은?
① 고객의 필요에 초점을 두어야 한다.
② 고객의 필요, 충족을 통해서 이익을 획득한다.
③ 기업의 제품개발, 광고전개, 유통설계를 중심으로 한 활동이다.
④ 소비자 중심에서 기업 중심으로 가야 한다.

18 DM(Direct Mail) 광고라고 볼 수 없는 것은?
① 폴더
② 리플릿
③ 포스터
④ 카탈로그

19 디자인과 건축 분야에서 "형태는 기능을 따른다."라고 기능미를 처음 주장한 사람은?
① 루이스 설리반
② 프랭크 로이드 라이트
③ 윌리엄 모리스
④ 월터 그로피우스

20 디자인 과정 중에서 스케치의 역할이 아닌 것은?
① 기존의 형태를 모방한다.
② 아이디어를 빠르게 표현한다.
③ 의도된 형태를 발전, 전개시킨다.
④ 프레젠테이션을 통해 최종 디자인을 결정할 때 쓰인다.

과목 02 색채 및 도법

21 어두워지면 가장 먼저 사라져서 보이지 않는 색은?
① 노랑
② 빨강
③ 녹색
④ 보라

22 그림은 무엇을 구하기 위한 것인가?

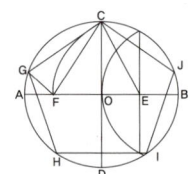

① 원주에 근사한 직선 구하기
② 원에 내접하는 정5각형 그리기
③ 원에 내접하는 반원형 그리기
④ 한 변이 주어진 정5각형 그리기

23 그림의 투상도는?

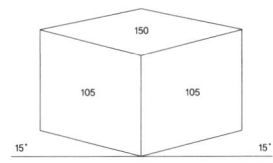

① 2등각 투상도
② 1소점 투시도
③ 사투상도
④ 2소점 투시도

24 오스트발트의 색입체에서 등가색환 계열에 관한 설명으로 잘못된 것은?

① 링스타(Ring Star)라고 부른다.
② 20개의 등가색환 계열로 되어 있다.
③ 이 계열 속에서 선택된 색은 모두 조화된다.
④ 무채색을 축으로 백색량과 흑색량이 같은 등가색환 계열이다.

25 채도를 낮추지 않고 어떤 중간색을 만들어 보자는 의도로 화면에 작은 색점을 많이 늘어 놓아 사물을 묘사하려고 한 것에 속하는 것은?

① 가산혼합
② 감산혼합
③ 병치혼합
④ 회전혼합

26 다음은 무엇을 나타낸 도면인가?

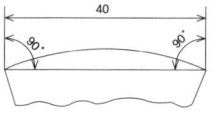

① 현의 치수 기입 방법
② 반지름의 치수 기입 방법
③ 원호의 치수 기입 방법
④ 곡선의 치수 기입 방법

27 다음 색상 중 후퇴, 수축색은?

① 노랑
② 파랑
③ 주황
④ 빨강

28 안내표지의 바탕이 흰색일 때 멀리서도 인지하기 쉬운 문자의 색으로 가장 적합한 것은?

① 초록
② 빨강
③ 파랑
④ 주황

29 색의 삼속성에 따라 분류하여 표현하는 색이름은?

① 관용색명
② 고유색명
③ 순수색명
④ 계통색명

30 투시도법의 기호와 용어가 틀린 것은?
① GP – 기선
② PP – 화면
③ HL – 수평선
④ VP – 소점

31 도면에서 치수의 단위에 대한 설명으로 틀린 것은?
① 길이의 단위는 cm를 사용한다.
② 길이의 단위는 mm를 사용하나, 단위 mm는 기입하지 않는다.
③ 각도는 필요에 따라 분, 초의 단위도 함께 사용할 수 있다.
④ 각도의 단위는 도(°)를 사용한다.

32 자연광에 의한 음영 작도에서 화면에 평행하게 비칠 때의 광선은?
① 측광
② 배광
③ 역광
④ 음광

33 색의 분류 중 무채색에 속하는 것은?
① 황토색
② 어두운 회색
③ 연보라
④ 어두운 회녹색

34 색채조화에 대한 연구를 통하여 이론을 제시한 사람 중 관련이 없는 사람은?
① 레오나르도 다빈치
② 뉴턴
③ 슈브뢸
④ 맥스웰

35 등각 투상도(Isometric Projection Drawing)에서 등각축의 각도는?
① 45°
② 90°
③ 120°
④ 150°

36 색료를 혼합해서 만들 수 없는 색은?
① 주황
② 노랑
③ 녹색
④ 남색

37 색채, 질감, 형태, 무늬 등이 어떤 체계를 가지고 점점 커지거나 강해져 동적인 리듬감이 생겨나는 것은?
① 스케일
② 비례
③ 대비
④ 점이

38 선의 종류 중 은선의 용도는?
① 물품의 보이는 외형을 표시하는 선
② 보이지 않는 부분의 형상을 표시하는 선
③ 치수를 기입하는 데 쓰는 선
④ 도형의 중심을 표시하는 선

39 색채의 공감각과 거리가 가장 먼 것은?
① 맛
② 냄새
③ 촉감
④ 대비

40 영 · 헬름홀츠 지각설에서 주장한 3원색이 아닌 것은?
① Red
② Yellow
③ Green
④ Blue

과목 03 디자인 재료

41 안료와 접착제를 종이 표면에 발라 강한 광택을 입힌 것으로 원색판의 고급인쇄에 적합한 종이는?
① 모조지
② 아트지
③ 갱지
④ 켄트지

42 다음 중 무기재료로 짝지어진 것은?
① 도자기, 플라스틱
② 유리, 피혁
③ 금속, 유리
④ 목재, 종이

43 에어브러시(Air Brush)에 관한 설명 중 틀린 것은?
① 거칠고 대담한 표현에 가장 적합하다.
② 공기의 압력을 이용해서 잉크나 물감을 내뿜어 그려진다.
③ 사실적이고 환상적인 일러스트레이션 표현에 알맞은 기법이다.
④ 가장 중요한 것은 컴프레서와 스프레이건의 취급법이다.

44 특수 목적의 렌즈 중 꿈 같은 환상적 분위기를 연출하는 데 사용하는 것은?
① 줌렌즈
② 마이크로렌즈
③ 시프트렌즈
④ 연초점렌즈

45 아트지, 바리타지 등에 많이 쓰이는 가공지는?
① 변성 가공지
② 적층 가공지
③ 도피 가공지
④ 흡수 가공지

46 도료의 구성성분이 아닌 것은?
① 안료
② 중합체
③ 첨가제
④ 향료

47 완성된 원고를 인쇄하기 위해서는 정확한 색 지정이 중요하다. 다음 중 미국 색채 연구소에서 개발되어 세계적으로 통용되는 컬러 가이드는?
① 팬톤 컬러 가이드
② DIC 컬러 가이드
③ 오스트발트 색표집
④ 한국표준 색표집

48 열경화성 수지를 대표하는 플라스틱으로 절연성이 커서 전기 재료로 많이 사용되며 베이클라이트라고도 하는 수지는?

① 요소수지
② 멜라민수지
③ 페놀수지
④ 푸란수지

과목 04 컴퓨터그래픽스

49 다음 중 비트맵 파일 포맷이 아닌 것은?

① GIF
② PSD
③ AI
④ BMP

50 컴퓨터그래픽스 파일 포맷에 대한 설명으로 틀린 것은?

① BMP : 마이크로소프트사에서 지원하는 파일 포맷으로 압축방법을 사용하지 않는다.
② EPS : 포스트스크립트 형태의 파일 형식으로 비트맵 이미지와 벡터 그래픽 파일을 함께 저장할 수 있다.
③ GIF : 사진이미지 압축에 가장 유리한 포맷으로 정밀한 이미지 저장에 적합한 파일이다.
④ PNG : JPG와 GIF의 장점만을 가진 포맷으로 투명성과 관련된 알파채널에서 향상된 기능을 제공한다.

51 저해상도에서 곡선이나 사선을 표현할 때 생기는 계단현상을 완화하기 위해 사용하는 기법은?

① 모핑(Morphing)
② 안티앨리어싱(Anti-Aliasing)
③ 스위핑(Sweeping)
④ 미러(Mirror)

52 컴퓨터의 모니터나 TV에서는 모든 컬러를 3개의 기본색으로 구성한다. 다음 중 그 기본색이 아닌 것은?

① Yellow
② Green
③ Blue
④ Red

53 컴퓨터그래픽스의 도입 효과에 대한 설명으로 가장 거리가 먼 것은?

① 다양한 대안의 제시가 비교적 쉽다.
② 여러 가지 수정이 용이하며 변형이 자유롭다.
③ 컴퓨터그래픽 기기를 쉽게 익힐 수 있다.
④ 정보들의 축적으로 나중에 다시 이용할 수 있다.

54 반사율과 굴절률을 계산하여 투영감과 그림자까지 완벽하게 표현하는 렌더링 기법은?

① 레이트레이싱 방식
② 셰이딩 방식
③ 텍스처 매핑 방식
④ 리코딩 방식

55 컴퓨터에 내장된 실제 RAM이 사용하려고 하는 프로그램의 권장 메모리보다 작을 때 취해야 할 옳은 방법은?

① Video RAM(비디오 램)을 증가시킨다.
② Hard Disk(내장 하드디스크) 용량을 증가시킨다.
③ ROM(Read Only Memory)을 이용한다.
④ Virtual Memory(가상 메모리)를 사용한다.

56 인덱스 색상 모드에 관한 설명으로 틀린 것은?
① 인터넷 데이터 포맷으로 널리 쓰이는 포맷 방식은 BMP 포맷 방식이다.
② 원본 이미지의 색상이 표에 없으면 색상표에서 가장 근접한 색상으로 표시한다.
③ 팔레트 색상을 제한하여 일정한 품질을 유지하면서 이미지의 파일 크기를 줄일 수 있다.
④ 256색을 사용하여 색상을 변환하고 이미지의 색을 저장한다.

57 작업 도중 명령을 취소하고 싶을 때 쓰는 명령은?
① save
② place
③ group
④ undo

58 움직이지 않는 배경 그림 위에 투명한 셀로판을 올려놓고 한 컷 한 컷 촬영하는 방법은?
① 투광 애니메이션
② 컷 아웃 애니메이션
③ 클레이 애니메이션
④ 셀 애니메이션

59 컴퓨터에 관한 설명 중 잘못된 것은?
① 컴퓨터에서 CPU는 사람 두뇌에 해당된다.
② CPU는 데이터의 연산 및 컴퓨터 각각의 부분을 제어하는 기능을 갖고 있다.
③ 레지스터(Register)는 CPU의 임시 기억 장치로 컴퓨터의 중앙처리장치에서 사용되는 고속의 기억장치이다.
④ 제어장치(Control Unit)에서 덧셈, 뺄셈 등과 같은 산술 연산과 AND, OR 등과 같은 논리 연산을 수행한다.

60 3차원 컴퓨터그래픽스에서 물체의 투명도를 조절할 수 있는 셰이딩 기법은?
① Transparency
② Bump
③ Refraction
④ Glow

2024년 최신 기출문제 02회

• 제한시간 : 60분   • 소요시간 :   시간   분   • 전체 문항 수 : 60문항   • 맞힌 문항 수 :   문항

과목 01 산업 디자인 일반

01 마케팅 조사의 실사 방법이 아닌 것은?
① 개인 면접법   ② 우편 조사법
③ 관찰 조사법   ④ 확대 조사법

02 이념적 형태 요소의 동적인 형태에 관한 설명 중 올바른 것은?
① 점은 위치는 없지만 크기가 있다.
② 선은 선의 한계 또는 교차이다.
③ 면은 선이 이동한 것이다.
④ 입체는 점과 선이 이동한 것이다.

03 그림의 입체는 어느 면이 이동하여 만들어진 것인가?

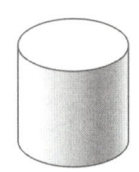

 ①   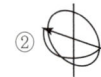 ②

 ③   ④

04 게슈탈트의 그루핑 법칙 중 비슷한 모양이 서로 가까이 놓여 있을 때 관찰자가 그 모양들을 합하여 동일한 형태 그룹으로 보는 특성은?
① 유사성   ② 근접성
③ 연속성   ④ 친숙성

05 환경 분야에서 디스플레이 개념이 적용되는데 그 분야 중 공적 분야에 속한다고 볼 수 없는 것은?
① 박람회   ② 페스티벌
③ 쇼 윈도우   ④ 기념행사

06 그림과 같은 대칭형은?

① 방사대칭   ② 이동대칭
③ 선대칭   ④ 역대칭

07 바우하우스 운동의 창시자는?
① 윌리엄 모리스   ② 헨리 반 데 벨데
③ 루이스 설리반   ④ 월터 그로피우스

08 소비자가 광고의 시각전달에 의해 인지할 수 없는 것은?
① 제품의 신뢰성　② 가치관
③ 현대인의 감정　④ 제품가격

09 형태지각의 심리가 아닌 것은?
① 애매모호한 형태보다 익숙한 형태가 쉽게 인식된다.
② 단순한 형태는 복잡한 형태보다 우선 기억된다.
③ 형태를 지각할 때 항상 불변하게 지각된다.
④ 과거의 경험과 기억은 지각에 영향을 준다.

10 의미하는 내용의 형태를 상징적으로 시각화한 것으로 언어를 초월해서 직감적으로 이해할 수 있도록 만들어진 그래픽 심벌을 무엇이라고 하는가?
① 로고타입(Logotype)
② 타이포그래피(Typography)
③ 픽토그램(Pictogram)
④ 일러스트레이션(Illustration)

11 다음 용어 설명 중 적합하지 않은 것은?
① 멀티미디어란 복합매체로서 동영상, 애니메이션, 사운드, 이미지, 텍스트 등의 매체를 혼합한 것이다.
② HDTV는 텔레비전 해상도를 발전시킨 고품질의 텔레비전이다.
③ 뉴미디어란 신문, 방송 등의 기존 매체에 최고의 정보통신 기술이 결합된 미디어 또는 그들을 조합한 네트워크를 총칭한다.
④ 아이덴트(Ident)는 TV프로그램이나 영화제작에 참여한 연기자와 작가, 연출가 등의 명단을 말한다.

12 렌더링에 관한 설명 중 옳은 것은?
① 머리에 떠오르는 이미지를 그리는 것을 말한다.
② 디자인의 개념을 나타내는 이미지 스케일을 말한다.
③ 목업을 제작하기 위하여 그리는 도면의 일종이다.
④ 실제 제품과 같은 상태의 형태, 재질감, 색상 등을 실감나게 표현하는 것이다.

13 디자인 실무의 전개 순서가 바르게 된 것은?
① 스케치 – 렌더링 – 제도 – 모델링
② 제도 – 스케치 – 렌더링 – 모델링
③ 모델링 – 제도 – 렌더링 – 스케치
④ 스케치 – 모델링 – 제도 – 렌더링

14 디자인의 실체화 과정에서 가장 먼저 전개되어야 할 것은?
① 용도
② 재료와 가공기술
③ 색상
④ 형태

15 디자인을 최종 결정하여 관계자들에게 제시용으로 제작되는 모형(Presentation Model)의 재질로 적합하지 않은 것은?
① 목재 모형
② 모래 모형
③ 석고 모형
④ 금속 모형

16 윌리엄 모리스의 미술공예운동이 전개되게 된 동기가 되었던 세계 최초의 산업 대박람회가 열린 곳은?
① 런던
② 파리
③ 시카고
④ 프랑크푸르트

17 심벌(Symbol)의 종류 중 비교적 거리가 먼 것은?
① 로고타입(Logotype)
② 픽토그램(Pictogram)
③ 컬러(Color)
④ 엠블럼(Emblem)

18 편집 디자인에서 레이아웃(Lay-Out)의 4대 요소가 아닌 것은?
① 타이포그래피(Typography)
② 라인업(Line-up)
③ 포맷(Format)
④ 디스플레이(Display)

19 인테리어 디자인에서 내부생활 공간을 구성하는 요소와 가장 거리가 먼 것은?
① 인간
② 익스테리어 공간
③ 쉘터의 스킨과 에워싸인 공간
④ 장치

20 '마케팅 믹스'라고 하는 마케팅의 구성 요소인 4P에 해당되지 않는 것은?
① 제품
② 가격
③ 기업
④ 유통

과목 02 색채 및 도법

21 유사색조의 배색은 어떤 느낌을 주로 주는가?
① 화려함
② 자극적임
③ 안정감
④ 생생함

22 다음 색 중 가장 진출 및 팽창이 큰 색은?
① 5GY 4/4
② 5GY 8/8
③ 5YR 4/4
④ 5YR 8/8

23 박명시 시기에 일시적으로 잘 보여지지 않는 색과 반대로 밝게 보이기 시작하는 색의 순으로 옳게 짝지어진 것은?
① 노랑 - 빨강
② 빨강 - 파랑
③ 흰색 - 검정
④ 파랑 - 노랑

24 2소점 유각 투시도에서 H.L(Horizontal Line)을 높이면 물체가 어떻게 보이는가?
① 물체의 아래 면이 더욱 확대되어 보인다.
② 물체의 우측면이 더욱 확대되어 보인다.
③ 물체의 윗면이 더욱 확대되어 보인다.
④ 물체가 실제보다 크게 확대되어 보인다.

25 색의 대비현상에 대한 일반적인 설명으로 잘못된 것은?
① 보색대비 - 보색이 대비되면 본래의 색보다 채도가 높아지고 선명해진다.
② 색상대비 - 색상이 다른 두 색을 인접시키면 서로의 영향으로 색상차가 나지 않게 된다.
③ 면적대비 - 옷감을 고를 때 작은 견본에 비하여 옷이 완성되면 색상이 뚜렷해졌다.
④ 채도대비 - 무채색 바탕 위의 유채색은 본래의 색보다 선명하게 보인다.

26 절단된 곳의 단면을 명시하기 위해 쓰이는 선은?

① 피치선
② 파단선
③ 은선
④ 해칭선

27 유사색 조화에 해당되는 것은?

① 연두 – 초록 – 청록
② 주황 – 파랑 – 자주
③ 주황 – 초록 – 보라
④ 노랑 – 연두 – 남색

28 한국산업표준에서 일반색명은 어느 색명법에 근거를 두고 있는가?

① KS – SOS
② DIN – JIS
③ ISCC – NBS
④ IUSA – NAS

29 그림과 같은 전개도의 다면체는?

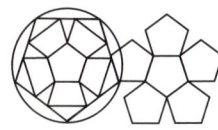

① 정사면체
② 정팔면체
③ 정십면체
④ 정십이면체

30 다음 그림과 같은 평면도법은?

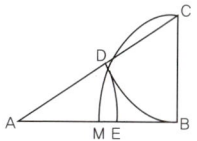

① 직선을 2등분하기
② 직선을 n등분하기
③ 직선을 주어진 비례로 분할하기
④ 직선을 황금비로 분할하기

31 두 정점에서 거리의 차가 일정한 점의 궤적은?

① 쌍곡선
② 와선
③ 대칭선
④ 사이클로이드

32 투상도의 제3각법에 대한 설명으로 잘못된 것은?

① 기준이 눈으로부터 눈, 화면, 물체의 순으로 되어 있다.
② 미국에서 발달하여 빠른 속도로 보급되었다.
③ 한국산업표준의 제도 통칙에 이를 적용하였다.
④ 유럽에서 발달하여 독일을 거쳐 우리나라에 보급되었다.

33 색각(色覺)에 대한 설명 중 잘못된 것은?

① 영·헬름홀츠의 3원색설은 망막에 적·녹·청의 시신경 섬유가 있다는 이론이다.
② 헤링의 4원색설은 청-자, 황-녹, 적-청의 반대되는 수용체가 있다는 이론이다.
③ 영·헬름홀츠의 3원색설은 색광혼합인 가산혼합과 일치된다.
④ 색각이상은 3색형에서 1색형까지 분류된다.

34 다음 중 가산혼합에 해당하는 것은?
① 무대조명의 혼합
② 물감의 혼합
③ 페인트의 혼합
④ 잉크의 혼합

35 혼합하기 이전의 색의 명도보다 혼합할수록 색의 명도가 높아지는 혼합은?
① 가산혼합
② 감산혼합
③ 중간혼합
④ 병치혼합

36 다음 중 제도의 표시 기호가 올바른 것은?
① 지름 : ⊙
② 반지름 : R
③ 정사각형 : ▣
④ 두께 : ≡

37 지면과 투상면에 대해 육면체의 각 면이 각기 임의의 경사를 가지도록 놓은 경사의 투시는?
① 평행투시
② 유각투시
③ 사각투시
④ 수평투시

38 회전원판의 두 가지 이상 색이 혼합되어 평균치가 되는 혼색방법은?
① 색광혼합
② 계시혼합
③ 병치혼합
④ 감법혼합

39 동시대비의 지각조건이 아닌 것은?
① 색차가 클수록 대비현상이 강해진다.
② 시각차에 의해서 발생한다.
③ 자극과 자극 사이의 거리가 멀어질수록 대비현상은 약해진다.
④ 자극을 부여하는 크기가 작을수록 대비의 효과가 커진다.

40 색에 관한 설명 중 틀린 것은?
① 물리보색과 심리보색은 반드시 일치한다.
② 색상이나 채도보다 명도에 대한 반응이 더 민감하게 느껴진다.
③ 무채색끼리는 채도대비가 일어나지 않는다.
④ 보색을 대비시키면 채도가 높아지고, 색상을 강조하게 된다.

과목 03 디자인 재료

41 아트필름 또는 스크린 톤의 착색재료를 사용하여 지정된 부분에 압착시켜 표현하는 렌더링 기법은?
① 에어브러시 렌더링
② 마크 렌더링
③ 아크릴 렌더링
④ 필름 오버레이 렌더링

42 다음 중 PVDC란?
① 폴리염화비닐수지
② 폴리아미드수지
③ 폴리스티렌
④ 폴리염화비닐리덴수지

43 밤이나 어두운 불빛, 실내의 흐린 빛에서 유용하며 빠른 셔터 속도를 사용할 수 있는 가장 적합한 것은?

① ISO, ASA 50
② ISO, ASA 100
③ ISO, ASA 200
④ ISO, ASA 400

44 천연의 유기체 고분자 화합물에 속하지 않는 것은?

① 단백질
② 알루미늄
③ 녹말
④ 글리코겐

45 용해점이 낮은 금속을 용해한 도금탱크에 도금될 소자를 통과 또는 침지시켜 도금층을 얻는 도금법은?

① 용융도금
② 용사도금
③ 동도금
④ 니켈도금

46 원의 기울기에 따라 여러 변형의 타원으로 구성되어 있으며 원형이 많아 문자 레터링에 사용하기 적합한 도구는?

① 컴퍼스
② 타원형 템플릿
③ 디바이더
④ T자

47 종이의 밀도가 높을수록 나타나는 장점은?

① 기계적 강도가 증가한다.
② 함수율의 변화가 심하다.
③ 가공성이 좋아진다.
④ 평활도가 좋아지며 흡수성이 좋다.

48 원색판을 이용한 캘린더를 제작하려고 한다. 가장 적합한 종이 재료는?

① 아트지
② 신문지
③ 모조지
④ 크라프트지

과목 04 컴퓨터그래픽스

49 컴퓨터그래픽스의 장점이라고 볼 수 없는 것은?

① 화면과 출력물에 동일한 컬러를 항상 얻을 수 있다.
② 아주 미세한 부분까지 표현이 가능하다.
③ 작업 데이터의 이동 및 보관이 간편하다.
④ 색상, 재질의 수정이 자유로워 비용이 절감된다.

50 인간의 오감(五感) 중 컴퓨터그래픽의 발전을 가져오게 된 영향이 가장 큰 감각은?

① 시각
② 청각
③ 촉각
④ 미각

51 스캔할 이미지의 해상도를 지정하는 항목은?

① Document Source
② Image Type
③ Destination
④ Resolution

52 포토샵의 기능 중 이미지에서 원하는 부분만 남기고 나머지 부분을 잘라 없애는 명령은?

① 선택 툴(Marquee Tool)
② 크롭 툴(Crop Tool)
③ 펜 툴(Pen Tool)
④ 올가미 툴(Lasso Tool)

53 다음 중 TIFF에 관한 설명으로 잘못된 것은?

① 애플리케이션과 컴퓨터 플랫폼 간의 파일을 교환할 때 사용되는 파일 포맷이다.
② 기본적으로 OS에 의존하지 않고 사용할 수 있어서 해상도나 압축 방식 등을 기술할 수 있다.
③ 단색에서 컬러까지의 화상데이터를 보존하기 위한 포맷 방식이다.
④ 256색을 이용하여 웹 사이트의 아이콘으로 많이 사용되고 있다.

54 와이어 프레임 모델링(Wire-Frame Modeling)의 특징과 가장 거리가 먼 내용은?

① 회전 이동이 신속하다.
② 비교적 데이터량이 적다.
③ 추가 삭제가 신속하다.
④ 물체의 면을 잘 표현한다.

55 멀티미디어의 매체적 요소만으로 구성된 것은?

① 시나리오, 그래픽스, 콘티, 영상
② 동영상, 애니메이션, 사운드, 텍스트
③ 공간, 시간, 비디오, 타이틀
④ 스토리, 콘티, 이미지, 음향

56 컴퓨터 애니메이션 제작에 있어 영상에서 기본이 되는 단위는?

① 이미지(Image)   ② 프레임(Frame)
③ 픽셀(Pixel)   ④ 카툰(Cartoon)

57 PC에서 데이터를 호환하기 위해 사용하는 주변장치 연결방식이 아닌 것은?

① IDE   ② SCSI
③ VDSL   ④ USB

58 컴퓨터 시스템에서 하드웨어 장치를 별도의 설정 없이 입출력 포트에 꽂기만 하면 바로 사용할 수 있는 것을 뜻하는 것은?

① Cable   ② Network
③ PnP   ④ Node

59 컴퓨터 운영체제(OS : Operation System)가 아닌 것은?

① DOS   ② Windows7
③ UNIX   ④ TARGA

60 한글 한 문자를 표현하기 위해 필요한 비트(Bit)는 몇 개인가?

① 1   ② 2
③ 8   ④ 16

빠르게 정답 확인하기!

스마트폰으로 QR 코드를 스캔해 보세요.
정답표를 통해 편리하게 채점할 수 있습니다.

2024년 최신 기출문제 03회

• 제한시간 : 60분   • 소요시간 :   시간   분   • 전체 문항 수 : 60문항   • 맞힌 문항 수 :   문항

과목 01 산업 디자인 일반

01 아이덴티티 디자인 중 기본시스템에 해당하지 않는 것은?
① 로고타입   ② 서체
③ 시그니처   ④ 광고

02 제품 디자인 개발과정 중 디자인 해결안 모색단계에서 주로 이루어지는 작업은?
① 시장조사
② 렌더링
③ 아이디어 스케치
④ 디자인 목업

03 아이디어 스케치에 대한 설명이 틀린 것은?
① 자유로운 이미지의 표현
② 신속한 아이디어 전개
③ 이미지를 포착하기 위한 방법
④ 정확도와 정밀성이 높은 그림

04 포장 디자인의 조건과 거리가 가장 먼 것은?
① 유통 시 취급 및 보관의 유의점을 고려한다.
② 제품의 보호기능을 고려한다.
③ 제품의 성격을 충분히 고려한다.
④ 시장 경기의 흐름을 잘 고려한다.

05 디자인 전개 과정의 분석내용 중 디자인 문제의 범위 내에서 제품을 이루는 부품을 하나하나 분류하여 각각에 대해 평가, 분석하여 과도한 부분이 있으면 줄이거나 제거하는 분석은?
① 사용 과정 분석   ② 관계 분석
③ 원인 분석   ④ 가치 분석

06 실내 디자인에 있어서 벽에 대한 설명으로 가장 옳은 것은?
① 공간의 구분, 공기의 차단, 소리의 차단, 보온 등의 기능을 갖고 있으며 인간의 시선이 가장 많이 머무르는 공간 요소이다.
② 대지와 차단시켜주고, 걸어 다닐 수 있고 가구를 놓을 수 있도록 고른 면을 제공한다.
③ 시선이 별로 가지 않으므로 시각적 요소가 약하다.
④ 건축에서 마감한 공간을 내부에서 재마감하여 전기 조명설치, 방음, 단열, 흡음, 통신 등의 기능을 담당한다.

07 아르누보에 관한 설명 중 옳은 것은?
① 회화, 건축, 공예, 인테리어, 그래픽 등의 분야에 영향을 주었다.
② 기본적인 형태의 반복, 동심원 등의 기하학적인 문양을 선호하였다.
③ 대량생산을 위한 합리적인 기능성 장식을 사용하였다.
④ 시대를 앞선 기발하고 점진적인 디자인을 사용하였다.

08 연극, 영화, 음악회, 전람회 등 고지적 기능의 포스터는?
① 상품 광고 포스터   ② 계몽 포스터
③ 문화 행사 포스터   ④ 공공 캠페인 포스터

09 수직·수평의 화면 분할, 3원색과 무채색의 구성 특성을 보이는 근대 디자인 운동은?
① 아르누보(Art nouveau)
② 데 스틸(De Stijl)
③ 유겐트스틸(Jugendstil)
④ 시세션(Secession)

10 다음 중 제품 디자인에서 아이디어를 탐색하는 방법으로 적합하지 않은 것은?
① 브레인스토밍
② 상관표 작성
③ 시네틱스
④ 형태학적 차트 작성

11 게슈탈트(Gustalt) 요인이 아닌 것은?
① 시각성의 요인
② 유사성의 요인
③ 폐쇄성의 요인
④ 근접성의 요인

12 보기의 ( ) 안에 공통적으로 들어갈 용어는?

> 바탕과 구별되는 형의 인식은 ( )에 의존한다. 즉, 명암, 색, 질감 또는 깊이 등의 단서들의 ( )개이 바탕으로 지각되는 것과 형으로 지각되는 것들을 구별하게 해준다.

① 연속   ② 대비
③ 조화   ④ 강조

13 기업이 일관된 이미지를 부여함으로써 어디서나 시각적으로 이미지가 구별될 수 있도록 한 체계적인 이미지 전략은?
① CF   ② BI
③ CI   ④ DM

14 실내 디자인에 있어 미적 효용성을 더해주는 액센트적 역할을 하는 실내 소품 선택 시 고려할 사항으로 거리가 먼 것은?
① 실내 소품은 개인의 개성을 잘 나타낼 수 있어야 한다.
② 소품을 지나치게 많이 사용하면 혼란을 주기 때문에 주의해야 한다.
③ 소품은 주변 물건과의 디자인 성격을 잘 고려하여 적절하게 배치해야 한다.
④ 소품을 거는 벽은 되도록 진한 원색이나 무늬가 많은 것을 사용하여 주의를 끌어야 한다.

15 마케팅 시스템의 목표와 거리가 먼 것은?
① 소비자 만족 증진   ② 소비의 확대
③ 생산의 극대화   ④ 생활의 질 증진

16 새로운 디자인으로 인하여 나타나는 제품의 발전 기본 요소와 거리가 먼 것은?
① 침체된 시장에서 활로 개척
② 구성 요소(부품)의 대형화
③ 변형된 형태의 개념(새로운 스타일 개발)
④ 제품 이용자의 욕구 변화

17 다음 중 율동을 구성하는 형식과 가장 거리가 먼 것은?
① 반복   ② 방사
③ 점이   ④ 대칭

18 형태를 분류할 때 기하학적 도형과 같은 조형 요소로 이루어지는 형태는?
① 현실적 형태
② 이념적 형태
③ 자연 형태
④ 유기적 형태

19 실내 디자인은 여러 단계에 걸쳐 진행된다. 디자인 의도를 확인하고 공간의 재료나 가구, 색채 등에 대한 계획을 시각적으로 제시(Presentation)하는 과정은?
① 기획 단계
② 설계 단계
③ 시공 단계
④ 사용 후 평가 단계

20 인간과 도구의 상호작용(Interaction)이 중요한 연구 대상인 디자인 분야는?
① 스페이스 디자인(Space Design)
② 커뮤니케이션 디자인(Communication Design)
③ 프로덕트 디자인(Product Design)
④ 인테리어 디자인(Interior Design)

과목 02 색채 및 도법

21 다음 중 축측 투상도에 해당되는 것은?
① 투시 투상도
② 등각 투상도
③ 사투상도
④ 복면 투상도

22 중간혼합으로 병치혼합에 대한 설명 중 틀린 것은?
① 다른 색광이 망막을 동시에 자극하여 혼합하는 현상이다.
② 주로 인쇄의 망점, 직물, 컬러TV 등에서 볼 수 있다.
③ 색점이 주로 인접해 있으므로 명도와 채도가 저하되지 않는다.
④ 색을 혼합하기 때문에 명도와 채도가 낮아진다.

23 배색의 조건과 거리가 가장 먼 것은?
① 사물의 성질, 기능, 용도에 부합되도록 해야 한다.
② 전달성을 염두에 두어야 한다.
③ 단색의 이미지만을 고려한다.
④ 재질과의 관계를 고려해야 한다.

24 다음 중 색채의 대비에 대한 설명으로 옳은 것은?
① 흰색 바탕 위의 회색은 검정 바탕 위의 회색보다 어둡게 보인다.
② 빨간색 바탕 위의 보라색은 파란색 바탕 위의 보라색보다 붉게 보인다.
③ 회색 바탕 위의 빨간색은 분홍색 바탕 위의 빨간색보다 탁하게 보인다.
④ 빨간색은 청록색과 인접하여 있을 때, 명도 차이가 두드러지게 강조된다.

25 색감각을 일으키는 빛의 특성을 나타내는 색체계는?
① 혼색계
② 색지각
③ 현색계
④ 등색상

26 먼셀의 기본 5색상을 옳게 나열한 것은?
① R, Y, O, B, P
② R, G, B, W, Y
③ R, Y, G, B, P
④ Y, G, B, Bk, P

27 투시도법으로 얻은 상이 작아서 그대로 사용할 수 없을 경우, 그것을 임의의 크기대로 확대하여 사용하는 도법에 해당하는 것은?

①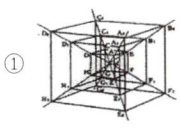
②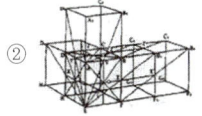
③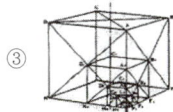
④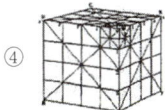

28 입체 각 방향의 면에 화면을 두어 투영된 면을 전개하는 투상 방법은?
① 정투상
② 2점 투시투상
③ 사투상
④ 표고 투상

29 일반 제도에서 Φ30은 무엇을 나타내는가?
① 반지름 30mm
② 모따기 30mm
③ 두께 30mm
④ 지름 30mm

30 제도용 문자의 크기는 문자의 무엇을 기준으로 하는가?
① 너비
② 굵기
③ 높이
④ 간격

31 다음 중 시인성이 가장 낮은 배색은?
① 검정 – 노랑
② 파랑 – 주황
③ 빨강 – 흰색
④ 연두 – 파랑

32 색의 동화현상에 대해 설명이 틀린 것은?
① 바탕에 비해 도형이 작고 촘촘하면 잘 일어난다.
② 선분이 가늘고 간격이 좁을수록 잘 일어난다.
③ 배경색과 도형색의 명도차가 적을수록 잘 일어난다.
④ 배경색과 도형색의 색상차가 클수록 잘 일어난다.

33 색의 3속성이 아닌 것은?
① 명도
② 채도
③ 대비
④ 색상

34 1점 쇄선의 용도에 대한 설명 중 옳은 것은?
① 가공 전후의 모양을 표시하는 선
② 도형의 중심을 표시하는 선
③ 대상물의 일부를 파단한 경계를 표시하는 선
④ 대상물의 보이지 않는 부분을 표시하는 선

35 감광요인에 대한 설명 중 틀린 것은?
① 황–청, 적–녹 등의 차이를 볼 수 있는 것은 추상체의 역할이다.
② 추상체와 간상체가 동시에 함께 활동하는 것을 박명시라고 한다.
③ 닭은 추상체만 있어 야간에는 활동할 수가 없다.
④ 색순응은 물체색을 오랫동안 보면 색의 지각이 강해지는 현상이다.

36 그림의 기본도법은 무엇을 구하는 것인가?

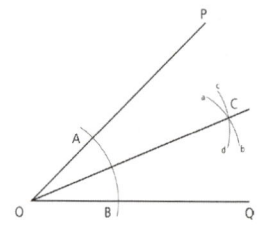

① 각의 2등분
② 사선 긋기
③ 중심 구하기
④ 삼각형 그리기

37 채도에 관한 설명 중 틀린 것은?
① 색은 무채색에 이를수록 채도가 낮아진다.
② 색의 맑기와 선명도이다.
③ 채도가 높은 색을 청(淸)색, 낮은 색을 탁(濁)색이라 한다.
④ 먼셀 색체계에서는 밸류(Value)로 표시한다.

38 다음의 2색 배색 중 동적인 이미지를 주는 배색이 아닌 것은?
① 빨강 – 청록
② 연두 – 자주
③ 노랑 – 어두운 빨강
④ 하늘색 – 연한 보라

39 장축과 단축이 주어질 때 타원을 그릴 수 있는 방법이 아닌 것은?
① 직접법
② 4중심법
③ 대 · 소부원법
④ 평행사변형법

40 다음 표기된 색 중 가장 무겁게 느껴지는 색은?
① 10R 4/7
② 6P 7/6
③ 10RP 2/2.5
④ 5B 5/2

과목 03 디자인 재료

41 재료 사이클의 3요소가 아닌 것은?
① 물질 ② 에너지
③ 환경 ④ 기술

42 다음 중 필름의 감도를 나타내는 기호가 아닌 것은?
① DIN ② ASA
③ ISO ④ KS

43 식물의 원료로 발효하는 종이제법을 최초로 발명한 사람은?
① 루이 로베로 ② 채륜
③ 디킨스 ④ 케일러

44 종이에 내수성을 가지게 하고, 잉크 번짐을 막기 위해 종이의 표면 또는 섬유에 아교물질을 피복시키는 공정은?
① 고해 ② 사이징
③ 충전 ④ 착색

45 열경화성 플라스틱의 특징은?
① 150℃를 전후로 변형하는 것이 대부분이다.
② 사출성형 등 능률적인 연속적 가공방법을 쓸 수 있다.
③ 성형 시 화학적 변화를 일으키지 않기 때문에 다시 사용할 수 있다.
④ 거의 전부가 반투명 또는 불투명 제품이다.

46 도료의 필요조건으로 가장 거리가 먼 것은?
① 색깔의 변색과 퇴색이 없어야 한다.
② 될 수 있는 한 고가의 제품이어야 한다.
③ 지정된 색상과 광택을 유지해야 한다.
④ 모재에 부착성이 양호하여야 한다.

47 다음 중 중금속에 속하지 않는 것은?
① 구리 ② 아연
③ 알루미늄 ④ 텅스텐

48 연필의 심도에 따라 무른 심 → 단단한 심의 순서대로 옳게 나열한 것은?

① 2B → HB → 2H
② 2H → HB → 2B
③ HB → 2B → 2H
④ 2B → 2H → HB

과목 04 컴퓨터그래픽스

49 모니터의 색상과 출력물 간의 색상 차이를 최소화하는 작업은?

① 로토스코핑(Rotoscoping)
② 트림(Trim)
③ 캘리브레이션(Calibration)
④ 새츄레이션(Saturation)

50 X-Y 플로터가 개발되면서 종이 위에 정확한 그림 표현(설계도면, 곡선, 복잡한 도형 등)이 가능하였으며, 또한 플로터의 시기라고 칭하기도 한 컴퓨터그래픽스 세대는?

① 제1세대
② 제2세대
③ 제3세대
④ 제4세대

51 도면상에서 CAD 프로그램을 사용함으로써 갖는 장점이 아닌 것은?

① 정밀한 도면 및 데이터 작성이 가능하다.
② 풍부한 아이디어가 제공된다.
③ 규격화와 데이터 관리가 용이하다.
④ 입력 및 수정이 편리하다.

52 스캐너(Scanner)에 대한 설명 중 틀린 것은?

① 스캐너의 해상도는 X, Y 좌표 값으로 나타난다.
② 컴퓨터그래픽스 작업 시 이미지를 입력한다.
③ 화소(Pixel)의 방출이 많을수록 해상도가 높다.
④ 드럼 스캐너는 원색분해 시스템에서 많이 사용된다.

53 3차원 형상 모델링 중, 속이 꽉 차있어 수치 데이터 처리가 정확하여 제품생산을 위한 도면제작과 연계된 모델은?

① 와이어프레임 모델
② 서페이스 모델
③ 솔리드 모델
④ 곡면 모델

54 여러 개의 단면 형상을 배치하고 여기에 막을 입혀 3차원 입체를 만드는 방법은?

① 스키닝(Skinning)
② 스위핑(Sweeping)
③ 블렌딩(Blending)
④ 라운딩(Rounding)

55 동작의 목록을 아이콘이나 메뉴로 보여주고 사용자가 마우스로 작업을 수행하는 방식을 뜻하는 것은?

① CLI
② LCD
③ GPS
④ GUI

56 포토샵 작업 중 처음에 설정한 페이지의 크기를 조절하는 방법이 아닌 것은?

① 이미지의 크기를 변경한다.
② 캔버스의 크기를 변경한다.
③ Crop 툴을 사용하여 변경한다.
④ Magic Wand 툴로 선택하여 변경한다.

57 다음 중 입력장치에 해당되지 않는 것은?

① 플로터
② 마우스
③ 스캐너
④ 디지타이징 태블릿

58 고품질 인쇄출력에 가장 적합한 파일 포맷은?

① EPS
② BMP
③ PNG
④ JPEG

59 모니터 화면에서 그림이나 글자가 입력되거나 출력될 위치에 깜박거리는 표시는?

① 아이콘(Icon)
② 커서(Cursor)
③ 픽셀(Pixel)
④ 패턴(Pattern)

60 다음 중 3차원 컴퓨터그래픽스의 기하학적 원형(Geometric Primitive)이 아닌 것은?

① Torus
② Cone
③ Boolean
④ Cylinder

2024년 최신 기출문제 04회

• 제한시간 : 60분　　• 소요시간 :　시간　분　　• 전체 문항 수 : 60문항　　• 맞힌 문항 수 :　문항

과목 01　산업 디자인 일반

01 실내 공간 중 시선이 많이 머무는 곳으로 실내 분위기 형성에 가장 큰 영향을 미치는 실내 디자인 요소는?
① 바닥　　② 벽
③ 천장　　④ 마루

02 다음 중 조화의 원리에 속하지 않는 것은?
① 유사　　② 율동
③ 균일　　④ 대비

03 다음 중 잠재고객들의 관심을 끌고 구매를 자극해야 하는 제품수명주기는?
① 도입기　　② 성장기
③ 성숙기　　④ 쇠퇴기

04 TV 광고 중 프로그램 중간에 삽입되는 광고는?
① 블록(Block) 광고
② 스폿(Spot) 광고
③ 프로그램(Program) 광고
④ 네트워크(Network) 광고

05 다음 중 디자인의 의미와 거리가 가장 먼 것은?
① 심적 계획으로 정신 속에서 싹이 터서 실현으로 이끄는 것
② 사용하기 쉽고 안전하며, 아름답고 쾌적한 생활환경을 창조하는 조형 행위
③ 디자인의 기본적 의미를 계획 혹은 설계라고 할 수 있음
④ 기존 사물에 대해서 행해지는 단순 미화 또는 장식

06 신문광고의 특성이 아닌 것은?
① 즉각적으로 광고가 가능하고 적시성을 갖는다.
② 신뢰성과 설득력이 가능하다.
③ 자세한 정보를 실을 수 있어 전문성이 있다.
④ 지면의 선정과 광고 효과는 무관하다.

07 바우하우스 디자이너들이 가장 강조한 것은?
① 실용성　　② 장식성
③ 율동성　　④ 경제성

08 능률화, 쾌적성, 신뢰감, 친근감, 통일성 등의 디자인 방침 중 신뢰와 친절을 가장 중요시해야 할 공간은?
① 극장　　② 미술관
③ 은행　　④ 학교

09 디자인의 요소 중 점에 대한 설명으로 틀린 것은?

① 기하학적으로 점은 눈에 보이지 않는 비물질적인 존재이다.
② 상징적인 면에서의 점은 조형 예술의 최소 요소로 규정지을 수 있다.
③ 점은 기하학적으로는 크기가 없고 위치만을 가지고 있다.
④ 점이 확대되면 선으로 느껴지기도 하며, 공간에서 여러 가지 표정을 지닌다.

10 보기의 디자인 특징과 관련이 있는 나라는?

- 완벽주의와 극소주의 디자인
- 전통 수공예에 관한 이미지로 부각
- 1970년대 후반부터 기술혁신과 세련되고 경쟁력이 우수한 제품인 전자 제품, 카메라, 자동차 등 하이테크 산업제품에 관한 이미지로 세계적 부각

① 미국
② 일본
③ 프랑스
④ 독일

11 다음 디자인 분야 중 편집 디자인의 전문분야라 할 수 있는 것은?

① 패키지 디자인
② POP 디자인
③ 로고타입 디자인
④ 브로슈어 디자인

12 C.I.P. 란 무엇의 약자인가?

① Company Institute Program
② Cooperation Institute Program
③ Corporate Identity Program
④ Coordination Identity Program

13 브레인스토밍(Brainstorming)의 아이디어 개발회의 규칙이라 볼 수 없는 것은?

① 질보다 양을 철저히 추구한다.
② 다른 사람의 의견을 비판하는 데서 아이디어를 얻는다.
③ 자유분방하고 기발한 것을 환영한다.
④ 다른 사람의 아이디어와 결합, 개선하여 발전시킨다.

14 디자인 리서치(Design Research)란?

① 디자인 제조원가
② 디자인 조사연구
③ 디자인 특허권
④ 디자인 평가

15 실내 디자인의 설계단계에서 특수한 기술 분야의 부분적 설계를 전문 업체가 작성하여 제시하는 도면은?

① 러프 드로잉(Rough Drawing)
② 컴퓨터 드로잉(Computer Drawing)
③ 프리핸드 드로잉(Freehand Drawing)
④ 샵 드로잉(Shop Drawing)

16 패키지 디자인 중 포장관리상 형태별 분류에 속하지 않는 것은?

① 단위포장
② 방열포장
③ 내부포장
④ 외부포장

17 다음 중 제품 디자인에서 작업 시 고려해야 할 일반적인 조건이 아닌 것은?

① 기능성   ② 성실성
③ 심미성   ④ 경제성

18 다음 중 마케팅 믹스에 속하지 않는 것은?
① 제품 ② 기업
③ 가격 ④ 유통

19 고결, 희망을 나타내며 상승감을 주는 선은?
① 수직선 ② 수평선
③ 곡선 ④ 사선

20 부분과 부분, 부분과 전체 사이에 시각적 힘의 안정을 주며, 안정감과 명쾌한 감정을 느끼게 하는 디자인 원리는?
① 조화 ② 균형
③ 율동 ④ 통일

과목 02 색채 및 도법

21 병원 수술실 벽면을 밝은 청록색으로 칠하는 가장 큰 이유는?
① 수술 시 잔상을 막기 위해
② 수술 시 피로를 덜기 위해
③ 색상대비로 인하여 잘 보이기 위해
④ 환자의 정서적인 안정을 위해

22 난색 계통의 채도가 높은 색에서 느낄 수 있는 감정은?
① 흥분 ② 진정
③ 둔함 ④ 우울

23 깊이가 있게 하나의 화면에 그려지므로 원근법이라고도 하며, 광학적인 원리와 흡사하기에 사진 기하학이라고도 하는 도법은?
① 투시도법 ② 투상도법
③ 기본도법 ④ 평면도법

24 인간이 사물을 보고 대뇌에서 느낄 수 있으려면, 빛에너지가 전기적인 에너지로 바뀌어야 한다. 이를 담당하는 수용기관은?
① 수정체 ② 망막
③ 시신경 ④ 각막

25 대칭형인 물체의 외형과 내부의 구조 및 형태를 동시에 표시하는 단면도는?
① 전 단면도
② 한쪽 단면도
③ 부분 단면도
④ 회전 단면도

26 다면체 중 꼭짓점에서 이루는 입체각이 똑같고 옆면이 합동이 되는 다각형으로 이루어지는 입체를 정다면체라 한다. 다음 중 정다면체가 아닌 것은?
① 정24면체
② 정20면체
③ 정12면체
④ 정6면체

27 채도란 무엇인가?
① 색의 심리
② 색의 맑기
③ 색의 명칭
④ 색의 밝기

28 일반적으로 색채 조화가 잘 되도록 배색을 하기 위해서 종합적으로 고려해야 할 사항이 아닌 것은?

① 색상 수는 너무 많지 않도록 한다.
② 모든 색을 동일한 면적으로 배색한다.
③ 주제와 배경과의 대비를 생각한다.
④ 환경의 밝고 어두움을 고려한다.

29 빛이 물체에 닿아 대부분의 파장을 반사하면 그 물체는 어떤 색으로 보이는가?

① 하양
② 검정
③ 회색
④ 노랑

30 다음 중 그림의 원 중심을 구할 때 가장 먼저 해야 할 것은?

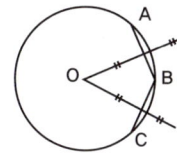

① 선분 AB의 수직 2등분선을 그린다.
② 선분 BC의 수직 2등분선을 그린다.
③ 두 수직 2등분선의 교점을 정한다.
④ 주어진 원주에 임의의 점 A, B, C를 정한다.

31 표현하고자 하는 물체를 투상 화면에 비스듬히 놓고, 수직 투상하는 도법은?

① 사투상
② 정투상
③ 축측 투상
④ 투시 투상

32 저드의 조화론 중 '질서의 원리'에 대한 설명이 옳은 것은?

① 사용자의 환경에 익숙한 색이 잘 조화된다.
② 색채의 요소가 규칙적으로 선택된 색들끼리 잘 조화된다.
③ 색의 속성이 비슷할 때 잘 조화된다.
④ 색의 속성 차이가 분명할 때 잘 조화된다.

33 색의 팽창과 수축을 설명한 것 중 틀린 것은?

① 팽창색은 진출색의 조건과 비슷하며 실제 크기보다 크게 보인다.
② 수축색은 후퇴색의 조건과 비슷하며 실제 크기보다 작게 보인다.
③ 따뜻한 색 쪽이 차가운 색보다 크게 보인다.
④ 밝은 색 쪽이 어두운 색보다 작게 보인다.

34 먼셀 휴(Munsell Hue)에서 기본 5색에 속하지 않는 것은?

① 5Y
② 5P
③ 5B
④ 5YR

35 정투상도에 대한 설명 중 틀린 것은?

① 물체의 각 면을 마주 보는 화면에 투상시키는 방법이다.
② 주로 제1각법과 제3각법을 사용한다.
③ 한국산업표준에서는 제1각법을 사용하도록 규정하고 있다.
④ 입체를 위에서 투상한 것을 평면도라 한다.

36 영·헬름홀츠의 3원색설을 설명한 것 중 틀린 것은?
① 영·헬름홀츠의 3원색은 빨강, 초록, 파랑이다.
② 노랑은 빨강과 초록의 수용기가 같이 자극되었을 때 지각된다.
③ 3종류 빛 수용기의 반응 양에 따라 무한의 색이 느껴진다.
④ 감산혼합의 이론과 일치되는 점이 있다.

37 다음 중 색체계의 종류가 나머지와 다른 하나는?
① 먼셀 색체계   ② NCS 색체계
③ 오스트발트 색체계   ④ DIN 색체계

38 다음 중 차가운 느낌의 색으로만 나열된 것은?
① 빨강, 주황, 노랑   ② 빨강, 파랑, 노랑
③ 청록, 파랑, 남색   ④ 주황, 빨강, 남색

39 투시도법에서 기호 GL은 무엇을 뜻하는가?
① 시선   ② 지평선
③ 기선   ④ 소점

40 정다면체의 전개도를 그리는 방법에 관한 설명 중 틀린 것은?
① 실제길이와 실형을 구한다.
② 작도를 할 때는 내부치수보다 외부치수를 택한다.
③ 작도 후 다시 접을 부분에서는 어느 정도의 여유를 준다.
④ 투상도를 그리고 면에 대한 예견을 한다.

과목 03 디자인 재료

41 다음 중 목재의 주요 성분이 아닌 것은?
① 리그닌
② 셀룰로오스
③ 아세테이트
④ 헤미셀룰로오스

42 용제에 대한 설명으로 옳은 것은?
① 도막을 결성하는 성분이다.
② 도막에 방습효과를 준다.
③ 도료에 여러 가지 색상을 나타낸다.
④ 도막에 평활성을 부여한다.

43 종이를 양지, 판지, 기계로 만든 화지로 분류할 때 양지에 속하는 것은?
① 신문지
② 골판지
③ 창호지
④ 습자지

44 유성계 도료의 특징이 아닌 것은?
① 휘발성이 적어 도막의 살오름이 양호하다.
② 피도장물과 밀착이나 부착성이 양호하다.
③ 가격이 비교적 저렴하고 색상이 선명하다.
④ 건조가 빠르고 도장 시간이 짧다.

45 신문용지가 가져야 할 특성이 아닌 것은?
① 종이의 질이 균일해야 한다.
② 평활도와 불투명도 등 인쇄 적성을 지녀야 한다.
③ 인장력과 흡유성이 있어야 한다.
④ 종이가 뻣뻣하고, 강한 광택이 있어야 한다.

46 필름이 피사체의 밝고 어두움을 나타내는 데 있어서 어느 정도로 검고 희게 또는 진하고 연하게 나타내느냐 하는 정도의 차를 무엇이라고 하는가?
① 콘트라스트
② 감색성
③ 관용도
④ 입상성

47 항공기, 자동차, 기차 등의 차체 중량감소를 목적으로 사용되는 재료는?
① 알루미늄
② 구리
③ 철
④ 스테인리스 스틸

48 보기의 특성 중 금속의 일반적인 성질에 해당하는 것을 모두 고른 것은?

> ⓐ 비중이 작다.
> ⓑ 열 및 전기의 양도체이다.
> ⓒ 녹이 슬기 쉽다.
> ⓓ 전성과 연성이 좋다.
> ⓔ 이온화했을 때에는 음이온이 된다.

① ⓐ, ⓓ
② ⓑ, ⓔ
③ ⓐ, ⓑ, ⓓ
④ ⓑ, ⓒ, ⓓ

과목 04 컴퓨터그래픽스

49 2차원 그래픽용 프로그램에서 일반적으로 그림을 그릴 페이지의 크기 및 종이 방향을 설정하는 기능은?
① Preferences
② Document Setup
③ Export
④ Unit

50 단순한 모양에서 출발하여 점차 더 복잡한 형상으로 구축되는 기법으로 산, 구름 같은 자연물의 불규칙적 움직임을 표현하는 모델링 기법은?
① 파라메트릭 모델(Parametric Model)
② 프랙탈 모델(Fractal Model)
③ 서페이스 모델(Surface Model)
④ 와이어 프레임 모델(Wire Frame Model)

51 디스플레이 화면 표시를 두루마리 형식을 볼 때와 같이 상하좌우로 움직이는 것으로, 윈도우 방식의 프로그램 우측과 하단에 있는 표시의 이름은?
① 아이콘(Icon)
② 포인터(Pointer)
③ 스크롤 바(Scroll bar)
④ 룰러(Rulers)

52 지방과 지방, 국가와 국가, 전 세계에 걸쳐 형성되는 통신망으로 지리적으로 멀리 떨어져 있는 넓은 지역을 연결하는 통신망을 의미하는 약어는?
① VAN
② LAN
③ WAN
④ RAN

53 다음 중 포토샵 프로그램만의 고유한 파일 포맷은?
① PSD
② AI
③ EPS
④ TIF

54 포토샵(Photoshop)의 색상 모드에 대한 설명 중 틀린 것은?

① 이미지를 비트맵 모드로 변환하려면 일단 이미지가 그레이스케일 상태이어야 한다.
② RGB 이미지는 포토샵이 지원하는 모든 형식으로 저장할 수 있다.
③ Lab 모드에서의 이미지 수정은 CMYK 모드보다 훨씬 느리다.
④ 그레이스케일 모드는 256단계의 회색 음영으로 표현되며 어느 모드에서든 변환할 수 있고, 다른 모드로의 변환도 가능하다.

55 어느 화상을 얼마나 세밀하게 표시할 수 있는지 그 정밀도를 나타내는 척도는?

① 리플렉트(Reflect)
② 디더링(Dithering)
③ 하프톤(Halftone)
④ 레졸루션(Resolution)

56 컴퓨터에서 그래픽 작업을 마친 후 인쇄를 위해 인쇄소로 파일을 보낼 경우 색상체계로 적합한 것은?

① CMYK 모드
② Bitmap 모드
③ RGB 모드
④ HSV 모드

57 다음 용어에 대한 설명 중 틀린 것은?

① 일반적으로 PC에서 캐시 메모리로 사용되는 것은 DRAM이다.
② ROM은 기록된 데이터를 단지 읽을 수만 있는 메모리를 말한다.
③ RAM은 컴퓨터 작동 정보를 기억할 수 있고 전원이 꺼지면 지워지는 메모리이다.
④ SRAM은 DRAM보다 빠른 속도를 가진다.

58 집합 연산 방법으로 모델링 시, 두 물체가 겹쳐지는 부분만 남기고 나머지 부분을 지우게 하는 방식은?

① Union(합집합)
② Intersection(교집합)
③ Subtraction(차집합)
④ Extrusion(압출)

59 전자 출판에 대한 설명 중 가장 거리가 먼 것은?

① 컴퓨터나 전자기기를 이용한 문서 출판을 의미한다.
② DTP(Desk Top Publishing)라고 한다.
③ InDesign이나 QuarkXpress와 같은 프로그램에서 주로 작업할 수 있다.
④ 스캔 받은 이미지에 특수효과를 줄 때 효과적이다.

60 중앙처리장치(CPU)에 대한 설명 중 틀린 것은?

① 컴퓨터의 속도는 CPU의 속도에 의해 좌우된다.
② CPU는 사람으로 치면 두뇌에 해당하는 구성요소이며 마이크로프로세서라고도 한다.
③ CPU는 크게 제어 장치, 연산 장치, 출력 장치로 구성되어 있다.
④ CPU는 계산 작업을 수행하는 장치로서 명령어를 실행하고 데이터를 처리한다.

빠르게 정답 확인하기!

스마트폰으로 QR 코드를 스캔해 보세요.
정답표를 통해 편리하게 채점할 수 있습니다.

2024년 최신 기출문제 05회

- 제한시간 : 60분
- 소요시간 :   시간   분
- 전체 문항 수 : 60문항
- 맞힌 문항 수 :   문항

과목 01 산업 디자인 일반

01 기하학적 도형의 기본 3가지 형에 포함되지 않는 것은?
① 삼각형
② 다각형
③ 정원
④ 정사각형

02 입체를 적극적 입체와 소극적 입체로 분류하는 데 있어 적극적 입체에 해당하는 것은?
① 순수형
② 이념적 형
③ 크기, 폭이 없는 형
④ 현실적 형

03 밤거리를 지나다니는 일반 대중의 눈을 끌어 강렬한 자극을 주고 인상을 깊게 함으로써 광고 효과를 올리는 옥외광고의 종류는?
① 광고탑
② 네온사인
③ 애드벌룬
④ 빌보드

04 실내 디자인의 구성 요소 중 시선이 가장 많이 머무는 곳으로 주로 장식의 초점이 되는 것은?
① 바닥
② 벽
③ 천정
④ 담장

05 다음 중 디자인 경영자의 역할과 거리가 먼 것은?
① 디자인의 조형적 문제 해결에 대한 스페셜리스트
② 조직운영에 관한 모든 의사 결정 시 결단적 역할 수행
③ 디자인 조직의 내·외부로부터 정보를 받아들이고 전달해주는 역할
④ 디자인 조직 내·외부의 사람들과 원만한 인간관계 구축

06 다음 중 제품 디자인(Product Design)에 해당하는 것은?
① 주방기기 디자인
② 전시 디자인
③ 조경 디자인
④ 웹 디자인

07 보기의 설명에 해당하는 제품 수명주기는?

> 매출액이 안정된 상태를 유지하는 상태로, 이 시기 마케팅 전략의 초점은 제품을 조금씩 개선하여 이 시기를 연장시키는 것이다.

① 도입기
② 성장기
③ 성숙기
④ 쇠퇴기

08 주거용 실내 디자인을 계획할 때 고려해야 할 사항과 가장 거리가 먼 것은?
① 집주인의 요구
② 방문객의 수준
③ 가족들의 생활양식
④ 주위환경

09 편집 디자인의 레이아웃 요소 중 하나로, 책의 내용을 잘 파악하여 그 내용과 중요도에 따라 배열과 분할을 하는 것은?
① 여백(Margin)
② 라인 업(Line-up)
③ 포맷(Format)
④ 폰트 디자인(Font Design)

10 1909년 이탈리아에서 마리네티를 중심으로 결성된 예술가 집단으로 기존 예술에 반대하여 물질문명, 속도, 운동감을 추구하고 표현한 사조는?
① 미니멀리즘   ② 구성주의
③ 표현주의   ④ 미래파

11 디자인에서 기초 조형의 목적이 아닌 것은?
① 조형에 대한 감각 훈련
② 창조성 개발
③ 마케팅 활동 능력 배양
④ 표현 기술의 습득

12 DM(Direct Mail) 광고의 설명 중 틀린 것은?
① 광고 대상을 선택할 수 있는 집약적 광고이다.
② 시기와 빈도를 자유롭게 조절할 수 있다.
③ 구매 장소에서 직접적인 판매촉진 효과가 있다.
④ 소비자에게 직접 우송하는 광고 방법이다.

13 면을 포지티브(Positive)한 면과 네거티브(Negative)한 면으로 구분할 때, 다음 중 포지티브한 면이 성립되는 것은?
① 점의 확대   ② 선의 집합
③ 선의 둘러싸임   ④ 점의 밀집

14 다음 중 공간 디자인을 도면으로 제시하고 재료, 가구 색채계획을 시각적으로 제시하는 실내 디자인 단계는?
① 사용 후 평가 단계   ② 프로그래밍 단계
③ 설계 단계   ④ 시공 단계

15 니콜라우스 페브스너가 새로운 양식의 특성이 잘 나타나 있다고 평가한 아래의 작품(맥머도의 표지 디자인)과 관련된 디자인 양식은?

① 미술공예운동   ② 아르누보
③ 아르데코   ④ 데스틸

16 제품의 가치판단 기준을 경제적 측면과 디자인 측면으로 구분할 때 디자인 측면과 거리가 먼 것은?
① 시장성
② 독창성
③ 심미성
④ 합리성

17 광고 디자인 제작 시 우선적으로 고려해야 할 사항과 가장 거리가 먼 것은?
① 무엇을 알릴까 하는 소구점
② 어떻게 표현하느냐의 시각적 표현
③ 회사의 규모와 광고 매체의 안정성에 관한 표현
④ 어떠한 매체로 누구에게 호소할 것인가 하는 매체 선정

18 디자인 문제해결의 과정을 올바르게 나열한 것은?
① 계획 → 조사 → 분석 → 평가 → 종합
② 조사 → 계획 → 분석 → 종합 → 평가
③ 계획 → 조사 → 분석 → 종합 → 평가
④ 조사 → 계획 → 분석 → 평가 → 종합

19 서로 다른 부분의 조합에 의하여 생기는 것으로, 시각상 힘의 강약에 의한 형태의 감정효과는?
① 통일
② 리듬
③ 반복
④ 대비

20 통일된 기업 이미지, 기업문화, 미래의 모습과 전략 등을 일컫는 용어로, 기업의 이미지나 행동을 하나로 통일시키는 작업은?
① PI(President Identity)
② CI(Corporate Identity)
③ IMC(Integrated Marketing Communication)
④ POP(Point of Purchase)

과목 02 색채 및 도법

21 낮에는 빨간 물체가 밤이 되면 검게, 낮에는 파란 물체가 밤이 되면 밝은 회색으로 보이는 현상은?
① 푸르킨예 현상
② 색각조절 현상
③ 베졸드 현상
④ 변색 현상

22 현색계에 대한 설명이 틀린 것은?
① 색편의 배열 및 색채 수를 용도에 맞게 조절할 수 있다.
② 지각적으로 일정하게 배열되어 있다.
③ 수치로 표기되어 변색, 탈색 등의 물리적 영향이 없다.
④ 관측하는 사람에 따라 색좌표를 주관적으로 정할 수 있다.

23 투시도법의 부호와 용어의 연결이 잘못된 것은?
① PP : 화면
② MP : 시선
③ SP : 입점
④ VP : 소점

24 문·스펜서의 색채조화론에서 조화의 관계가 아닌 것은?
① 유사 조화
② 대비 조화
③ 입체 조화
④ 동일 조화

25 그림은 어떤 원을 그리는 작도법인가?

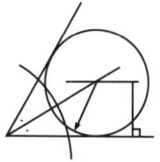

① 주어진 각에 내접하는 원
② 삼각형의 내접원
③ 삼각형의 외접원
④ 원주상에 있는 한 점에서의 접선

26 다음 색의 혼합 방법 중 그 방법이 나머지와 다른 것은?
① 무대 조명
② 점묘 화법
③ 직물의 씨실과 날실
④ 컬러 TV

27 색채 조화의 원리 중 틀린 것은?
① 두 가지 이상의 색채가 서로 어우러져 미적 효과를 나타낸 것이다.
② 서로 다른 색들이 대립하면서도 통일적 인상을 주는 것이다.
③ 두 가지 이상의 색채에 질서를 부여하는 것이다.
④ 전문가의 주관적인 미적 기준에 기초한다.

28 다음 중 망막에서 무수히 많은 색 차이를 지각하는 작용을 하는 시세포는?
① 상피체
② 추상체
③ 모양체
④ 간상체

29 주위의 색과 명도, 색상, 채도의 차를 크게 주어 배색 하였을 때 나타나는 가장 큰 효과는?
① 색의 친화성
② 색의 안정성
③ 색의 대비성
④ 색의 동화성

30 다음 중 치수 보조선 기입이 가장 옳게 표현된 것은?

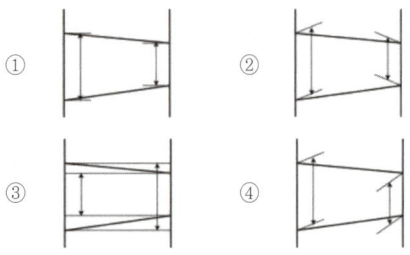

31 투상법의 종류 중 투사선이 투상화면에 경사져 있을 때의 평행투상을 말하며, 입체도를 그릴 때에 주로 사용하는 방법은?
① 중투상법
② 사투상법
③ 축측 투상법
④ 투시 투상법

32 먼셀 색채계에서 보색의 관계가 아닌 것은?
① R – BG
② Y – PB
③ G – RP
④ B – GY

33 다음 중 가장 가볍고 부드러운 느낌을 주는 색조는?
① Soft Tone
② Dark Tone
③ Pale Tone
④ Vivid Tone

34 같은 밝기의 회색을 흰색 바탕과 검정 바탕에 각각 놓았을 때 흰색 바탕의 회색은 어둡게, 검정 바탕의 회색은 밝게 보이는 대비는?
① 명도대비
② 색상대비
③ 채도대비
④ 보색대비

35 색의 3속성에 대한 설명으로 틀린 것은?
① 색의 3속성은 빛의 물리적 3요소인 주파장, 분광률, 포화도에 의해 결정된다.
② 명도는 빛의 분광률에 의해 다르게 나타나고, 완전한 흰색과 검정색은 존재한다.
③ 인간이 물체에 대한 색을 느낄 때는 명도가 먼저 지각되고 다음으로 색상, 채도의 순이다.
④ 채도는 색의 선명도를 나타내는 것으로 순색일수록 채도가 높다.

36 1소점 투시도법에 관한 설명으로 틀린 것은?
① 한쪽 면에 특징이 집중되어 있는 물체를 표현하기에 적합하다.
② 평행 투시도법이라고도 한다.
③ 화면에 대한 경사각에 따라 45°, 30°~60° 등의 표현방법이 있다.
④ 도학이나 건축분야에서 평면도와 입면도에 의하여 투시도를 그리는 형식이다.

37 치수를 기입할 때의 유의사항 중 틀린 것은?
① 외형선, 은선, 중심선, 치수 보조선으로 사용하지 않는다.
② 180° 이하인 호의 반지름은 R로 표기한다.
③ 치수는 될 수 있는 대로 정면도에 집중적으로 기입한다.
④ 치수는 도면 여러 개의 중복 기입하여 정확도를 높인다.

38 채도가 높은 색들의 배색에서 얻을 수 있는 느낌은?
① 어둡고 무겁다.
② 서늘하고 정적이다.
③ 온화하고 부드럽다.
④ 화려하고 자극적이다.

39 다음 중 가는 실선을 사용하는 선은?
① 피치선
② 회전 단면선
③ 상상선
④ 절단선

40 다음 중 유치원 어린이들의 유니폼 색으로 노랑을 가장 많이 선택하는 이유는?
① 중량감
② 온도감
③ 명시도
④ 잔상

과목 03 디자인 재료

41 다음 목재 중 비중이 가장 큰 것은?
① 오동나무
② 졸참나무
③ 후박나무
④ 전나무

42 감도에 따른 필름의 종류 중 저감도 필름의 기준은?
① ISO, ASA 50이나 그 이하의 감도
② ISO, ASA 80이나 그 이하의 감도
③ ISO, ASA 100이나 그 이하의 감도
④ ISO, ASA 120이나 그 이하의 감도

43 보기의 설명에 해당되는 종이는?

- 화학펄프를 정상으로 두드려 분해하여 만듦
- 강한 광택과 표면이 매끈함
- 질기며 지질이 균일하고, 파라핀 가공을 함
- 식품, 담배, 약품들의 포장에 사용

① 인디아지
② 글라싱지
③ 라이스지
④ 콘덴서지

44 다음 중 수지 또는 멜라민, 요소, 염화 비닐 등을 재료로 가공하여 제조한 것으로 지도용지, 종이 타월 등의 용도로 사용되는 종이는?
① 온상지
② 감압지
③ 박리지
④ 습윤강력지

45 다음 중 열전도율이 가장 높은 재료는?
① 세라믹
② 알루미늄
③ 플라스틱
④ 구리

46 다음 중 색상의 수가 많고 색채가 선명하며, 건조가 빠르고 사용이 간편하여 렌더링 등 디자인 작업에 많이 사용되는 재료는?

① 포스터 컬러
② 파스텔
③ 유성 마커
④ 유화 물감

47 원래 상태로는 물체에 염착되는 성질이 없지만 전색제에 의해 물체에 고착되는 재료는?

① 염료
② 안료
③ 용제
④ 첨가제

48 다음 중 수성암에 속하지 않는 것은?

① 사암
② 응회암
③ 안산암
④ 석회암

과목 04 컴퓨터그래픽스

49 다음 중 벡터(Vector) 이미지에 관한 설명 중 틀린 것은?

① 축소, 확대, 회전과 같은 변형이 용이하다.
② 그림이 복잡할수록 파일의 크기가 증가한다.
③ 점, 선, 면을 각각 수학적 데이터로 인식하여 표현한다.
④ 픽셀들의 집합이다.

50 초당 25프레임의 주사율을 갖는 방송방식으로 주로, 유럽, 호주, 중국 등지에서 사용하는 방송방식은?

① BETACAM
② PAL
③ VHS
④ NTSC

51 1,024MB와 같은 크기는?

① 1KB
② 1GB
③ 100TB
④ 1,000,000B

52 3차원 입체 형상을 애니메이션 할 때 뼈대에 외부 형태를 입혀 동작모델을 형성시키는 기능은?

① 라운딩(Rounding)
② 스위핑(Sweeping)
③ 스키닝(Skinning)
④ 로프팅(Lofting)

53 보기에서 설명하는 빛의 반사와 굴절에 관한 법칙은?

> 매끄러운 평면에 광선이 비치면 일부는 반사하고 일부는 내부를 향하여 나아가며, 내부로 향하는 광선의 방향은 물체의 굴절률에 따라 다르다.

① 람베르트의 법칙
② 스넬의 법칙
③ 영·헬름홀츠의 법칙
④ 헨리 고로우드 법칙

54 다음 중 비트맵 이미지를 구성하는 픽셀의 개수를 나타내는 것은?

① 모니터 해상도
② 이미지 해상도
③ 출력 해상도
④ 컬러 해상도

55 컬러 모드 중 인간이 보통 색을 인지하는 방식을 기초로 한 모델로, 색의 3가지 기본 특성인 색상, 채도, 명도에 의해 색을 표현하는 방식은?

① RGB
② CMYK
③ HSB
④ Lab

56 도표와 차트를 작성하고 문서 편집, 그래픽 삽입 기능 등을 수행하여, 한정된 시간에 효과적으로 정보를 전달하는데 가장 적절하게 활용되는 소프트웨어는?

① Power Point
② Photoshop
③ Painter
④ 3D MAX

57 이미지를 화면에 표시할 때 이미지의 윤곽을 먼저 보여주고 서서히 구체적으로 나타나도록 하는 효과는?

① 쉐이딩(Shading)
② 앨리어싱(Aliasing)
③ 투명 인덱스(Transparency Index)
④ 인터레이스(Interlace)

58 포토샵(Adobe Photoshop) 프로그램에서 이미지를 튀어나오거나 움푹 들어가 보이게 만드는 효과의 필터는?

① Shear
② Pinch
③ Twirl
④ Ripple

59 입·출력 장비마다 색공간이 다르고 설정에 따라 색재현성이 다르기 때문에 색차를 최소화하기 위한 과정은?

① 캘리브레이션(Calibration)
② 세츄레이션(Saturation)
③ 모드(Mode)
④ 메모리(Memory)

60 모니터 화면에 보여지는 이미지나 영상을 크게 확대하여 보여주는 출력장치는?

① HMD(Head Mounted Display)
② 버츄얼 워크벤치(Virtual Workbench)
③ 필름 레코더(Film Recorder)
④ 프로젝터(Projector)

2023년 최신 기출문제 01회

- 제한시간 : 60분
- 소요시간 :   시간   분
- 전체 문항 수 : 60문항
- 맞힌 문항 수 :   문항

과목 01 산업 디자인 일반

01 디자인의 조건이 아닌 것은?
① 독창성 ② 욕구성
③ 경제성 ④ 심미성

02 합목적성과 관련된 설명으로 가장 옳은 것은?
① 중명도, 저채도로 그려진 포스터가 시인도가 크다.
② 기능적인 곡선의 주전자가 물 따르기가 좋다.
③ 주로 장식적인 의자의 형태가 앉기에 편리하다.
④ 크고 화려한 집이 살기에 가장 편리하다.

03 다음 중 광고 디자인에서 전략적 입장의 DM(Direct Mail)과 가장 거리가 먼 것은?
① 단발성 DM ② 반복성 DM
③ 단계적 DM ④ 속성 DM

04 기업의 제품 경쟁에서 판정자 역할을 하는 사람은?
① 생산자 ② 소비자
③ 디자이너 ④ 기업주

05 다음 중 TV 광고의 분류에 속하지 않는 것은?
① DM 광고 ② 시보 광고
③ 스폿(Spot) 광고 ④ 프로그램 광고

06 포장 디자인의 기능에 속하지 않는 것은?
① 보호의 보존성 ② 단위포장
③ 관리성 ④ 상품성

07 선에 대한 설명 중 옳은 것은?
① 기하학에서는 무수히 많은 점들의 집합을 선이라 한다.
② 선은 명암의 차이, 면과 면의 교차에서만 느낄 수 있다.
③ 수평선은 동적이고, 곡선은 불안정하다.
④ 사선은 안정되고, 운동감이 있다.

08 그림이 나타내는 주된 디자인의 원리는?

① 조화 ② 강조
③ 균형 ④ 율동

09 마케팅 믹스(Marketing Mix)의 구성 요소가 아닌 것은?
① 유행(Fashion) ② 제품(Product)
③ 가격(Price) ④ 촉진(Promotion)

10 다음 중 게슈탈트(Gestalt)의 시각원리와 가장 거리가 먼 것은?
① 근접의 원리
② 유사의 원리
③ 폐쇄의 원리
④ 음영의 원리

11 미리 인쇄된 광고물을 신문지 사이에 끼워서 배달하는 광고는?
① 디스플레이 광고
② 간지 광고
③ 분류 광고
④ 변형 광고

12 기존의 제품을 바탕으로 새로 디자인을 고치거나 개선하는 것은?
① 모델링(Modeling)
② 렌더링(Rendering)
③ 리디자인(Redesign)
④ 스타일링(Styling)

13 인테리어 디자이너의 역할을 설명한 것으로 거리가 먼 것은?
① 시공보다는 디자인에 중점을 둔다.
② 내부 공간, 가구, 조명, 주위환경 등을 디자인하고 기획한다.
③ 디자인 의뢰자의 의견을 최대한 고려하여 디자인한다.
④ 신체 부자유자를 위한 세심한 디자인 고려가 필요하다.

14 주거공간의 구성 중 개인공간이 아닌 것은?
① 서재
② 침실
③ 아동실
④ 식사실

15 모더니즘의 기능성을 거부하고 문화적 다양성의 가치를 인정하고 역사적 소재, 화려한 색상, 장식을 볼 수 있는 디자인 사조는?
① 아르누보
② 포스트모더니즘
③ 바우하우스
④ 미술공예운동

16 디자이너가 즉흥적으로 떠오르는 여러 가지 생각을 메모하기 위한 최초의 스케치는?
① 스크래치 스케치
② 러프 스케치
③ 스타일 스케치
④ 콘셉트 스케치

17 다음 중 18세기말 영국에서 일어난 산업혁명의 디자인사적 의의로 가장 거리가 먼 것은?
① 양산제품의 고급화
② 디자인의 민주화
③ 제품의 질 저하
④ 대량생산의 실현

18 디자인 요소에 해당되지 않는 것은?
① 형
② 빛
③ 개성
④ 색

19 다음 중 형태에 대한 루이스 설리반(L. H. Sullivan)의 이론은?
① 형태는 감정에 지배된다.
② 자연에서 형태를 배운다.
③ 형태는 지역적 특성을 수반한다.
④ 형태는 기능을 따른다.

20 다음 중 아이디어를 전개하고 확인하는 데 이용되는 가장 정밀한 모델(모형)은?

① 스터디 모델(Study Model)
② 프레젠테이션 모델(Presentation Model)
③ 스케치 모델(Sketch Model)
④ 러프 모델(Rough Model)

과목 02 색채 및 도법

21 한 변 AB가 주어진 정오각형을 그릴 때의 순서가 바르게 나열된 것은?

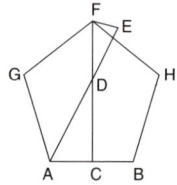

가. 선분 AB = 선분 CD의 점 D를 잡는다.
나. 선분 AD의 연장선에서 선분 AC = 선분 DE인 점 E를 잡는다.
다. 점 A를 중심으로 선분 AE를 반지름으로 하는 원호를 그려 교점 F를 정한다.
라. 선분 AB의 2등분 점 C에서 수선을 세운다.

① 라 → 다 → 나 → 가
② 라 → 가 → 나 → 다
③ 라 → 가 → 다 → 나
④ 라 → 나 → 가 → 다

22 도법의 변형에서 투시도법으로 얻은 상이 작아서 그대로 사용할 수 없을 경우 사용하는 도법은?

① 확대도법
② 연장도법
③ 축소도법
④ 분할도법

23 아래의 정면도를 기준으로 3각도법에 의한 평면도와 측면도를 순서대로 바르게 표현한 것은?

①    ②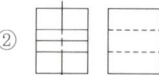

③    ④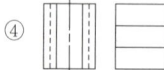

24 그림 중 두 원을 교차시킨 타원 그리기의 작도법은?

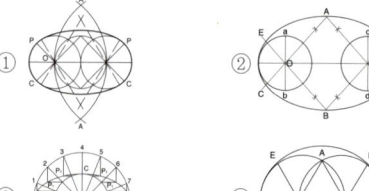

25 다음 유채색의 수식형용사 중 명도가 가장 낮은 수식어는?

① 흐린   ② 어두운
③ 탁한   ④ 연한

26 도면의 형태가 치수와 비례하지 않을 때에 표제란에 기입하는 것은?

① A.S   ② K.S
③ 1 : 2   ④ N.S

27 다음 중 굵은 실선으로 표시하는 선은?
① 외형선　　② 치수선
③ 지시선　　④ 치수보조선

28 다음 중 같은 크기의 형태라도 실제보다 더 크게 보이는 색은?
① 저채도색　② 한색
③ 난색　　　④ 중성색

29 색상에 부합되는 연상과 상징이 옳게 연결된 것은?
① 노랑 – 위험, 혁명, 분노, 희열
② 빨강 – 명랑, 유쾌, 냉담, 신뢰
③ 파랑 – 명상, 냉정, 성실, 추위
④ 녹색 – 숭고, 영원, 신비, 혁명

30 명시성에 대한 설명 중 가장 옳은 것은?
① 사물에 색이 맑고 작게 보인다.
② 사물의 색이 밝고 하얗게 보인다.
③ 두 색상을 같이 배열하면 색상이 다르게 보인다.
④ 멀리서도 사물이 눈에 잘 보인다.

31 조명이나 관측조건이 달라도 주관적 색채 지각으로는 물채색의 변화를 느끼지 못하는 현상은?
① 매스 효과　　② 색각 항상
③ 등색 잔상　　④ 동화 현상

32 일반적인 색의 응용에 관한 설명 중 틀린 것은?
① 가장 넓은 부분을 차지하는 색을 보조색이라고 한다.
② 주조색에 이어 면적비가 큰 색을 보조색이라고 한다.
③ 대체로 강조색은 작은 면적에 사용한다.
④ 강조색은 눈에 띄는 포인트 컬러를 주로 사용한다.

33 물체의 앞면 모서리는 수평선과 평행하게 앞면 모서리는 수평선과 임의의 각도 α로 하여 그린 투상도는?
① 부등각 투상도
② 등각 투상도
③ 사투상도
④ 축측 투상도

34 보기의 (　)에 들어갈 용어로 옳은 것은?

> "색채계에는 심리 · 물리적인 빛의 혼색실험에 기초를 두고 색을 표시하는 (A)와 지각색을 표시하는 (B)가 있다."

① A–심리계, B–지각계
② A–혼색계, B–현색계
③ A–현색계, B–혼색계
④ A–물리계, B–지각계

35 상점 쇼 윈도우에 동일한 크기의 색광 3개를 사용하여 가장 밝은 조명을 비추었다. 이 현상을 옳게 설명한 것은?
① 감법혼색의 원리를 사용한 것이다.
② 컬러인쇄와 동일한 원리를 이용한 것이다.
③ 빨강, 초록, 파랑의 색광을 사용한 것이다.
④ 시안, 마젠타, 옐로우의 색광을 사용한 것이다.

36 위에서 내려다보는 느낌을 주는 투시도법은?
① 1점 투시　　② 2점 투시
③ 3점 투시　　④ 유각 투시

37 먼셀의 색채계를 기초로 오메가 공간이라는 색입체를 설정하여 성립된 색채조화이론은?
① 문 · 스펜서 색채조화론
② 오스트발트 색채조화론
③ 저드의 색채조화론
④ 비렌의 색채조화론

38 명소시와 암소시의 중간 밝기에서 추상체와 간상체 양쪽이 작용하고 있는 시각의 상태는?
① 황혼시 ② 박명시
③ 저명시 ④ 약명시

39 색의 3속성 중 색의 강약이나 맑기를 의미하는 것은?
① 명도 ② 채도
③ 색상 ④ 색입체

40 가법혼색에 대한 설명 중 옳은 것은?
① Cyan, Magenta, Red를 기본 3색으로 한다.
② 색을 혼합할수록 명도가 높아진다.
③ 3원색을 혼합하면 검정에 가까운 갈색이 된다.
④ 일반적으로 색료혼합이라고도 부른다.

과목 03 디자인 재료

41 플라스틱 중 투명성과 내충격성, 광택이 특히 좋아서 화장품과 생활용품의 용기로 주로 이용되는 것은?
① 폴리에틸렌 테레프탈레이트
② 폴리카보네이트
③ 폴리아미드
④ 폴리우레탄수지

42 불투명도가 높고, 지질이 균일하여 성서나 사전의 본문 인쇄에 많이 사용되는 종이는?
① 로루지(Machine Glazed Paper)
② 크라프트지(Kraft Paper)
③ 인디아지(India Paper)
④ 아트지(Art Paper)

43 목재의 심재에 대한 설명이 옳은 것은?
① 무르고 연하며 수액이 많고 탄력성이 크다.
② 껍질 쪽의 옅은 부분을 말한다.
③ 무거우며 내구성이 풍부하고 일반적으로 질이 좋다.
④ 변형이 심한 편이나 갈라짐은 심하지 않다.

44 매직 마커의 장점으로 볼 수 없는 것은?
① 색상이 다양하고 풍부하다.
② 색상이 선명하고 아름답다.
③ 수채화의 붓 자국 표현에 효과적이다.
④ 건조시간이 빠르다.

45 다음 중 전처리의 불완전으로 인한 도막의 결함이 아닌 것은?
① 도금막이 약하다.
② 재료의 성질이 바뀐다.
③ 표면에 얼룩이 생긴다.
④ 표면에 부식이 생긴다.

46 종이의 제조공정 중 내수성을 주고, 잉크의 번짐을 방지하기 위하여 종이의 표면 또는 섬유를 아교물질로 피복시키는 공정은?
① 고해 ② 사이징
③ 충전 ④ 착색

47 다음 중 유화의 성질과 비슷하여 합성수지로 만들어 접착성과 내수성이 강한 디자인 표현 재료는?
① 스크린 톤
② 스텐실
③ 픽사티브
④ 아크릴 컬러

48 플라스틱에 관한 일반적인 설명 중 옳은 것은?

① 가공이 용이하고 다양한 재질감을 낼 수 있다.
② 표면 경도가 높아 목적에 알맞은 여러 형태로 바꿀 수 있다.
③ 열전도율이 높고 강도 및 전연성이 약하다.
④ 산, 알칼리 등 화학약품에 약하지만 자외선에 강하다.

과목 04 컴퓨터그래픽스

49 컬러 모드에 대한 설명 중 옳은 것은?

① CMYK 모드는 가산혼합의 색상구현 원리로 사용하고 있다.
② 비트맵 모드는 검정색과 흰색으로만 이미지를 표현한다.
③ HSB 모드는 명도 요소와 2가지 색상 축을 기준으로 정의된다.
④ 인덱스 색상 모드는 일반적인 컬러 색상을 픽셀 밝기 정보만 가지고 이미지를 구현한다.

50 1,600만 컬러 모드로 저장 가능하고, 비손실 압축을 사용하여 이미지 변형 없이 이미지를 웹상에 그대로 표현할 수 있고, 이미지의 투명성과 관련된 알파 채널에서 향상된 기능을 제공하는 파일 포맷은?

① JPEG
② TIFF
③ EPS
④ PNG

51 컴퓨터 운영체제나 브라우저의 종류와 상관없이 공통적으로 사용되는 웹 안전색의 색상 수는?

① 256
② 255
③ 236
④ 216

52 메모리의 종류 중 기억 내용을 삭제하기 위하여 데이터의 재입력이 항시 필요하기 때문에 다이내믹 램이라고 불리는 것은?

① SRAM
② DRAM
③ EDO RAM
④ DDR-SDRAM

53 VGA를 대체하는 32비트 컴퓨터용 그래픽 카드로 멀티미디어를 고려하여 만들어진 것은?

① CGA
② SVGA
③ TVGA
④ XVGA

54 컴퓨터를 이용한 영상정보의 처리기법으로 기존의 이미지를 새로운 이미지로 창작하거나 수정하는 일반적 작업과정은?

① Image Compressing
② Image Processing
③ Morphing
④ Texture Mapping

55 벡터 파일 포맷이 아닌 것은?

① TGA
② AI
③ CDR
④ EPS

56 심벌, 로고, 캐릭터 등의 디자인 시 가장 많이 사용되는 프로그램은?

① QuarkXpress
② Illustrator
③ Painter
④ Photoshop

57 포토샵 프로그램에서 이미지를 흐릿하고 부드럽게 하는 기능은?

① Stylize
② Sharpen
③ Blur
④ Texture

58 Adobe Illustrator에서 여러 오브젝트를 하나로 합치는 기능이 있는 팔레트(패널) 혹은 도구는?

① 그라디언트
② 패스파인더
③ 블랜드
④ 패치워크

59 3차원 모델링 중 물체를 점과 선만으로 표현하는 방식은?

① 목업 모델링(Mock-up Modeling)
② 매핑(Mapping)
③ 와이어 프레임 모델링(Wire Frame Modeling)
④ 서페이스 모델링(Surface Modeling)

60 이미지의 페인팅에 사용하는 브러시의 크기 및 특성에 따른 툴의 종류가 아닌 것은?

① 연필 툴(Pencil Tool)
② 에어브러시 툴(Airbrush Tool)
③ 크롭핑 툴(Cropping Tool)
④ 도장 툴(Rubber Stamp Tool)

2023년 최신 기출문제 02회

• 제한시간 : 60분   • 소요시간 :   시간   분   • 전체 문항 수 : 60문항   • 맞힌 문항 수 :   문항

과목 01 산업 디자인 일반

01 다음 중 실내 디자인의 대상 공간이 아닌 것은?
① 도서관
② 사무실
③ 도시조경
④ 상점

02 POP 광고의 기능에 관한 설명이 틀린 것은?
① 판매점에 온 소비자에게 브랜드나 브랜드 네임을 알릴 수 있다.
② 신제품을 알리는 데 좋으며 신제품의 기능, 가격을 강조한다.
③ 상품에 대한 자세한 설명은 충동구매를 방지한다.
④ 점원의 설명보다 우수한 대변인이 될 수 있다.

03 디자인에서 이미지를 전달하기 위한 표현기법의 첫 단계는?
① 모델링(Modeling)
② 포토 리터칭(Photo Retouching)
③ 렌더링(Rendering)
④ 아이디어 스케치(Idea Sketch)

04 잡지 광고의 종류 중 뒷 표지에 실리는 광고는?
① 표지 1면 광고
② 표지 2면 광고
③ 표지 3면 광고
④ 표지 4면 광고

05 디자인 조건과 특성이 옳게 나열된 것은?
① 합목적성, 심미성 : 지적 활동, 합리적 요소 형성
② 경제성, 독창성 : 지적 활동, 합리적 요소 형성
③ 심미성, 독창성 : 감성적 활동, 비합리적 요소 형성
④ 합목적성, 경제성 : 감성적 활동, 비합리적 요소 형성

06 잘 그려진 포스터인데도 불구하고 보기 어렵고 내용 전달이 모호하다면 그 포스터는 무엇이 문제인가?
① 경제성
② 기능성
③ 독창성
④ 심미성

07 바코드(Bar Code)는 각 포장 표면에 굵기가 다른 수직선과 그 밑에 숫자로 인쇄된 기호이다. 바코드에 대한 설명이 틀린 것은?
① 계산서의 보관이 용이하다.
② 상품의 가격을 수동으로 찍는 방법보다 정확하다.
③ 상점 경영에 합리성이 있다.
④ 계산하는 번거로움이 있어 시간이 늦다.

08 다음 중 유사, 대비, 균일, 강화 등이 포함되어 나타내는 디자인의 원리는?
① 통일
② 조화
③ 균형
④ 리듬

09 일정한 모듈(Module)을 이용하여 만든 가구로, 소비자의 취향에 따라 다양한 형태와 크기의 가구를 만들 수 있어 주거 이동이 잦은 현대인의 생활에 적합한 구조별 가구의 종류는?

① 이동식 가구 ② 붙박이식 가구
③ 조립식 가구 ④ 고정식 가구

10 제품 디자인에 대한 설명 중 틀린 것은?

① 과학, 기술, 인간, 환경 등이 공존하는 분야이다.
② 생산 가능한 형태, 구조, 재료 등을 고려하여 설계해야 한다.
③ 인간과 자연의 매개 역할로서의 도구이다.
④ 인간의 감성에 맞춘 순수 예술이어야 한다.

11 선의 조형적 표현 방법 중 단조로움을 없애주고 흥미를 유발시켜 활동적인 분위기를 조성하지만 지나치게 많이 사용하면 불안정한 느낌을 주는 것은?

① 수직선 ② 수평선
③ 사선   ④ 포물선

12 다음 중 스케치의 역할이 아닌 것은?

① 아이디어를 구상에 따라 다양하게 표현한다.
② 형태나 색채, 재질감을 실물과 같이 충실하게 표현한다.
③ 이미지(Image)를 구체적으로 표현하는 작업이다.
④ 의도된 형태를 발전, 전개시킨다.

13 기계제품의 질을 향상시키기 위해 독일공작연맹을 결성한 중심인물은?

① 윌리엄 모리스(W. Morris)
② 무테지우스(H. Muthesius)
③ 이텐(J. Itten)
④ 몬드리안(P. Mondrian)

14 실내 디자인을 구성하는 실내의 기본 요소로만 연결된 것은?

① 가구, 조명, 문
② 바닥, 벽, 천장
③ 바닥, 벽, 차양
④ 가구, 바닥, 창

15 그림에 해당되는 착시는?

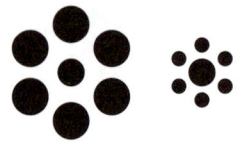

① 길이의 착시 ② 크기의 착시
③ 방향의 착시 ④ 명도의 착시

16 다음 중 시장의 확보 및 확대를 위한 전략과 관련이 없는 것은?

① 시장의 세분화 ② 제품의 차별화
③ 제품의 다양화 ④ 제품의 단순화

17 패키지의 기능 및 역할 중 '개폐의 용이, 쉬운 조작, 적절한 무게, 누구나 사용' 등과 관련한 것은?

① 편의성 ② 보호성
③ 명시성 ④ 안전성

18 유사한 배열이 방향성을 지니고 하나의 묶음처럼 지각되어 공동운명의 법칙이라고도 부르는 게슈탈트 원리는?

① 근접성의 원리
② 친숙성의 원리
③ 폐쇄성의 원리
④ 연속성의 원리

19 선의 조형 효과에 대한 설명 중 틀린 것은?
① 선의 조밀한 변화로 깊이를 느낀다.
② 많은 선의 연속된 근접으로 면을 느낀다.
③ 선을 끊음으로서 입체를 느낀다.
④ 선을 일정하게 반복하면 패턴을 얻을 수 있다.

20 흑백의 강렬한 조화와 이국적 양식, 쾌락적, 생체적, 여성적, 유기적 곡선, 비대칭 구성이 특징이며 윌리엄 브레들리, 오브리 비어즐리, 가우디 등이 대표작가인 디자인 사조는?
① 옵 아트
② 구성주의
③ 아르누보
④ 아르데코

과목 02 색채 및 도법

21 동시대비에 대한 설명 중 틀린 것은?
① 두 색 이상을 동시에 볼 때 생기는 대비이다.
② 색의 3속성 차이에 의해서 나타나는 대비 현상이다.
③ 동일한 공간 영역에서 먼저 본 색의 영향으로 생기는 대비이다.
④ 자극과 자극 사이의 거리가 멀어질수록 대비 현상은 약해진다.

22 대칭형인 물체의 외형과 내부의 구조 및 형태를 동시에 표시하는 단면도는?
① 반 단면도
② 계단 단면도
③ 온 단면도
④ 부분 단면도

23 푸르킨예 현상의 설명과 거리가 먼 것은?
① 새벽녘의 물체들이 푸르스름하게 보인다.
② 조명이 어두워지면 적색보다 청색이 먼저 사라진다.
③ 푸르킨예 현상을 이용해 비상구 표시를 초록으로 한다.
④ 낮에는 파란 공이 밤이 되면 밝은 회색으로 보인다.

24 치수기입 시 치수 숫자와 기호의 표현이 잘못된 것은?
① 354.62
② 3t
③ 185°
④ □10

25 빛을 감지하는 감광 세포인 간상체가 지각할 수 있는 색은?
① 빨강
② 노랑
③ 보라
④ 회색

26 다음 중 일반색명은?
① 베이지
② 복숭아색
③ 어두운 회색
④ 밤색

27 색의 감정에 대한 설명이 옳은 것은?
① 채도가 높은 색은 탁하고 우울하다.
② 채도가 낮을수록 화려하다.
③ 명도가 낮은 배색은 어두우나 활기가 있다.
④ 명도가 높은 색은 주로 밝고 경쾌하다.

28 빨강의 색상 기호를 먼셀 색체계에서 '5R 4/14'이라고 표시할 때, '5R'이 나타내는 것은?
① 명도
② 색상
③ 채도
④ 색명

29 T자와 삼각자를 이용하는 방법으로 틀린 것은?
① T자는 왼손으로 머리부분을 잡고 제도판에 대어 이동한다.
② 기준을 잡은 T자 위쪽으로 삼각자를 놓고 사용한다.
③ 수직선은 T자 위에 삼각자를 놓고 위에서 아래로 긋는다.
④ 빗금을 그을 때는 T자와 2개의 삼각자를 이용하여 사선방향으로 긋는다.

30 명도와 채도가 유사한 동일 색상 배색에서 나타나는 이미지는?
① 동적인 이미지
② 화려한 이미지
③ 정적인 이미지
④ 명쾌한 이미지

31 동일한 주황색이라도 빨간색 배경 위의 주황색은 노란색 기미가, 노란색 배경 위의 주황색은 붉은 색 기미가 많이 보이는 것과 관련한 대비현상은?
① 보색대비
② 색상대비
③ 채도대비
④ 명도대비

32 다음 중 생동감, 열정, 활력으로 정열적인 이미지의 배색은?
① 검정, 회색
② 녹색, 파랑
③ 빨강, 주황
④ 노랑, 하양

33 두 색이 서로의 영향으로 본래의 색보다 채도가 높아지고 선명해지며, 서로 상대방의 색을 강하게 드러내 보이게 되는 대비는?
① 동시대비
② 계시대비
③ 연변대비
④ 보색대비

34 가시광선 중 파장범위가 가장 긴 색은?
① 빨강
② 노랑
③ 파랑
④ 보라

35 투시도법의 기본 요소는?
① 대상, 형상, 거리
② 색채, 명암, 음영
③ 형태, 그늘, 그림자
④ 시점, 대상물, 거리

36 현재 한국산업표준으로 채택하여 사용되고 있는 색체계는?
① 오스트발트 색체계
② 먼셀 색체계
③ CIE 표준 색체계
④ 문·스펜서 색체계

37 그림과 같이 물체를 표현하는 투시법은?

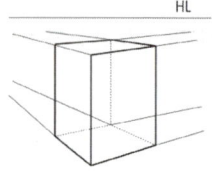

① 사각투시
② 유각투시
③ 평행투시
④ 삼각투시

38 그림과 같이 원기둥에 감긴 실의 한 끝을 늦추지 않고 풀어나갈 때, 이 실의 끝이 그리는 곡선은?

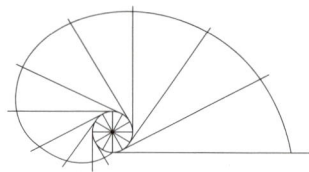

① 등간격 곡선
② 인벌류트 곡선
③ 사이클로이드 곡선
④ 아르키메데스 곡선

39 그림 중 회전 단면도는?

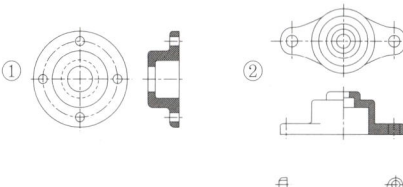

40 다음 평면도법 중 '같은 면적 그리기'가 아닌 것은?

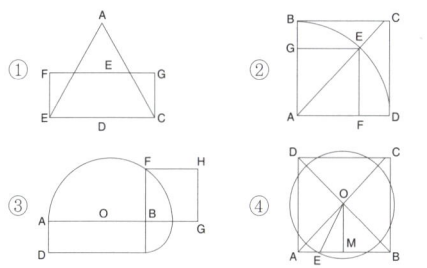

과목 03 디자인 재료

41 다음 중 불규칙한 곡선을 그릴 때 사용하는 것은?
① 템플릿
② 운형자
③ 비례 디바이더
④ 비임 컴퍼스

42 인쇄물의 표면에 박막을 씌워 오염을 방지하고, 내수성과 광택을 향상시키는 후가공은?
① 엠보싱(Embossing)
② 라미네이팅(Laminating)
③ 핫 스탬핑(Hot Stamping)
④ 오버 코팅(Over Coating)

43 입자가 거칠고 점력이 부족하나 불순물 함량이 적어 백색이 많은 1차 점토는?
① 내화점토
② 석기점토
③ 벤토나이트
④ 고령토

44 옥외 등의 내수합판이나 목제품의 접합에 널리 사용되는 접착제로, 사용가능 시간이 길며 고온에서 즉시 접합되는 접착제는?
① 페놀계 접합제
② 에폭시계 접합제
③ 아크릴계 접합제
④ 멜라민계 접합제

45 펄프의 제조 방법에 의한 분류 중 원료를 약품처리와 기계적 처리를 병용하여 만든 펄프는?
① 세미케미컬 펄프
② 쇄목 펄프
③ 화학 펄프
④ 기계 펄프

46 다음 중 유기재료에 속하는 것은?
① 목재   ② 강철
③ 유리   ④ 도자기

47 필름을 인화하였을 때 검은 흠집선이 생기는 원인은?
① 네거티브 캐리어 위의 먼지
② 필름의 유제층이나 필름 뒷면의 흠집
③ 오랜 시간 현상액에 둔 경우
④ 외부에서 암실로 들어온 빛

48 스트리퍼블(Strippable) 페인트의 설명으로 틀린 것은?
① 도장재의 더러움 방지를 위해 일시적으로 사용한다.
② 필요할 때 간단히 벗겨낼 수 있다.
③ 비닐계 수지이다.
④ 얇게 도장해야 한다.

과목 04 컴퓨터그래픽스

49 파일 포맷에 대한 설명이 틀린 것은?
① PostScript – 어떤 출력장치에도 왜곡됨 없이 그래픽 이미지를 자유롭게 표현해 줄 수 있는 저장 방식
② PICT – 윈도우즈 운영체제에서 지원해주는 방식으로 비트맵 이미지의 저장 방식
③ PNG – 256 컬러 외에 1600만 컬러 모드로 저장이 가능하고 GIF보다 10~30% 뛰어난 압축률을 제공
④ TIFF – 무손실 압축방식을 사용하며, OS에 의존하지 않고 사용 가능

50 애니메이션과 동영상 파일 포맷이 아닌 것은?
① CPT
② FLC
③ GIF
④ SWF

51 명도 요소와 빨강~녹색, 노랑~파랑에 이르는 2가지의 색상 축을 기준으로 색상을 표시하는 컬러 방식은?
① Lab 모드
② RGB 모드
③ HSB 모드
④ CMYK 모드

52 컴퓨터 작동 시 정보를 기억할 수 있고 전원이 꺼지면 지워지는 메모리는?
① Random Access Memory
② Read Only Memory
③ Hard Disk Memory
④ Floppy Memory

53 GUI를 바탕으로 하는 운영체제에서 제공하는 휴지통의 설명 중 틀린 것은?
① 시스템에서 완전히 삭제하기 전에 잠시 보관하는 장소이다.
② 휴지통에 들어있는 파일은 디스크의 공간을 차지하지 않으므로 디스크 관리에 용이하다.
③ 휴지통에 들어있는 파일은 휴지통을 비우기 전까지는 언제든지 복원할 수 있다.
④ 일부 시스템 파일은 휴지통에 버릴 수 없도록 안전장치를 해놓고 있다.

54 컴퓨터 디지털 신호의 기본적인 0과 1의 전기적 신호체계를 의미하는 용어는?
① Binary
② Bit Map
③ Frame
④ Vector

55 다음 중 스캐너에 대한 설명으로 틀린 것은?
① 스캐너는 반사된 빛을 측정하기 위해 CCD라는 실리콘칩을 사용한다.
② 해상도의 단위는 LPI이다.
③ 입력된 파일의 크기를 작게 하거나 원하는 영역만 스캔할 수도 있다.
④ 색상과 콘트라스트를 더욱 정확하게 조절하기 위해 감마보정이라는 방법을 사용한다.

56 입력장치에 대한 설명이 틀린 것은?

① 컴퓨터 작업의 첫 단계이다.
② 컴퓨터 내부로 외부의 데이터를 전달한다.
③ 정보를 기억하고, 기억한 정보를 처리한다.
④ 키보드, 마우스, 스캐너 등이 입력장치이다.

57 3D 오브제의 표면을 사실적으로 표현하기 위하여 프로그램상 만들어진 무늬와 2D 이미지를 적용하여 사실적인 이미지를 만들 수 있도록 하는 작업은?

① 포토리얼(Photoreal)
② 안티앨리어싱(Anti-Aliasing)
③ 매핑(Mapping)
④ 패치(Patch)

58 해상도(Resolution)에 관한 설명 중 옳은 것은?

① 화면에 이미지를 얼마나 선명하게 표현할 수 있는지를 결정한다.
② 화면을 구성하는 최소 화소 단위를 말한다.
③ 해상도가 높을수록 이미지의 질은 떨어진다.
④ 해상도는 포스트스크립트 방식에서만 적용된다.

59 베지어 곡선(Bezier Curve)에 대한 설명이 틀린 것은?

① 만들어지는 선분은 양 끝의 제어점(Control Point)을 통해 만들어진다.
② 제어점의 위치만으로 정의되기 때문에 제어성이 양호하다.
③ 1개 조정점(Control Point)의 변경은 곡선 전체에 영향을 미친다.
④ 수학적 데이터로 이미지 처리 및 리터칭에 주로 사용된다.

60 CIP(Corporate Identity Program)를 제작할 때 가장 유용하게 쓰이는 벡터 이미지용 소프트웨어는?

① 포토샵(Photoshop)
② 스트라타 스튜디오(Strata Studio)
③ 일러스트레이터(Illustrator)
④ 페인터(Painter)

최신 기출문제 정답 & 해설

2025년 최신 기출문제 01회 2-34p

01 ①	02 ④	03 ①	04 ③	05 ④
06 ④	07 ③	08 ②	09 ③	10 ③
11 ①	12 ①	13 ①	14 ①	15 ①
16 ①	17 ④	18 ①	19 ②	20 ②
21 ③	22 ③	23 ①	24 ②	25 ①
26 ④	27 ①	28 ③	29 ①	30 ③
31 ②	32 ①	33 ①	34 ①	35 ②
36 ①	37 ③	38 ①	39 ④	40 ①
41 ①	42 ①	43 ④	44 ②	45 ②
46 ①	47 ②	48 ②	49 ④	50 ①
51 ③	52 ④	53 ①	54 ①	55 ②
56 ③	57 ②	58 ①	59 ②	60 ②

과목 01 디자인 일반

01 ①
합목적성은 디자인의 가장 기본적인 조건으로, 기능성과 실용성을 의미한다.

02 ④
경제성은 생산, 유통, 소비 전반에 걸쳐 효율적이고 합리적인 가치를 지니도록 하는 조건이다.

03 ①
Weakness-Opportunity 전략 : 내부 약점 보완으로 외부 기회를 잡는 전략이다.

04 ③
'토탈 마케팅'은 기업 경영의 중심이 되도록 인사, 재무, 생산 등 모든 부서를 마케팅에 맞춰 운영하는 것을 의미한다.

05 ④
독일공작연맹은 기계 생산을 긍정적으로 수용하고, 예술가와 기술자, 산업가가 협력하여 제품의 품질을 높이고자 했던 중요한 근대 디자인 운동 단체이다.

> 오답 피하기
- 미술공예운동 : 영국이 중심이 된 운동으로 수공예를 중시하였다.
- 데 스틸 : 네덜란드 중심의 예술/건축 운동으로 기하학 형태와 추상적 표현을 강조하였다.
- 바우하우스 : 현대 디자인 교육을 체계화한 기관이다.

06 ④
디자인은 합목적성, 심미성, 독창성, 경제성, 질서성 등을 고려하여 계획, 제작되어야 한다.

07 ③
인테리어 디자인은 공간의 구조, 조명, 재질, 동선 등을 계획하는 환경 디자인 영역에 속한다.

08 ②
포장 디자인은 내용물을 물리적으로 보호하고(보호성), 제품 정보 제공 및 매력적인 외관으로 소비자의 구매를 유도하는(판매촉진성) 역할을 한다.

09 ③
DM은 잠재 고객의 주소 목록을 활용하여 카탈로그, 전단, 편지 등을 직접 우편으로 보내는 타겟 마케팅의 한 방법이다.

10 ③
미술공예운동은 윌리엄 모리스를 중심으로 일어난 운동으로, 기계 생산을 부정하고 중세 수공예의 가치와 장인 정신을 회복하여 미적 생활용품을 만들고자 했다.

과목 02 비주얼 아이데이션

11 ①
아이디어 발상은 창의성을 바탕으로 구체적인 아이디어를 도출하고 발전시키는 일련의 '과정'을 의미한다.

12 ①
브레인스토밍은 다수의 자유로운 아이디어 발상이 목적이며, 비판은 금지된다.

13 ①

시네틱스(Synectics)는 '서로 다른 요소들의 결합'이라는 뜻으로, 의인적 유추, 직접적 유추 등을 통해 익숙한 문제를 낯설게 바라봄으로써 새로운 해결책을 찾는 기법이다.

> 오답 피하기

스캠퍼는 7가지 '질문'을 통해 아이디어를 개선하는 기법을 말한다. 시네틱스는 '유추'나 '비유'를 통해 서로 다른 것을 결합하는 기법이다.

14 ①

디자인 발상 능력은 단순 '모방'에서 시작하여, '수정'하는 단계를 거치고, 새로운 창조적 디자인을 '적응'시키며, 최종적으로 유행을 이끄는 '혁신'의 단계로 발전한다.

15 ①

'점'은 모든 조형의 시작점이 되는 가장 기본적인 요소로, 기하학적으로는 위치만을 갖고 있다.

16 ①

조화는 디자인의 여러 요소들이 외적 관계 속에서 결합되어 통일된 전체감을 이루는 상태를 말한다.

17 ④

근접 · 유사 · 연속 · 폐쇄는 게슈탈트의 핵심 원리이며, 균형은 디자인 구성 원리이다.

18 ①

뮐러-라이어 착시는 선의 양 끝에 붙은 화살표의 방향(안쪽/바깥쪽)에 따라 같은 길이의 선분이 다르게 보이는 기하학적 착시이다.

19 ②

디자인 개발은 아이디어의 최초 발상(스크래치)에서 시작해, 다양한 구상(섬네일)을 거쳐 구체화(러프)하고 최종 시안(콤프)으로 완성하는 순서로 진행된다.

20 ②

사투상도는 물체의 한 면을 정면으로 두고 비스듬한 선(경사선)으로 깊이를 표현하여, 정면, 측면, 윗면(또는 아랫면)의 세 면을 동시에 보여주는 투상도법이다.

21 ③

파선(점선)은 물체의 외형선 뒤에 가려져 보이지 않는 모서리나 구멍 등을 표기할 때 사용하며, '숨은선'이라고도 한다.

22 ③

무드보드(Moodboard)는 디자인 콘셉트와 관련된 이미지, 텍스처, 컬러 등을 한곳에 모아 전체적인 분위기(Mood)를 설정하고 공유하기 위한 시각 자료이다.

과목 03 시안 디자인

23 ①

시안 디자인 개발은 아이디어 스케치에서 발전된 콘셉트를 실제 결과물과 유사한 형태로 구체화하여 클라이언트에게 제안하고 검토받는 핵심 단계이다.

24 ②

목업은 실제 제품과 동일한 크기와 형태로 만드는 실물 모형으로, 디자인의 비례감, 그립감, 형태 등을 검토하는 데 사용된다.

25 ①

종이 프로토타이핑은 실제와 유사한 모형을 종이로 빠르고 저렴하게 만들어보면서 구조적인 문제점이나 사용성을 미리 테스트해 보는 아이데이션 방법이다.

26 ④

CI는 MI(이념), BI(행동), VI(시각)의 세 가지 요소로 구성된다.

27 ①

플렉서블(Flexible) 아이덴티티는 고정된 하나의 형태가 아닌, 다양한 베리에이션을 통해 역동적이고 다채로운 브랜드 이미지를 전달하는 현대적인 CI/BI 표현 방식이다.

28 ①

밀착 인화는 네거티브 필름을 인화지에 직접 밀착시켜 빛을 노출한 뒤, 필름 전체의 밝기, 구도, 노출 상태 등을 한눈에 확인하는 시험 인화 과정이다.

29 ①

인포그래픽(Infographic)은 정보(Info)와 그래픽(Graphic)의 합성어로, 복잡한 데이터나 정보를 차트, 지도, 아이콘 등을 활용하여 시각화함으로써 이해도를 높이는 디자인이다.

30 ③

'데이터 시각화'가 데이터를 차트나 그래프로 '표현'하는 기술 자체에 가깝다면, '인포그래픽'은 그 기술을 활용해 명확한 '메시지'와 '스토리'를 전달하는 완성된 결과물이라고 할 수 있다.

31 ②

종이의 제조 공정은 목재 등의 섬유질 원료를 가공하여 인쇄 가능한 상태로 만드는 일련의 과정이다.

32 ①

레이아웃은 '배치하다', '배열하다'는 의미로, 효과적인 시각적 소통을 위해 문자, 그림, 여백 등을 조화롭게 구성하는 모든 활동을 의미한다.

과목 04 조색 및 배색

33 ③
명도는 색의 밝기를 나타내는 속성으로, 유채색과 무채색 모두에 존재한다. 가장 명도가 높은 색은 흰색, 가장 낮은 색은 검은색이다.

34 ①
색상(Hue), 명도(Value), 채도(Chroma)는 색의 기본 속성이다.

35 ②
가법혼색의 3원색은 빨강(Red), 초록(Green), 파랑(Blue)이다.

36 ①
PCCS는 색상과 톤을 조합하여 색을 체계화하는 것이 특징이다.

오답 피하기
대부분의 표색계들이 '색상, 명도, 채도'를 축으로 하는 것과 달리, PCCS는 '색상과 색조'를 축으로 한다.

37 ③
보색대비란 색상환에서 정반대 위치의 두 색이 서로 나란히 있을 때 서로를 더 선명하고 강렬하게 보이게 하는 시각효과이다.

38 ①
명시도가 가장 높은 배색은 '검은색 바탕에 노란색'이다.

39 ④
영-헬름홀츠의 이론은 빛의 3원색을 기반으로 색을 지각한다는 이론이다.

40 ①
푸르킨예 현상은 어두워질수록 시각의 민감도가 파장이 짧은 파랑/초록 계열로 이동하기 때문에 발생한다. 이 때문에 비상구 표시는 초록색을 사용한다.

41 ①
KS 색명법은 기본, 관용, 계통색명 3개의 요소로 구성된다.

42 ①
관용색명은 지명, 인명, 동식물 등에서 유래하여 오랫동안 습관적으로 사용되어 온 색의 이름이다.

43 ④
KS 색명법의 계통색명은 색의 명도와 채도 수준을 약호로 표시한다. Brown은 색의 이름으로 톤의 약호가 아니다.

44 ②
'LtGy'는 Light Grayish의 약호로, 밝고 부드러운 회색 기미의 톤을 의미한다.

45 ②
톤은 색의 명도와 채도의 결합으로, 색의 밝기와 선명함을 종합적으로 나타낸다.

46 ①
베졸드 효과는 색을 직접 섞지 않아도 인접한 색 점의 배열로 인해 전체 색조가 달라져 보이는 현상이다

47 ②
보색을 섞으면 탁색이 되어 원래보다 채도가 감소한다.

과목 05 2D 그래픽 제작

48 ②
RAM은 CPU가 현재 작업 중인 프로그램과 데이터를 임시로 올려두는 '작업대' 역할을 한다.

오답 피하기
RAM은 '휘발성', ROM은 '비휘발성'이다. RAM은 작업 중인 내용을 임시 저장(전원 끄면 삭제), ROM은 컴퓨터의 기본 설정처럼 지워지지 않는 정보를 저장한다고 구분할 수 있다.

49 ④
DOS, UNIX, MAC OS는 컴퓨터 시스템을 제어하고 관리하는 시스템 소프트웨어(운영체제)이지만, Illustrator는 그래픽 디자인 작업을 위한 응용 소프트웨어이다.

50 ①
벡터는 수학적 좌표 기반으로 해상도 독립적이다.

51 ③
PSD(PhotoShop Document)는 포토샵의 원본 파일 형식으로, 수정 가능한 모든 작업 내역(레이어 등)을 보존한다.

52 ④
GIF는 고해상도 동영상 포맷이 아니라, 256색의 비트맵 이미지 포맷이다. 영상 편집에는 MP4, MOV, AVI, MKV 등이 사용된다.

53 ①
RGB는 빛의 3원색을 의미하며, 모니터, TV, 모바일 등에 사용된다.

54 ①
레이아웃은 시각요소의 위치와 비율을 조정하여 정보 구조를 만든다.

55 ②

판독성(Legibility)은 글자가 가지는 외형적 특징으로 한 글자와 다른 글자를 구분하기 쉬운 정도를 의미한다.

56 ③

마진(Margin)은 내용물이 배치되는 영역(판면)과 종이 가장자리 사이의 여백을 의미한다.

57 ②

사이징은 표면에 풀을 입혀 내수성과 인쇄적성을 향상시키는 공정이다.

58 ①

오프셋 인쇄를 기준으로, 인쇄용 이미지의 권장 해상도는 300dpi가 일반적이다.

59 ②

모아레는 주로 인쇄된 이미지(망점)를 다시 스캔하거나, 모니터에서 줄무늬 셔츠를 볼 때처럼 규칙적인 패턴이 겹쳐서 발생하는 간섭 현상이다.

60 ②

Baseline은 모든 활자가 정렬되는 기준선으로, 글자의 하단이 이 선 위에 놓인다.

2025년 최신 기출문제 02회

01 ①	02 ②	03 ②	04 ①	05 ②
06 ①	07 ④	08 ④	09 ③	10 ③
11 ①	12 ②	13 ③	14 ①	15 ①
16 ③	17 ②	18 ①	19 ③	20 ①
21 ①	22 ②	23 ④	24 ①	25 ①
26 ③	27 ②	28 ②	29 ②	30 ④
31 ③	32 ③	33 ③	34 ①	35 ①
36 ①	37 ①	38 ①	39 ③	40 ②
41 ③	42 ②	43 ②	44 ②	45 ④
46 ①	47 ②	48 ①	49 ①	50 ①
51 ①	52 ④	53 ①	54 ③	55 ①
56 ①	57 ②	58 ②	59 ④	60 ①

과목 01 디자인 일반

01 ①

마케팅의 4요소인 4P는 제품(Product), 가격(Price), 유통(Place), 촉진(Promotion)으로 구성된다.

02 ②

제품수명주기 그래프는 S자 곡선 형태로, 매출이 성숙기에서 최고점에 달한다. 이후 쇠퇴기로 접어들며 점차 감소한다.

03 ②

토탈디자인은 시각·제품·환경 등 디자인 전 영역을 통합하는 개념으로 브랜드 일관성을 구축한다.

04 ①

대량 생산된 일상 소비품을 예술 작품으로 제시하여 소비사회의 단면을 풍자했다.

05 ②

산업혁명은 수공업 중심의 생산 방식을 공장제 기계 공업으로 전환시켰다. 이로 인해 제품의 대량생산이 가능해졌고, 디자인은 기능성, 경제성, 규격화를 중요하게 고려하게 되었다.

06 ①

시각 디자인은 기능·미적·정보 전달의 3요소를 조화시켜 효과적인 커뮤니케이션을 유도한다.

07 ④

광고 디자인은 상품·서비스·사상을 설득력 있게 표현하는 디자인이다.

08 ④

디자인 윤리는 공공의 이익, 안전, 환경 보호, 사회적 책임 등을 우선한다.

09 ③

편집 디자인은 인쇄물의 내용과 형식을 시각적으로 구성하여 효율적인 정보전달과 심미적 효과를 추구하는 디자인이다.

10 ③

포장 디자인의 가장 기본적인 기능은 보호 기능으로, 내용물의 형태와 품질을 유지하고 보존하는 역할을 한다.

과목 02 비주얼 아이데이션

11 ①

브레인스토밍은 집단적 사고를 통해 아이디어를 창출하는 기법으로, 비판을 금지하고 자유로운 발상을 장려하는 것이 특징이다.

12 ①

어피니티 다이어그램(Affinity Diagram)은 수많은 아이디어 카드를 비슷한 속성끼리 묶어 정리하고, 각 그룹에 대표 키워드를 부여하여 아이디어의 구조를 파악하는 방법이다.

13 ③

리디자인(Redesign)은 기존 제품의 문제점을 보완하거나 트렌드에 맞게 성능 및 외관을 개선하여 가치를 높이는 활동이다.

> **오답 피하기**
> '리디자인(Redesign)'은 기능과 형태 모두를 개선, 개량하는 것이다. 반면 '스타일링(Styling)'은 기능 변경 없이 '외형적 부분'만 바꾸는 것을 의미한다.

14 ①

개념 요소는 실제로 눈에 보이지는 않지만, 모든 조형의 기초가 되는 점, 선, 면, 입체 등의 추상적인 요소들을 말한다.

15 ①

면적 판단 시 주변 형태와 배경이 영향을 주어 시각적 불균형을 유발한다.

16 ③

$\sqrt{2}$ 비례(1:1.414…)는 종이를 반으로 접어도 그 가로세로 비율이 원래의 비율과 동일하게 유지되는 특징이 있어, A열, B열 등 표준 종이 규격의 기준으로 사용된다.

17 ②

유사성의 법칙은 모양이나 색이 비슷한 것들끼리 무리 지어 보이게 하는 시지각 원리이다.

18 ①

러프 스케치(Rough Sketch)는 디자인 작업 과정에서 아이디어를 구체화하고 전체적인 구성과 레이아웃을 간단히 나타낸 스케치이다.

19 ③

콤프 스케치는 '종합적인', '완성된' 스케치라는 의미로, 실제 인쇄나 제작에 들어가기 전 최종 모습을 확인하는 용도로 사용된다.

20 ②

대기 원근법은 멀리 있는 풍경일수록 공기층의 영향으로 명암 대비가 약해지고 채도가 낮아지며 푸르스름하게 보이는 현상을 이용하여 거리감을 표현하는 기법이다.

21 ①

무드보드는 이미지, 색, 키워드로 감성적 방향을 정리한다.

22 ②

아이디어 프레젠테이션은 자신의 아이디어를 시각 자료(스케치)와 함께 다른 사람들에게 공식적으로 발표하고 설득하며 의견을 수렴하는 과정이다.

과목 03 시안 디자인

23 ④

시안 제작 '준비' 단계에서는 콘셉트를 구체화하고 필요한 재료를 수집한다.

24 ①

비주얼 펀은 말장난(언어유희)이나 시각적 유희를 통해 소비자에게 즐거움을 주고 메시지를 효과적으로 전달하는 크리에이티브 전략 중 하나이다.

25 ①

콘셉트 워드(Concept Word)는 디자인의 주제, 감성, 메시지를 압축한 언어적 지침이다.

26 ③

목업은 제품 디자인 등에서 최종 양산 전에 시각적인 검토와 기능성 테스트를 위해 만드는 실물 크기 또는 축소된 모형이다.

27 ②

CI는 기업의 얼굴과도 같으므로, 해당 기업이 추구하는 가치, 철학, 비전 등을 명확하고 간결한 시각적 상징으로 담아내어 오랫동안 일관되게 사용할 수 있어야 한다.

28 ②

변화 가능성 속에서도 핵심 상징은 반드시 유지되어야 한다.
색상·패턴·모션 등은 가변적이지만, 기본 구조나 콘셉트는 일관해야 브랜드 인식이 유지된다.

29 ②

픽토그램은 사물, 시설, 행동 등을 상징화하여 언어의 장벽 없이도 누구나 쉽고 빠르게 이해할 수 있도록 만든 시각 기호이다.

30 ④

정보가 이미지와 결합할 경우, 단순 텍스트로만 제공될 때보다 더 강한 인상을 남기며 기억 지속 시간이 연장되는 효과가 있다.

31 ③

레이아웃은 문자, 그림, 기호, 사진 등의 시각적 구성 요소를 한정된 공간 안에 효과적으로 배열하는 일 또는 그 기술을 의미한다.

32 ③

위계적 구조는 제목을 본문보다 크고 굵게 만드는 것처럼, 요소의 크기, 색상, 위치 등에 차등을 두어 정보의 중요도를 시각적으로 표현하는 것을 말한다.

과목 04 조색 및 배색

33 ③

채도는 색에 회색 기운이 얼마나 섞였는지를 나타낸다. 채도가 높을수록 순색에 가까우며 색이 선명하고 강렬한 느낌을 준다.

34 ①

가시광선은 인간의 눈이 감지할 수 있는 특정 파장 범위의 전자기파이다.

35 ①

현색계는 우리가 눈으로 보는 물체색을 심리적 세 속성인 색상, 명도, 채도를 기준으로 분류하는 시스템이다. 먼셀 색체계, NCS, PCCS가 대표적인 현색계이다.
- 현색계 : 사람의 눈에 보이는 대로 색을 분류하는 체계(예 먼셀).
- 혼색계 : 과학적인 빛의 혼합 원리에 따라 색을 수치로 표현하는 체계(예 CIE).

36 ①

먼셀 색체계와 오스트발트 색체계 모두 '색상–명도–채도'의 3속성 기반으로 구조화했다.

37 ①

보색은 색상환에서 서로 마주 보는 색으로, 나란히 두었을 때, 서로를 더 선명하고 강하게 보이게 만든다.

오답 피하기
② : 채도가 낮아 보이는 것이 아니라 오히려 선명해 보인다.
③ : 색상, 채도를 강하게 만들며, 명도를 직접 높이지는 않는다.
④ : 보색대비는 가장 강한 대비로 색을 동일하게 보이지 않는다.

38 ①

진출색은 앞으로 튀어나와 보이는 성질의 색으로, 보통 따뜻한 색상(적·주·황 계열)이면서 채도가 높고, 명도가 밝을수록 진출감과 팽창감이 커진다. 반대로 차가운 색(청·청록)이면서 채도가 낮고, 명도가 어두울수록 후퇴색 성질을 보여 뒤로 물러나 보인다.

39 ③

저드의 색채조화 4원리는 질서, 친근감, 유사성, 명료성의 원리이다.
'대비의 원리'는 슈브럴의 색채조화론에서 중요하게 다루는 원리이다.

40 ②

잔상은 한 색을 오래 바라본 뒤 시선을 다른 곳으로 옮겼을 때, 그 보색이 시야에 잠시 남아 보이는 시각적 현상을 말한다.

41 ③

톤(Tone)은 색의 명도와 채도의 조합으로, 색의 밝고 어두움, 선명하고 탁함 등의 인상 차이를 결정한다.

42 ②

KS 색표기법은 색상(Hue) – 명도(Value)/채도(Chroma)로 구성된다.
예 5R 4/12 → 5R(색상), 4(명도), 12(채도)

43 ②

톤이 높을수록(즉 명도↑, 채도↑) 밝고 활기찬 느낌을 주며, 톤이 낮을수록(명도↓, 채도↓) 무겁고 차분한 느낌을 준다.
이 원리는 색의 감정·이미지 표현(따뜻함, 차가움, 경쾌함 등)에 직접적으로 사용된다.

오답 피하기
- '밝고 활기찬' = 명도↑, 채도↑
- '차분하고 무거운' = 명도↓, 채도↓

44 ②

DIC(Dainippon Ink Color System)는 일본 산업용 색표준 체계로, 각 색상에 고유번호를 부여한다(예 DIC-23, DIC-156 등).

45 ④

Hue는 색상 자체를 의미하며, 톤은 Light, Deep, Dull, Grayish 등으로 구분된다.

46 ①

애브니 효과(Abney Effect)는 같은 색이라도 채도를 높이면 색상이 다르게 느껴지는 현상이다.

47 ②

문·스펜서는 먼셀 색체계를 기반으로 색을 좌표로 계산하여 수학적으로 조화를 분석하였다.

과목 05 2D 그래픽 제작

48 ②

ROM(Read Only Memory)은 컴퓨터나 다른 전자기기에서 데이터를 영구적으로 저장하는 데 사용되는 비휘발성(non-volatile) 메모리이다.

49 ①

버스(Bus)는 컴퓨터 내부에서 CPU, 메모리, 입출력장치 등 주요 구성 요소 사이를 연결하는 데이터 전송 통로이다.

50 ①

래스터 이미지(Raster Image)는 '비트맵(Bitmap)'이라고도 불리며 픽셀 단위로 구성되어 사진 표현에 강점이 있다.

51 ①

AI는 Illustrator의 고유 벡터 파일 포맷이다.

52 ④

TIFF는 이미지(사진) 포맷에 해당한다.

오답 피하기
- AVI : 마이크로소프트가 개발한 동영상 파일 형식이며 영상과 음성을 함께 저장할 수 있는 컨테이너 형식이다.
- MOV : 애플의 QuickTime 동영상 포맷으로, 고화질 영상 편집에 자주 사용된다.
- WMV : 윈도우 미디어 기술 기반의 스트리밍용 동영상 포맷이다.

53 ①

캘리브레이션은 작업 환경의 색상 기준을 표준화하는 과정이다.

54 ③

편집 레이아웃은 주어진 공간 안에 다양한 시각 요소들을 목적에 맞게 조화롭게 배열하는 행위 또는 그 결과물을 의미한다.

55 ①

가독성(Readability)은 인쇄물이나 디지털 매체의 글자가 얼마나 쉽게 읽히는가를 의미한다.

56 ①

트래핑(Trapping)은 오정렬로 인해 색이 맞닿는 경계면에 배경색인 흰 종이 면이 드러나는 것을 막기 위해, 인접한 두 색상의 경계 부분을 의도적으로 아주 미세하게 겹치도록(overlap) 처리하는 작업이다.

57 ②

유산지(Tracing Paper)는 빛을 부분적으로 통과시키는 반투명 종이로, 밑그림을 비춰서 복사하거나 제도용 도면을 옮기는 용도로 사용된다.

58 ②

인쇄(출판)는 CMYK 4색 잉크를 사용하므로 CMYK 모드로 작업해야 하며, 선명한 품질을 위해 최소 300dpi(ppi) 이상의 고해상도가 필요하다. 72dpi는 웹(모니터)용 해상도이다.

오답 피하기
- 인쇄/출판용 = CMYK = 300dpi
- 웹/모니터용 = RGB = 72dpi

59 ④

스캐너는 입력장치이며, 그래픽 출력장치에는 프린터·플로터·모니터 등이 있다.

60 ①

한글 구조별 명칭은 다음과 같다.
- A(꼭지) : 글자 윗부분의 솟은 작은 획
- B(세로줄기) : 글자의 중심이 되는 수직의 줄기
- C(보) : 가로로 뻗어있는 수평의 획
- D(맺음) : 획이 끝나며 마무리되는 부분

2025년 최신 기출문제 03회 2-50p

01 ④	02 ④	03 ①	04 ②	05 ④
06 ③	07 ②	08 ③	09 ②	10 ②
11 ①	12 ①	13 ④	14 ①	15 ①
16 ①	17 ④	18 ④	19 ①	20 ①
21 ③	22 ③	23 ①	24 ④	25 ①
26 ③	27 ③	28 ①	29 ①	30 ④
31 ①	32 ③	33 ③	34 ②	35 ④
36 ①	37 ①	38 ①	39 ①	40 ④
41 ①	42 ①	43 ①	44 ②	45 ③
46 ①	47 ①	48 ①	49 ②	50 ①
51 ①	52 ③	53 ④	54 ④	55 ①
56 ②	57 ②	58 ④	59 ③	60 ③

과목 01 디자인 일반

01 ④

경제성은 허용된 비용 안에서 합목적성과 심미성을 만족시키는 가장 합리적이고 효율적인 디자인을 추구하는 조건이다.

02 ④

SWOT 분석의 4개 요소는 아래와 같다.
- S(Strength) : 강점(내부의 유리한 요인)
- W(Weakness) : 약점(내부의 불리한 요인)
- O(Opportunity) : 기회(외부의 긍정적 요인)
- T(Threat) : 위협(외부의 부정적 요인)

03 ①

SP(Sales Promotion) 판매 촉진 광고는 소비자의 즉각적인 구매를 유도하기 위한 다양한 활동을 의미하는 포괄적인 용어이다.

04 ②

파블로 피카소는 '아비뇽의 처녀들'(1907)은 전통적인 원근법을 파괴하고 대상을 여러 시점에서 해체하고 재구성하여 표현함으로써 입체주의(큐비즘)의 서막을 연 작품이다.

05 ④

포장 디자인은 복잡성보다는 오히려 구조가 간단하여 운반과 적재가 용이해야 한다.

06 ③

'디자인(Design)'이라는 용어는 라틴어 Designare(데시그나레)에서 유래되었으며, '생각이나 의도를 표시하다', '계획을 세우다'라는 의미를 지닌다.

07 ②

바우하우스는 불필요한 장식을 배제하고 기능이 형태를 결정해야 한다는 기능주의를 강조했다.

08 ③

건축, 조경, 실내 디자인 등은 공간을 다루는 환경디자인 영역이다.

09 ②

디자인은 마케팅 활동의 중요한 도구이며, 마케팅은 제품 기획, 가격 책정, 홍보, 유통 등 포괄적인 경제 활동을 의미한다.

10 ②

앤디 워홀, 로이 리히텐슈타인 등이 대표적이며, 대중 매체의 상업적인 이미지를 활용하여 미술의 경계를 확장했다.

과목 02 비주얼 아이데이션

11 ①

브레인라이팅은 말을 하지 않고 글로 진행하므로, 소극적인 사람도 참여하기 쉽고 아이디어의 중복을 피할 수 있는 장점이 있다.

12 ①

확산 기법은 브레인스토밍이나 마인드맵처럼, 아이디어의 질보다는 '양'을 우선하여 생각의 범위를 최대한 넓히는 방식이다.

오답 피하기

수렴 기법은 펼쳐진 아이디어를 모아서 좁히는 방식이다(질 우선).
친화도법

13 ④

자유곡선은 부드러움, 움직임, 활동, 여성적인 느낌을 준다. 딱딱하고 완고하며 남성적인 느낌을 주는 것은 '직선'이다.

14 ①

통일은 비슷한 것들이 모여 일관성을 갖는 상태로, 디자인의 여러 요소들이 이질감 없이 하나의 전체로 인식되도록 하는 원리이다. 조화는 서로 다른 것들이 잘 어울리는 상태를 말한다.

15 ①

우리의 시각은 두 영역이 만날 때 한쪽을 전경으로, 다른 쪽을 후경으로 분리하여 인식하려는 경향이 있다.

16 ①

썸네일 스케치는 아이디어의 '양'을 확보하기 위한 단계로, 완성도에 구애받지 않고 생각의 흐름을 빠르게 시각적으로 기록하는 데 목적이 있다.
스케치 발전 순서는 '작고 많이(섬네일) → 다듬어서(러프) → 완성처럼(콤프)'이다.

17 ④

반사광은 바닥이나 주변 사물에서 반사된 빛이 대상의 어두운 면에 맞히는 것으로, 이를 표현해 주어야 입체감이 살아난다.

18 ④

일점 쇄선은 원의 중심이나 대칭의 중심축을 나타내는 '중심선'으로 사용된다.

19 ①

리서치는 해결해야 할 문제를 명확히 정의하고, 관련 정보를 수집·분석하여 사용자의 니즈(Needs)와 인사이트를 도출하는 과정이다.

20 ①

콘셉트는 디자인 전체를 관통하는 핵심적인 아이디어로, '왜, 무엇을, 어떻게' 디자인할 것인지에 대한 방향성을 제시한다.

21 ③

연필(Pencil)은 스케치에서 가장 기본적이고 범용적인 표현 도구로, 선의 강약 조절·명암 단계 표현·수정의 용이성 등 다양한 장점을 지닌다.

22 ③

러프 스케치는 썸네일에서 선택된 아이디어를 발전시켜 형태·비례·구도 등을 비교적 구체적으로 표현하는 중간 발전단계이다.

과목 03 시안 디자인

23 ①

아트워크는 디자인 콘셉트를 시각화하는 구체적인 제작 단계를 의미하며, 그래픽 소프트웨어를 이용한 실제적인 디자인 작업을 말한다.

24 ④

디자인의 3대 요소는 형, 색, 질감이다. 재료비는 경제적 요소이다.

25 ①

스토리보드는 장면 구성과 내러티브(Narrative)를 시각적으로 표현하고 정리하는 도구이다.

26 ③

명함, 봉투, 서식류 등은 기본 요소가 적용되는 응용 시스템 항목이다.
CI의 요소
- 기본 시스템 : 로고, 색상, 서체처럼 아이덴티티의 '규칙'이나 '재료' 자체를 의미한다.
- 응용 시스템 : 그 재료를 사용해 만든 '결과물(명함, 간판, 유니폼 등)'을 의미한다.

27 ③

현재 국제표준기구가 제정한 ISO 표준 감도 체계가 통합적으로 사용된다.
- 예 ISO 100, ISO 200, ISO 400 등 → 수치가 높을수록 감도 높다(빛에 민감하다).

28 ①

데페이즈망은 르네 마그리트가 즐겨 사용한 기법으로, 현실적 사물을 비논리적 공간이나 조합 속에 배치하여 관객에게 낯섦과 사유의 충격을 주는 표현이다.

29 ①

정량적 데이터는 '양'을 측정할 수 있는 데이터로, 서베이 결과나 통계 자료 등이 해당한다.

30 ④

내절강도는 '접는 것을 견디는 강도'라는 뜻으로, 종이가 접힘에 얼마나 잘 견디는지를 나타내는 수치이다.

31 ①

시각적 중심이 어긋나면 불안정함과 혼란이 느껴진다.

32 ③

그리드 레이아웃은 페이지에 질서와 일관성을 부여하여, 복잡한 정보를 체계적으로 정리하고 가독성을 높이는 데 매우 효과적인 시스템이다.

과목 04 조색 및 배색

33 ③

채도는 색의 선명도를 의미한다. 순색에 가까운 원색일수록 채도가 높고, 흰색, 회색, 검은색이 섞일수록 채도는 낮아져 탁한 색이 된다.

34 ②

병치혼합은 실제로 색이 섞인 것이 아니라, 멀리서 볼 때 망막에서 시각적으로 혼합되어 보이는 '중간혼색'의 일종이다. 직물, 모자이크 등도 이 원리를 이용한다.

35 ④

혼색계는 색을 만들어내는 물리적인 빛의 혼합(가법혼색)을 측정하고 계산하여 색을 정의하는 방식이다. CIE 표색계가 대표적이다.

36 ①

오스트발트는 색을 '순색+백+흑'의 비율로 체계화했다.

37 ①

동화현상은 대비와 반대되는 개념이다. 주로 좁은 면적의 색이 넓은 면적의 배경색에 닮아가는 현상을 말한다.
- 예 회색 줄무늬 위에 빨간색 가는 선을 그으면 선이 붉은 회색으로 보인다.

38 ②

톤온톤 배색은 '톤 위에 톤을 겹친다'는 의미로, 같은 색상 계열에서 밝고 어두움의 차이를 명확하게 주어 안정감과 변화감을 동시에 주는 배색이다.

오답 피하기
- 톤인톤 배색 : 다른 색상이라도 비슷한 톤으로 맞추는 배색 예 파스텔 톤)
- 그라데이션 배색 : 명도나 채도, 색상을 조금씩 변화시키는 배색
- 세퍼레이션 배색 : 서로 뚜렷이 대비시켜 영역을 분리하는 배색

39 ①

추상체는 망막에 존재하는 시세포로, 색채를 감지하며 밝은 곳에서 주로 활동한다.

40 ③

- 관용색명 : 오래된 전통 이름(예 청자색, 하늘색, 호박색)
- 일반색명(계통색명) : 색의 3속성에 가깝게 표현된 색명(예 연한 보라, 진한 녹색)
- 기본색명 : 일반적으로 통용되는 대표적인 색명(예 빨강, 노랑, 파랑)

41 ①

계통색명은 '색상명 + 톤명 약호' 형태로 표기되는 색 이름이다.
- Lt(Light) : 밝은 톤
- Dk(Dark) : 어두운 톤
- Vv(Vivid) : 선명한 톤
- D(Dull) : 탁한 톤

42 ①

톤의 약호 'V'는 Vivid(선명한)을 뜻한다.

43 ①

Deep tone은 강한 대비감을 주며, Dull은 탁하고 차분한 느낌을 준다.

44 ②

유사성의 원리는 색상·명도·채도 중 하나 이상의 공통 속성을 가진 색끼리 조화된다는 원리다.

45 ③

수술 시 붉은 피의 보색인 청록색은 잔상과 피로를 줄여 시각적 안정감을 준다.

46 ①

유사색 배색은 색상환에서 인접한 색을 사용하여 부드럽고 안정된 인상을 준다.

47 ②

보색 관계(색상환에서 서로 반대 방향)의 색을 사용하면 강한 대비와 시각적 생동감을 얻을 수 있다.

과목 05 2D 그래픽 제작

48 ③

매핑은 텍스처 매핑이라고도 하며, 3D 모델에 현실감 있는 표면을 부여하는 작업이다.

오답 피하기
① 렌더링(Rendering) : 3D 장면을 바탕으로 최종 이미지나 영상으로 계산하여 출력하는 과정
② 모델링(Modeling) : 3차원의 형태(형상, 구조 등)를 만드는 과정
④ 리깅(Rigging) : 3D 모델에 뼈대와 관절을 심어 움직일 수 있도록 세팅하는 과정

49 ②

일러스트레이터는 벡터 기반 프로그램으로, 이미지를 확대하거나 축소해도 깨지지 않아 로고, 심볼, 아이콘 등 명확한 형태의 그래픽을 제작하는 데 가장 적합하다.
- 일러스트레이터 = 벡터 = 로고/아이콘(안 깨짐)
- 포토샵 = 비트맵 = 사진(깨짐)
- 인디자인 = 편집 = 책/브로슈어

50 ①

JPG는 배경 투명을 지원하지 않아 합성용으로 부적합하다.

51 ①

인쇄는 감산혼합 방식의 CMYK 모드를 사용한다.

오답 피하기
- RGB : Red(빨강), Green(초록), Blue(파랑)으로 빛을 더해 색을 만드는 방식이다. 예 모니터, TV, 스마트폰 등 디스플레이용 컬러모드)
- HSL : Hue(색상), Saturation(채도), Lightness(명도)로, 색의 표현 방식과 관련된 용어이다.
- LAB : 인간의 시각에 맞춘 색 공간 모델로, 색 보정과 관리에 사용된다.

52 ②

가상 메모리는 RAM의 용량이 부족할 때, 하드디스크의 일부 영역을 임시 메모리처럼 사용하는 기술이다.

53 ④
문체의 어조는 글을 쓰는 사람의 표현 방식, 말투, 분위기를 의미하며 시각적 편집과는 관련이 없다.

오답 피하기
- 자간 : 글자와 글자 사이의 간격 조정
- 행간 : 줄과 줄 사이의 간격 조정
- 문단 들여쓰기 : 문단 시작 부분을 얼마나 띄울지 결정하는 작업

54 ④
타이포그래피의 주요 기능은 조형적, 언어적, 심미적 기능이다. 경제성은 디자인의 '조건'일 수는 있으나 타이포그래피 자체의 '기능'으로 보기는 어렵다.

55 ①
포맷은 책의 판형(크기), 제본 방식, 쪽수 등 제작 사양과 관련된 외형적 형식을 총칭하는 용어이다.

56 ②
세리프 구조는 명조체 계열의 특징으로, 가로획은 얇고 세로획이 굵으며 끝에 장식(삐침)이 있다. 이는 글의 판독성을 높이고 시각적 리듬감을 부여한다. 획 끝에 장식이 있어 고전적이며 장문에 유리하다.

오답 피하기
산세리프 구조 : 장식이 없어 현대적이며 디지털 화면이나 제목에 주로 사용된다.

57 ②
모니터마다 색 공간이 다르므로 CMYK 프로파일을 설정하지 않으면 실제 인쇄 색과 달라진다.

58 ④
디자인 책임자는 기업의 경영 목표, 시장 요구, 브랜드 정체성을 균형 있게 통합해야 한다. 개인적 입장만 고수하는 것은 조직적 리더십과 조정 기능에 어긋난다.

59 ③
디자인 문제해결에서 마지막 단계는 실현된 아이디어의 효과를 분석하고 차후 개선을 위한 피드백을 제공한다.
디자인 문제해결 과정
문제 발견(인식) → 아이디어 발상 → 아이디어 구체화 및 시안 제작 → 평가 및 피드백

오답 피하기
재디자인 : 평가와 피드백을 바탕으로 다시 처음으로 돌아가 개선하는 것으로, 디자인 문제해결의 마지막 단계로 보기는 어렵다.

60 ③
심미성은 조화와 균형을 바탕으로 한 미적 일체감을 의미하며, 다양한 서체 혼용은 오히려 시각적 불안정감을 초래한다.

2025년 최신 기출문제 04회

01 ①	02 ②	03 ④	04 ③	05 ①
06 ②	07 ③	08 ③	09 ④	10 ③
11 ①	12 ①	13 ①	14 ②	15 ①
16 ①	17 ②	18 ①	19 ③	20 ①
21 ②	22 ②	23 ②	24 ④	25 ①
26 ②	27 ③	28 ④	29 ③	30 ②
31 ②	32 ①	33 ④	34 ①	35 ②
36 ③	37 ②	38 ①	39 ③	40 ④
41 ②	42 ②	43 ①	44 ③	45 ①
46 ②	47 ②	48 ①	49 ①	50 ①
51 ①	52 ②	53 ①	54 ③	55 ①
56 ①	57 ②	58 ①	59 ④	60 ②

과목 01 디자인 일반

01 ①
질서성은 디자인의 다른 4가지 조건이 어느 한쪽에 치우치지 않고, 전체적으로 균형과 조화를 이루도록 하는 통합적인 원칙을 의미한다.

02 ②
S-O 전략(Strength-Opportunity Strategy)은 내부의 강점(Strength)을 활용해 외부의 기회(Opportunity)를 최대한 이용하는 공격적 성장 전략이다.

03 ④
'토탈 마케팅(Total Marketing)'은 기업의 모든 경영 활동을 통합적으로 바라보는 마케팅 전략 접근법을 말한다. 단순히 광고나 판촉에 그치지 않고, 제품 기획부터 유통, 고객 경험, 내부 조직 문화까지 모두 마케팅의 범위로 보는 포괄적인 개념이다.

04 ③
점묘법은 순수한 색의 작은 점들(Dot)을 병치하여, 관람자의 망막에서 색이 혼합되도록 하는 과학적인 회화 기법이다.

05 ①
POP 광고는 '구매 시점(Point of Purchase)'에서 일어나는 모든 형태의 광고물을 말한다.

오답 피하기
- DM 광고는 우편, 메일, 문자 등 개인에게 직접 보내는 광고이다.
- CI 디자인은 기업의 정체성과 이미지를 설계하는 것으로 브랜드 아이덴티티 디자인이다.
- SP 광고는 Sales Promotion(판촉 광고)로 판매 촉진을 위한 전반적인 활동을 말한다.

06 ②

아르데코에 대한 설명으로 기계 시대를 긍정하고 바우하우스의 기능주의와 달리 장식성을 추구했으며, 직선적이고 기하학적인 패턴을 주로 사용했다.

오답 피하기
- 아르누보 : 19세기 말에서 20세기 초 유행한 예술 양식으로, 장식적인 꽃무늬, 우아한 곡선미, 식물과 여성을 모티브로 하였다.
- 신조형주의 : De Stijl이라고도 하며, 구조와 질서, 순수 형태를 추구한 예술 운동으로 몬드리안의 작품이 대표적이다.
- 팝아트 : 1950~60년대에 유행한 예술 양식으로 광고, 만화, 대중문화 이미지 등을 주로 차용했으며, 앤디 워홀의 작품이 대표적이다.

07 ③

미술공예운동은 윌리엄 모리스가 주도했으며, 예술과 생활의 통합 및 중세 수공예의 가치를 강조했다.

08 ③

재료의 경제적 절감은 디자인의 합목적성(경제성)에 해당하며, 미적 요소(심미성)와는 직접적인 관련이 적다.

09 ④

'미적 조형성'은 디자인의 심미적 가치에 관한 개념이며, 유니버설 디자인 7원칙에는 포함되지 않는다.

유니버설 디자인 7원칙
- 공평한 사용
- 사용상의 융통성
- 간단하고 직관적인 사용
- 정보 이용의 용이
- 오류에 대한 포용력
- 적은 물리적 노력
- 접근과 사용을 위한 충분한 공간

10 ③

공공 디자인(Public Design)은 공공장소나 공공 시설물 등 사회 구성원 모두가 이용하는 공간과 사물을 안전하고 쾌적하며 효율적으로 사용할 수 있도록 사회적 가치와 심미성을 결합한 디자인이다.

과목 02 비주얼 아이데이션

11 ①

스캠퍼(SCAMPER)는 Substitute(대체), Combine(결합), Adapt(적용), Modify(수정), Put to other uses(다른 용도), Eliminate(제거), Rearrange(재배열)의 7가지 질문을 통해 기존 아이디어를 강제로 변형시켜 새로운 아이디어를 얻는 기법이다.

12 ①

마인드맵은 연상 관계를 시각적으로 표현해 창의적 사고를 촉진한다.

13 ③

면은 선으로 경계가 지어진 2차원 표면으로, 형태를 생성하는 중요한 요소이다.

14 ②

기하학적 형태는 점·선·면·입체의 수학적 구조를 기반으로 한 인위적이고 질서 있는 형태이다.

15 ①

대비는 주목성, 강조, 위계 표현의 주요 수단이다.

16 ②

로우 앵글은 피사체를 실제보다 더 웅장하고 권위 있게 보이게 하는 효과가 있다.

17 ②

지각 항상성(Perceptual Constancy)은 외부 자극의 조건이 변해도 사물을 일정한 크기·형태·색으로 인식하는 시지각의 안정성을 의미한다.

18 ①

러프(Rough) 스케치는 섬네일보다는 크고 구체적이지만, 콤프 스케치보다는 거칠게(Rough) 아이디어의 형태와 구성을 발전시키는 중간 단계이다.

19 ③

제3각법은 물체를 보는 방향과 투상도가 그려지는 방향이 일치하여 도면 해독이 직관적이다. 우리나라 기계 제도에서는 제3각법을 표준으로 한다.

오답 피하기
우리나라 기계 제도 표준은 '제3각법'을 원칙으로 하며, 건축 분야에서는 관습적으로 '제1각법'을 쓰기도 한다.

20 ①

FGD는 특정 주제에 대해 6~8명 내외의 소수 집단을 대상으로 심층적인 대화를 나누어, 정량적 조사가 아닌 정성적인 의견이나 동기를 파악하는 데 유용한 조사 방법이다.

21 ①

소구점은 '우리 제품이 이런 점이 좋다'라고 소비자에게 매력적으로 호소하는 포인트를 의미한다.

22 ②

연필은 H(Hard)와 B(Black)로 구분되며, 숫자가 높을수록 그 성질이 강해진다.
- H 계열 : 숫자가 커질수록 단단하고 연하다.
- B 계열 : 숫자가 커질수록 진하고 부드럽다.

연필의 경도 순서
4H → 2H → H → HB → B → 2B → 4B

과목 03 시안 디자인

23 ②
색채는 감성적인 반응을 즉각적으로 불러일으키고, 디자인의 전체적인 이미지를 결정하는 데 중요한 역할을 한다.

24 ④
프로젝트 예산 수립은 디자인 기획이나 계획 단계에서 이루어지며, 실제 시각화 작업인 '아트워크'의 구현 요소는 아니다.

25 ①
베리에이션은 하나의 확정된 시안을 바탕으로 부분적인 변형을 주어, 클라이언트에게 A안, B안, C안 등 다양한 선택지를 제시하기 위한 작업이다.

26 ②
플렉서블 아이덴티티는 고정형(CI)과 달리 핵심 구조나 콘셉트는 유지하면서, 환경·매체·상황에 따라 색상, 패턴, 형태 일부를 유연하게 변형하는 아이덴티티 시스템이다. 'Flexible'이라는 단어가 들어간다고 무규칙, 자유형을 의미하지 않는다. 핵심 구조는 유지하고 표현은 유연하게 운영하는 것이 중요 키워드이다.

27 ③
ISO가 높아질수록 빛에 민감해지지만, 필름 입자는 거칠어지고 크기가 커진다.

28 ④
포토리얼리즘(Photo Realism)은 초현실주의 기법이 아니라, 현실을 사진처럼 사실적으로 재현하는 현대 사실주의 회화이다.

29 ③
정성적(Qualitative) 데이터는 수치나 양으로 측정하기 어려운, 형태나 속성에 대한 주관적이고 비정량적인 정보를 의미한다.

30 ②
유산지(Tracing Paper)는 빛을 부분적으로 통과시키는 반투명 종이로, 밑그림을 비춰서 복사하거나 제도용 도면을 옮기는 용도로 사용된다.

31 ①
그리드 시스템(Grid System)은 디자인 작업 시 텍스트, 이미지 등의 콘텐츠 구성 요소를 효율적이고 일관되게 배치하기 위해 설정하는 가상의 안내선(격자) 체계로 칼럼, 로우, 거터, 마진 등의 구성 요소가 있다. 그리드는 시각 질서와 구조를 형성해 정보전달 효율을 높이는 역할을 한다.

32 ①
블록 그리드는 가장 단순한 1단 형태로, 텍스트의 연속적인 흐름을 방해하지 않아 소설책이나 보고서 본문에 주로 사용된다.

과목 04 조색 및 배색

33 ④
색조(Tone)는 색의 3속성이 아니라, 명도와 채도를 합친 복합적인 개념으로 '밝은', '어두운', '탁한' 등의 색의 상태를 나타낸다.

34 ①
감법혼색의 3원색은 시안(Cyan), 마젠타(Magenta), 옐로(Yellow)이다.

35 ②
혼색계(Color Mixing System)는 색을 만들어내는 물리적인 빛의 혼합을 측정하고 계산하여 색을 정의하는 방식으로, 색채 측정기기에 사용된다.

36 ②
명도 대비는 밝기가 다른 두 색이 서로의 영향으로 명도의 차이가 더 크게 보이는 현상이다.

37 ②
부의 잔상은 원 자극과 반대되는 상이 보이는 것으로, 빨간색을 오래 본 뒤 흰 벽을 보면 보색인 청록색이 보이는 현상이다.

38 ①
색의 동화현상이란 어떤 색이 주변에 놓인 색의 영향을 받아 비슷해 보이거나 섞여 보이는 듯한 효과를 말한다. 예 같은 회색이라도 주변이 파랑이면 푸르스름하게, 주변이 노랑이면 노르스름하게 보인다.

39 ③
저드의 색채조화론 중 '질서의 원리'는 색의 명도·채도·색상이 일정한 규칙에 따라 배열되면 안정감 있고 조화롭게 느껴진다.

40 ②
관용색명은 오랜 세월 동안 관습적으로 사용되어 온 전통적 색이름으로, 학문적 기준보다 생활 언어·감성·문화적 표현에 기반한 색명이다.

41 ②
톤(Tone)이란 색을 '밝고 연한', '선명한', '차분하고 탁한' 등과 같이 그룹으로 묶어주는 유용한 개념이다.

42 ②

YR은 Yellow(노랑)과 Red(빨강)의 중간색으로, 주황색 계열을 의미한다. 추가로, BG(Blue-Green) = 청록, PB(Purple-Blue) = 남보라, GY(Green-Yellow) = 황록을 의미한다.

43 ①

먼셀(Munsell)의 색체계는 H(색상) - V(명도) / C(채도) 형식으로 표기된다. PB는 Purple-Blue, 즉 보라와 파랑 사이의 중간색을 뜻한다.

44 ③

안료는 물·기름 등에 녹지 않고 입자 상태로 분산되어 색을 나타내는 착색제이다. 페인트, 수채물감, 인쇄용 잉크, 플라스틱 착색 등에 사용된다.

45 ①

도미넌트 컬러는 전체 배색의 기본이 되는 주조색으로, 전체 톤과 이미지를 결정한다.

46 ②

조색은 물감이나 잉크 등 색료를 물리적으로 혼합하여 새로운 색을 만드는 과정이다.
감산혼합의 원리에 따른다.

47 ②

보색 관계(색상환의 반대 방향)의 색을 사용하면 강한 대비와 시각적인 생동감을 얻을 수 있다.

과목 05 2D 그래픽 제작

48 ①

컴퓨터의 부품들(CPU, 메모리 등)이 데이터를 주고받기 위해 이용하는 공용 통로, 즉 '데이터 고속도로'가 바로 버스(Bus)이다.

49 ③

인디자인은 여러 페이지로 구성된 책, 잡지, 브로슈어, 카탈로그 등을 효율적으로 편집하고 레이아웃을 구성하는 데 특화된 출판 편집 전문 소프트웨어이다.

50 ①

PNG의 가장 큰 특징이자 장점은 무손실 압축 방식을 지원하며 투명 배경을 표현할 수 있다는 점이다.

오답 피하기
- PNG는 RGB 색상모드를 사용하며 인쇄보다는 화면용에 더 적합하다.
- PNG는 최대 16비트의 색을 지원하기는 하나 JPEG, TIFF, PSD 등 그 이상을 지원하는 여러 이미지 포맷이 존재하므로, PNG의 장점으로 보기는 어렵다.
- 애니메이션 전용 포맷은 GIF에 해당하는 설명이다.

51 ①

앨리어싱은 사각형 픽셀로 곡선이나 사선을 표현할 때 발생하는 계단 현상을 말한다.

52 ①

CMYK는 감산혼합으로 인쇄잉크 색상 표현에 사용된다.

53 ①

세리프체는 획 끝의 작은 돌기(세리프)가 시선의 흐름을 자연스럽게 유도하여, 신문이나 사전처럼 긴 본문의 가독성을 높여주므로 장문 읽기에 적합하다.

54 ③

산세리프 서체는 획 끝에 삐침이 없는 글꼴로, 단순하고 명료하며 현대적인 느낌을 준다. 가독성과 시인성이 높아 제목, 광고, 간판, 로고, 디지털 인터페이스(UI) 등에 주로 사용된다.

55 ①

마진(Margin)은 문서의 가장자리 여백을 뜻하며, 가독성과 심미성을 위한 디자인 요소로 다루어진다.

56 ①

컬럼(Column)은 '단'이라고도 하며, 신문이 10단, 잡지가 3단 등으로 구성되는 것처럼 텍스트가 배치되는 세로 기둥을 의미한다.

57 ②

인디아 페이퍼는 매우 얇고 가벼우면서 강도가 높은 고급 얇은 종이로, 성경책·사전·백과사전 등에 사용된다.

58 ①

가독성(Readability)은 글자를 빠르고 정확하게 인식하는 능력을 말한다.

59 ④

가독성(Readability)은 디자인에서 가장 기본적인 서체 선택 기준으로, 글자의 형태·행간·자간이 쉽게 읽히는가를 평가한다.

60 ②

X-height는 영문 소문자 'x'의 높이를 기준으로 어센더(Ascender)나 디센더(Descender)를 제외한 소문자 몸통의 평균적인 높이를 말한다.

2025년 최신 기출문제 05회 2-66p

01 ③	02 ①	03 ③	04 ③	05 ②
06 ①	07 ④	08 ②	09 ②	10 ④
11 ③	12 ①	13 ④	14 ②	15 ③
16 ①	17 ④	18 ③	19 ①	20 ③
21 ②	22 ②	23 ③	24 ①	25 ④
26 ①	27 ③	28 ②	29 ②	30 ①
31 ④	32 ③	33 ③	34 ②	35 ①
36 ①	37 ①	38 ①	39 ③	40 ④
41 ③	42 ①	43 ②	44 ②	45 ②
46 ②	47 ②	48 ①	49 ②	50 ①
51 ①	52 ①	53 ①	54 ④	55 ③
56 ①	57 ①	58 ②	59 ①	60 ②

과목 01 디자인 일반

01 ③

독창성은 '창조성'과 관련된 조건으로, 과거의 양식을 표절하지 않고 시대정신에 맞는 새로운 디자인을 만들어내는 것을 의미한다.

02 ①

4P는 제품(Product), 가격(Price), 유통(Place), 촉진(Promotion)으로 구성된다.

03 ③

팝아트는 광고, 만화, 상품 이미지 등 대중문화를 예술로 끌어들인 것이 특징이며, 객관적이고 반복적인 이미지, 대중적 시각 요소를 통해 예술과 일상의 경계를 허물고자 하였다.

04 ③

디자인의 어원인 라틴어 '데지그나레(Designare)'의 의미를 살펴보면, de(~로부터, ~을 위해서) + signare(기호, 상징, 표시)로 이루어져 있음을 알 수 있다. 즉, 종합적으로 "지시하다, 표현하다, 성취하다, 계획하다, 설계하다, 표시하다"를 의미한다.

05 ②

바우하우스는 독일의 발터 그로피우스가 설립했으며, 기계 생산을 긍정적으로 받아들이고 기능에 충실한 형태와 최소한의 장식을 특징으로 하는 현대 디자인의 선구자적 역할을 했다.

06 ①

유니버설 디자인(Universal Design)은 나이, 성별, 국적, 장애 유무, 신체 능력 등 개인의 특성과 관계없이 모든 사람이 제품, 시설, 서비스 등을 안전하고 편리하게 이용할 수 있도록 설계하는 것을 말한다.

07 ④

가구 디자인은 제품 디자인 또는 환경 디자인(실내 디자인) 분야에 해당한다.

08 ②

합목적성은 디자인된 대상이 본래의 사용 목적과 기능에 완벽하게 부합해야 하는 성질을 의미한다.

09 ②

독일 공작 연맹은 헤르만 무테지우스 등이 주도했으며, 독일의 바우하우스 설립에 큰 영향을 주었다.

10 ④

피카소의 '아비뇽의 처녀들(1907)'은 평면 위에 대상을 여러 시점으로 분해하고 재구성하는 입체주의의 실험적 시도가 처음 나타난 작품이다. 디자인의 합리성과 기능성을 강조하는 근대 디자인 운동에 지대한 영향을 미쳤다.

과목 02 비주얼 아이데이션

11 ③

브레인스토밍은 아이디어의 좋고 나쁨을 평가하지 않는다. 질보다 양을 우선하며, 평가는 모든 아이디어가 나온 후 '수렴' 단계에서 진행한다.

12 ①

아이데이션 단계에서는 양적 발상과 자유로움이 핵심이다.

13 ④

점이 모여 선을 이루고, 선이 확장되어 면을 형성하며, 이 면들이 조합되어 모든 시각적 조형물이 만들어진다.
생성 단계 순서
- 점 → 선 → 면 → 입체
- 입체(Volume)는 "면의 이동"으로 만들어지는 3차원 요소이다.

14 ②

'형(Shape)'은 2차원적인 윤곽이나 모양(원, 삼각형, 사각형)을, '형태(Form)'는 3차원적인 입체감이나 덩어리(구, 원뿔, 육면체)를 의미한다.

15 ③

조화는 유사성과 대비의 균형을 통해 통일감을 주는 원리이다.

16 ①

시각적 리듬은 반복과 점진을 통해 동적 흐름을 만든다.

17 ④

황금비율은 미적 조화와 안정감을 주는 이상적인 비례로, 고대 그리스 시대부터 건축, 회화, 조각, 디자인 등 다양한 시각예술 분야에서 사용되었다.

18 ④

폐쇄성의 법칙은 우리의 뇌가 불완전한 정보를 스스로 보충하여 익숙하고 완결된 형태로 인지하려는 경향을 말한다.

19 ①

아이디어 스케치는 머릿속의 추상적인 아이디어를 눈에 보이는 구체적인 형태로 표현하는 첫 번째 단계이며, 아이디어를 발전시키고 타인과 소통하는 기본 도구이다.

20 ③

소실점의 개수는 대상을 바라보는 시점과 관련 있다. '1점 투시'는 정면에서, '2점 투시'는 모서리에서, '3점 투시'는 위나 아래에서 극단적으로 바라보는 이미지에 주로 사용된다.

21 ②

자료 수집은 디자인의 출발 단계로, 문제 정의와 해결 방향 설정을 위한 객관적 근거(기초자료)를 모으는 과정이다.

22 ②

성공적인 프레젠테이션은 전달하고자 하는 '콘텐츠(내용)'가 충실해야 하고, 이를 효과적으로 보여주는 '비주얼(시각 자료)'이 뒷받침되어야 하며, 자신감 있는 '전달(발표)' 방식이 결합되어야 한다.

과목 03 시안 디자인

23 ②

모든 디자인 행위는 본질적으로 '문제해결' 과정이다. 사용자의 불편함, 정보전달의 비효율성 등 주어진 문제를 파악하고 이를 개선하기 위한 최적의 해결책을 찾는 것이 디자인의 핵심이다.

24 ①

콘셉트는 디자인의 방향성과 목표를 시각화하는 단계이다.

25 ④

비주얼 소재는 '단일성'을 가져야 한다. 즉, 하나의 소재를 통해 '하나의 명확한 메시지'를 강조해야 효과적이다.

26 ①

CI(Corporate Identity)는 '기업 정체성'을 의미하며, 기업의 철학과 비전을 시각적으로 체계화하는 모든 활동을 말한다.

27 ③

플렉서블 아이덴티티는 일관성을 "버리는" 것이 아니라 "유연하게 유지"하는 전략이다.
매체 환경 다양화 시대(디지털, 모션, UI)에서 확장성·가변성·적응성을 중시한다.

28 ②

일러스트레이션은 사진과는 달리, 작가의 스타일을 통해 메시지를 상징적이거나 감성적으로 표현하는 데 강점이 있다.

29 ②

기표(Signifier)는 우리가 보고 듣는 형태(빨간 신호등)이고, 기의(Signified)는 그에 담긴 의미(정지하시오)이다.

30 ①

평량은 1제곱미터(1m x 1m) 면적의 종이 무게를 그램(g)으로 나타낸 것이다. '100g/m² 모조지'는 1제곱미터의 무게가 100g이라는 뜻이며, 숫자가 클수록 종이가 더 두껍고 무겁다. '평량'은 종이의 무게 단위이지, 두께 단위는 아니다.

31 ④

용지는 인쇄 재료 요소로, 레이아웃 구성 요소에는 포함되지 않는다.

32 ③

확장형 레이아웃은 중심에서 바깥으로 퍼져나가는 듯한 구성을 통해 역동성과 리듬감을 표현하는 유형이다.

오답 피하기
- 축 레이아웃 : 하나의 축을 중심으로 좌우 대칭으로 정렬한다.
- 방사형 레이아웃 : 평면상의 한 점에서 방사형으로 트리밍을 하여 위치 변화를 연출한다.
- 그리드 레이아웃 : 격자형 스타일로 일반적인 편집 디자인에 주로 활용된다.

과목 04 조색 및 배색

33 ③

Dull tone은 명도와 채도가 모두 낮아 탁하고 안정된 인상을 준다.

34 ④

가산혼합(RGB)은 빛을 더해 '흰색'에 가까워지는 방식인 반면, 나머지는 점묘법이나 팽이처럼 눈이 색을 '평균 내서' 인식하는 중간혼합이다.

35 ①

현색계(Color Appearance System)는 현실에 나타난 색을 정리한 체계이며, 물체색과 같이 '나타나 보이는 색'을 기준으로 한다. 실제 컬러 칩을 보고 색을 비교하는 방식이 대표적이다.

오답 피하기
혼색계 : 빛을 섞어서 만드는 색을 정리한 체계이다. **예** 광원색

36 ①

먼셀 표색계(Munsell Color System)에서는 기본적으로 빨강(Red), 노랑(Yellow), 초록(Green), 파랑(Blue), 보라(Purple)를 기본 5색으로 둔다. 각 기본색 사이에는 중간색(YR, GY, BG, PB, RP)를 두어서 총 10색상환을 구성한다.

37 ①

연변대비는 '가장자리'와 '경계'에서 일어나는 대비라는 뜻으로, 경계선 부분에서 명도나 색상 차이가 더 강하게 느껴지는 현상이다.

38 ①

파랑·남색과 같은 한색 계열이나 명도와 채도가 낮은 색은 뒤로 후퇴해 보이고, 수축되어 보이는 느낌을 준다. 반면 빨강·주황과 같은 난색 계열이나 고명도·고채도의 색은 앞으로 진출해 보이고, 팽창되어 보인다.

39 ③

배색은 두 가지 이상의 색을 의도적으로 조합하여 특정 효과나 아름다움을 만들어내는 것을 의미한다.

40 ④

일반색명은 계통색명이라고도 하며 색채를 부를 때 색의 3속성인 색상, 명도, 채도에 최대한 가깝도록 표현하는 색명이다.

41 ③

'탁한 색'은 순수한 색에 회색이 섞여 채도가 낮아진 색을 의미한다.

42 ①

관용색명(Accustomed Color Name)은 역사·문화적으로 오랜 기간 사용된 전통적 색명을 의미한다.

43 ②

KS 색상환의 기본 순서는 'R(빨강) → Y(노랑) → G(녹색) → B(파랑) → P(보라)'이다.

44 ①

인쇄용으로 사용하는 색상모드인 CMYK는 시안(Cyan), 마젠타(Magenta), 옐로(Yellow), 검정(Black)으로 구성되어 있다. K는 인쇄에서 기준이 되는 검정 판인 Key Plate를 의미하며, 실제로는 검정색(Black)을 가리킨다.

45 ②

Vivid tone은 밝고 선명한 색으로, 고명도·고채도에 속한다.

46 ②

동화현상(Simultaneous Assimilation)은 인접한 색의 영향으로 주변의 색과 비슷하게 보이는 시각적 효과이다.

47 ②

배색은 두 개 이상의 색을 조화롭고 목적에 맞게 배열하는 행위를 말한다.

과목 05 2D 그래픽 제작

48 ①

스캐너, 디지타이저, 마우스는 데이터를 컴퓨터로 '입력'하는 장치인 반면, 플로터는 컴퓨터의 데이터를 받아 큰 도면 등을 그리는 '출력' 장치이다.

49 ①

다이렉트 셀렉션 툴(흰색 화살표)은 패스를 구성하는 개별 점(Anchor Point)이나 선분(Segment)을 직접 선택하여 이동시키는 도구이다.

50 ①

dpi(dots per inch)는 해상도 단위로, 인쇄품질과 관련된다.

51 ①

JPG는 손실 압축을 사용해 용량이 작지만, 반복해서 저장하면 화질이 저하되기도 한다.

52 ②

듀오톤(Duotone)은 '두 가지 색(두 톤)'을 의미한다.

53 ②

매핑(Mapping)은 텍스처(Texture)를 물체 표면에 적용하여 시각적으로 사실적인 재질감을 주는 기법이다.

54 ④

글줄 조정은 가독성과 판독성 향상을 위해 글자 간격, 줄 간격, 글자 비율 등을 세밀하게 조정하는 과정이다.

55 ③

자간(Tracking)은 문자 전체의 간격을 조절하며, 커닝(Kerning)은 특정 낱자 간의 간격만 따로 조정하는 것을 말한다.

56 ①
도련은 재단 시 흰 여백 방지를 위해 배경을 여유 있게 확장하는 역할을 한다.

57 ①
정상적인 종이 제조 순서는 고해(펄프화) → 사이징 → 정정 → 착색 → 가공 → 완성이다.

58 ②
세리프가 없다는 뜻으로 고딕이라고도 부르며 깔끔하고 간결한 것이 특징이다.

59 ①
- 판독성 : 개별 글자를 구분하기 쉬운 정도를 의미한다.
- 가독성 : 문장 전체를 읽고 이해하기 쉬운 정도를 의미한다.

60 ②
글줄이 너무 길면 눈의 움직임이 커져 읽기 피로가 증가하고 가독성이 떨어진다.

2024년 최신 기출문제 01회 — 2-74p

01 ③	02 ④	03 ③	04 ④	05 ②
06 ②	07 ②	08 ①	09 ①	10 ③
11 ①	12 ①	13 ②	14 ④	15 ④
16 ③	17 ④	18 ③	19 ①	20 ①
21 ②	22 ②	23 ①	24 ②	25 ③
26 ①	27 ②	28 ①	29 ④	30 ①
31 ①	32 ①	33 ②	34 ④	35 ③
36 ②	37 ④	38 ②	39 ④	40 ②
41 ②	42 ③	43 ①	44 ④	45 ②
46 ④	47 ①	48 ③	49 ④	50 ①
51 ②	52 ①	53 ③	54 ④	55 ④
56 ①	57 ④	58 ④	59 ④	60 ①

과목 01 산업 디자인 일반

01 ③
굿 디자인의 조건은 합목적성, 심미성, 독창성, 경제성, 질서성이 있다.

오답 피하기
굿 디자인에 포함되지 않는 것에는 시장성, 종합성, 보편성, 욕구성, 모방성, 복합성 등이 있다.

02 ④
심미성과 기능성이 동시에 이루어질 수 있도록 해야 한다.

03 ③
제품 디자인의 프로세스는 계획 → 조사 → 분석 → 종합 → 평가이다.

04 ④
제품 디자인에는 가구, 완구, 자동차, 선박, 항공기, 레저, 사무용품 등이 있다.

오답 피하기
디스플레이 디자인은 환경 디자인의 한 종류이다.

05 ②
계획 단계는 디자인 개발 사항을 검토하여 개발 계획과 일정, 컨셉 등 '필요성을 제시'하는 단계이다.

06 ②
수렵용 도구는 주로 돌을 깨서 날카롭게 만들어 사용했다.

07 ②
포장 디자인의 주요 기능으로 보호와 보존성, 편리성, 상품성, 심미성 등이 있다.

08 ①
자유곡선은 여성적이며 아름답고, 자유분방하며 무질서한 느낌을 주는 선이다.

09 ④
마케팅의 원칙
- 수요전제의 원칙
- 판매촉진의 원칙
- 유통계열화의 원칙
- 기업주체성의 원칙
- 판매중추성의 원칙
- 과학적 시장인식의 원칙

10 ③
수직면은 고결, 엄숙, 상승, 긴장감을 준다.

오답 피하기
안정감을 주는 것은 수평면이다.

11 ①
오답 피하기
텍스타일은 제품 디자인에 속한다.

12 ①
독창성 : 예술표현의 모든 면에 있어서 모방적 태도를 버리고 자기 고유의 능력과 개성에 의거하여 새로운 것을 만들어내는 성질을 말한다.

13 ②
실내 공간의 기본적 요소에는 바닥, 벽, 천장, 기둥, 보, 개구부 등이 있다.

오답 피하기
실내 공간의 장식적인 요소에는 가구, 조명, 액세서리, 디스플레이 등이 있다.

14 ④
편집 디자인 요소로는 문자의 조합, 도안, 일러스트레이션, 사진 등이 있다.

15 ④
객실은 주로 생활하는 사람들의 생활공간으로부터 분리된 것으로 내부의 다른 공간, 칸막이 또는 벽으로 분리된 공간을 말한다.

16 ③
- 질감은 물체의 표면에 가지고 있는 특징으로 시각적 질감과 촉각적 질감으로 구분된다.
- 빛에 의하여 만들어지므로 명암의 효과에 따라서 다르게 보일 수도 있으며, 무게와 안정감을 부여하는 기능을 가지고 있다.

17 ④
마케팅의 조건
- 고객의 필요에 초점을 두어야 한다.
- 고객의 필요, 충족을 통해서 이익을 획득한다.
- 기업의 제품개발, 광고전개, 유통설계를 중심으로 진행한다.
- 기업 중심에서 소비자 중심으로 전개되어야 한다.

18 ③
DM 광고의 종류 : 엽서, 폴더, 소책자, 리플릿, 세일즈 레터, 보로사이드, 노벨티, 블로터 등이 있다.

19 ①
오답 피하기
- 프랭크 로이드 라이트 : "형태는 기능을 계시한다."고 주장했다.
- 윌리엄 모리스 : 예술은 대중을 위해서 대중에 의해서 대중의 예술이어야 한다고 주장했다.
- 월터 그로피우스 : 기계를 부정하려 하지 않고 기계에 의해서 성립되는 현대산업을 인정하고 산업과 예술을 통합하려 했다.

20 ①
스케치의 역할
- 상상의 아이디어를 이미지화한다.
- 의도된 형태를 발전, 전개시켜 고착시킨다.
- 상호 이해할 수 있게 프리젠테이션의 역할을 한다.
- 아이디어 구상에 따라 다양하게 표현한다.
- 의도한 형태의 명암, 재질감의 표현으로 평면화한 작업이다.

과목 02 색채 및 도법

21 ②
푸르킨예 현상이란 암소시가 되면 장파장인 적색이 제일 먼저 보이지 않고, 단파장인 보라색이 마지막까지 보이게 되는 현상이다.

22 ②
원에 내접하는 정오각형은 주어진 원 안에 정오각형을 작도하는 방법이다.

23 ①
2등각 투상은 두 개의 축의 각도와 길이가 같은 투상이다.

24 ②

오스트발트의 색상환은 빨강, 노랑, 초록, 남색의 4색의 중간에 주황, 청록, 보라, 황록을 넣어 8색을 만들고 이를 다시 3등분하여 24색상을 만든다.

25 ③

오답 피하기
- 가산혼합 : 색광의 혼합으로 빛의 3원색인 빨강, 녹색, 파랑을 혼합하는 것으로, 혼합이 될수록 점점 맑고 밝은 색을 얻을 수가 있으며, 3원색을 모두 혼합하면 흰색이 된다.
- 감산혼합 : 색료의 3원색인 시안, 마젠타, 노랑을 혼합하는 것으로, 혼합이 될수록 명도와 채도가 낮아지며, 3원색을 모두 혼합하면 검정에 가까운 무채색이 된다.
- 회전혼합 : 두가지 색을 원판 위에 붙인 후 빠르게 회전하면 두 색이 혼합되어 보이는 현상이다.

26 ①

오답 피하기
- 원호의 치수 기입 : 원호의 크기는 반지름 치수로 나타낸다.
- 곡선의 치수 기입 : 원호의 반지름을 그 중심 또는 그 원호의 접선의 위치로 나타낸다.

27 ②

수축색은 후퇴색과 비슷한 성향을 가지고 있으며 한색, 저명도, 저채도의 색이 축소되어 보인다.

28 ①

바탕이 흰색일 경우 검정 → 보라 → 파랑 → 청록 → 노랑의 순서지만, 안내 표지판의 경우엔 눈의 피로와 착시현상을 줄이기 위해 초록색을 사용한다.

29 ④

오답 피하기
관용색명(고유색명) : 옛날부터 전해오는 습관적인 색이름이나 지명, 장소, 식물, 동물 등의 고유한 이름을 붙여 놓은 색이다.

30 ①

GP는 기면이다.

31 ①

길이의 단위는 mm를 사용한다.

32 ①

측광이란 관찰자의 기준에서 측면에서 빛이 비출 때 물체에 생기는 그림자를 말한다.

33 ②

무채색은 색상과 채도가 없고 단순히 명암만 있는 흰색, 회색, 검정색 등을 말한다.

34 ④

맥스웰은 색의 회전혼합을 발견한 영국의 물리학자이다.

35 ③

등각 투상은 3좌표 축의 투상이 120°인 투상이다.

36 ②

색료의 3원색은 혼합하여 만들 수 없다.

37 ④

오답 피하기
- 비례 : 요소의 전체와 일부분을 연관시켜 상대적으로 설명한 것이다.
- 대비 : 서로 다른 요소가 대립되는 것이다.

38 ②

점선(파선, 은선)은 물체의 보이지 않는 부분을 표시할 때 사용하며, 굵기는 굵은 선의 1/2로 가는 실선보다는 굵어야 한다.

39 ④

색채는 시각 이외의 다른 감각 기관인 미각, 청각, 후각, 촉각 등을 함께 느낄 수가 있는데, 색의 공감각이란 이러한 공통된 특성을 감각 간에 서로 교류하는 현상을 말한다.

40 ②

영·헬름홀츠는 인간의 망막에는 적, 녹, 청의 색각세포와 색광을 감지하는 수용기인 시신경 섬유가 있다는 3원색설의 가설을 만들어 혼색과 색각이상을 설명하였다.

과목 03 디자인 재료

41 ②

오답 피하기
- 모조지 : 화지라고도 하며 아류산 펄프를 원료로 만든 용지이다.
- 갱지 : 거칠고 얇은 용지이다.
- 켄트지 : 그림이나 제도 등에 사용하는 뻣뻣한 용지이다.

42 ③

무기재료에는 금속, 석재, 점토, 유리, 시멘트, 도자기 등이 있다.

43 ①

물감을 분사하기 때문에 거친 표현보다는 섬세하고 정밀한 표현에 효과적이다.

44 ④
연초점렌즈란 부드러운 느낌의 화상을 표현하기 위하여 특별히 설계한 렌즈를 말한다.

> 오답 피하기
- 줌렌즈 : 초점이나 조리개 값이 변하지 않은 채로 초점거리를 연속해서 바꿀 수 있는 렌즈이다.
- 마이크로렌즈 : 초점거리 55mm인 35mm용 사진의 표준렌즈이다.
- 시프트렌즈 : 건축물 촬영 시 왜곡현상을 없애거나 파노라마 사진을 촬영할 때 유용한 렌즈이다.

45 ③

> 오답 피하기
- 흡수 가공 : 내화지, 내수지, 리트머스 시험지에 사용한다.
- 변성 가공 : 유산지, 벌커나이즈드 파이버, 크레프트지에 사용한다.
- 배접 가공 : 두꺼운 판지, 골판지에 사용한다.

46 ④
도료의 구성성분에는 전색제, 안료, 용제, 건조제, 첨가제, 중합체가 있다.

47 ①
팬톤 컬러는 인쇄 및 소재별 잉크를 혼합하여 제작한 색상 가이드이다.

48 ③

> 오답 피하기
- 요소수지 : 펄프, 착색제 등을 첨가시켜 만든 것으로 무색이며 착색 효과가 자유롭다.
- 멜라민수지 : 멜라민과 포르말린을 반응시켜 만든 것으로 표면 강도가 크고 내수성, 내약품성, 내용제성이 좋다.

과목 04 컴퓨터그래픽스

49 ③
비트맵 파일 포맷에는 PSD, GIF, JPG, PNG, TIFF, ESP, TGA, BMP, PICT, RAW가 있다.

50 ③
GIF는 웹상의 이미지를 제작할 때 많이 사용하는 방식이다.

51 ②
안티앨리어싱은 픽셀과 픽셀로 이어지는 계단모양의 가장자리 부분에 주변 색상과 혼합한 중간 색상을 넣어 계단 현상의 외형을 부드럽게 처리해주는 방식이다.

52 ①
RGB 모드는 빛의 3원색(Red, Green, Blue)을 혼합하여 색을 표현하며 모니터, 영상, 홈페이지 등 화면용 작업에 많이 활용된다.

53 ③
컴퓨터그래픽스의 특징
- 상상의 이미지를 자유롭게 표현할 수 있다.
- 시간과 비용을 줄일 수 있고 대량 생산이 가능하다.
- 수정, 반복, 변형 등이 자유롭다.
- 정보들의 축적으로 나중에 다시 이용이 가능하다.
- 다양한 대안의 제시가 비교적 쉽다.

54 ①
광선추적법(Ray Tracing)은 가상적인 광선이 물체의 표면에 반사되어 카메라를 거쳐 다시 돌아오는 과정을 모두 추적하여 모든 빛을 매우 정확하게 계산하는 반사 기법이다.

55 ④
가상 메모리란 프로그램이 사용할 수 있는 주소 공간의 크기가 실제 주기억 장치의 기억 공간보다 클 경우에 사용하며, 사용하는 응용 프로그램의 메모리가 내장되어 있는 메모리보다 클 경우 하드디스크를 메모리처럼 사용하는 기능이다.

56 ①
인터넷에서 가장 많이 사용하는 포맷은 GIF이다.

57 ④
작업을 취소하는 명령은 undo이다.

58 ④
셀 애니메이션이란 초창기 만화 영화를 만드는 제작 기법으로 움직이지 않는 배경 그림 위에 투명한 셀룰로이드 필름에 수작업으로 그려진 그림을 겹쳐 놓고 촬영, 편집하는 방법이다.

59 ④
연산 장치란 중앙 처리 장치의 핵심이 되는 기능을 수행하는 장치로서 자료를 입력받아 사칙연산, 논리연산, 편집, 비교와 판단 등을 수행하는 장치이다.

60 ①

> 오답 피하기
- Bump : 요철이 있는 면을 표현하기 위한 질감 전사 방법이다.
- Refraction : 물체에 빛이 비추어진 부분에 반사되는 것을 표현하는 기법이다.

2024년 최신 기출문제 02회　　2-82p

01 ④	02 ③	03 ③	04 ②	05 ③	
06 ③	07 ④	08 ④	09 ③	10 ③	
11 ④	12 ④	13 ①	14 ①	15 ②	
16 ①	17 ③	18 ④	19 ②	20 ③	
21 ③	22 ④	23 ②	24 ③	25 ②	
26 ④	27 ①	28 ③	29 ④	30 ④	
31 ①	32 ③	33 ②	34 ③	35 ①	
36 ②	37 ③	38 ②	39 ②	40 ③	
41 ④	42 ④	43 ④	44 ②	45 ③	
46 ②	47 ①	48 ①	49 ③	50 ①	
51 ④	52 ②	53 ④	54 ④	55 ②	
56 ②	57 ③	58 ③	59 ④	60 ④	

과목 01   산업 디자인 일반

01 ④
실사 방법에는 개인 면접법, 전화 면접법, 우편 조사법, 관찰 조사법, 그룹 인터뷰 등이 있다.

02 ③
오답 피하기
① 점은 위치만 있다.
② 면은 선의 한계 또는 교차이다.
④ 면은 점과 선이 이동한 것이다.

03 ③
그림은 원기둥으로 하나의 면이 원으로 이동한 흔적이다.

오답 피하기
④ 원으로 이동한 것이 아니라 타원으로 이동이 되어 타원의 원기둥이 된다.

04 ②
근접성의 원리 : 서로 근접해 있는 것은 하나의 무리를 지어 보인다.

오답 피하기
- 유사성의 원리 : 서로 비슷한 것들은 하나의 무리를 지어 보인다.
- 연속성의 원리 : 일정한 흐름을 갖는 것들은 하나의 무리를 지어 보인다.
- 폐쇄성의 원리 : 선이 끊어져 있어도 닫혀진 하나의 형태로 보인다.

05 ③
쇼 윈도우 : 사람들이 상점 안의 진열대에 있는 상품을 볼 수 있도록 유리를 댄 창으로 주로 상품을 판매의 목적으로 전시를 한다.

06 ③
중심선을 기준으로 좌우 대칭이 되는 선대칭이다.

07 ④
오답 피하기
- 윌리엄 모리스 : 미술공예운동을 주도했다.
- 헨리 반 데 벨데 : 아르누보, 유겐트스틸의 대표적인 예술가이다.
- 루이스 설리반 : 기능주의 예술가이다.

08 ④
제품의 가격은 마케팅에서 이루어지는 것이다. 광고를 통한 시각적인 인지로 그 제품의 브랜드에서 신뢰성을 얻을 수 있으며, 디자인적 측면에서 현대인의 감성적인 면을 느낄 수 있다.

09 ③
형태를 지각할 때 항상 불변하게 지각된다면 형태는 하나의 형태로만 인지될 것이다.

10 ③
픽토그램(Pictogram) : 그림 문자로서 그림으로 장소나 행동을 알리는 표시이며 아이소타입(ISOTYPE)이라고도 한다.

11 ④
아이덴트(Ident) : 증명의 뜻으로 TV프로그램이나 영화제작에 참여한 연기자와 작가, 연출가 등은 제작진, 스텝이라는 말을 사용한다.

12 ④
렌더링은 디자인 평면 표현기법 중 최종 디자인을 결정하려는 표현전달의 단계로 실물과 같이 충실하게 표현해야 한다. 실제 제품과 같은 상태의 형태, 재질감, 색상 등을 실감 있게 표현하는 것이다.

13 ①
리서치를 통하여 컨셉이 정해지면 컨셉에 맞는 아이디어 스케치를 통하여 디자인이 결정되고, 이를 실제와 같은 형태로 렌더링을 한 다음 실물과 같게 만들기 위해 제도를 통하여 제작하게 된다.

14 ①
디자인의 실체화 과정에서 가장 먼저 해야 할 것은 용도이며, 그다음 어떤 형태로 할 것인지를 생각하며, 형태에 따라서 재료와 가공기술을 결정하게 된다.

15 ②
제시용 제작 모형에는 목재 모형, 석고 모형, 금속 모형 등이 있다.

16 ①
런던 박람회 : 1851년에 영국에서 개최된 박람회이다.

17 ③

- 심벌 : 회사나 단체를 그래픽적으로 표현하는 것으로 그 회사의 얼굴이라고도 할 수 있다.
- 로고 : 회사명을 레터링하여 표현하는 것을 말한다.
- 픽토그램 : 그림(그래픽)으로 표현하는 언어(화장실, 주차장, 비상구 등)이다.
- 엠블럼 : 일정기간에 사용되는 마크(행사, 올림픽, 전국체전 등)를 말한다.

오답 피하기

이 문제는 엄밀히 보면 답이 없다. 그런데 그래픽적으로 표현한다는 공통점으로 보면 컬러가 가장 거리가 멀다.

18 ④

그리드, 포맷, 여백 등이 레이아웃의 요소이며 디스플레이는 실내 디자인에서 주로 사물 등의 배치를 할 때 사용한다.

19 ②

익스테리어 : 건물의 외부구조, 장치를 말한다.

20 ③

4P는 제품, 가격, 유통, 촉진을 말한다.

과목 02 색채 및 도법

21 ③

유사색조의 배색은 비슷한 성격을 가진 색들이 배색되었을 때 서로 잘 어울리는 것으로 안정감을 줄 수 있다.

오답 피하기

대비조화는 색상환에서 색상의 간격을 크게 하여 얻어지는 조화로 자극적인 효과를 얻을 수 있다.

22 ④

고명도와 고채도일수록 진출과 팽창이 크며, 색상환에서 5GY(연두), 5YR(주황)으로 따뜻한 난색계열이 팽창되는 색상이다.

23 ②

푸르킨예 현상은 밝은 곳에 있다가 어두운 곳으로 갈 때 적색은 어두움으로 다가오지만 청색계열은 밝게 다가와 회색계열로 보이는 것을 말한다. 지하에 있는 비상구 색이 청/록색 계열인 원리이다. 그리고 이런 시간대가 하루 중 오후 해가 질 때인데, 그 시기가 박명시이다.

24 ③

유각 투시도에서 H.L(Horizontal Line)을 높이면 기선에서 올라오는 물체의 높이와 H.L선과의 남는 공간이 많아지므로 윗면이 더 넓게 보인다.

25 ②

색상대비 : 하나의 색이 그 주위에 있는 다른색 또는 인접색, 배경색의 영향으로 본래의 색과 다르게 지각되는 시각 현상을 말한다.

26 ④

오답 피하기

- 피치선 : 반복 도형의 피치를 잡는 선이다.
- 파단선 : 물체의 일부를 파단하거나 떼어낸 경계를 표시하는 선이다.
- 은선 : 보이지 않는 부분의 현상을 표시하는 선이다.

27 ①

- 유사색 : 색상환에서 서로 인접해 있는 색을 말한다.
- 20색상환 : 빨강 – 다홍 – 주황 – 귤 – 노랑 – 노랑연두 – 연두 – 풀색 – 녹색 – 초록 – 청록 – 바다색 – 파랑 – 감청 – 남색 – 남보라 – 보라 – 붉은보라 – 자주 – 연지

오답 피하기

- 주황 – 파랑 – 자주 : 주황과 파랑은 보색관계로 멀리 있다.
- 주황 – 초록 – 보라 : 3색이 삼각형 구도를 이루고 있다.
- 노랑 – 연두 – 남색 : 노랑과 연두는 가까우나 연두와 8단계를 이루고 있다.

28 ③

ISCC–NBS 색명법은 먼셀의 색입체를 267 블록으로 구분하여 W(white), ltGy(light gray), medGy(medium Grayark gray), BK(black)으로 하고 인접된 블록의 색명은 greenish black(dkgGy)처럼 색상을 나타내는 수식어를 붙여 칭하고 있다.

29 ④

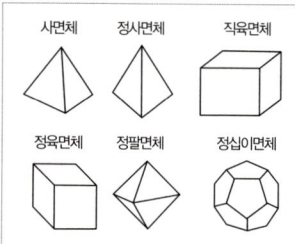

30 ④

1) 선분AB에서 중심M을 구한다.
2) B를 중심으로 MB를 반지름으로 하는 원을 그려 B의 수직선과 만나는 C를 구한다.
3) C와 A를 연결한다.
4) C를 중심으로 선분BC를 반지름으로 D를 구한다.
5) A를 중심으로 선분AD를 반지름으로 E를 구한다.
즉) BE : AE = 1 : 1.618

31 ①
쌍곡선(雙曲線)은 평면 위에 있는 두 정점으로부터의 거리의 차가 일정한 점들의 집합으로 만들어지는 곡선을 말한다.

32 ④
제3각법
- 가장 많이 사용되는 정투상도법으로 한국산업규격(KS)의 제도 통칙으로 사용한다.
- 물체를 볼 때 물체 앞쪽에 물체의 형상을 수평, 수직하게 나타낸다.
- 제3각법의 원리는 눈 → 화면 → 물체의 순서로 진행되며, 보는 위치면에 상이 나타난다.
- 미국에서 발달하여 빠른 속도로 보급되었다.

33 ②
헤링은 인간의 눈에는 빨강–녹색물질, 노랑–파랑물질, 그리고 흰색–검정물질의 세 가지 유형의 시세포가 있고 빛의 합성 작용(동화)과 분해 작용(이화)에 의해 색을 지각할 수 있다고 주장하였다.

34 ①
가산혼합은 색광혼합을 말한다.

35 ①
가산혼합은 광원의 혼합으로 광원을 혼합하면 밝아지고, 감산혼합은 색료의 혼합으로 색을 혼합하면 탁해진다.

36 ②
오답 피하기
지름 : Φ, 정사각형 : ㅁ, 두께 : t

37 ③
3소점 투시도(사각 투시도) : 지평선상의 2개의 소점과 시점을 지나는 수선상의 위나 아래에 정하여지는 1개의 소점과 합해 3개의 소점을 갖는 투시도를 말한다.

오답 피하기
2소점 투시도(유각 투시도, 성각 투시도) : 건물이나 가구를 비스듬히 볼 때의 투시도로 수직 방향의 선은 각기 수직으로 평행하지만 수평의 선은 모두 각기 좌우의 소점으로 모이면서 생기는 투시도를 말한다.

38 ②
계시가법혼색은 회전혼합이라고도 하며, 하나의 면에 두 개 이상의 색을 붙인 후 빠른 속도록 회전하면 두 색이 혼합되어 보이는 현상을 말한다. 영국의 물리학자인 맥스웰에 의해 발견된 것으로 '맥스웰의 회전판'이라고도 한다.

오답 피하기
병치혼합 : 여러 가지 색이 조밀하게 분포되어 있을 경우 멀리서 보면 각각의 색들이 주위 색들의 영향을 받아 혼합되어 보이는 현상을 말한다.

39 ②
동시대비의 특징
- 비교 사물의 크기가 작을수록 대비 효과가 강해진다.
- 자극 효과가 멀어질수록 대비 효과가 약해진다.
- 인접색의 색의 차이가 클수록 대비 효과는 강해진다.
- 오랫동안 계속해서 볼 경우 대비 효과는 약해진다.

40 ①
물리보색과 심리보색은 반드시 일치하지는 않는다.

과목 03 디자인 재료

41 ④
필름 오버레이 렌더링 : 아트필름 또는 스크린 톤의 착색재료를 사용하여 지정된 부분에 압착시켜 표현하는 렌더링 기법이다.

42 ④
오답 피하기
① : 폴리염화비닐수지는 PVC이다.
② : 폴리아미드수지는 PA이다.
③ : 폴리스티렌은 PS이다.

43 ④
ISO, ASA값이 높을수록 적은 빛에서도 촬영이 가능하므로 셔터속도를 빠르게 하려면 ISO, ASA값이 높은 것을 사용해야 한다.

44 ②
천연의 유기체 고분자 화합물에는 단백질, 녹말, 글리코겐 등이 있다.

45 ①
용융도금 : 다른 종류의 금속 · 합금의 층을 만드는 도금으로 도금하고자 하는 금속 용융액 속에 금속제품을 담그어 표면에 용융액을 부착하게 한 후 꺼냄으로써 만든다. 피도금물보다 용융점이 낮은 금속 · 합금의 얇은 층을 입히는 데 사용된다.

46 ②
컴퍼스는 원을 그리는 도구로 타원을 그릴 때는 타원형 템플릿을 사용한다.

47 ①
밀도 : 일정한 면적이나 공간 속에 포함된 물질이나 대상의 빽빽한 정도를 말한다.

오답 피하기
밀도가 높으면 함수율(수분의 양)의 변화가 심하지 않으며, 가공하기가 어렵고, 흡수성(물이 흡수하는 성질)이 나빠진다.

48 ①

인쇄용지에는 상질지, 중질지, 그라비어 용지, 아트지, 모조지 등을 사용하나 캘린더를 제작할 때는 아트지를 주로 사용한다.

오답 피하기
- 신문지 : 신문에 사용하는 용지이다.
- 모조지 : 화지라고도 하며 아류산 펄프를 원료로 만든 용지(잡지 표지, 사무용, 포장용)이다.
- 크라프트지 : 대표적인 포장용지(중포장, 경포장용)이다.

과목 04 컴퓨터그래픽스

49 ①

컴퓨터의 화면은 RGB로 이루어져 있으므로 출력물을 얻을 때는 출력하는 기계에 따라서 달라진다.

50 ①

컴퓨터그래픽은 시각디자인에 영향을 많이 주어 시각적인 작업을 할 때 매우 빠르게 효과를 얻을 수 있다.

51 ④

Resolution : 해상도를 말한다.

52 ②

크롭 툴(Crop Tool) : 이미지를 원하는 사이즈로 잘라내는 기능을 말한다.

53 ④

256색을 이용하여 웹 사이트의 아이콘으로 많이 사용되고 있는 것은 GIF파일이다.

54 ④

와이어 프레임 모델링의 특징
- 물체를 표현하는 가장 기본이 되는 모델링으로 물체를 직선, 곡선으로만 나타낸다.
- 면과 면이 만나는 선만으로 입체를 생성하는 방법이다.
- 물체의 표면, 부피, 무게, 실제감 등을 나타낼 수는 없다.

오답 피하기
물체의 면을 잘 표현하는 것은 솔리드 모델이다.

55 ②

문자 이외에도 음성, 도형, 영상 등으로 이루어진 다양한 매체를 처리할 수 있게 되었는데 이를 멀티미디어라 한다.

56 ②

동작 속도는 프레임 간의 변화량에 따라 달라진다. 자연에 가장 가까운 움직임의 표현인 1초당 24프레임으로 만드는 풀 애니메이션(Full Animation)과 프레임의 가감, 즉 1초에 24프레임을 쓰지 않고 경우에 따라 프레임의 수를 조절하는 리미티드 애니메이션(Limited Animation)이 그것이다.

57 ③

VDSL : 초고속디지털가입자망. ADSL에 이어 등장한 초고속 디지털 전송기술의 하나로, 일반적인 가입자 전화선을 이용해 양방향으로 빠른 속도로 많은 데이터를 전송하는 초고속 인터넷 서비스를 의미한다.

58 ③

PnP : 컴퓨터에 주변기기를 추가할 때 별도의 물리적인 설정을 하지 않아도 설치만 하면 그대로 사용할 수 있도록 하는 기능을 말한다.

59 ④

개인용 컴퓨터 운영체제로 CP/M, MS-DOS, Windows 등이 개발되었으며, 슈퍼미니컴퓨터 · 워크스테이션용으로 이식성이 우수한 UNIX 시스템이 보급되었다.

60 ④

- 비트는 수학이나 컴퓨터 분야의 이진법의 최소의 단위를 말한다.
- 한 문자를 표현하는데 영문은 1바이트(8비트), 한글은 2바이트(16비트)가 필요하다.

2024년 최신 기출문제 03회

01 ④	02 ③	03 ④	04 ④	05 ④
06 ①	07 ①	08 ③	09 ②	10 ②
11 ①	12 ②	13 ③	14 ②	15 ③
16 ②	17 ④	18 ②	19 ②	20 ③
21 ②	22 ④	23 ③	24 ①	25 ①
26 ③	27 ①	28 ①	29 ④	30 ③
31 ④	32 ③	33 ④	34 ②	35 ④
36 ①	37 ④	38 ④	39 ①	40 ④
41 ④	42 ③	43 ②	44 ④	45 ④
46 ②	47 ③	48 ①	49 ③	50 ①
51 ②	52 ①	53 ④	54 ④	55 ④
56 ④	57 ①	58 ①	59 ②	60 ③

과목 01 산업 디자인 일반

01 ④

기본 시스템에는 심벌, 로고, 컬러, 서체, 시그니처(심벌과 로고의 조합), 그래픽 모티브 등이 있다.

02 ③

시각 표현의 기초 드로잉으로 개략적인 밑그림이나 단순한 약화, 아이디어를 수집하거나 검토, 협의, 평가하기 위한 목적을 지녔다. 디자인 해결안을 모색하기 위한 방법이다.

03 ④

조형 처리, 색채 처리 등의 세부적인 입체 표현에 구애받지 않는 스케치를 말한다.

오답 피하기

정확도와 정밀성이 높은 그림은 러프 스케치(Rough Sketch) 중에서 최종적으로 선택하여 요구자의 승인을 얻기 위하여 정밀하게 스케치 하는 것으로, 주로 외관상의 상태에 대하여 상세한 연구를 하며, 전체 및 부분에 대한 형상 및 재질, 비례 등의 정확함이 요구되는 스케치로 컴프리헨시브(Comprehensive)에 해당된다.

04 ④

포장 디자인의 주요 기능에는 보호와 보존성, 편리성, 상품성, 심미성 등이 있다.

오답 피하기

경기의 흐름을 고려한다면 경기에 따라 매번 포장 디자인을 바꾸어야 한다.

05 ④

오답 피하기

- 사용 과정 분석 : 순서대로 분석하여 현재의 해결 방법을 평가한다.
- 관계 분석 : 복잡한 문제를 상호 관계의 분석을 통해 단순화 시키고 해결을 용이하게 한다.
- 원인 분석 : 일어난 사건의 배경원인과 동기를 분석한다.

06 ①

②는 바닥, ③은 기둥이나 보, ④는 천장에 대한 설명이다.

07 ①

아르누보 양식은 사회 전반에 영향을 주었다.

08 ③

오답 피하기

상품 광고 포스터는 제품에 대한 광고를 위한 포스터이고, 계몽 포스터는 사회 공공질서 유지와 이익을 위한 포스터이다.

09 ②

데 스틸(De Stijl)은 모든 조형 분야의 일체화를 목표로 하고 수직, 수평의 화면 분할, 추상적 형태, 삼원색과 흑, 백, 회색만을 사용하여 기하학적인 형태가 가장 기능적인 것을 주장하는 신조형주의이다.

10 ②

상관표 작성 방법은 문제의 구조를 조사하는 방법이다.

11 ①

게슈탈트(Gustalt) 요인

- 근접성의 원리 : 서로 근접해 있는 것은 하나의 무리로 보인다.
- 유사성의 원리 : 서로 비슷한 것들은 하나의 무리로 보인다.
- 연속성의 원리 : 일정한 흐름을 갖는 것들은 하나의 무리로 보인다.
- 폐쇄성의 원리 : 선이 끊어져 있어도 닫혀진 하나의 형태로 보인다.

12 ②

- 서로 다른 요소들이 상반되게 나타나는 현상을 대비라고 한다.
- 대비는 형태, 크기, 색채, 질감, 방향, 위치, 공간, 중량감의 대비 등이 있다.

13 ③

CIP(Corporate Identity Program)의 약자로 사용되고 있으며 기업 이미지를 통일시키는 작업을 말한다.

14 ④

실내 소품의 선택과 배치
- 좋은 것이라도 많은 것을 진열하면 혼란을 주기 때문에 주의한다.
- 형태, 스타일, 색상 등이 위치와 잘 어울리도록 선택해야 한다.
- 주변 물건과의 디자인 성격을 잘 고려하여 적절하게 배치해야 한다.
- 오브제의 배치는 다소 변화를 줄 수 있는 여지를 남겨두는 것이 좋다.
- 실사용자의 개인의 개성을 나타낼 수 있어야 한다.
- 그림을 가구의 위나 벽의 중앙에 설치할 때 회화는 안정감을 주고 가구는 동적인 느낌을 준다.
- 공간에서 효과적인 위치를 선택하여 설치하고 국부조명을 하면 그림도 돋보이고 공간의 입체감도 생긴다.

오답 피하기
④ 소품이 잘 보이지 않을 수 있다.

15 ③

마케팅의 정의 : 소비자의 욕구를 철저히 조사, 탐지하여 소비자가 원하는 상품 및 서비스를 개발하고 최적의 유통경로를 통해 소비자에게 합리적인 가격으로 제공하며, 판매촉진을 일으켜 소비자 만족과 기업의 이윤을 추구하는 기업의 총체적인 활동이다.

오답 피하기
마케팅의 목표는 기업이 소비자에게 제공하는 것으로 ①, ②, ④는 소비자의 측면이며 ③의 경우는 기업 측면을 말하는 것이다.

16 ②

새로운 디자인으로 인한 제품들은 소형화 되어가는 추세이다.

17 ④

율동에는 반복, 교차, 방사, 점이 등이 있다.

오답 피하기
균형에는 대칭, 비대칭, 비례 등을 들 수 있다.

18 ②

형태는 크게 이념적인 형태와 현실적인 형태로 구분되며 이념적인 형태는 점, 선, 면, 입체 등과 같이 디자인요소 중 개념요소에 해당하는 것으로 이런 형태를 순수형태라고 말한다.

19 ②

설계 단계
- 디자인 의도를 확인하고 공간의 재료나 가구, 색채 등에 대한 계획을 시각적으로 제시하는 과정이다.
- 대상 공간에 대한 모든 계획을 도면화하여 실내 디자인 프로젝트를 확정하는 단계이다.

20 ③

프로덕트 디자인(Product Design) : 일반적으로 생활에 필요한 도구를 디자인하는 것을 말한다.

과목 02 색채 및 도법

21 ②

축측 투상도에는 등각 투상도, 2등각 투상도, 부등각 투상도 등이 있다.

22 ④

중간혼합은 혼합되어 보이면서도 원색들의 채도가 떨어지지 않아 물감을 섞었을 때보다 훨씬 선명하고 밝아보이게 된다.

오답 피하기
색을 혼합하는 것이 아니라 색을 나란히 배치해서 보는 사람의 눈의 망막 위에서 색이 서로 섞여져 보이는 것이다.

23 ③

배색의 조건
- 사용 목적과 기능에 맞는 배색이 되어야 한다.
- 색의 심리적인 작용을 고려한다.
- 유행성을 고려한 배색이 되어야 한다.
- 실생활에 맞는 배색이 되어야 한다.
- 미적인 부분과 안정감을 주어야 한다.
- 주관적인 배색은 배제해야 한다.
- 면적의 효과를 고려해야 한다.

오답 피하기
배색은 두 가지 이상의 색을 혼합하는 것을 말하는 것으로 단색의 이미지만을 고려해서는 안된다.

24 ①

명도대비 : 같은 회색이라도 흰색 바탕 위의 회색은 더욱 어둡게 느껴지고, 검정 바탕 위의 회색은 더욱 밝게 느껴진다.

25 ①

혼색계 : 색광을 표시하는 표색계로서 심리적, 물리적인 빛의 혼합을 기초로 색을 표시하는 체계를 말하며, 현재 측색학의 근본이 되고 있다.

26 ③

먼셀의 기본 5색상은 빨강(R), 노랑(Y), 녹색(G), 파랑(B), 보라(P)이다.

27 ①

임의의 크기로 확대하려면 육면체의 중심에서 각 모서리로 연결한 점들을 연결하면 된다.

28 ①

정투상 : 서로 직각으로 교차되는 세 개의 화면, 즉 평화면, 입화면, 측화면 사이에 물체를 놓고 각 화면에 수직되는 평행광선으로 투상하여 얻은 도형이다.

오답 피하기
- 2점 투시투상 : 시점과 대상물을 연결한 투사선에 의해 얻는 투상을 말한다.
- 사투상 : 투상선이 투상면을 사선으로 지나는 평행 투상을 말한다.
- 표고 투상 : 기준면을 정한 후 지형의 높고 낮음을 표시하는 것과 같이 기준면과 평행하게 평면으로 자른 수평면을 수직으로 투상하여 그린 수직투상을 말한다.

29 ④

Φ은 지름, R은 반지름, t는 두께, 45°는 모따기를 나타낸다.

30 ③

제도 문자기입의 원칙
- 제도에 사용되는 문자는 한자, 한글, 숫자, 로마자이다.
- 문자는 정확하게 기입하여야 하며, 상단 가로쓰기를 원칙으로 한다.
- 글자체는 고딕체를 사용하며, 수직 또는 15° 경사로 쓰는 것을 원칙으로 한다.
- 가로쓰기는 왼쪽에서 오른쪽 방향을 원칙으로 하고, 가로쓰기가 곤란할 경우는 세로쓰기를 사용한다.
- 같은 도면 내에서는 동일한 글자체를 사용해야 한다.
- 숫자는 아라비아 숫자를 원칙으로 한다.
- 문자의 크기는 문자의 높이로 표시되며 2, 2.24, 3.15, 4.5, 6.3, 9mm 등의 높이를 기준으로 사용한다.
- 네 자리 이상의 숫자는 세 자리마다 콤마(,)를 표기한다.
- 문자의 크기는 문자의 높이로 한다.

31 ④
오답 피하기
파랑 – 주황은 연두 – 파랑보다 색상차이가 더 크므로 시인성이 좋다.

32 ④
동화현상 : 한가지 색이 다른 색에 둘러싸여 있을 때 둘러싸여 있는 색이 주위의 색과 비슷해져 보인다. 이러한 현상을 동화현상(Assimilation Effect) 혹은 폰–베졸드 효과라고 한다.

오답 피하기
- 자극이 오래 지속되는 색의 정의(긍정적) 잔상에 의해 생겨난다.
- 주위에 비슷한 색이 많이 배치된 경우 발생한다.
- 좁은 시야의 색채들이 복잡하게 구성되어 있을 때 많이 생겨난다.
- 동일한 회색 배경 위에 검은색 선을 그리면 배경의 회색은 어둡게 보이고, 백색 선을 그리면 배경의 회색은 밝게 보인다.

33 ③
색의 3속성은 색상, 명도, 채도이다.

34 ②
1점 쇄선은 중심선, 기준선, 피치선으로 사용된다.

35 ④
색순응 : 어떤 색을 오랫동안 보면 그 색에 순응하여 색의 지각이 약해지는 현상으로 색광에 대하여 순응하는 것이다.

36 ①
주어진 ∠POQ를 2등분 하는 방법
1) ∠POQ의 O를 중심으로 임의의 원호를 그리고 OP, OQ의 교점 A와 B를 구한다.
2) 교점 A, B를 중심으로 하여 임의의 반지름으로 하는 원호를 그린다.
3) 두 원호의 교점 C를 구하고, OC를 연결하면 된다.

37 ④
먼셀의 색 표기법은 색상, 명도/채도로 표기한다. 즉, HV/C이다.

38 ④
색상과 명도의 차이가 높을수록 동적인 느낌을 느낄 수 있다.

오답 피하기
- 빨강 – 청록 : 보색대비로 선명하게 보인다.
- 연두 – 자주 : 거의 보색에 가까운 색이다.
- 노랑 – 어두운 빨강 : 명도 차이가 커서 동적인 느낌을 얻을 수 있다.

39 ①
장축과 단축이 주어질 때 타원을 그릴 수 있는 방법은 집점법, 대·소부원법, 4중심법, 평행사변형법 등이 있다.

40 ③
색이 무겁거나 가볍게 느껴지는 것을 중량감이라 하며, 이는 명도에 의해 좌우된다.

과목 03 디자인 재료

41 ④
재료 사이클의 3요소는 물질, 에너지, 환경이다.

42 ④
오답 피하기
- DIN : 독일표준기준을 나타낸다.
- ASA : 미국표준기준을 나타낸다.
- ISO : 국제표준기준을 나타낸다.

43 ②

채륜 : 105년경 물속에서 부드러워진 나무껍질, 헝겊 등을 이용하여 종이를 만들어낼 방법을 생각해냈다.

> 오답 피하기

- 루이 로베르 : 근대적인 종이제조의 시초는 19세기경으로 1799년 무한궤도의 금망을 이용한 종이제조법을 발명했다.
- 디킨스 : 1809년 영국의 디킨슨은 원통형 철망으로 초지하는 환망 초지기를 개발하였다.

44 ②

사이징 : 아교물질로 섬유의 표면에 피막을 형성시켜 내수성을 높이는 작업으로 잉크의 침투, 번짐 등을 막기 위한 작업을 말한다.

45 ④

열경화성 플라스틱의 특징
- 열에 안정적이다.
- 거의 전부가 반투명 또는 불투명이다.
- 압축, 적층성형 등의 가공법에 의하기 때문에 비능률적이다.
- 가열하면 경화하여 3차원적 구조를 가지며, 화학적인 변화로 재사용이 어렵다.
- 열변형 온도가 150℃ 이상으로 높다.
- 열가소성 플라스틱보다 강도가 높다.

46 ②

도료의 일반적인 조건
- 색깔의 변색과 퇴색이 없어야 한다.
- 색깔의 광택이 지정된 것과 일치해야 한다.
- 여러가지 성능도 구비할수록 좋다.
- 강인한 도막을 형성할 수 있어야 한다.
- 부착성이 좋아야 한다.
- 도막의 경도가 높아야 한다.

47 ③

중금속 : 비중이 4~5 이상인 금속을 통틀어 이르는 말이며, 금, 백금, 은, 구리, 수은, 납, 철, 니켈, 비소, 안티몬, 카드뮴, 크롬, 주석, 바륨, 비스무트, 코발트, 망간 등이 해당한다.

48 ①

- 연필의 심은 B의 숫자가 클수록 무르고 진하며, H의 숫자가 클수록 단단하다.
- 무른 심부터 단단한 심의 순서는 2B → B → HB → H → 2H → 3H → 4H이다.

과목 04 컴퓨터그래픽스

49 ③

캘리브레이션(Calibration) : 모니터와 실제 인쇄했을 때의 색상이 일치하지 않을 때 여러 시험을 통해 일치하도록 조정하는 작업이다.

50 ①

> 오답 피하기

- 제2세대 : IBM사와 GM사가 공동으로 자동차 설계를 위한 시스템 DAC-1을 개발하여 세계 최초의 CAD/CAM 시스템을 만들었다.
- 제3세대 : 미국의 벨 연구소에서 집적회로(IC) 개발에 성공했다.

51 ②

CAD 프로그램을 사용함으로써 도면을 쉽게 그릴 수 있는 장점이 있는 것이지 아이디어를 제공하는 것은 아니다.

52 ①

스캐너의 해상도는 300dpi, 600dpi와 같이 평방 인치당 읽어 들일 수 있는 데이터를 dpi로 나타낸 것으로 이 수치가 높을수록 더욱 세밀한 스캐닝이 가능하여 고품질의 이미지를 얻을 수 있다.

53 ③

솔리드 모델(Solid Model) : 물체의 내·외부를 명확히 표현하고 부품 간의 간섭과 물리적인 성질 등의 계산이 가능하다.

> 오답 피하기

- 와이어프레임 모델 : 물체의 표면, 부피, 무게, 실제감 등을 나타낼 수는 없다.
- 서페이스 모델 : 속은 비어 있고 겉면만 생성되어 있는 상태로 표면은 대부분 다각형으로 구성된다.

54 ①

스키닝(Skinning) : 스키닝은 말 그대로 피부를 붙이는 것이다. 3차원 메시는 관절과 관절 사이가 사람과 달리 끊김 현상이 발생할 수 있는데, 이를 막는 기법을 스키닝이라고 한다.

55 ④

GUI(Graphical User Interface) : 사용자가 컴퓨터와 정보를 교환할 때, 그래픽을 통해 작업할 수 있는 환경을 말한다. 마우스 등을 이용하여 화면에 있는 메뉴를 선택하여 작업할 수 있다.

56 ④

Magic Wand를 사용하는 것은 이미지를 선택하여 이미지의 크기, 색채, 변형을 하기 위한 것이지 작업 사이즈를 조절하는 것이 아니다.

57 ①

입력장치에는 키보드, 마우스, 태블릿, 디지타이저, 스캐너 등이 있고, 출력장치에는 모니터, 프린터, 플로터, 필름 레코더 등이 있다.

58 ①

EPS : Encapsulated Post Script의 약자로 전자출판이나 고해상도의 그래픽을 지원하는 파일 포맷이다.

오답 피하기
- BMP : 24비트 비트맵 파일 포맷으로 윈도우 등에서 사용하는 압축하지 않은 표준 그래픽 형식이다.
- PNG : GIF와 JPG의 장점을 합친 것으로 8비트 컬러를 24비트 컬러처럼 저장할 수 있다.
- JPEG : 손실압축방식으로 압축률이 가장 뛰어나다.

59 ②

커서(Cursor) : 컴퓨터의 모니터 화면에서 정보나 신호의 입력 위치를 나타내는 표시를 말한다.

오답 피하기
- 아이콘 : 컴퓨터에 주는 명령을 문자나 기호, 그림 따위로 화면에 표시한 것을 말한다.
- 픽셀(Pixel) : 색 또는 휘도를 독립적으로 할당할 수 있는 화면상의 가장 작은 단위를 말한다.

60 ③

Boolean은 연산자 용어이다.

2024년 최신 기출문제 04회   2-96p

01 ②	02 ②	03 ①	04 ②	05 ④
06 ④	07 ①	08 ③	09 ③	10 ②
11 ④	12 ③	13 ②	14 ②	15 ④
16 ②	17 ②	18 ②	19 ①	20 ②
21 ①	22 ①	23 ①	24 ②	25 ②
26 ①	27 ②	28 ②	29 ①	30 ④
31 ③	32 ②	33 ④	34 ④	35 ③
36 ④	37 ③	38 ③	39 ③	40 ②
41 ③	42 ②	43 ①	44 ②	45 ②
46 ①	47 ①	48 ④	49 ②	50 ②
51 ③	52 ③	53 ①	54 ②	55 ④
56 ①	57 ①	58 ②	59 ④	60 ③

과목 01   산업 디자인 일반

01 ②

벽은 사람의 눈높이에 있기 때문에 시선이 가장 많이 머무는 곳이다.

02 ②

조화에는 유사조화, 대비조화, 균일조화 등이 있다.

오답 피하기

율동 : 반복, 교차, 방사 등이 있다.

03 ①

도입기에는 새로운 제품을 출시해서 인지도를 높이는 단계로 새로운 고객을 확보하기 위한 광고를 해야 한다.

04 ②

오답 피하기
- 블록(Block) 광고 : 일정한 시간을 정하여 계속 방송하는 형태의 광고이다.
- 프로그램(Program) 광고 : 드라마 형식으로 프로그램 안에 광고를 삽입하여 제작한다.
- 네트워크(Network) 광고 : 전국적인 네트워크망을 갖고 있는 방송국에서 전국에 알리는 광고이다.

05 ④

디자인은 단순 미화가 아닌 계획을 세우고 이를 실현시키는 것이다.

06 ④

신문은 지면에 따라서 그 효과가 달라진다.

07 ①

바우하우스는 합목적성인 기능과 실용성으로 새로운 미를 추구하였다.

08 ③

극장, 학교, 미술관 등은 공용 공간으로 능률화, 쾌적성, 신뢰감, 친근감, 통일성 등이 중요한 요소다. 위 문제에서 신뢰적인 측면을 보면 직접적으로 화폐거래가 이루어지는 은행일 것이다.

09 ④

점이 확대되면 면으로 느껴진다.

10 ②

극소주의 디자인하면 일본을 말할 수 있다.

11 ④

편집 디자인과 광고 디자인은 서로 겹치는 부분이 있으나 글의 내용이 주가 되는 것을 편집 디자인이라 말할 수 있다.

> 오답 피하기
- 패키지 디자인 : 글보다는 지기구조, 평면의 조형적인 요소를 디자인하여야 한다.
- POP 디자인 : 시각 디자인의 한 분야로 구매시점에서 이루어지는 광고물들을 말한다.
- 로고 디자인 : 서체를 이용하는 경우도 있겠지만 로고 자체는 서체가 아닌 고유 대명사로서 하나의 그래픽으로 봐야 한다.

12 ③

CIP : Corporate Identity Program의 약자이다.

13 ②

브레인스토밍(Brainstorming)의 최우선은 다른 사람의 의견을 존중하는 것이므로 어떠한 경우에도 비판해서는 안 된다.

14 ②

Research란 조사의 뜻으로 디자인 리서치(Design Research)는 디자인을 연구하는 것이다.

15 ④

> 오답 피하기
- 러프 드로잉 : 아이디어를 다른 사람과 커뮤니케이션하기 위한 드로잉을 말한다.
- 컴퓨터 드로잉 : 컴퓨터로 드로잉 하는 작업을 말한다.
- 프리핸드 드로잉 : 손으로 자연스럽게 드로잉 하는 작업을 말한다.

16 ②

방열포장은 용도별 분류에 속한다.

17 ②

디자인의 조건 : 합목적성, 심미성, 경제성, 독창성, 질서성이 있다.

18 ②

마케팅 믹스에는 제품(Product), 가격(Price), 유통(Place), 촉진(Promotion)이 있다.

19 ①

> 오답 피하기
- 수평선 : 평온, 평화, 정지, 무한함, 정적인 느낌을 준다.
- 곡선 : 호선, 포물선, 쌍곡선, 와선, 자유곡선, 유기적인 선 등이 있으며, 직선에 비해 여성적이며, 아름답고, 부드러우며 자유로운 느낌을 준다.
- 사선 : 생동감, 긴장감, 운동감, 속도감, 불안한 느낌을 준다.

20 ②

균형 : 균형은 안정감을 창조하는 질(Quality)로써 정의되며 시각적인 무게의 동등한 힘의 분배를 말한다. 디자인 요소들 간의 긴장감과 안정감을 유지하는 상태를 말한다. 균형에는 대칭, 비대칭, 비례 등을 들 수 있다.

과목 02 색채 및 도법

21 ①

보색대비는 보색 관계인 두 색이 서로의 영향으로 더욱 선명하게 보이는 현상이다. 이는 서로의 보색 잔상이 일치하기 때문에 더욱 뚜렷하게 보이는 것이다. 또한 색의 대비 중에서 가장 강한 대비이다.

> 오답 피하기
③의 경우는 색상대비가 아니라 보색대비로 잘 보이는 것이다.

22 ①

흥분색 : 난색 계통의 색으로서 명도와 채도가 높은 색은 흥분감을 준다. 눈의 자극을 통한 피로감을 주기 때문에 주로 자극을 주거나 강조할 때 사용한다. 패스트푸드점, 스포츠 등과 같이 활발한 움직임을 요구하는 곳에서 활용된다.

23 ①

투시도법 : 투시도는 한 점을 시점으로 하여 물체를 원근법에 따라 눈에 비친 그대로 그리는 기법을 말한다.

24 ②

눈의 구조는 카메라 렌즈와 비교할 수 있다. 렌즈 = 수정체, 조리개 = 홍채, 필름 = 망막으로 구분 지을 수 있으며, 망막에는 색을 지각하는 시세포가 존재하는데 이는 추상체와 간상체로 구분된다.

25 ②

오답 피하기

- 온(전) 단면도 : 대칭 형태의 물체의 중심선을 경계로 반으로 절단하여 나타내는 단면도를 말한다.
- 부분 단면도 : 물체의 외형도에서 필요한 부분만을 절단하여 표시하는 단면도를 말한다. 단면 부위는 파단선으로 표현한다.
- 회전 단면도 : 절단면을 90° 회전하여 그린 단면도를 말한다. 핸들이나 바퀴 등의 암 및 림, 리브, 축 등의 단면을 표시하기 쉽다.

26 ①

정다면체의 각 면의 중심을 잡아 이웃한 중심끼리 연결하면 다른 모양의 정다면체를 만들 수 있는데, 정육면체와 정팔면체, 정십이면체와 정이십면체가 서로 짝을 이루고, 정사면체는 그 자신과 짝이 된다.

27 ②

- 명도 : 색의 밝기를 나타낸다.
- 채도 : 색의 맑기를 나타낸다.

28 ②

동일한 면적의 경우 면적대비가 없어 조화롭지 못하다.

29 ①

- 표면색은 반사한 빛의 파장 범위를 색으로 보는 것이다.
- 빛의 파장을 모두 반사하면 흰색으로 보인다.

30 ④

원의 중심 구하기 순서

1) 주어진 원주에 임의의 점 A, B, C를 정한다.
2) 선분 AB의 수직 2등분선을 그린다.
3) 선분 BC의 수직 2등분선을 그린다.
4) 두 수직 2등분선의 교점을 정한다.

31 ③

축측 투상 : 대상물의 좌표면이 투상면에 대하여 직각이거나 물체가 경사를 가지는 투상이다.

오답 피하기

- 사투상 : 투상선이 투상면을 사선으로 지나는 평행 투상을 말한다.
- 정투상 : 서로 직각으로 교차되는 세 개의 화면, 즉 평화면(平畵面), 입화면(立畵面), 측화면(側畵面) 사이에 물체를 놓고 각 화면에 수직되는 평행광선으로 투상하여 얻은 도형이다.
- 투시 투상 : 시점과 대상물을 연결한 투사선에 의해 얻는 투상을 말하며 눈으로 물체를 보는 것과 같이 원근감을 통하여 사실적인 표현을 할 수 있다. 일반적으로 투시도라고 말하며 1, 2, 3점 투시 투상이 있다.

32 ②

저드의 조화론

- 질서의 원리 : 색 공간에서 일정한 법칙에 따라 선택한 색은 조화롭다.
- 친근감의 원리 : 인간에게 친숙한 자연색은 아름답다.
- 유사성의 원리 : 공통성이 있는 색채는 조화롭다.
- 명료성의 원리 : 색채, 명도, 채도가 분명하면 조화롭다.

33 ④

밝은 색 쪽이 어두운 색보다 크게 보인다.

34 ④

먼셀 휴(Munsell Hue)의 기본 5색은 빨강(R), 노랑(Y), 녹색(G), 파랑(B), 보라(P)이다.

35 ③

한국산업표준에서는 제3각법을 사용하도록 규정하고 있다.

36 ④

색채지각설은 혼색과 색각이상을 잘 설명하는 이론으로써, 현재 사용되는 빛의 혼합(가산혼합)의 이론과 일치한다.

37 ③

오스트발트 색체계 : 색입체의 정삼각형 꼭지점에 모든 빛을 완전히 반사하는 이상적인 백색(W), 모든 빛을 완전히 흡수하는 이상적인 흑색(B), 이상적인 완전색(C)을 가상으로 정하고 있다.

오답 피하기

- 먼셀의 표색계 : 영·헬름홀츠의 3원색설을 바탕으로 색의 3속성인 색상, 명도, 채도에 따라서 3차원 색입체를 구성하였다.
- NCS 색체계 : Natural Color System의 약자로, 자연색을 바탕으로 한 색체계이므로 먼셀 시스템의 한계점을 보완한 색체계이다.
- DIN 색체계 : 색상(T, Bunton), 포화도(S, Sattigung), 암도(D, Dunkelstufe)의 3속성으로 나타내어 색상(T)은 오스트발트 표색계와 같은 24색상이나, 포화도(S) 0~15의 범위로 표시하고, 암도(D)는 0~10의 범위로 표시한다. D=10의 색을 이상적인 흑색으로 하여 D=0, S=0의 색은 이상적인 백색이며, D=0, S=7의 색은 그 색상의 가장 선명한 색(순색)이 된다.

38 ③

①은 전부 따뜻한 느낌의 색이며 ②는 빨강이, ④는 주황과 빨강이 따뜻한 느낌의 색이다.

39 ③

기선 GL(Ground Line) : 화면과 지면이 만나는 선이다.

오답 피하기

- 시선 VL(Visual Line) : 물체와 시점을 연결하는 선이다.
- 소점 VP(Visual Point) : 물체의 각 점이 수평선상에 모이는 지점이다.

40 ②

작도를 할 때는 외부치수보다 내부치수를 택한다.

과목 03 디자인 재료

41 ③

목재의 주성분은 셀룰로오스, 헤미셀룰로오스, 리그닌이다.

42 ④

용제 : 도막 원료를 용해하거나 묽게 하여 바르기 쉽게 한다. 수지를 용해하여 도막에 평활성을 부여하는 성분으로 도료의 점도, 유동성, 증발속도를 조절해 주는 물질이다.

43 ①

신문용지, 인쇄용지, 필기용지, 도화지, 포장용지, 박엽지, 잡종지 모두 양지에 속한다.

44 ④

유성계 도료는 수성계 도료에 비해 건조 시간이 길다.

45 ④

신문용지는 고속의 윤전기로 인쇄되기 때문에 찢어지지 않을 정도의 인장력과 흡유성, 평활도, 불투명도 등의 인쇄 적성을 지녀야 한다.

46 ①

오답 피하기

- 감색성 : 필름이 빛과 색에 대하여 느끼는 성질을 감색성이라 한다. 감색성은 백광 안의 색, 즉 빨강, 초록, 파랑, 노랑 등 색광에 대한 느낌을 말한다.
- 관용도 : 필름이 빛을 감지하는 정도를 말한다.
- 입상성 : 입상성은 할로겐화은이 젤라틴막 안에 얼마나 분포되어 있는지를 나타내는 것이다.

47 ①

알루미늄은 보오크사이트 광석에서 정련, 제련되어 가벼운 경금속으로 잘 부식되지 않는 내식성이 강하고, 전기의 양도체이다. 전성과 연성이 풍부하며, 성형성이 좋고, 강도가 높아 항공기, 자동차, 기차 등에 사용된다.

48 ④

금속의 일반적인 성질
- 비중이 크다.
- 열 및 전기의 양도체이다.
- 경도가 크며, 내마멸성이 풍부하다.
- 전성과 연성이 좋다.
- 외력의 저항과 내구력이 크다.
- 이온화했을 때 양이온이다.
- 불에 타지 않는다.
- 상온에서 고체 상태이다.

과목 04 컴퓨터그래픽스

49 ②

오답 피하기

- Preferences : 환경설정 기능이다.
- Export : 내보내기 기능이다.
- Unit : 단위 기능이다.

50 ②

오답 피하기

- 파라메트릭 모델(Parametric Model) : 수학적으로 계산되는 '곡면 모델'이라고 하며 항공기, 자동차, 선박 등의 설계에 사용된다.
- 서페이스 모델(Surface Model) : 기본적인 와이어 프레임 위에 표면만을 입히는 방식이다.
- 와이어 프레임 모델(Wire-Frame Model) : 물체를 표현하는 가장 기본이 되는 모델링으로 물체를 직선, 곡선으로만 나타낸다.

51 ③

스크롤 바를 움직여 이동할 수 있다.

52 ③

광역 통신망(Wide Area Network, WAN)은 국가, 대륙 등과 같은 넓은 지역을 연결하는 네트워크를 뜻한다.

53 ①

오답 피하기

- AI : 일러스트레이터 확장자이다.
- EPS : Encapsulated Post Script의 약자로 전자출판이나 고해상도의 그래픽을 지원하는 파일 포맷을 말한다.
- TIF : 인쇄 시 4도 분판 기능이 있어 편집 프로그램이나 고해상도의 출력물을 얻을 때 사용하는 방식이다.

54 ③

Lab 모드 : L(명도), ab(빨강/초록, 노랑/파랑)값으로 색상을 정의하므로 CMYK 모드보다 훨씬 빠르다.

55 ④

레졸루션(Resolution) : 해상도를 나타내는 것으로 값이 높을수록 이미지가 정교하게 나타난다.

56 ①

오답 피하기
- Bitmap 모드 : 흑, 백 모드이다.
- RGB 모드 : 영상 작업 시 많이 활용된다.
- HSV 모드 : 색상(Hue), 채도(Saturation), 명도(Brightness, Value)의 좌표로 일반적으로 디자이너나 색채를 다루는 사람들이 보통 사용하는 방식이다.

57 ①

캐시 메모리는 기억 용량은 작으나 고속 접근이 가능한 SRAM을 사용한다.

58 ②

오답 피하기
- Union(합집합) : 두 도형을 합친다.
- Subtraction(차집합) : 겹치는 도형을 빼준다.

59 ④

④는 포토샵에 대한 설명이다.

60 ③

CPU는 크게 제어 장치, 연산 장치, 레지스터(Register)로 구성되어 있다.

2024년 최신 기출문제 05회   2-103p

01 ②	02 ④	03 ②	04 ②	05 ①
06 ①	07 ③	08 ②	09 ②	10 ④
11 ③	12 ③	13 ①	14 ③	15 ②
16 ①	17 ③	18 ③	19 ④	20 ②
21 ①	22 ③	23 ②	24 ③	25 ①
26 ①	27 ④	28 ②	29 ③	30 ④
31 ②	32 ④	33 ②	34 ①	35 ②
36 ①	37 ④	38 ④	39 ②	40 ③
41 ②	42 ①	43 ②	44 ④	45 ④
46 ③	47 ②	48 ③	49 ④	50 ②
51 ②	52 ③	53 ②	54 ②	55 ③
56 ①	57 ④	58 ②	59 ①	60 ④

과목 01   산업 디자인 일반

01 ②

형을 표현하는 것은 기본적으로 면의 개념이다. 형의 기본은 삼각형, 사각형, 정원이며 그 외의 형은 다각형의 응용이라고 생각하면 된다.

02 ④

- 소극적인 입체 : 이념적인 형으로 크기, 폭 등이 없는 지각될 수 없는 형을 말한다.
- 적극적인 입체 : 현실적인 형으로 시각적으로 확실하게 지각될 수 있는 형을 말한다.

03 ②

오답 피하기
- 광고탑 : 광고를 위하여 탑처럼 높이 만들어 세운 구조물로 행사 등을 알리기 위하여 설치한다.
- 애드벌룬 : 광고하는 글이나 그림 등을 매달아 공중에 띄우는 풍선을 말한다.
- 빌보드광고 : 야립 간판이라고도 불리는데 도로변 등에 대형으로 설치하는 광고판을 말한다.

04 ②

벽은 사람의 눈높이에 있기 때문에 시선이 가장 많이 머무는 곳이다.

05 ①

경영자의 역할
- 조직운영에 관한 모든 의사 결정 시 결단적 역할 수행을 해야 한다.
- 디자인 조직의 내·외부로부터 정보를 받아들이고 전달해주며, 사람들과 원만한 인간관계 구축에 노력을 기울여야 한다.

오답 피하기
①은 디자이너의 의식으로서 스페셜리스트적인 사고를 없애야 한다.

06 ①

제품 디자인은 우리가 사용하는 제품을 디자인하는 것이다.

오답 피하기
②와 ③은 환경 디자인에 속한다.

07 ③

매출액이 안정된 상태를 유지하는 상태는 성숙기이다.

오답 피하기
- 도입기 : 매출액이 낮다.
- 성장기 : 판매량, 이윤이 높아지는 시기이다.
- 쇠퇴기 : 매출이 급격히 감소되는 시기이다.

08 ②

주거용 실내 디자인이므로 방문객이 아닌 사용자의 요구 및 생활양식을 고려해야 한다.

09 ②

라인 업 : 라인으로 전체적인 레이아웃을 정하는 것을 말한다.

오답 피하기
- 여백 : 글이나 그림이 들어가는 단과 재단선과의 간격을 말한다.
- 포맷 : 컴퓨터 작업의 저장하는 방식이다.
- 폰트 디자인 : 서체의 종류 및 크기를 디자인하는 것을 말한다.

10 ④

미래파는 기계, 자동차, 비행기 등 속도감과 반복성 등의 물질문명을 찬양하였다.

11 ③

기초 조형이란 디자인할 때 기본이 되는 조형적인 요소를 말하는 것으로 디자인의 요소 및 원리를 어떻게 구성할 것인가의 문제이다. 이는 감각적인 훈련이며 미적인 개념을 창조적으로 표현하는 기술이 필요하다.

12 ③

③은 POP 광고에 대한 설명이다.

13 ①

- 포지티브(Positive)한 면 : 적극적인 면을 말하는 것으로 확대, 이동 등이 있다.
- 네거티브(Negative)한 면 : 소극적 면으로 밀집, 집합 등이 있다.

14 ③

설계 단계 : 디자인 의도를 확인하고 공간의 재료나 가구, 색채 등에 대한 계획을 시각적으로 제시하는 과정을 말한다.

15 ②

아르누보 : 전 조형 분야에 걸쳐 곡선적이고 화려한 장식이 풍미하여, 건축의 외관이나 일상 생활용품에 자연물의 유기적 형태(Oranic Form)에서 비롯된 장식을 이용했다.

16 ①

디자인의 조건을 말하는 것으로, 디자인의 조건에는 합목적성, 심미성, 독창성, 경제성, 질서성 등이 있다.

17 ③

광고 콘셉트에 따라서 회사의 규모를 표현할 수는 있으나 매체의 안정성은 매체 선정 시 고려할 사항이며 안정성을 표현할 필요는 없다.

18 ③

디자인 문제해결 과정은 계획 → 조사 → 분석 → 종합 → 평가로 이루어진다.

19 ④

서로 다른 요소들이 상반되게 나타나는 현상을 대비라고 한다. 서로 다른 부분의 조합에 의하여 생기는 것으로 시각적 형태 강약에 의한 형의 감정 효과이다. 대비는 형태, 크기, 색채, 질감, 방향, 위치, 공간, 중량감의 대비 등이 있다.

20 ②

CIP(Corporate Identity Program)의 약자로, 기업 이미지를 통일시키는 작업을 말한다.

과목 02 색채 및 도법

21 ①

푸르킨예 현상 : 적과 청의 투톤 칼라의 우편 포스트가 낮에는 붉은 부분 쪽이, 저녁 때는 푸른 부분의 쪽이 밝게 보이는 것을 발견했다.

22 ③

현색계 : 색채를 표시하는 표색계로서 심리적인 색의 3속성에 따라 일정한 표준을 정하여 번호, 기호 등을 사용하여 정량적으로 표시하는 체계를 말한다.

23 ②

VL(Visual Line)은 시선을 뜻한다.

24 ③

문·스펜서의 색채조화론 : 조화의 관계를 동일 조화, 유사 조화, 대비 조화로 분류하고, 애매모호한 배색인 부조화는 제1불명료, 제3불명료, 눈부심으로 분류하였다.

25 ①

각 안에 원이 있으므로 주어진 각에 내접하는 원을 작도하는 방법이다.

26 ①

무대 조명은 가산혼합이며, ②, ③, ④는 병치혼합이다.

27 ④

색채 조화는 객관적인 미적 기준에 기초한다.

28 ②

추상체 : 원추세포라고도 하며, 밝은 곳(명소시)에서 대부분의 색과 명암을 구별한다. 추상체에 이상이 생기면 색맹, 색약 등의 이상 현상이 생겨서 정상적인 색 구분이 어려워진다.

29 ③

색의 대비 : 하나의 색이 그 주위에 있는 다른색 또는 인접색, 배경색의 영향으로 본래의 색과 다르게 지각되는 시각 현상을 말한다. 망막의 생리적 현상에서 생겨나며, 일반적으로 시간의 경과에 따른 계시대비와 동시에 경험하는 동시대비로 나뉘게 되며, 세부적으로는 색의 3속성에 차이에 따른 명도대비, 채도대비, 색상대비 및 보색, 면적, 한난대비로 구분할 수 있다.

30 ④

치수 보조선은 같은 각도로 표시하여 시선이 분산되지 않게 해야 한다.

31 ②

사투상도법
- 투상선이 투상면을 사선으로 지나는 평행 투상을 말한다.
- 투사선이 서로 평행하고 투상되는 면은 경사지게 그린다.
- 경사축과 수평선을 이루는 각도는 30°, 45°, 60°의 각도를 많이 사용한다.

32 ④

보색관계 : R-BG, YR-B, Y-PB, GY-P, G-RP가 있다.

33 ③
- 중량감 : 검정, 파랑, 빨강, 보라, 주황, 초록, 노랑, 흰색 순으로 중량감이 느껴진다.
- 경연감(부드러운 느낌을 주는 색) : 고명도, 저채도의 난색계통의 색을 말한다.

34 ①
- 색상대비는 색상이 다른 두 색이 서로 대조가 되어 색상차가 크게 보이는 현상을 말한다.
- 색상 간의 대비가 가장 강하게 느껴지는 색은 3원색이며, 이러한 경우 명도, 채도가 비슷할수록 색상의 차이가 크게 된다.
- 색상의 대비가 강하면 생명력과 힘이 있으며, 시각적 자극이 강하게 되어 시선 집중 및 주목성을 높일 수가 있다.

35 ②

②는 색상을 설명하고 있다. 명도란 색의 밝고 어두운 정도를 나타내는 명암단계를 말하며, 그레이스케일이라고도 한다.

36 ③

③은 2소점 투시에서 유각투시도에 해당하는 경사각이다.

37 ④

치수는 되도록 중복을 피하며, 계산하지 않고서도 알 수 있도록 쓴다.

38 ④

"채도가 높다."라고 말하는 것은 순색을 말하는 것으로 순색의 배색은 화려하고 자극적이다.

오답 피하기
① : 명도 차이에서 느끼는 중량감을 설명하고 있다.
② : 온도감을 나타내며, 난색은 따뜻한 느낌, 한색은 차가운 느낌을 준다.
③ : 한색계통의 명도와 채도가 낮은 색은 진정감을 준다.

39 ②
- 가는 실선 : 치수선, 치수 보조선, 지시선, 회전 단면선에 사용한다.
- 가는 일점쇄선 : 피치선, 절단선에 사용한다.
- 가는 이점쇄선 : 상상선(가상선)에 사용한다.

40 ③

어떤 색이 주변 인접색의 영향을 받아 멀리서도 확실히 눈에 잘 보이거나 판독하기 쉬워서 정보를 빨리 이해하게 되는 것을 색의 명시성 또는 시인성이라 한다.

과목 03 디자인 재료

41 ②
- 졸참나무는 일명 참나무라고도 하며 비중이 0.80이다.
- 비중이 큰 나무 순서 : 오동나무 0.3 < 전나무 0.5 < 후박나무 0.7 < 졸참나무 0.8
- 대부분의 나무는 밀도가 1 이하이다.

42 ①
- 저감도 필름 : ISO 50 이하의 감도이다.
- 중감도 필름 : ISO 100~200 이하의 감도이다.
- 고감도 필름 : ISO 200 이상의 감도이다.

43 ②
글라싱지 : 화학펄프를 분해해서 만든 종이로 종이의 질이 균일하고 질기며 강도가 강하며, 파라핀 가공을 한다(약품, 식품, 담배 등의 간지로 사용).

44 ④

오답 피하기
- 감압지 : 압력에 의해 복사할 수 있도록 만든 종이(영수증, 세금계산서)를 말한다.
- 박리지 : 한쪽이나 양쪽에 실리콘을 발라 접착성 물질을 보호하기 위한 종이를 말한다.

45 ④
열전도율이 높은 순서는 '은 〉 구리 〉 알루미늄 〉 금'이다.

46 ③

유성 마커의 장점
- 색상이 다양하고 풍부하다.
- 색상이 선명하고 아름답다.
- 건조시간이 빠르다.

47 ②
안료 : 물 및 대부분의 유기용제에 녹지 않는 분말상의 착색제이다.

48 ③
- 수성암 : 응회암, 사암, 석회암, 점판암이 속한다.
- 화성암 : 화강암, 안산암, 감람석, 섬록암, 부석이 속한다.

과목 04 컴퓨터그래픽스

49 ④
④는 비트맵 방식(Bitmap Format)이다.

50 ②
PAL 방식 : 초당 25프레임의 주사율을 갖는 방송방식으로 주로, 유럽, 호주, 중국 등지에서 사용하는 방송방식이다.

오답 피하기
NTSC 방식 : 초당 29.9프레임의 주사율을 갖는 방송방식으로 주로 미국, 캐나다, 일본, 우리나라 등에서 사용하는 방송방식이다.

51 ②

단위	크기	단위	크기
Bit(비트)	0, 1	MB(메가바이트)	1,024KB(2^{20})
Byte(바이트)	1Byte=8Bit	GB(기가바이트)	1,024MB(2^{30})
KB(킬로바이트)	1KB=1,024Byte(2^{10})	TB(테라바이트)	1,024GB(2^{40})

52 ③

오답 피하기
- 스위핑(Sweeping) : 애니메이션 작업 시 프레임에 블러효과 등을 주어 부드럽게 애니메이션 되도록 하는 작업을 말한다.
- 로프팅(Lofting) : 폐곡선이나 다각형에 대해 임의의 축 방향으로 높이를 주는 방식, 즉 컵을 만들 때 아래의 작은 원에서 위쪽의 큰 원을 연결시켜 주는 기능이다.

53 ②

오답 피하기
- 람베르트의 법칙 : 광흡수에서 입사광의 강도와 투과광의 강도의 비를 로그로 표시한 것이 흡수 물질의 두께에 비례함을 표현한 법칙을 말한다.
- 영·헬름홀츠의 법칙 : 가시광은 그들 3요소를 모두 자극하는데 파장의 차이에 의해 자극의 비율이 다르며, 3요소의 배합의 차에 의해서 다른 색의 감각이 생긴다는 가설을 세웠다.

54 ②
포토샵에서 이미지의 해상도를 나타내는 것은 이미지 사이즈의 Resolution에서 Pixels/Inch이다.

55 ③
HSB는 색상(Hue), 채도(Saturation), 명도(Brightness)를 바탕으로 한다.

56 ①

오답 피하기
- Photoshop : 사진을 수정 및 보정작업을 하는 툴
- Painter : 그림을 그리는 툴
- 3D MAX : 3D 및 애니메이션을 하는 툴

57 ④

오답 피하기
- 쉐이딩(Shading) : 물체에 입체감을 더하기 위해 빛으로 음영의 밝기를 조절하는 것을 말한다.
- 앨리어싱(Aliasing) : 저해상도 곡선이나 사선을 표현할 때 생기는 계단 현상을 말한다.

58 ②

오답 피하기

- Shear : 수직방향으로 좌·우 휘어지게 만드는 필터를 말한다.
- Twirl : 시계방향, 반시계방향으로 회전시키면서 이미지를 변형시키는 필터를 말한다.
- Ripple : 파도처럼 상·하 굴곡을 만드는 필터를 말한다.

59 ①

오답 피하기

- 세츄레이션(Saturation) : 색상의 채도 값을 말한다.
- 모드(Mode) : 색상의 체계를 말한다.
- 메모리(Memory) : 기억 장치에 들어갈 수 있는 데이터의 최대량을 나타내는 수치를 말한다.

60 ④

오답 피하기

필름 레코더(Film Recorder) : 이미지를 필름으로 만들거나, 필름을 이미지로 만드는 장치를 말한다.

2023년 최신 기출문제 01회

01 ②	02 ②	03 ④	04 ②	05 ①
06 ②	07 ①	08 ④	09 ①	10 ④
11 ②	12 ③	13 ①	14 ④	15 ②
16 ①	17 ①	18 ③	19 ④	20 ②
21 ②	22 ①	23 ①	24 ④	25 ②
26 ④	27 ①	28 ③	29 ③	30 ④
31 ②	32 ①	33 ③	34 ②	35 ③
36 ③	37 ①	38 ③	39 ③	40 ②
41 ①	42 ③	43 ③	44 ③	45 ②
46 ②	47 ④	48 ①	49 ②	50 ④
51 ④	52 ②	53 ④	54 ②	55 ①
56 ②	57 ③	58 ②	59 ③	60 ③

과목 01 산업 디자인 일반

01 ②

디자인의 조건 : 합목적성, 심미성, 독창성, 경제성, 질서성이 있다.

02 ②

합목적성 : 기능성과 실용성을 충족시켜야 한다.

03 ④

DM : 다이렉트 메일로 광고의 타겟이 분명하다. 그리고 광고 시기도 미리 정해 놓으므로 '속성'이라는 말은 어울리지 않으며, 계획적으로 광고하는 것이 DM 광고이다.

04 ②

제품을 사용하는 사람은 소비자이다. 그러므로 소비자에 맞추어 제품을 만들도록 해야 한다.

05 ①

- DM 광고는 소비자에게 우편을 통해서 광고하는 것을 말한다.
- TV 광고의 종류에는 스폿 광고, 프로그램 광고, 스폰서십 광고, 네트워크 광고, 로컬 광고, 자막 광고, 블록 광고 등이 있다.

06 ②

단위포장은 기능이 아니라 포장의 종류이다.

07 ①
- 선은 점이 이동하면서 이루는 흔적이나 궤적을 말하며, 기하학에서는 무수히 많은 점들의 집합을 선이라 한다.
- 선은 길이, 위치, 방향은 가지나 두께나 폭은 없다.
- 두께를 가지면 입체가 되고, 폭이 있거나 이동하면 면이 된다.
- 선의 주체 요소로는 운동의 속도, 운동의 강약, 운동의 방향 등이 있다.

08 ④
- 원이 서로 붙어서 점점 작아지고 있다. 즉 점증적으로 이동하고 있으므로 율동에 대한 설명이다.
- 율동에는 반복, 교차, 방사 등이 있다.

09 ①
마케팅 믹스(Marketing Mix)의 구성 요소에는 제품, 가격, 유통, 촉진이 있다.

10 ④
게슈탈트(Gestalt)의 시각원리에는 유사의 원리, 근접의 원리, 연속의 원리, 폐쇄성의 원리가 있다.

11 ②

오답 피하기
- 디스플레이 광고 : 전시를 통해서 하는 광고이다.
- 변형 광고 : 정해진 사이즈 이외의 사이즈로 광고하는 것이다.

12 ③

오답 피하기
- 모델링 : 제품을 실제의 크기로 제작하는 것이다.
- 렌더링 : 완성 예상도로 평면에 제작하는 것이다.

13 ①
실내 디자이너의 역할
- 주어진 공간의 용도에 적합한 재창조적 해결 방안을 모색·제시함으로써 쾌적한 환경을 조성하여 사용자로 하여금 인간답게 생활할 수 있도록 그 역할을 충실히 하여야 한다.
- 내부 공간, 가구, 조명, 주위환경 등을 디자인하고 기획한다.
- 디자인 의뢰자의 의견을 최대한 고려하여 디자인한다.
- 신체 부자유자를 위한 세심한 디자인 고려가 필요하다.

14 ④
식사실 : 가족 전체가 사용하는 공간으로 거실과 부엌이 연계될 수 있도록 하며, 독립된 동선을 가져야 한다.

15 ②
포스트모더니즘은 모더니즘 이후라는 뜻으로 '탈현대주의', 즉 현대주의 혹은 현대성을 이탈하거나 비판적으로 뛰어넘고 극복한다는 뜻을 담고 있다.

16 ①
스크래치 스케치(Scratch Sketch) : 디자이너가 아이디어 발상 초기 단계에 즉흥적으로 떠오르는 여러 가지 생각을 그린 메모의 성격을 띤 스케치로 일반적으로 빨리 그리는 스케치이기에 조형 처리, 색채 처리 등의 세부적인 입체 표현에 구애 받지 않는다.

17 ①
기계의 발명으로 제품이 기계화되어 갔으나 기존의 수공예 제품보다 질이 떨어져 수공예를 부흥시키고자 하는 운동이 일어났다.

18 ③
- 개념 요소 : 점, 선, 면, 입체 등이 있다.
- 시각 요소 : 형, 형태, 크기, 색, 질감, 빛 등이 있다.
- 상관 요소 : 방향감, 위치감, 공간감, 중량감 등이 있다.
- 실제 요소 : 표현재료, 목적기능, 메시지 전달을 위한 대상(의미) 등이 있다.

19 ④
- 루이스 설리반(Sullivan, Louis) : "형태는 기능을 따른다."라고 주장했다.
- 오토 와그너 : "예술은 필요에 의해서 창조된다."라고 주장했다.
- 르꼬르 뷔제 : "집은 살기 위한 기계이다."라고 주장했다.
- 빅터 파파넥(Papanek, Victor) : "디자인은 가장 강력한 도구이며, 이를 통하여 인간은 다른 도구와 환경을 구체화한다."라고 주장했다.
- 라이트(Wright, Frank Lloyd) : "형태는 기능을 계시한다."라고 주장했다.
- 그리노(Greenough, Horatio) : "최고의 형태란 쾌속정의 기능의 형태다."라고 주장했다.

20 ②
프리젠테이션 모델(제시용, 더미모델) : 디자인 전달에 사용되는 모델로서 제시형 모델이라고도 하며, 외관상으로는 최종 제품의 이미지에 가장 가까운 모델로 제품 디자인의 최종 의사결정을 내려야 하는 디자인 관계자에게 제시용으로 만들어지는 모델이다.

과목 02 색채 및 도법

21 ②
1) 주어진 한 변 AB의 수직이등선 CF를 구한다.
2) 교점 C에서 AB와 동일한 길이의 점 D를 구한다.
3) A와 D를 연결하여 연장한다.
4) 직선 AC의 원호를 D를 중심으로 그려 AD의 연장선과의 교점 E를 구한다.
5) AE의 원호를 A를 중심으로 그려 직선 CF와의 교점 F를 구한다.
6) AB를 반경하는 원호를 F를 중심으로 그려 G와 H를 구한다.
7) 이들의 점들을 순차직선으로 연결하여 AB를 한 변으로 하는 정오각형을 구한다.

22 ①

작아서 그대로 사용할 수 없을 때는 확대해서 그 비율을 표시하여 그리는 도법을 확대도법이라 한다.

23 ①

3각도법은 평면도를 기준으로 아래에 정면도, 우측에 우측면도로 그린다.

24 ④

오답 피하기
① : 두 원을 연접시킨 타원
② : 분리된 두 원을 이용한 타원
③ : 장축과 단축이 주어진 타원

25 ②

흐린, 탁한, 연한의 표현은 채도에 관한 수식어이고, 어두운은 명도의 수식어이다.

26 ④

N.S(Not to Scale) : 도면의 형태가 치수와 비례하지 않을 때의 도면이다.

27 ①

• 굵은 실선 : 외형선에 사용한다.
• 가는 실선 : 치수선, 치수보조선, 지시선, 회전 단면선에 사용한다.

28 ③

진출색 : 고명도, 고채도, 난색이 속한다.

29 ③

오답 피하기
• 노랑 : 명랑, 쾌활, 광명, 신성, 영광, 성실을 상징한다.
• 녹색 : 평화, 청춘, 이상, 휴식, 지성, 안전을 상징한다.

30 ④

어떤 색이 인접한 주변색에 영향을 받아 멀리서도 눈에 잘 보이거나 판독하기 쉬워서 정보를 빨리 이해하게 되는 것을 색의 명시성이라 한다.

31 ②

• 색각 : 빛의 파장 차이에 의해 망막에서 색을 구별하는 감각을 말한다.
• 항상 : 색을 그대로 느끼는 현상을 말한다.

32 ①

보조색 : 면적비가 작은 것을 말한다.

33 ③

오답 피하기
• 부등각 투상 : 물체의 3면의 각도가 모두 다른 각을 가진 투상이다.
• 등각 투상 : 3좌표 축의 투상이 120°인 투상이다.
• 2등각 투상 : 두 개의 축의 각도와 길이가 같은 투상이다.

34 ②

• 혼색계 : 빛의 색을 나타낸다.
• 현색계 : 물체의 색을 나타낸다.

35 ③

조명은 색광의 3요소인 빨강, 녹색, 파랑이다.

36 ③

• 1점 투시 : 소점이 1개 있으므로 대부분은 물체보다 위쪽에 있어 물체의 윗면이 많이 보인다.
• 2점 투시 : 소점이 좌, 우측에 두 개 있는 것으로 좌우측면이 많이 보이게 되고 소점의 위치와 높이에 따라서 윗면을 보이게 된다.
• 3점 투시 : 소점이 3개 있는 것으로 사물을 내려다 보거나 올려다 보이게 되어 조감도 등에 많이 사용된다.

37 ①

문 · 스펜서는 오메가 공간에 색입체를 구성하였다.

38 ②

박명시 : 추상체와 간상체가 동시에 작용, 흐려지는 현상을 말한다.

39 ②

채도는 색의 맑기를 말하며, 명도는 밝기를 나타낸다.

40 ②

가법혼색은 색광의 3원색을 혼합한 것으로 혼합할수록 명도가 높아지고, 감법혼합은 색료의 혼합으로 혼합할수록 명도가 낮아진다.

과목 03 디자인 재료

41 ①

오답 피하기
• 폴리카보네이트 : 유리질의 수지로 가장 높은 내충격성을 가지고 있으며, TV, VTR새시, 카메라 바디에 이용한다.
• 폴리아미드 : 강도, 내마모성, 내유성이 우수하여 공업용, 식품, 포장재료에 이용한다.
• 폴리우레탄 : 내약품성과 접착성이 우수하여 건재, 전기기구, 자동차, 스포츠 용품에 사용한다.

42 ③

오답 피하기
- 로루지, 크라프트지 : 포장용지에 사용된다.
- 아트지 : 고급인쇄에 사용된다.

43 ③

오답 피하기
- 변재 : 무르고 연하며 수액과 탄력성이 많다.
- 수피 : 껍질 쪽의 옅은 부분을 말한다.
- 수심 : 변형이 심한 편이나 갈라짐은 심하지 않다.

44 ③

수채화의 붓 자국은 물의 양에 따라서 붓 자국이 난다. 그러나 마커는 물을 사용하지 않기 때문에 면에 일정하게 채색된다.

45 ②

도막 : 모재의 표면에 피막의 밀착도를 더욱 높이기 위해서 표면을 거칠게 하는 작업 전처리로 재료의 성질이 바뀌지는 않는다.

46 ②

오답 피하기
- 고해 : 강도, 투명도, 촉감 등이 결정된다.
- 충전 : 종이를 유연하게 한다.

47 ④

아크릴 컬러 : 물을 사용하여 채색을 하지만 물이 마르면 물로 지워도 안 지워진다. 그래서 수채화의 느낌과 유화의 느낌을 줄 수 있다.

48 ①

플라스틱의 특징 : 경도와 열전도율이 낮으며, 자외선에 약하다.

과목 04 컴퓨터그래픽스

49 ②

오답 피하기
- CMYK 모드 : 혼합할 수록 어두워지는 감산혼합이다.
- HSB 모드 : Hue(색상), Saturation(채도), Brightness(명도) 색상의 3요소에 의한 색상 모드이다.

50 ④

PNG : 이 포맷은 24비트의 이미지를 처리하면서 어떤 경우는 GIF보다 작은 용량으로 이미지 표현이 가능하고 원 이미지에 전혀 손상을 주지 않는 압축과 완벽한 알파 채널(Alpha Channel)을 지원한다.

51 ④

216색은 운영체제나 브라우저의 차이에 무관하게 공통으로 사용되는 색으로 어떤 경우에서도 똑같은 색으로 재현된다.

52 ②

DRAM : 전력소비가 적고, 동작 속도가 느리며, 전원이 공급되어도 일정 시간이 지나면 방전되어 기억 내용이 지워진다.

오답 피하기
SRAM : 동작 속도가 빨라 캐시메모리로 사용되며, 대량의 기억을 저장하기 어렵다.

53 ④

XVGA : 32비트 컴퓨터용 그래픽 카드로, 멀티미디어를 생각하여 만들어졌다. 메인보드에 내장이 가능하며, 1024×768 해상도에서 동작하는 것을 기본으로 한다.

54 ②

Image Processing : 기존의 이미지를 컴퓨터로 이용하여 새로운 이미지로 하거나 수정하는 과정을 말한다.

55 ①

TGA는 타가보드를 위하여 개발된 래스터 그래픽 파일 포맷이다.

56 ②

오답 피하기
- QuarkXpress : 편집 프로그램이다.
- Painter, Photoshop : 이미지를 수정하거나, 변형할 수 있다.

57 ③

오답 피하기
Sharpen : 이미지를 또렷하게 하는 명령어이다.

58 ②

오답 피하기
- 그라디언트 : 그라데이션을 표현하는 툴을 말한다.
- 블랜드 : 두 이미지의 공간에 변형되어가는 형태 및 컬러를 넣어 변화시키는 툴을 말한다.

59 ③

와이어 프레임 모델링 : 물체를 표현하는 가장 기본이 되는 모델링으로 물체를 직선, 곡선으로만 나타낸다.

60 ③

크롭핑 툴 : 이미지를 원하는 크기로 자르는 툴이다.

2023년 최신 기출문제 02회

01 ③	02 ③	03 ④	04 ④	05 ③
06 ②	07 ④	08 ②	09 ③	10 ④
11 ③	12 ②	13 ②	14 ②	15 ②
16 ④	17 ①	18 ④	19 ③	20 ③
21 ③	22 ①	23 ②	24 ③	25 ④
26 ③	27 ④	28 ②	29 ③	30 ③
31 ②	32 ③	33 ③	34 ①	35 ④
36 ②	37 ②	38 ②	39 ③	40 ②
41 ②	42 ②	43 ④	44 ②	45 ①
46 ①	47 ②	48 ④	49 ②	50 ①
51 ①	52 ①	53 ②	54 ①	55 ②
56 ③	57 ③	58 ①	59 ④	60 ③

과목 01 산업 디자인 일반

01 ③
도시조경은 환경디자인에 속한다.

02 ③
POP 광고는 구매시점 광고로 충동구매를 유도할 수 있는 광고물을 가리킨다.

03 ④
아이디어 스케치 → 렌더링 → 모델링 순서로 진행된다.

04 ④
앞 표지 → 앞 표지 뒷면 → 뒷 표지 전면 → 뒷 표지 순으로, 표지 1면 → 표지 2면 → 표지 3면 → 표지 4면이다.

05 ③
- 지적 활동, 감성적 활동, 합리적, 비합리적 관점에서 디자인 조건을 말하고 있다.
- 지적 활동 : 합목적성(기능, 실용)을 조건으로 한다.
- 감성적 활동 : 심미성을 조건으로 한다.
- 합리적 요소 : 경제성을 조건으로 한다.
- 비합리적 요소 : 독창성을 조건으로 한다.

06 ②
포스터의 기능 중 중요한 것은 고지적 기능이다.

> **오답 피하기**
> 내용 전달이 안 된다는 것은 포스터의 기능을 못하는 것이다.

07 ④
바코드를 이용하면 계산 시 빠르게 계산할 수 있다.

08 ②
조화는 비슷한 것끼리의 조화와 서로 대비에서 오는 조화 등이 있다.

> **오답 피하기**
> 통일은 질서의 문제이며, 균형은 힘의 균제, 리듬은 율동을 말하는 것이다.

09 ③
조립식 가구는 유닛으로 구성되어 있어서 소비자의 취향에 맞게 다양한 형태로 만들 수 있다.

10 ④
제품 디자인은 소비자에 초점을 두어 디자인되어야 한다.

11 ③
활동적인 느낌의 선은 사선이다.

12 ②
스케치의 역할은 이미지를 구체적으로 펼쳐나가는 작업으로 아이디어를 이미지화하는 것이다.

> **오답 피하기**
> 형태나, 색채, 재질감 등 실물과 같이 충실하게 표현하는 것은 렌더링이다.

13 ②

> **오답 피하기**
> - 윌리엄 모리스(W. Morris) : 미술공예운동을 주도했다.
> - 이텐(J. Itten) : 바우하우스 초기 교육을 담당했다.
> - 몬드리안(P. Mondrian) : 추상표현주의 예술가이다.

14 ②
실내 디자인의 구성 요소 : 바닥, 천장, 벽, 기둥, 보, 개구부, 문(창문)가 있다.

15 ②
주위의 큰 것이 있으면 더 작아 보이고, 주위에 작은 것이 있으면 더 커 보인다.

16 ④
- 시장을 확대하기 위해서는 제품을 다양하게 하여야 여러 소구층에게 소구할 수 있다.
- 제품을 단순화 시키면 그만큼 소구층을 확보하기 힘들다.

17 ①

편의성은 점원이나 소비자가 패키지를 사용할 때 쌓기 쉽고, 개폐하기 쉬워야 한다.

18 ④

- 연속성의 원리 : 일정한 흐름을 갖는 것들은 하나의 무리를 지어 보인다.
- 근접성의 원리 : 가까이 있는 것은 하나의 무리를 지어 보인다.
- 유사성의 원리 : 서로 비슷한 것들은 하나의 무리를 지어 보인다.
- 폐쇄성의 원리 : 선이 끊어져 있어도 닫혀진 하나의 형태로 보인다.

19 ③

선을 작게 끊으면 점이 된다.

20 ③

여성적, 유기적 곡선이란 말이 나오면 아르누보를 생각하면 된다. 아르누보는 당초무늬, 물결무늬, 꽃 등에서 곡선적인 미를 찾고자 하였다.

과목 02 색채 및 도법

21 ③

③은 계시대비로써 어떤 색을 먼저 본 후 다른 색을 보면 그 색의 영향으로 보색 잔상으로 보이게 된다.

22 ①

- 한쪽 단면도(반 단면도) : 대칭형의 물체를 중심선에서 1/4만 절단한 후 1/4은 단면도로 나머지 부분은 외형도로 나타내는 단면도이다.
- 온 단면도 : 대칭형의 물체 중심선을 경계로 반으로 절단하여 나타내는 단면도이다.
- 부분 단면도 : 물체의 외형에서 필요한 부분만 절단하여 표시하는 단면도이다.

23 ②

푸르킨예 현상
- 적과 청의 투톤 칼라는 낮에는 붉은 부분, 저녁때는 푸른 부분이 밝게 보인다.
- 밝은 곳에서는 적이나 황, 어두운 곳에서는 청, 보라가 밝게 보인다.
- 암소시가 되면 적색이 제일 먼저 보이지 않고, 보라색이 마지막까지 보인다.
- 조명이 밝아지면 청자색이 제일 먼저 보인다.
- 낮에 빨간 물체가 밤이 되면 검게, 낮에 파랑 물체가 밤이 되면 밝은 회색으로 보인다.

24 ②

t3과 같이 t기호가 앞으로 와야 한다.

25 ④

간상체 : 막대세포라고도 하며 어두운 곳(암소시)에서 흑백의 명암만을 구분한다(고감도의 흑백필름과 같다).

26 ③

- 일반색명 : 계통색명이라고도 하며 색의 삼속성에 따라 분류하며 '빨강 띤', '노랑 띤', '해맑은', '밝은', '연한' 등으로 표시한다.
- 관용색명 : 동물, 식물, 광물, 원료, 인명, 지명, 자연대상 등의 고유한 이름을 붙인 색을 말한다.

27 ④

오답 피하기
- 채도가 낮은 색은 탁하고 우울하다.
- 채도가 높을수록 화려하다.
- 명도가 낮은 배색은 어두우며 활기가 없다.

28 ②

5R은 색상, 4는 명도, 14는 채도를 나타낸다.

29 ③

수직선 : 밑에서 위로, 왼쪽에서 오른쪽으로 긋는다.

30 ③

동일 색상의 배색
- 동일한 색상에서 명도와 채도의 차이를 이용한 것이다.
- 동일성이 있기 때문에 차분하고 정적인 질서성, 간결성이 있다.

31 ②

색상대비 : 색상이 다른 두 색이 서로 대조가 되어 색상차가 크게 보이는 현상이다.

오답 피하기
주황색이 배경의 색에 따라서 노란색 기미나 붉은색 기미를 많이 보이는 것은 주황색 자체의 색상의 변화가 일어난 것이다.

32 ③

오답 피하기
- 검정 : 공포, 허무, 불안, 증오를 나타낸다.
- 회색 : 겸손, 평범, 소극적, 우울을 나타낸다.
- 녹색 : 평화, 청춘, 이상, 휴식을 나타낸다.
- 노랑 : 명랑, 쾌활, 광명, 신성을 나타낸다.
- 하양 : 순수, 순결, 평화, 진실을 나타낸다.

33 ④

오답 피하기
- 동시대비 : 두 색을 옆에 같이 놓았을 때 서로 영향을 주어 색이 다르게 보이는 현상이다.
- 계시대비(연속 대비) : 어떤 색을 보다가 다른 색을 보았을 때 먼저 색의 영향으로 나중 색이 다르게 보이는 현상이다.

34 ①
장파장부터 단파장 : 빨강, 주황, 노랑, 초록, 파랑, 남색, 보라 순서이다.

35 ④
투시도법의 3가지 기본 요소 : 위치(시점), 대상물, 거리이다.

36 ②
우리나라 KS에서는 10색상환, 교육부에서는 20색상환을 사용한다.

37 ②
- 1소점 투시는 평행투시도이다.
- 2소점 투시도는 유각투시도이다.
- 3소점 투시도는 사각투시도이다.

38 ②
오답 피하기
- 사이클로이드 곡선 : 원을 굴렸을 때 원에 찍은 점이 그리는 곡선이다.
- 아르키메데스 곡선 : 중심으로부터의 거리가 회전각에 비례하여 커지는 소용돌이와 같은 곡선이다.

39 ③
①은 온단면도, ②는 반단면도, ③은 회전단면도, ④는 부분단면도이다.

40 ②
②는 '같은 비례로 그리기'이다.

과목 03 디자인 재료

41 ②
오답 피하기
- 템플릿 : 원, 타원, 사각형 등의 형태를 일정한 비율로 크기의 변화를 주어 구멍을 뚫어 통일되게 그릴 수 있다.
- 비례 디바이더 : 축척의 눈금을 제도지에 옮길 때 사용한다.
- 빔 컴퍼스 : 큰 원을 그릴 때 사용한다.

42 ②
오답 피하기
- 엠보싱 : 종이를 도톰하게 돋아 오르도록 하는 인쇄이다.
- 핫 스탬핑 : 전기제어 기술을 활용해 900℃ 이상의 고온 가열 후 금형에서 성형과 동시에 급냉각을 통해 강도를 개선한다.

43 ④
- 1차 점토에는 고령토가 있고, 2차 점토에는 볼크레이가 있다.
- 내화점토 : 1차 점토와 2차 점토로 나눈다.

44 ④
오답 피하기
- 페놀계 접합제 : 접착력이 크고, 내수, 내열, 내구성이 뛰어나지만 사용가능 시간의 온도에 의한 영향이 크다.
- 에폭시계 접합제 : 접착력이 가장 우수하며 금속, 항공기, 플라스틱 등 다양한 분야에 사용한다.

45 ①
오답 피하기
- 쇄목 펄프 : 원료를 기계적으로 만든 펄프(기계펄프의 대표적인 펄프)이다.
- 화학 펄프 : 사용하는 약품에 따라서 아황산, 유산염, 소오다 펄프 등이 있다.

46 ①
재료의 분류는 생체를 가지고 있으면 유기재료, 생체를 가지지 못하면 무기재료로 구분한다. 유기재료는 천연재료와 합성재료로 구분하며, 천연재료에는 목재, 대나무, 가죽, 아스팔트, 석탄 등이 있다.

47 ②
- 검은 흠집선이 생길 때 : 필름의 뒷면에 흠집이 있다는 것이다.
- 가느다란 선이 생길 때 : 유제면이 스크래치되어 있는 경우이다.
- 화상이 흐릴 때 : 현상 시간이 짧은 경우와 교반이 충분히 이루어지지 않는 경우이다.
- 노란 얼룩이 생길 때 : 따뜻한 현상액을 사용했을 때 발생한다.

48 ④
스트리퍼블 페인트는 막의 두께가 얇게 되면 탈거할 때에 1장의 시트가 되어 탈거하기 어렵기 때문에 두꺼운 막으로 도장한다.

과목 04 컴퓨터그래픽스

49 ②
PICT : 매킨토시용 표준 그래픽 파일 포맷으로 화면용 파일 포맷이다.

50 ①
- FLC : 'Animation PRO'용 동영상 파일이다.
- GIF : 애니메이티드 지프(홈페이지 등에서 표시하는 간단한 동화의 파일)를 뜻한다.
- SWF : 어도비사의 플래시 소프트웨어가 만들어 내는 벡터 그래픽 파일 포맷을 말한다.

51 ①
Lab 모드
- CIE(국제조명위원회)에서 제안한 모델을 기반으로 서로 다른 환경에서도 이미지의 색상을 유지시켜 주기 위한 컬러 모드이다.
- L(명도), ab(빨강/초록, 노랑/파랑)의 값으로 색상을 정의한다.

52 ①

Random Access Memory : 전원 공급이 중단되면 모든 데이터가 지워지는 휘발성 메모리이며, 읽기와 쓰기가 자유롭다. 일반적으로 주기억 장치라 하면 RAM을 의미한다.

53 ②

휴지통에 있는 데이터는 휴지통 비우기를 하지 않는 한 디스크 공간을 차지하고 있다.

54 ①

Binary : 0과 1에 의해 표기되는 2진수를 말한다.

55 ②

사진, 그림 등을 이미지 처리 프로그램인 포토샵 등에서 사용 가능하도록 입력할 수 있다. 그러므로 해상도를 나타낼 때는 픽셀로 나타낸다.

56 ③

③은 중앙처리장치에 대한 설명으로 CPU(Central Processing Unit)는 컴퓨터의 머리에 해당하며 모든 자료와 정보를 교환, 분석, 처리하는 장치이다.

57 ③

매핑(Mapping) : 3차원 물체에 컬러와 셰이딩을 입히고 마지막으로 사실감을 높이기 위해 표면에 질감을 표현하는 것을 말한다. 2D 이미지를 3D오브젝트의 표면에 투영시켜주는 것으로 크게 이미지(텍스처) 매핑과 범프 매핑으로 구분하며, 질감전사라고도 한다.

58 ①

비트맵에서 이미지를 구성하는 최소의 단위가 픽셀인데 해상도는 그 픽셀이 1인치 안에 얼마나 있느냐에 따라서 결정된다.

오답 피하기

화면의 구성하는 최소의 단위가 아니라 이미지를 구성하는 최소의 단위이다.

59 ④

베지어 곡선은 펜툴을 이용하여 원하는 도형 및 이미지를 그리는 도구로 이미지를 처리하거나 리터칭하는 것은 아니다.

오답 피하기

이미지 처리 및 리터칭 툴은 포토샵의 브러시 툴이다.

60 ③

일반적으로 CIP를 제작할 때는 2D로 작업을 하는 경우가 대부분이다. 심벌, 로고, 시그니처, 캐릭터 등을 작업할 때는 일러스트레이터를 주로 사용한다.

시험 환경 100% 재현!
CBT 온라인 문제집

CBT 온라인 문제집 이용 가이드

STEP 1 CBT 사이트 (cbt.youngjin.com) 접속하기

STEP 2 과목을 선택하고 시작하기 버튼 클릭하기

STEP 3 시간에 맞춰 문제 풀고 합격 여부 확인하기

STEP 4 로그인하면 MY 페이지에서 응시 결과 확인 가능

이기적 CBT

한번에 합격, 자격증은 이기적

이기적 스터디 카페

합격 전담 마크! 추가 자료부터
1:1 Q&A까지 다양한 혜택 받기

365 이벤트

매일 쏟아지는 이벤트!
기출 복원, 리뷰, 합격 후기, 정오표

100% 무료 강의

핵심만 쏙쏙 설명하는
합격 강의 100% 무료

CBT 온라인 문제집

연습도 실전처럼!
PC와 모바일로 언제든지 시험 연습

이기적 스터디 카페
홈페이지 : license.youngjin.com
질문/답변 : cafe.naver.com/yjbooks

이기적 유튜브 채널
@ydot0789 채널을 구독해 주세요!
15만 구독자와 약 10,000개의 동영상으로 합격을 준비하세요!

이기적 카카오톡 플러스친구
@이기적 친구를 추가해 주세요!
합격을 부르는 소식, 카톡으로 먼저 받아보고 혜택을 챙기세요!